Juristische Schemata für Dummies

Schummelseite

AF871997

DIE JURISTISCHE ARBEITSTECHNIK

Juristen denken in Ansprüchen ausgehend von der Fallfrage: »**Wer** will **was** von **wem** **woraus**?«

- ✔ **Wer** und **wem** steht dabei für die beteiligten Personen, nämlich Anspruchsteller und Anspruchsgegner.
- ✔ **Was** steht für die vom Anspruchsteller begehrte Rechtsfolge (zum Beispiel Vertragserfüllung, Zahlung, Leistungserbringung, Unterlassung, Schadensersatz usw.).
- ✔ **Woraus** schließlich steht für die Anspruchsgrundlage, also den oder die Paragrafen und/oder die konkrete vertragliche Vereinbarung, die die vom Anspruchsteller begehrte Rechtsfolge enthält.

DIE SUBSUMTIONSTECHNIK

Die Prüfung der jeweiligen Anspruchsgrundlage erfolgt mithilfe der **Subsumtionstechnik**. Dazu wird jede einzelne Tatbestandvoraussetzung dahingehend geprüft, ob ihre Voraussetzungen durch den gegebenen Lebenssachverhalt, also *dem Fall*, gegeben sind.

- ✔ Sind alle Tatbestandsvoraussetzungen erfüllt, tritt die in der Anspruchsgrundlage benannte Rechtsfolge ein.
- ✔ Fehlt dagegen auch nur eine der Tatbestandsvoraussetzungen, kann die Rechtsfolge nicht eintreten.

DER GUTACHTENSTIL

Die Prüfung der jeweiligen Tatbestandsvoraussetzungen der in Betracht kommenden Anspruchsgrundlage erfolgt im sogenannten **Gutachtenstil**.

1. Zunächst bilden Sie einen *Obersatz*, der im Konjunktiv steht. Zum Beispiel: »Alfons könnte gegen Bernd einen Anspruch auf Schadensersatz haben gemäß § 280 Abs. 1 BGB.«
2. Dieser Obersatz im Konjunktiv zwingt Sie, den nachfolgenden Satz mit »Dazu müssten« zu beginnen. Konkret: »Dazu müssten die nachfolgenden Tatbestandsvoraussetzungen gegeben sein.«
3. Nun prüfen Sie das Vorliegen der einzelnen Tatbestandsvoraussetzungen der zu prüfenden Anspruchsgrundlage.
4. Am Ende der Prüfung greifen Sie den Obersatz wieder auf und kommen entweder zu dessen Bejahung oder dessen Verneinung: »Alfons kann von Bernd (keinen) Schadensersatz gemäß § 280 Abs. 1 BGB verlangen.«

Juristische Schemata für Dummies

Schummelseite

DIE SCHEMATA

Zur Prüfung der jeweiligen Anspruchsgrundlage mit ihren jeweiligen Tatbestandsvoraussetzungen bedient man sich in der juristischen Ausbildung und Praxis bestimmter **Schemata**. Schemata sind vorgefertigte Prüfungsabfolgen, die systematisiert die Abarbeitung der rechtlichen Aufgabenstellung erleichtern: Die komplexen gesetzlichen Voraussetzungen werden durch Schemata geordnet und strukturiert, und erleichtern so das Abarbeiten juristischer Aufgabenstellungen. Das Arbeiten mit Schemata erspart Ihnen nicht, das für das Verständnis der Juristerei erforderlich materielle Rechtswissen zu lernen. Schemata sind auch keine »Allheilmittel«, sondern lediglich Hilfestellungen. Ihre wichtigsten Hilfsmittel sind Ihr **Verstand** und das **Gesetz**.

DAS BÜRGERLICHE RECHT UND SEINE NEBENGEBIETE

Das **Bürgerliche Recht** (auch »Zivilrecht«) regelt die Rechtsverhältnisse zwischen Gleichgestellten, typischerweise also Beziehungen zwischen einzelnen Personen (»Bürgern«), zu denen sowohl natürliche Personen, also Menschen, als auch juristische Personen oder Personengesamtheiten (»Unternehmen«) gehören. Die wichtigste Grundlage des Bürgerlichen Rechts ist das **Bürgerliche Gesetzbuch (BGB)**. Ebenfalls zum Zivilrecht gehören etliche Nebengebiete wie beispielsweise das **Handels-** und **Gesellschaftsrecht**, das **Arbeitsrecht** sowie das **Wettbewerbsrecht** und das **Datenschutzrecht**.

DAS ÖFFENTLICHE RECHT

Das **Öffentliche Recht** regelt die Beziehungen des Staates zu den Bürgern sowie das Verhältnis und die Ordnung der staatlichen Organe. Zum Öffentlichen Recht gehören

- ✔ das **Staatsrecht**, aufgeteilt in *Staatsorganisationsrecht, Staatshaftungsrecht* und die *Grundrechte*
- ✔ das **Verwaltungsrecht:** Es besteht aus dem *Allgemeinen Verwaltungsrecht*, dem *Besonderen Verwaltungsrecht* und dem *Verwaltungsprozessrecht.*
- ✔ das **Europarecht**

DAS STRAFRECHT

Das **Strafrecht** legt fest, welche Rechtsverstöße strafbar sind und damit vom Staat mit seinem Gewaltmonopol geahndet werden. Das Strafrecht schützt zugunsten aller bestimmte Rechte und Rechtsgüter wie beispielsweise das Leben oder das Eigentum. Es besteht aus

- ✔ dem **Allgemeinen Strafrecht**,
- ✔ den sogenannten **Konkurrenzen** und
- ✔ dem **Besonderen Strafrecht**.

Juristische Schemata für Dummies

Oliver Haag

Juristische Schemata für dummies®

gemeinsam mit:

Peter Eisenbarth, Benedict Erdl,
Thomas Heinicke, Susanne Hertfelder,
Patrick J. U. Holtermann, Tobias Huep,
Jennifer Knoll, Jens Pfrommer, Lennart Rümmler,
Sonia Uricher

WILEY

WILEY-VCH GmbH

Juristische Schemata für Dummies

Bibliografische Information der Deutschen Nationalbibliothek

Die Deutsche Nationalbibliothek verzeichnet diese Publikation in der Deutschen Nationalbibliografie; detaillierte bibliografische Daten sind im Internet über `http://dnb.d-nb.de` abrufbar.

© 2027 Wiley-VCH GmbH, Boschstraße 12, 69469 Weinheim, Germany

Wiley, the Wiley logo, Für Dummies, the Dummies Man logo, and related trademarks and trade dress are trademarks or registered trademarks of John Wiley & Sons, Inc. and/or its affiliates, in the United States and other countries. Used by permission.

Bevollmächtigte des Herstellers gemäß EU-Produktsicherheitsverordnung ist die Wiley-VCH GmbH, Boschstr. 12, 69469 Weinheim, Deutschland, E-Mail: Product_Safety@wiley.com.

Alle Rechte bezüglich Text und Data Mining sowie Training von künstlicher Intelligenz oder ähnlichen Technologien bleiben vorbehalten. Kein Teil dieses Buches darf ohne die schriftliche Genehmigung des Verlages in irgendeiner Form – durch Photokopie, Mikroverfilmung oder irgendein anderes Verfahren – in ein von Maschinen, insbesondere von Datenverarbeitungsmaschinen, verwendbare Sprache übertragen oder übersetzt werden.

KI-Haftungsausschluss: Der Verlag und die Autoren dieses Werks haben nach bestem Wissen und Gewissen gearbeitet, einschließlich einer gründlichen Überprüfung des Inhalts. Jedoch übernehmen weder der Verlag noch die Autoren Garantien oder Gewährleistungen hinsichtlich der Genauigkeit oder Vollständigkeit des Inhalts dieses Werks. Insbesondere schließen sie jegliche ausdrücklichen oder stillschweigenden Gewährleistungen aus, einschließlich Gewährleistungen der Handelsüblichkeit oder Eignung für einen bestimmten Zweck. Bei der Erstellung dieses Werks wurden bestimmte KI-Systeme eingesetzt. Es kann keine Garantie durch Vertriebsmitarbeiter, schriftliche Verkaufsunterlagen oder Werbeaussagen übernommen oder erweitert werden. Der Verweis auf eine Organisation, Website oder ein Produkt als Quelle für weitere Informationen impliziert keine Unterstützung oder Empfehlungen durch den Verlag und die Autoren. Der Verkauf dieses Werks erfolgt unter der Voraussetzung, dass der Verlag keine professionellen Dienstleistungen erbringt. Die enthaltenen Ratschläge und Strategien sind möglicherweise nicht für Ihre Situation geeignet. Konsultieren Sie gegebenenfalls einen Spezialisten. Leser sollten sich darüber im Klaren sein, dass die in diesem Werk aufgeführten Websites zwischen dem Zeitpunkt der Erstellung und dem Zeitpunkt des Lesens geändert sein können oder nicht mehr existieren. Weder der Verlag noch die Autoren haften für entgangene Gewinne oder sonstige wirtschaftliche Schäden, einschließlich besonderer, zufälliger, Folgeschäden oder sonstiger Schäden.

Print ISBN: 978-3-527-72432-1
ePub ISBN: 978-3-527-85665-7

Coverillustration: © Anja - `stock.adobe.com`
Korrektur: Petra Heubach-Erdmann, Düsseldorf
Satz: Straive, Chennai, India
Druck und Bindung:
CPI Group (UK) Ltd, Croydon, CR0 4YY

C9783527724321_230726

Über die Autoren

Peter Eisenbarth ist Professor für staatliches Liegenschaftsrecht, Zivilrecht und öffentliches Baurecht an der HVF Ludwigsburg. Ursprünglich war er als Anwalt tätig, danach folgte eine Dekade im Immobilien- und Gebäudemanagement des Landes Baden-Württemberg. Lehrtätigkeiten: seit 2002 zunächst DHBW, seit 2005 Hochschule Konstanz (bis 2013 Vertrags- und Arbeitsrecht, seither Sachen- und Grundstücksrecht); berufsbegleitende Kurse an der VWA Baden-Württemberg. Er ist Mitglied im Gutachterausschuss für Grundstückswerte der Stadt Konstanz und Autor von *Sachenrecht Fälle und Schemata für Dummies* und Co-Autor von *Sachenrecht für Dummies.*

Benedict Erdl ist Wirtschaftsjurist mit über zehn Jahren Erfahrung in Rechts- und Managementfunktionen global agierender Unternehmen. Seine Tätigkeitsschwerpunkte liegen im Bereich Unternehmensentwicklung, Vertragsrecht sowie M&A. In seiner beruflichen Praxis verbindet er juristischen Sachverstand mit unternehmerischem Denken und bewegt sich gezielt an der Schnittstelle von Recht, Wirtschaft und strategischer Entwicklung. Sein Ansatz folgt dabei einer klaren Linie: Recht so zu strukturieren, dass es in der Praxis zu tragfähigen Lösungen führt.

Oliver Haag ist Professor für Wirtschaftsrecht an der Hochschule Konstanz mit den Lehr- und Tätigkeitsschwerpunkten Corporate Compliance, Handels- und Gesellschaftsrecht sowie Arbeitsrecht. Zudem ist er in der berufsbegleitenden Erwachsenenbildung sowie als Of Counsel einer auf Unternehmensrecht spezialisierten Anwaltskanzlei für nationale und internationale Unternehmen und Verbände tätig. Er verfügt über umfangreiche Praxis- und Lehrerfahrung und hat zahlreiche Beiträge zum Unternehmensrecht veröffentlicht, unter anderem *Arbeitsrecht für Dummies* und *Compliance im Unternehmen für Dummies.*

Thomas Heinicke ist seit 2014 Professor für Staats- und Europarecht an der Hochschule für Polizei und öffentliche Verwaltung (HSPV) NRW in Münster. Er hat u.a. die Lehrbücher *Staatsrecht I – Staatsorganisationsrecht für Dummies* und *Staatsrecht II – Grundrechte für Dummies* geschrieben und hat viel Freude dabei, jungen Menschen das angeblich so trockene Staatsrecht näherzubringen.

Susanne Hertfelder ist seit 2019 Professorin für öffentliches Recht und staatliches Liegenschaftswesen an der Hochschule für öffentliche Verwaltung und Finanzen in Ludwigsburg. Nach dem Abschluss als Diplomfinanzwirtin (FH) studierte sie Jura in Tübingen. Parallel dazu begann sie ihre Lehrtätigkeit an der Hochschule für öffentliche Verwaltung und Finanzen in Ludwigsburg. Im Anschluss an das Rechtsreferendariat und einer datenschutzrechtlichen Promotion war sie mehrere Jahre beim Landesbetrieb Vermögen und Bau Baden-Württemberg und beim Landesbeauftragten für den Datenschutz Baden-Württemberg tätig.

Patrick Holtermann ist Fachanwalt für Erbrecht, Steuerrecht und Landwirtschaftliche Buchstelle. Als namensgebender Gründungspartner der Fachkanzlei Agrar.Legal Kurth & Holtermann Rechtsanwälte mit Sitz in Hamburg berät er schwerpunktmäßig zur steueroptimierten Unternehmens- und Vermögensnachfolge, insbesondere bei land- und forstwirtschaftlichen Betrieben. Weiter ist er als Testamentsvollstrecker tätig. Daneben ist er Geschäftsführer des Hauptverbands der landwirtschaftlichen Buchstellen und Sachverständigen (HLBS) e.V. mit Sitz in Berlin.

Tobias Huep ist Professor an der Hochschule für Wirtschaft und Umwelt Nürtingen – Geislingen. Nach dem Studium arbeitete er als Assistent an der juristischen Fakultät der Universität Erlangen-Nürnberg, danach als Rechtsanwalt, bis er 2003 an die Hochschule berufen wurde. Er leitet dort einen wirtschaftsrechtlichen Masterstudiengang und hält unter anderem Vorlesungen zum Schuldrecht. Er hat dazu die Publikationen *Schuldrecht Allgemeiner Teil für Dummies* und *Schuldrecht Besonderer Teil für Dummies* verfasst. Daneben ist er als Fachautor sowie als Of Counsel in einer Rechtsanwaltskanzlei beratend tätig.

Jennifer Knoll studierte Wirtschaftsrecht in Konstanz und Sydney. Sie ist als Inhouse-Juristin in einem global agierenden Industrieunternehmen tätig und hat sich auf IT-Recht, insbesondere auf das Datenschutzrecht, spezialisiert. Sie begleitet Projekte im digitalen Umfeld und berät zu Compliance- und vertraglichen Fragestellungen mit IT-Bezug. Dabei verbindet sie juristische Expertise mit einem praxisnahen Verständnis für technische und organisatorische Zusammenhänge und berücksichtigt auch den gezielten Einsatz digitaler Lösungen zur Unterstützung effizienter und rechtssicherer Prozesse.

Jens Pfrommer ist seit 1996 in der Justiz beschäftigt, zunächst als Zivilrichter und Staatsanwalt. Seit 1999 ist er als Straf- und Ermittlungsrichter und seit 2001 im Jugendstrafrecht (Jugendrichter und Vorsitzender des Jugendschöffengerichts) tätig. Weiterhin war er beim Amtsgericht mehrere Jahre für Familien- und Betreuungssachen zuständig. Neben der hauptberuflichen Tätigkeit war er in der Referendarausbildung sowie als Gastdozent an der DHBW aktiv. Seit vielen Jahren betreut er Schülerinnen/Schüler und Studierende, die ihr Praktikum am Amtsgericht absolvieren.

Lennart Rümmler ist seit 2021 in einer größeren deutschen Wirtschaftskanzlei als Rechtsanwalt im Gewerblichen Rechtsschutz, Medienrecht und Wettbewerbsrecht tätig. Er verfügt über einen Abschluss im Europäischen und Internationalen Wirtschaftsrecht (LL.M. (Eur.)) mit einem Fokus auf dem Wettbewerbsrecht. Durch seine anwaltliche Tätigkeit für Industrieunternehmen und für Verbraucherschutzverbände kennt er beide Seiten des Markts aus der täglichen Anwendung. Sein Schwerpunkt liegt in der Durchsetzung lauterkeitsrechtlicher Ansprüche und in der Verteidigung hiergegen.

Sonia Uricher wurde nach ihrem Studium der Rechtswissenschaft im Jahr 1998 als Rechtsanwältin zugelassen und ist in der Kanzlei URICHER Rechtsanwälte in Konstanz tätig, deren Schwerpunkt in der Beratung von vermögenden Privatpersonen, Unternehmerfamilien und Familienunternehmen liegt. Neben der Beratung von Mandanten, insbesondere auf Arbeitgeberseite, im Arbeitsrecht liegt der Fokus von Rechtsanwältin Uricher auf der Gestaltung von Eheverträgen und Scheidungsfolgenvereinbarungen sowie der Vertretung bei Ehescheidungen und der Beratung in erbrechtlichen Angelegenheiten.

Auf einen Blick

Inhaltsverzeichnis

Kapitel 12
Verwaltungsrecht

Kapitel 15 Strafrecht Besonderer Teil

Einführung

Sie haben sich also einem Studium der Rechtswissenschaften, des Wirtschaftsrechts oder einem anderen Studienfach mit rechtlichen Inhalten verschrieben und stehen nun vor denselben Herausforderungen wie bereits Generationen von Studierenden vor Ihnen (und zum Trost: auch noch nach Ihnen): Prüfungen, Prüfungen, Prüfungen …

Prüfungen im Rechtsbereich bestehen überwiegend aus der Bearbeitung von Fällen, also Sachverhalten aus allen möglichen Lebenslagen, für die Sie eine rechtliche Lösung finden müssen. Hierfür müssen Sie die einschlägigen rechtlichen Herausforderungen erkennen, die korrekten in Betracht kommenden Anspruchsgrundlagen identifizieren und in einer spezifischen Abfolge prüfen.

Juristische Schemata für Dummies hilft Ihnen bei der Prüfungsvorbereitung im Rahmen Ihres Studiums und gibt Ihnen das notwendige Rüst- und Handwerkszeug für das erfolgreiche Bestehen Ihrer Prüfungen.

Über dieses Buch

Juristische Schemata für Dummies vermittelt Ihnen das notwendige Verständnis für die juristische Prüfungssystematik und Herangehensweise bei der Lösung typischer Klausuraufgaben und Prüfungssituationen. Zur Unterstützung bedienen wir uns dabei bestimmter *Schemata*, also vorgefertigter Prüfungsabfolgen, die systematisiert die Abarbeitung der rechtlichen Aufgabenstellung erleichtern.

Das Arbeiten mit *Schemata* hilft Ihnen sowohl in der juristischen Ausbildung als auch in der Praxis, die komplexen gesetzlichen Voraussetzungen bei der bestehenden immensen Fülle an potenziellen Aufgabenstellungen zu ordnen und strukturiert vorzugehen.

Wir Autoren beschränken uns aber nicht darauf, ein Schema nach dem anderen aufzulisten, sondern wir haben für Sie die für Prüfungen und die juristische Praxis relevanten Schemata herausgegriffen und uns dabei auf typische Prüfungs- und Klausursituationen konzentriert. Ergänzend dazu erhalten Sie zahlreiche Hinweise und Tipps erfahrener Hochschullehrer und Praktiker, die ziemlich genau wissen, was typischerweise Gegenstand juristischer Prüfungsaufgaben ist und wie Sie Fallen, in die Sie sonst vielleicht »tappen« würden, sicher umgehen.

Was dieses Buch nicht will

Juristische Schemata für Dummies ist kein Lehrbuch zum materiellen Recht – wenn Sie Lehrbücher suchen, die Ihnen das materielle Recht in eingängiger und leicht verständlicher Weise nahebringen, empfehlen wir Ihnen die entsprechenden Werke aus der *für*

Dummies-Reihe. Sie finden zu nahezu jedem Rechtsgebiet ein entsprechendes *für Dummies*-Buch, das Ihnen die rechtlichen Grundlagen vermittelt.

Juristische Schemata für Dummies kann und will dagegen kein klassisches Lehrbuchwissen vermitteln, sondern Sie für die Prüfung »fit machen«. Auch erhebt dieses Buch keinen Anspruch darauf, eine erschöpfende Darstellung aller möglichen und unmöglichen Prüfungsschemata zu bieten. Wir konzentrieren aus auf die wichtigsten und typischsten Aufgabenstellungen, die klassischerweise in Klausuren vorkommen. Dafür erhalten Sie auf den folgenden Seiten eine komprimierte Darstellung juristischer Prüfungsschemata und zahlreiche Tipps zur Lösung typischer Klausur- und Prüfungsaufgaben im juristischen, wirtschaftsrechtlichen, betriebswirtschaftlichen, wirtschaftswissenschaftlichen und sonstigen Studium mit rechtlichen Inhalten.

Sie finden in der *für Dummies*-Reihe zudem spezifische Fallbücher, die Ihnen anhand konkreter Sachverhalte die Anwendung von Prüfungsschemata dezidiert aufzeigen (zum Beispiel *Arbeitsrecht*- oder *Sachenrecht*-Fälle und -Schemata).

Törichte Annahmen über den Leser

Die Leser dieses Buches für ungebildet oder ignorant zu halten, wäre töricht. Dass Sie sich für dieses Buch entschieden haben, belegt vielmehr das Gegenteil: Sie haben eine komprimierte, auf das Wesentliche konzentrierte Darstellung einer Rechtsthematik gewählt, die Ihnen in überschaubarem Umfang und damit überschaubarer Zeit das notwendige Rüstzeug für Ihre anstehenden Prüfungen vermittelt. Dieses Buch wendet sich vorrangig an Studierende der Rechtswissenschaften und des Wirtschaftsrechts, kann aber sicher auch für die Studierenden der Betriebswirtschaft und Wirtschaftswissenschaften sowie aller anderen Disziplinen, die sich im Studium rechtlichen Prüfungen stellen müssen, ein wertvoller Begleiter und Ratgeber sein.

Wie Sie dieses Buch lesen

Sie können direkt mit den Schemata beginnend ab Teil I durchstarten. Und Sie dürfen selbstverständlich dieses Buch systematisch von der ersten bis zur letzten Seite durcharbeiten. Wenn Sie sich aber auf eine spezifische Prüfung vorbereiten und/oder sich »nur« mit bestimmten Rechtsgebieten befassen wollen, dann »springen« Sie direkt zu den für Sie hilfreichen Schemata. Das Buch ist so konzipiert, dass Sie sich darin frei bewegen können und die Lektüre der »anderen« Teile als dem für Sie besonders wichtigen Teil nicht erforderlich ist, um mit den einzelnen Schemata zu arbeiten.

Unabdingbar ist dagegen ein gewisses materielles Rechtswissen und ein aktueller Gesetzestext. Organisieren Sie sich unbedingt eine aktuelle Sammlung der für Sie einschlägigen Gesetze, halten Sie diese immer griffbereit und lesen Sie die einschlägigen Paragrafen. Das schult im Umgang mit dem Gesetz und schließlich ist in der Regel nur der (unkommentierte) Gesetzestext das einzige bei Prüfungen zugelassene Hilfsmittel. Dieses Buch werden Sie dagegen in der Klausur nicht dabeihaben können – schade eigentlich.

Denken Sie bitte stets daran, dass Schemata nur Hilfsinstrumente sind, die das eigenständige Denken zwar unterstützen, aber nicht ersetzen können! Ihre wichtigsten Handwerkszeuge sind Ihr Verstand und der Gesetzestext!

Sollte Ihr Dozent abweichende Schemata zur Verfügung stellen, prüfen Sie, ob die Abweichungen tatsächlich vorhanden sind. Oftmals fließt nämlich derselbe Wein – nur eben durch einen etwas anderen Schlauch.

Teil I: Bürgerliches Recht und Nebengebiete

Im ersten Teil finden Sie zunächst fünf Kapitel mit den wichtigsten Prüfungsschemata des Bürgerlichen Rechts. Hier folgen wir dem Aufbau des Bürgerlichen Gesetzbuches (BGB) mit seinen fünf Büchern wie folgt: Kapitel 1 Allgemeiner Teil, Kapitel 2 Schuldrecht (aufgeteilt in allgemeines und besonderes Schuldrecht), Kapitel 3 Sachenrecht, Kapitel 4 Familienrecht und schließlich Kapitel 5 Erbrecht.

Danach bilden wir die wichtigsten zivilrechtlichen Nebengebiete ab. Kapitel 6 Handelsrecht, Kapitel 7 Gesellschaftsrecht, Kapitel 8 Arbeitsrecht, Kapitel 9 Wettbewerbsrecht und Kapitel 10 Datenschutzrecht.

Teil II: Öffentliches Recht

Im zweiten Teil lernen Sie die wichtigsten Prüfungsschemata im Öffentlichen Recht kennen. Hier haben wir uns für die Aufteilung in die Kapitel 11 Staatsrecht (Staatsorganisations- und Staatshaftungsrecht sowie Grundrechte) und Kapitel 12 Verwaltungsrecht – aufgeteilt in Allgemeines und Besonderes Verwaltungsrecht – sowie Verwaltungsprozessrecht entschieden. Abgerundet wird der zweite Teil mit Kapitel 13 Europarecht.

Teil III: Strafrecht

Im dritten Teil finden Sie die Kapitel 14 Strafrecht allgemeiner Teil inklusive Konkurrenzen sowie Kapital 15 Strafrecht besonderer Teil, das die wichtigsten Prüfungsschemata zu einzelnen Straftatbeständen enthält.

Teil IV: Der Top-Ten-Teil

Entsprechend der Tradition der *... für Dummies*-Bücher enthält der Top-Ten-Teil in Kapitel 16 einige besonders wichtige Hinweise, die Ihnen als bemitleidenswertem Studierenden das Leben vor und in der Prüfung erleichtern können.

Symbole, die in diesem Buch verwendet werden

Hier geben wir Ihnen Tipps, wie Sie etwas besser verstehen oder sich leichter merken können, oder weisen Sie auf typische Prüfungskonstellationen hin.

Hier zeigen wir Ihnen besonders prüfungsrelevante Punkte und weisen Sie auf typische Prüfungs-»Fallen« hin.

Wie es weitergeht

Wir starten mit Teil I »Bürgerliches Recht und Nebengebiete«. Wenn Sie sich aber gezielt auf Prüfungen im Öffentlichen Recht vorbereiten wollen, starten Sie gerne mit Teil II »Öffentliches Recht« und für das Strafrecht dann eben mit Teil III »Strafrecht«.

Teil I

Bürgerliches Recht und Nebengebiete

IN DIESEM TEIL ...

In diesem Teil lernen Sie die wichtigsten Prüfungsschemata im Bürgerlichen Recht sowie den wichtigsten zivilrechtlichen Nebengebieten kennen.

Das Bürgerliche Gesetzbuch (»BGB«) enthält die zentralen Regelungen des deutschen Zivilrechts. Es ist in fünf »Bücher« gegliedert, deren Aufbau sich an den grundlegenden Begriffen und Strukturen des Zivilrechts orientiert: der Allgemeine Teil (kurz »AT), das Allgemeine und das Besondere Schuldrecht, das Sachenrecht, das Familienrecht sowie das Erbrecht.

Neben den fünf Büchern des BGB gehören auch weitere prüfungs- und praxisrelevante Rechtsgebiete zum Zivilrecht: das Handelsrecht, das Gesellschaftsrecht, das Arbeitsrecht, das Wettbewerbsrecht und das Datenschutzrecht.

Klausuraufgaben aus dem Zivilrecht prüfen neben einzelnen Anspruchsgrundlagen häufig auch »fachübergreifendes« Wissen ab, das heißt, die Sachverhalte weisen neben Bezügen zu dem jeweiligen zivilrechtlichen Nebengebiet auch Bezüge zu den bürgerlich-rechtlichen Grundlagen auf.

IN DIESEM KAPITEL

Willenserklärung und Vertragsschluss

Stellvertretung

Wirksamkeitshindernisse eines Vertrags

Kapitel 1
Allgemeiner Teil

Benedict Erdl

In diesem Kapitel lernen Sie die wichtigsten Prüfungsschemata des Allgemeinen Teils des Bürgerlichen Gesetzbuches (§§ 1 bis 240 BGB) kennen.

Das BGB AT bildet das methodische und dogmatische Fundament des gesamten Zivilrechts. Wenn Sie also zivilrechtliche Fälle lösen, bewegen Sie sich nahezu immer – auch ohne es ausdrücklich zu bemerken – innerhalb der hier verankerten Strukturen und Begriffe. Sie müssen nämlich wissen, dass sich die Funktion des BGB AT – mit gewissen Einschränkungen – mit einem mathematischen Prinzip vergleichen lässt, denn es enthält die wichtigsten Grundregeln, die gewissermaßen »vor die Klammer gezogen« werden können und damit für die vier nachfolgenden Bücher des BGB gleichermaßen gelten.

Im BGB AT finden sich dabei die grundlegenden Vorschriften über das Rechtsgeschäft und es werden zentrale Rechtsbegriffe und Strukturen definiert, die für das gesamte deutsche Zivilrecht gelten – etwa Rechtsfähigkeit von Personen, Willenserklärungen, das Zustandekommen eines Vertragsschlusses, Stellvertretung, Fristen und Verjährung etc.

In diesem Kapitel sollen Ihnen daher die zentralen Schemata des BGB AT in prägnanter und klausurorientierter Form zugänglich gemacht werden, denn gerade im Allgemeinen Teil entscheidet sich häufig, ob Sie einen Fall gedanklich sauber strukturieren – oder sich in Einzelproblemen verlieren.

Die nachfolgend dargestellten zivilrechtlichen Prüfungsschemata des BGB AT beruhen einerseits auf von der Rechtsprechung anerkannten Regeln sowie andererseits auf einer etablierten Prüfungssystematik. Gerichtliche Entscheidungsgründe in Aufbau und Gliederung können allerdings mitunter von der hier dargestellten Prüfungsabfolge abweichen.

Verinnerlichen Sie nicht nur die Abläufe, sondern hinterfragen Sie diese stets kritisch und wenden Sie diese mit Augenmaß an. Nur so gelingt eine fundierte, praxisnahe und überzeugende Lösung juristischer Klausuren.

Die gewählte Reihenfolge der nachfolgenden Prüfungsschemata orientiert sich an ihrer praktischen Bedeutung und Häufigkeit in der juristischen Fallbearbeitung. Nach den grundlegendsten Schemata des BGB AT folgen die spezielleren Anspruchsgrundlagen.

Grundlage: Willenserklärung und Vertragsschluss

Jegliche Form des rechtsgeschäftlichen Handelns im Zivilrecht lässt sich – mit ein paar wenigen Ausnahmen – im Kern auf einen Vertragsschluss beziehungsweise das gewollte Zusammenkommen übereinstimmender Willenserklärungen zurückführen. Insofern knüpft nahezu jede klausurtypische Fallgestaltung daran an, ob wirksame Willenserklärungen vorliegen und ob sich diese zu einem Vertragsschluss verdichtet haben. Entsprechend sicher müssen Sie die grundlegenden Strukturen und Prüfungsschritte beherrschen.

In diesem Abschnitt werden Ihnen die maßgeblichen Schemata vermittelt, mit denen Sie Willenserklärungen erfassen und den Vertragsschluss systematisch prüfen können. Ziel ist es, dass Sie die einzelnen Prüfungspunkte nicht nur kennen, sondern in der Klausur strukturiert, präzise und fehlerfrei anwenden.

Prüfungsschema: Willenserklärungen

Die *Willenserklärung* bildet DEN zentralen Baustein des Zivilrechts und ist Grundlage nahezu jedes zivilrechtlichen Vertrags. Sie ist eine auf Herbeiführung eines bestimmten Rechtserfolgs gerichtete private Willensäußerung, deren Rechtsfolgen deshalb eintreten, weil sie gewollt sind und von der Rechtsordnung anerkannt werden.

Für das Verständnis vieler zivilrechtlicher Themen – vom Vertragsschluss bis zur Anfechtung – ist entscheidend, wann eine Willenserklärung vorliegt und welche Voraussetzungen diese erfüllen muss. Wenn Sie diese Grundstrukturen verstehen, können Sie zahlreiche Fallkonstellationen des Zivilrechts systematisch erfassen und rechtlich einordnen.

I. **Wesentliche Bestandteile einer Willenserklärung**

1. **Objektiver (äußerer) Tatbestand**

➔ Der objektive Tatbestand erfordert ein Verhalten, das aus der Sicht eines objektiven Betrachters die Äußerung eines Rechtsbindungswillens darstellt – dies kann entweder ausdrücklich (Worte oder Tun) oder konkludent (schlüssiges Verhalten, z.B. Nicken, Hand heben) erfolgen.

2. **Subjektiver (innerer) Tatbestand**

   ➔ Zurechnung des äußeren (Erklärungs-)Tatbestands durch:

   a. Handlungsbewusstsein

      ➔ Bewusstsein und Wille, zu handeln (fehlt z.B. bei Bewusstlosigkeit, vis absoluta, Reflexbewegungen, Handlungen im Schlaf = keine Willenserklärung)

   b. Erklärungsbewusstsein / Rechtsbindungswille

      ➔ Bewusstsein und Wille, rechtlich relevante Erklärung abzugeben bzw. sich rechtlich binden zu wollen (bei fehlendem Erklärungsbewusstsein erfolgt die Zurechnung der Willenserklärung trotzdem, wenn der Erklärende hätte wissen können, dass sein Verhalten als Willenserklärung aufgefasst wird [»potenzielles Erklärungsbewusstsein«] = Erklärung anfechtbar analog § 119 Abs. 1 BGB, s. *Schema Anfechtung*)

   c. Bestimmter Geschäftswille

      ➔ Wille, ein Geschäft mit einem bestimmten Inhalt zu tätigen (bei fehlendem Geschäftswillen liegt eine Willenserklärung vor, aber Erklärung anfechtbar gem. § 119 Abs. 1 BGB, s. *Schema Anfechtung*)

II. **Rechtsfolge:** Vollständige Willenserklärung liegt vor.

In der Praxis und in Klausuren begegnen Ihnen insbesondere Fragen nach dem Zustandekommen einer Willenserklärung, ihrer Auslegung (s.u.) sowie nach möglichen *Willensmängeln*. Klausurklassiker sind z.B. die *Invitatio ad offerendum*, Reflexbewegungen, ein Handeln im Schlaf oder bei Bewusstlosigkeit, während der Hypnose, mechanischer Zwang oder auch physische Fremdsteuerung (jemand führt die Hand des anderen) – ohne Handlungswille keine Willenserklärung! Ebenso ein Klassiker ist der Sachverhalt der »Trierer Weinversteigerung«, wonach Sie zum Beispiel niemals einem lange nicht gesehenen Freund winken sollten, während gerade eine Versteigerung im Gange ist.

Prüfungsschema: Auslegung von empfangsbedürftigen Willenserklärungen, §§ 133, 157 BGB

»Was will er? Keine Ahnung!« – Erklärungen können in der Praxis häufig missverständlich, unvollständig oder unterschiedlich interpretierbar sein, das kennt jeder. Die Auslegung von Willenserklärungen gehört daher zu den grundlegenden Methoden des Zivilrechts und ist für das Verständnis und die Anwendung zivilrechtlicher Normen unverzichtbar. Sie soll die zentrale Frage beantworten, welchen rechtlichen Inhalt eine abgegebene Erklärung tatsächlich hat.

Grundsätzlich soll der *Empfängerhorizont* geschützt werden, wenn der Wille des Erklärenden und das Verständnis beim Empfänger auseinanderfallen. Maßgeblich ist nicht allein der Wortlaut, sondern mithin der wirkliche Wille der erklärenden Person sowie das Verständnis eines objektiven Empfängers.

I. **Ermittlung des Inhalts von Willenserklärungen,** gem. §§ 133, 157 (analog) BGB

1. **Wortlaut**

   ➔ Auslegung nach dem Wortsinn

   Leitfrage: Was wurde genau gesagt bzw. geschrieben (Wort für Wort)?

2. **Natürliche Auslegung,** gem. § 133 BGB

   ➔ Willensforschung des Erklärenden: Hier wird nur den Erfolgsinteressen des Erklärenden Rechnung getragen, während die Empfängerinteressen unberücksichtigt bleiben (dies ist dann berechtigt, wenn außer dem Erklärenden keine Person vorhanden ist, deren Interessen geschützt werden müssten oder wenn diese im Einzelfall ausnahmsweise nicht schutzbedürftig sind).

   Leitfrage: Was hat der Erklärende mit seiner Erklärung gemeint/gewollt?

3. **Normative Auslegung,** gem. §§ 133, 157 (analog) BGB

   ➔ Objektiver Empfängerhorizont – wenn der Wille des Erklärenden und das, was der Empfänger tatsächlich versteht, auseinanderfallen (Empfänger bzw. Rechtsverkehr ist hier besonders schutzwürdig, da eine missverständliche Erklärung nicht zum Nachteil des Empfängers wirken darf)

   a. Verständnis eines objektiven Erklärungsempfängers nach Treu und Glauben (Wortlaut, Begleitumstände), gem. § 242 BGB

   b. mit Rücksicht auf die Verkehrssitte

   Leitfrage: Wie muss ein objektiver Dritter in der Person des Erklärungsempfängers das Mitgeteilte (mündlich oder schriftlich) verstehen?

4. **Ergänzende Auslegung** (nur bei Rechtsgeschäft)

   ➔ Fehlt bei einem Rechtsgeschäft eine Regelung, wird diese nach dem mutmaßlichen Willen der Parteien und dem Zweck des Vertrags gefüllt (bei Verträgen) / sie setzt jedoch erst ein, nachdem durch natürliche oder normative Auslegung der einzelnen Willenserklärungen ein Vertragsschluss bejaht wurde.

II. **Rechtsfolge**

Prüfungsschema: Wirksamwerden einer empfangsbedürftigen Willenserklärung, §§ 130 ff. BGB

Die Abgabe und der Zugang einer Willenserklärung stellen zentrale Schritte für das wirksame Zustandekommen privatrechtlicher Rechtsgeschäfte dar.

Die *Abgabe* bezeichnet den Moment, in dem der Erklärende seinen rechtsgeschäftlichen Willen derart äußert, dass die Erklärung in den Rechtsverkehr gelangt. Allerdings kann eine empfangsbedürftige Willenserklärung erst dann die beabsichtigte rechtliche Wirkung entfalten, wenn sie dem Erklärungsempfänger auch zugeht. Beim *Zugang* ist entscheidend, wann die Erklärung so in den Machtbereich des Empfängers gelangt ist, dass unter gewöhnlichen Umständen mit der Kenntnisnahme gerechnet werden kann.

In der Praxis kommt es häufig auf die genaue Bestimmung des Zeitpunkts und der Umstände der Abgabe bzw. des Zugangs an, etwa bei mündlichen Erklärungen, elektronischer Kommunikation oder auf durch Boten übermittelte Erklärungen.

I. **Tatbestandsvoraussetzung des Wirksamwerdens einer empfangsbedürftigen Willenserklärung,** gem. §§ 130 ff. BGB

1. **Abgabe**

➔ Eine Abgabe liegt vor, wenn der Erklärende alles Erforderliche getan hat, damit die Willenserklärung ohne weiteres Zutun von seiner Seite wirksam werden kann (sog. endgültig willentliche Entäußerung).

a. Willentliche Entäußerung in den Rechtsverkehr

aa. mündlich: mit Aussprechen der Erklärung

bb. schriftlich: wenn Erklärender alles unternommen hat, dass die schriftliche Erklärung an den Erklärungsempfänger gelangen kann oder ihm das Inverkehrbringen zugerechnet werden kann (z.B. Absenden einer WhatsApp-Nachricht)

cc. mit (Übermittlungs-)Boten: wenn der Bote losgeschickt wurde

b. In Richtung des Erklärungsempfängers/-gegners

c. Mit Zugang der Willenserklärung ist beim Erklärungsempfänger zu rechnen

2. **Zugang**

➔ Eine Willenserklärung geht zu, wenn sie derart in den Machtbereich des Erklärungsempfängers gelangt, dass eine Kenntnisnahme möglich und zu erwarten ist.

a. Unter Anwesenden (mündliche Erklärung)

aa. gem. strenger Vernehmungstheorie (Mindermeinung): Wirksamwerden der Willenserklärung erst mit richtiger, tatsächlicher Kenntnisnahme

bb. gem. eingeschränkter Vernehmungstheorie (herrschende Meinung): Es genügt, dass für den Erklärenden nach den ihm erkennbaren Umständen kein Anlass für Zweifel an einer korrekten Wahrnehmung der Willenserklärung beim Empfänger bestehen.

b. Unter Abwesenden (schriftliche Erklärung)

aa. Bei Erreichen typischer Empfangsvorrichtungen

➔ z.B. Briefkasten, E-Mail-Postfach, Mailbox, zwei graue Haken bei WhatsApp bb. Bei Aushändigung an den Empfangsboten

➔ Hier erfolgt der Zugang zwar nicht sofort, aber wenn unter normalen Umständen mit der Weitergabe an den Empfänger zu rechnen ist, z.B. Ehegatten, Angehörige in der Wohnung, Partner, Putzfrau.

➔ aber nicht: Nachbarn, kleine Kinder = sog. Erklärungsboten (!)

3. **Kein Widerruf der Willenserklärung**

➔ Die Willenserklärung darf vor Zugang oder gleichzeitig nicht widerrufen worden sein, gem. § 130 Abs. 1 S. 2 BGB.

II. **Rechtsfolge:** Willenserklärung wirksam geworden

Eine klausurtypische Fallfrage ist, ob eine nachträgliche Willensänderung zu einer »Rücknahme« der bereits abgegebenen Willenserklärung führt. Gemäß § 130 Abs. 1 S. 2 BGB kann eine einmal wirksam abgegebene Willenserklärung nur durch einen rechtzeitigen Widerruf – vorher oder mindestens gleichzeitig – gegenüber dem Empfänger beseitigt werden. Ein bloßer innerer Sinneswandel genügt nicht.

Auch gilt, wer mit rechtserheblichen Erklärungen rechnen muss, hat nach Treu und Glauben (§ 242 BGB) organisatorisch sicherzustellen, dass ihn solche Erklärungen auch erreichen können. In Klausuren können Ihnen daher typischerweise Problemstellungen zum maßgeblichen Zugangszeitpunkt oder bei einer Zugangsverhinderung bzw. -verzögerung begegnen. Spannend ist in der Klausur vor allem der Zugang zur Unzeit oder im Falle eines Urlaubs.

Beachten Sie, dass in Klausuren gerne auch Problemstellungen im Zusammenhang mit der Geschäftsfähigkeit einer Person gestellt werden (§ 131 BGB).

Prüfungsschema: Zustandekommen eines vertraglichen Anspruchs

Das Zustandekommen eines Vertrags bildet einen zentralen Ausgangspunkt des Zivilrechts und ist Grundlage nahezu aller rechtlicher Beziehungen im Alltag und im Wirtschaftsleben, z.B. der Kaufvertrag (§§ 433 ff. BGB), der Darlehensvertrag (§§ 488 ff. BGB), der Mietvertrag (§§ 535 ff. BGB) und viele mehr. Ein Vertrag entsteht grundsätzlich durch zwei inhaltlich übereinstimmende Willenserklärungen: *Angebot* (bzw. *Antrag*) und *Annahme*. Für deren rechtliche Beurteilung ist dabei maßgeblich, wann eine Erklärung als Angebot zu verstehen ist und unter welchen Voraussetzungen eine wirksame Annahme vorliegt.

In der Klausur müssen Sie das Zustandekommen eines Vertrags meist im Rahmen der Prüfung eines vertraglichen Erfüllungsanspruchs prüfen, etwa aus Kaufvertrag (§ 433 BGB). Im Obersatz müssen Sie dann die einschlägige Anspruchsgrundlage aus dem zugrunde liegenden Vertrag nennen, z.B. »Sebastian Schlau könnte gegen Harald Huber einen Anspruch auf Zahlung des vereinbarten Kaufpreises gem. § 433 Abs. 2 BGB haben. Dies wäre der Fall, wenn ein solcher Anspruch entstanden ist, später nicht wieder erloschen ist und Einreden nicht entgegenstehen.«

I. **Tatbestandsvoraussetzungen eines wirksamen Vertragsschlusses**

1. **Anspruch entstanden**

➔ **zwischen** den Beteiligten ist ein wirksamer Vertrag zustande gekommen:

a. Einigung, gem. §§ 145, 147 BGB

aa. Antrag (Angebot), gem. § 145 BGB

➔ empfangsbedürftige Willenserklärung (muss alle Merkmale einer gültigen Willenserklärung erfüllen)

(1) Willenserklärung (s. *Schema Willenserklärung*)

(i) Objektiver Erklärungstatbestand

(ii) Subjektiver Erklärungstatbestand

(2) Wirksamwerden (s. *Schema Wirksamwerden einer empfangsbedürftigen Willenserklärung*)

(i) Abgabe

(ii) Zugang

(iii) Kein Widerruf

bb. Annahme, gem. § 147 BGB

➔ empfangsbedürftige Willenserklärung

(1) Willenserklärung

(i) Objektiver Erklärungstatbestand

(ii) Subjektiver Erklärungstatbestand

(2) Wirksamwerden

(i) Abgabe

(ii) Zugang

➔ ggf. Entbehrlichkeit des Zugangs, gem. § 151 S. 1, 152 BGB

(iii) Kein Widerruf

(3) Wahrung der Annahmefrist (Rechtzeitigkeit)

- ausdrücklich bestimmt, gem. § 148 BGB, oder
- unter Anwesenden: grundsätzlich sofort, gem. § 147 Abs. 1 BGB
- unter Abwesenden: in üblicher Zeit, gem. § 147 Abs. 2 BGB
- beachte auch: verspätete Annahme nach § 149 BGB

cc. Weitere Voraussetzungen für den Vertragsschluss

(1) Inhaltliche Übereinstimmung von Angebot und Annahme

(2) Bezeichnung aller wesentlichen Vertragspunkte (»essentialia negotii«)

- Vertragsparteien
- Vertragsgegenstand
- Vertragspreis

b. Keine Wirksamkeitshindernisse (rechtshindernde Einwendungen)

Beispiele:

- Geschäftsunfähigkeit, gem. § 105 BGB
- Beschränkte Geschäftsfähigkeit, gem. § 108 Abs. 1 BGB
- Formnichtigkeit, gem. § 125 S. 1 BGB
- Gesetzes- bzw. Sittenwidrigkeit, gem. §§ 134, 138 BGB

2. **Anspruch nicht erloschen** (rechtsvernichtende Einwendungen)

Beispiele:

- Anfechtung der jeweiligen Willenserklärung, gem. § 142 Abs. 1 BGB
- Bewirken der geschuldeten Leistung, gem. § 362 Abs. 1 BGB
- Unmöglichkeit der geschuldeten Leistung, gem. § 275 Abs. 1 BGB
- Abschluss eines Aufhebungsvertrags, gem. § 311 Abs. 1 BGB

3. **Keine Einreden (rechtshemmende Einreden)**

Beispiele:

- Einrede des nichterfüllten Vertrags, gem. § 320 Abs. 1 BGB
- Einrede der Verjährung, gem. § 214 Abs. 1 BGB
- Einrede des Zurückbehaltungsrechts, gem. § 273 Abs. 1, 2 BGB

II. **Rechtsfolge:** Entstehung eines wirksamen Vertrags

In der Praxis und in Klausuren ergeben sich häufig Fallstricke bei Abgrenzungsfragen, etwa bei unverbindlichen Erklärungen, verspäteten Annahmen, Widerruf der Erklärung oder Änderungen im Annahmeschreiben. Sie sollten deshalb die Grundstrukturen kennen, um Vertragsverhältnisse rechtlich zutreffend einordnen zu können.

Prüfungsschema: Anfechtung, § 142 Abs. 1 BGB

Die Zeit kann man bekanntlich nicht zurückdrehen. Aber: Die *Anfechtung* ermöglicht es, eine zunächst wirksam abgegebene Willenserklärung unter bestimmten Voraussetzungen nachträglich zu beseitigen. Sie dient dem Schutz derjenigen Person, deren Erklärung aufgrund eines Irrtums, einer arglistigen Täuschung oder einer widerrechtlichen Drohung zustande gekommen ist. Durch die Anfechtung wird das Rechtsgeschäft grundsätzlich rückwirkend als von Anfang an (*ex tunc*) unwirksam behandelt.

In der Praxis müssen Sie insbesondere prüfen, ob ein gesetzlich anerkannter Anfechtungsgrund vorliegt und ob die Anfechtung fristgerecht erklärt wurde. Die Anfechtungsvoraussetzungen sind für die rechtliche Beurteilung vieler zivilrechtlicher Fallgestaltungen von zentraler Bedeutung. Machen Sie sich vor der Klausur damit vertraut!

I. **Tatbestandsvoraussetzung der Anfechtung,** gem. § 142 Abs. 1 BGB

1. **Anwendbarkeit** der §§ 119 ff. BGB

   a. alle Willenserklärungen

   b. analog auf geschäftsähnliche Handlungen und/oder auf Schweigen mit Erklärungswirkung

   c. nicht: Realakte und Rechtscheintatbestände

2. **Zulässigkeit der Anfechtung**

   a. nicht: bei Bestätigung, gem. § 144 BGB

   b. nicht: bei Arbeitsverträgen, Anfechtung wird durch Kündigung verdrängt bzw. wirkt nur *ex nunc* (»ab jetzt«)

3. **Anfechtungsgrund**

   a. Inhalts- und Erklärungsirrtum, gem. § 119 Abs. 1 BGB

   aa. Vorliegen eines Irrtums

   ➔ Unbewusstes Auseinanderfallen des objektiv Erklärten (Auslegung) und subjektiv Gewollten (Geschäftswille) im maßgeblichen Zeitpunkt der Abgabe der Willenserklärung.

   (1) Erklärungsirrtum, gem. § 119 Abs. 1 Alt. 2 BGB

   ➔ Ein Erklärungsirrtum liegt vor, wenn schon das äußere Erklärungszeichen nicht dem Willen des Erklärenden entspricht, z.B. versprechen, verschreiben oder vergreifen.

   (2) Inhaltsirrtum, gem. § 119 Abs. 1 Alt. 1 BGB

   ➔ Ein Inhaltsirrtum liegt vor, wenn der Erklärende zwar weiß, was er sagt, aber nicht, was er damit sagt.

   (i) Vorstellung des Erklärenden erscheint im Tatbestand der Willenserklärung (Bestandteil des Geschäftswillens)

   (ii) Irrtum betrifft nicht lediglich den Bereich der Motivation (Abgrenzung vom unbeachtlichen Motivirrtum) bb. Erheblichkeit des Irrtums

➔ Der Irrtum muss subjektiv kausal und objektiv erheblich gewesen sein.

b. Eigenschaftsirrtum, gem. § 119 Abs. 2 BGB

aa. Irrtum über eine verkehrswesentliche Eigenschaft der Person oder Sache

(1) Eigenschaft

➔ Alle wertbildenden Faktoren (natürliche Beschaffenheit, Umweltbeziehungen rechtlicher, wirtschaftlicher oder tatsächlicher Art).

(i) unmittelbar anhaftend

(ii) gegenwärtig und auf Dauer vorhanden

(iii) für die Wertschätzung von Bedeutung

(iv) <u>nicht</u>: Marktpreis (= keine Eigenschaft)

(2) einer Person oder Sache

(i) Person: Erklärende, Geschäftspartner, u.U. Dritte (Bürge)

(ii) Sache: weit zu verstehen, d.h. körperliche Gegenstände und Rechte

(3) Verkehrswesentlichkeit

(i) Rein objektive Bestimmung

➔ Wird allein objektiv bzw. anhand der Verkehrsauffassung bestimmt, d.h. losgelöst vom konkreten Rechtsgeschäft.

(ii) Lehre vom geschäftlichen Eigenschaftsirrtum

➔ Die Eigenschaft muss im Rechtsgeschäft entweder ausdrücklich oder konkludent vereinbart worden sein (verkehrswesentlich = vertragswesentlich).

(iii) Fall: ausnahmsweise beachtlicher Motivirrtum

➔ Die Eigenschaft ist verkehrswesentlich, wenn sie objektiv (nach der Verkehrsanschauung/-auffassung) konkret, d.h. für diese Art von Rechtsgeschäft, relevant ist.

bb. Erheblichkeit des Irrtums, gem. § 119 Abs. 2 i.V.m. § 119 Abs. 1 Hs. 2 BGB

c. Arglistige Täuschung, gem. § 123 Abs. 1 Alt. 1 BGB

aa. Täuschungshandlung

➔ Täuschung ist jedes Verhalten, das darauf abzielt, bei einem anderen eine unrichtige Vorstellung über Tatsachen (Irrtum) hervorzurufen, zu bestärken oder zu unterhalten.

(1) durch positives Tun, oder

(2) durch Unterlassen (<u>nur</u> wenn Informationspflicht bestand):

(i) auf zulässige Fragen wurde unrichtig und unvollständig geantwortet, oder

(ii) Umstände wurden nicht offenbart, die für den Erklärenden aus Sicht des Erklärungsempfängers erkennbar von entscheidender Bedeutung sind und über die nach der Verkehrsauffassung eine Aufklärung erwartet werden darf.

bb. Kausalität der Täuschungshandlung für die Abgabe der Willenserklärung

➔ Die Willenserklärung wäre ohne die Täuschung nicht oder nicht so abgegeben worden.

cc. Arglist

➔ Es genügt Vorsatz, d.h. das Bewusstsein, dass der Getäuschte die Willenserklärung ohne die Täuschung nicht oder nicht so abgegeben hätte (Veranlassungsvorsatz).

dd. Kein Ausschluss des § 123 Abs. 1 BGB, gem. § 123 Abs. 2 BGB

(1) Täuschung durch Dritten

➔ Dritter i.S.d. § 123 Abs. 2 BGB ist nur derjenige, der am Geschäft gänzlich unbeteiligt ist, nicht wer aufseiten des Erklärungsgegners steht und maßgeblich am Zustandekommen des Vertrags mitgewirkt hat (z.B. Vertreter, Vertrauensperson).

(2) Kenntnis des Erklärungsgegners

➔ Positive Kenntnis von Täuschung oder hätte kennen müssen.

d. Widerrechtliche Drohung, gem. § 123 Abs. 1 Alt. 2 BGB

aa. Drohung

➔ Inaussichtstellen eines zukünftigen Übels (Nachteil), auf dessen Eintritt der Drohende Einfluss zu haben vorgibt.

bb. Widerrechtlichkeit

(1) Widerrechtlichkeit des Mittels, oder

➔ Das angedrohte Übel ist rechtswidrig (z.B. Gewalt, Sachbeschädigung o.Ä.).

(2) Widerrechtlichkeit des Zwecks, oder

➔ Das angestrebte Ziel ist rechtswidrig (z.B. Erpressung von Geld).

(3) Widerrechtlichkeit der Zweck-Mittel-Relation

➔ Mittel und Zweck sind für sich zulässig, aber die Verknüpfung ist unangemessen (z.B. »Unterschreibe Vertrag oder ich zeige dich an«).

cc. Kausalität zwischen widerrechtlicher Drohung und Willenserklärung

➔ Die Drohung war ursächlich für die Abgabe der Willenserklärung.

dd. Vorsatz

➔ Der Drohende handelte mit Drohungsvorsatz (bewusste Willensbeeinflussung).

e. Übermittlungsirrtum, gem. § 120 BGB

aa. Übermittlung einer Willenserklärung durch einen (Erklärungs-)Boten oder ein technisches System

➔ Der Erklärende gibt die Willenserklärung beim Erklärungsgegner nicht selbst und direkt ab, sondern verwendet Boten oder eine technische Einrichtung.

bb. Unbewusst unrichtige Übermittlung

➔ Der Bote hat die Erklärung unbewusst falsch weitergegeben oder das technische System hat fehlerhaft übermittelt.

Wichtig: Übermittelt der Bote die Nachricht bewusst falsch, gelten die §§ 177 ff. BGB analog.

4. **Anfechtungserklärung des Anfechtungsberechtigten gegenüber dem richtigen Gegner**, gem. § 143 BGB

5. **Wahrung der Anfechtungsfrist**

a. Differenzierte Fristen je Anfechtungsgrund

aa. bei §§ 119, 120 BGB: Unverzüglich ab Kenntniserlangung des Irrtums, gem. § 121 BGB

➔ ohne schuldhaftes Zögern

bb. bei arglistiger Täuschung (§ 123 Abs. 1 Alt. 1 BGB): 1 Jahr ab Kenntnis der Täuschung, gem. § 124 Abs. 1, und Abs. 2 S. 1 Hs. 1 BGB, oder

cc. bei widerrechtlicher Drohung (§ 123 Abs. 1 Alt. 2 BGB): 1 Jahr ab Wegfall der Zwangslage, gem. § 124 Abs. 1, 2 S. 1 Hs. 2 BGB

b. Zwischen Abgabe der Willenserklärung und Kenntniserlangung des Irrtums bzw. der Täuschung oder Wegfalls der Zwangslage sind keine 10 Jahre verstrichen.

II. **Rechtsfolge:** Wirksame Anfechtung / Rechtsgeschäft von Anfang an unwirksam

In Klausuren zur Anfechtung bereitet vielen Studierenden die präzise Zuordnung des Anfechtungsgrundes Schwierigkeiten, etwa die Abgrenzung zwischen Erklärungs- und Inhaltsirrtum (§ 119 Abs. 1 BGB) oder zum bloßen Motivirrtum, der grundsätzlich unbeachtlich bleibt.

Achten Sie außerdem auf Folgendes:

- ✔ Beachten Sie in der Klausur, dass ein Irrtum über verkehrswesentliche Eigenschaften (§ 119 Abs. 2 BGB) nur unter engen Voraussetzungen vorliegt und nicht jede Fehlvorstellung über wirtschaftliche Umstände erfasst.
- ✔ Verlieren Sie keine wertvollen Punkte dadurch, dass Sie Anfechtungsfrist (§§ 121, 124 BGB) und Anfechtungserklärung (§ 143 BGB) nicht gesondert und sauber prüfen.
- ✔ Denken Sie auch immer an die Möglichkeit eines Schadensersatzanspruchs nach § 122 BGB.

Stellvertretung

Ein ebenso grundlegendes Instrument des BGB AT ist die *Stellvertretung* (§§ 164 ff. BGB). Sie ermöglicht es, dass ein Vertragsschluss durch eine andere Person vorgenommen werden kann und dennoch unmittelbar für und gegen den Vertretenen wirkt. Die Stellvertretung ist damit ein zentrales Instrument arbeitsteiligen Handelns im Zivilrecht und in der Klausur regelmäßig ein beliebter Prüfungsbaustein.

In diesem Abschnitt werden Ihnen die wesentlichen Prüfungsschemata der Stellvertretung dargestellt. Ziel ist es, dass Sie die grundlegenden Voraussetzungen kennenlernen und typische Problemkonstellationen – etwa im Hinblick auf Vertretungsmacht und Offenkundigkeit – in der Klausur strukturiert anwenden können.

Prüfungsschema: Stellvertretung, §§ 164 ff. BGB

Da man nicht an zwei Orten gleichzeitig sein kann, ermöglicht es die *Stellvertretung*, dass Rechtsgeschäfte durch einen Vertreter mit unmittelbarer Wirkung für und gegen den Vertretenen vorgenommen werden können. Sie ist ein wesentliches Instrument des modernen Rechts- und Wirtschaftsverkehrs, in dem Handlungen häufig arbeitsteilig erfolgen. Für das wirksame Handeln eines Vertreters ist ein Handeln im Namen des Vertretenen notwendig und es muss eine Vertretungsmacht vorliegen.

Bei der Stellvertretung werden Ihnen oft Fragen nach Umfang und Grenzen der Vertretungsmacht sowie nach den Rechtsfolgen fehlender oder überschrittener Vertretungsmacht begegnen. Schauen Sie sich also die Stellvertretungsregeln genau an, um Fallkonstellationen des Zivilrechts rechtlich zutreffend zu beurteilen.

I. **Tatbestandsvoraussetzung der Stellvertretung,** gem. §§ 164 ff. BGB

1. **Anwendbarkeit der Stellvertretungsregeln**

   ➔ Ausgeschlossen bei höchstpersönlichen Rechtsgeschäften, z.B. Eheschließung (§ 1311 S. 1 BGB) oder Testament (§§ 2064, 2247 Abs. 1 BGB).

2. **Eigene Willenserklärung des Vertreters**

   ➔ Wichtig: Abgrenzung zum Boten, der nur eine fremde Willenserklärung überbringt.

3. **In fremden Namen** (für den Vertretenen)

   a. Offenkundigkeitsprinzip

      → Ausdrücklich oder konkludent (aus den Umständen) erkennbar, wer hier vertreten werden soll, vgl. § 164 Abs. 1 S. 2 BGB.

   b. Ausnahmen vom Offenkundigkeitsprinzip

   aa. Unternehmensbezogenes Geschäft: Bei unternehmensbezogenen Geschäften geht der Wille der Parteien im Zweifel dahin, dass der Betriebsinhaber Vertragspartner werden soll.

bb. »Geschäft für den, den es angeht«

(a) dem Dritten ist es gleichgültig, wer Vertragspartner ist

(b) Vertreterwille

4. **Mit Vertretungsmacht**

a. Rechtsgeschäftliche Vertretungsmacht

Beispiele

- Innenvollmacht ggü. Vertreter, gem. § 167 Abs. 1 Alt.1 BGB
- Außenvollmacht ggü. Drittem, gem. § 167 Abs. 1 Alt. 2 BGB
- Prokura, gem. §§ 48 ff. HGB
- Handlungsvollmacht, gem. § 54 HGB

b. Gesetzliche Vertretungsmacht

Beispiele

- Eltern, gem. §§ 1626, 1629 BGB
- Geschäftsführer einer GmbH, gem. § 35 Abs. 1 GmbHG

c. Kraft Rechtsschein: Anscheins- oder Duldungsvollmacht

aa. Keine vertragliche oder gesetzliche Vertretungsmacht

bb. Vertreter setzt Rechtsschein einer ordentlichen Bevollmächtigung

cc. Zurechenbare Veranlassung des Scheins durch den Vertretenen

(1) Anscheinsvollmacht

➔ Der Vertretene kennt das Verhalten des Vertreters nicht, hätte es aber wohl erkennen und verhindern können.

(2) Duldungsvollmacht

➔ Der Vertretene kennt das Verhalten des Vertreters und duldet es.

dd. Vertrauen des Dritten auf Rechtsschein einer Bevollmächtigung

d. Trotz fehlender Vertretungsmacht ➔ vorerst schwebend unwirksam

aa. Kein Widerruf durch (anderen) Vertragspartner vor Genehmigung des Vertretenen, gem. § 178 Abs. 1 BGB

bb. Genehmigung des Vertretenen (nachträgliche Zustimmung), gem. §§ 177 Abs. 1, 184 BGB

5. **Kein Missbrauch der Vertretungsmacht**

a. Kollusion

➔ Arglistiges Zusammenwirken des Vertreters und des anderen Vertragspartners zum Nachteil des Vertretenen.

b. Kein sonstiger Missbrauch, der für den (anderen) Vertragspartner offensichtlich ist oder unschwer zu erkennen ist

→ z.B. erkennbar außerhalb der Vertretungsbefugnis

II. **Rechtsfolge:** Wirksames Rechtgeschäft für und gegen den Vertretenen

Achten Sie in Klausuren zur Stellvertretung darauf, neben der eigenen Willenserklärung des Vertreters das Offenkundigkeitsprinzip (Handeln im Namen des Vertretenen) ausdrücklich festzustellen; problematisch sind vor allem unternehmensbezogene Geschäfte oder Bargeschäfte des täglichen Lebens. Klausuren enthalten oft Konstellationen der Vertretung ohne Vertretungsmacht, aber aufgrund Rechtsschein (Anscheins- oder Duldungsvollmacht), oder gänzlich ohne Vertretungsmacht, etwa bei Überschreiten einer Vollmacht oder bei fehlender Bevollmächtigung, siehe hierzu auch das folgende Schema (Haftung des Vertreters ohne Vertretungsmacht).

Prüfungsschema: Haftung des Vertreters ohne Vertretungsmacht, § 179 Abs. 1 BGB

Handelt eine Person als Vertreter, ohne über die erforderliche Vertretungsmacht zu verfügen, stellt sich die Frage nach den rechtlichen Folgen dieses Handelns. § 179 BGB regelt in solchen Fällen die Haftung des »Vertreters ohne Vertretungsmacht« (*falsus procurator*) gegenüber dem Vertragspartner.

Die Norm dient dem Schutz des Vertrauens des Geschäftspartners darauf, dass der Handelnde tatsächlich zur Vertretung berechtigt ist. In der Klausur bzw. Praxis müssen Sie deshalb insbesondere klären, ob die Vertretungsmacht irrtümlich angenommen oder bewusst überschritten wurde.

I. **Haftungstatbestandsvoraussetzung des falschen Vertreters,** gem. § 179 Abs. 1 BGB

1. **Abschluss eines Vertrags als Vertreter ohne Vertretungsmacht**

   → kein wirksames Rechtgeschäft für und gegen den Vertretenen, s.o. *Schema der Stellvertretung*, gem. §§ 164 ff. BGB

2. **Keine Genehmigung (nachträgliche Zustimmung) des Rechtsgeschäfts durch den Vertretenen,** gem. §§ 177, 184 BGB

3. **Eigene Kenntnis des Vertreters vom Fehlen seiner Vertretungsmacht**

   → Umkehrschluss aus § 179 Abs. 2 BGB

4. **Kein Haftungsausschluss**

   a. Der andere Vertragspartner kannte den Mangel der Vertretungsmacht oder hätte diesen erkennen müssen, gem. § 179 Abs. 3 S. 1 BGB

   b. Beschränkte Geschäftsfähigkeit des Vertreters

   → Es sei denn, er handelte mit Zustimmung seines gesetzlichen Vertreters.

II. **Rechtsfolge:** Vertragspartner kann vom Vertreter ohne Vertretungsmacht Erfüllung oder Schadensersatz verlangen (Wahlrecht)

Durch § 179 Abs. 2 BGB verbessert der Vertreter ohne Vertretungsmacht seine Rechtsstellung gegenüber der oben dargestellten Regelung des § 179 Abs. 1 BGB: Wenn die Voraussetzungen des § 179 Abs. 1 BGB vorliegen, der Vertreter den Mangel seiner Vertretungsmacht bei Abschluss des Geschäfts aber nicht kannte, haftet er lediglich auf Ersatz des Vertrauensschadens bis zur Höhe des Erfüllungsschadens.

Wirksamkeitshindernisse eines Vertrags

Nicht jeder Vertrag, der auf den ersten Blick wirksam zustande gekommen ist, entfaltet formaljuristisch auch seine volle rechtliche Wirkung. Vielmehr kann seine Wirksamkeit an verschiedenen rechtlichen Hindernissen scheitern, etwa bei der Frage der Geschäftsfähigkeit der beteiligten Personen (§§ 104 ff. BGB), aufgrund gesetzlicher Verbote (§§ 134 ff. BGB), Sittenwidrigkeit oder Wucher (§ 138 BGB). Für die Klausur ist daher entscheidend, dass Sie derartige Wirksamkeitshindernisse frühzeitig erkennen und systematisch in Ihrer Prüfung verankern.

In diesem Abschnitt lernen Sie die zentralen Fallgruppen relevanter vertraglicher Wirksamkeitshindernisse kennen. Ziel ist es, dass Sie die maßgeblichen Tatbestandsvoraussetzungen sicher erfassen und typische Fallkonstellationen in der Klausur strukturiert anwenden können.

Prüfungsschema: Geschäftsunfähigkeit, §§ 104, 105 BGB

Die Geschäftsunfähigkeit begrenzt die Fähigkeit einer Person, wirksam am Rechtsverkehr teilzunehmen und eigenständig Rechtsgeschäfte vorzunehmen. Als geschäftsunfähig gelten Kinder unter sieben Jahren sowie Personen, die sich dauerhaft oder vorübergehend in einem Zustand krankhafter Störung oder Abwesenheit der Geistestätigkeit befinden.

Die Regelungen zu Geschäftsunfähigkeit dienen dem Schutz der betroffenen Personen sowie der Rechtssicherheit im Rechtsverkehr. In der Praxis stellt sich dabei häufig die Frage, unter welchen Voraussetzungen Geschäftsunfähigkeit vorliegt und welche Rechtsfolgen sich daraus für bereits abgegebene Erklärungen ergeben.

I. **Tatbestandsvoraussetzung der Geschäftsunfähigkeit,** gem. §§ 104, 105 BGB

1. **Minderjährige Person unter sieben Jahren,** gem. § 104 Nr. 1 BGB, oder
2. **Geisteskranke Person,** gem. § 104 Nr. 2 BGB, oder
3. **Vorübergehend geistesgestörte oder bewusstlose Person,** gem. § 105 Abs. 2 BGB

4. **Sonderregelung: Geschäfte des täglichen Lebens,** gem. § 105a BGB
   a. Nicht volljährig Geschäftsunfähiger
   b. Kein alltägliches Geschäft
   c. Leistung und Gegenleistung werden nicht tatsächlich bewirkt
   d. Keine geringwertigen Mittel
   e. Gefahr für das Vermögen des Geschäftsunfähigen

II. **Rechtsfolge:** Willenserklärung nichtig

In Klausuren ist häufig eine vorübergehende Abwesenheit der Geistestätigkeit Thema, z.B. aufgrund von Bewusstlosigkeit oder abnormal starker Trunkenheit. Beachten Sie bei volljährig Geschäftsunfähigen die Vorschrift des § 105a BGB, nach der das Geschäft ausnahmsweise und lediglich in Bezug auf Leistung und Gegenleistung wirksam sein kann.

Prüfungsschema: Beschränkte Geschäftsfähigkeit, §§ 106 ff. BGB

Die beschränkte Geschäftsfähigkeit betrifft insbesondere Minderjährige zwischen sieben und achtzehn Jahren und bestimmt, in welchem Umfang sie wirksam Rechtsgeschäfte vornehmen können. Die Vorschriften der §§ 106 ff. BGB verfolgen das Ziel, Minderjährige vor rechtlichen und wirtschaftlichen Nachteilen zu schützen, ohne sie vollständig vom Rechtsverkehr auszuschließen.

In der Praxis spielen bei der beschränkten Geschäftsfähigkeit vor allem die Einwilligung (§ 183 S. 1 BGB) oder Genehmigung (§ 184 Abs. 1 BGB) der gesetzlichen Vertreter sowie besondere Ausnahmen eine Rolle. Sie sollten die Grundsätze verstehen, um Rechtsgeschäfte Minderjähriger rechtlich beurteilen zu können.

I. **Tatbestandsvoraussetzung der beschränkten Geschäftsfähigkeit,** gem. §§ 106 ff. BGB

1. **Minderjährige Person ab sieben Jahren** (bis zur Vollendung des 18. Lebensjahrs, § 2 BGB), gem. § 106 BGB

2. **Geschäft ist lediglich rechtlich vorteilhaft,** gem. § 107 BGB

   ➔ Durch das Rechtsgeschäft dürfen keine persönlichen Pflichten begründet oder vorhandenen Rechte des Minderjährigen aufgehoben oder gemindert werden, z.B. rein vorteilhafte Schenkung von Geld.

3. **Einwilligung des gesetzlichen Vertreters** (vorherige Zustimmung), gem. §§ 107 Alt. 2, 183 S. 1 BGB

4. **Genehmigung des gesetzlichen Vertreters** (nachträgliche Zustimmung), gem. § 108 Abs. 1, 184 Abs. 1 BGB

   a. Genehmigungsfähigkeit des Rechtsgeschäfts

      ➔ nicht: falls die Genehmigung bereits verweigert worden ist oder als verweigert gilt, gem. § 108 Abs. 2 S. 2 BGB

   b. Genehmigung durch den gesetzlichen Vertreter, gem. §§ 1626 Abs. 1, 1629 Abs. 1 BGB

   c. Genehmigung durch den inzwischen volljährigen Minderjährigen selbst, gem. § 108 Abs. 3 BGB

5. **Ausnahme: »Taschengeldparagraf«,** gem. § 110 BGB

   a. Bewirkung der Leistung durch Minderjährigen

   b. Ausschließlich mit eigenen Mitteln zu diesem Zweck oder zur freien Verfügung

   c. Mittel wurden dem Minderjährigen vom gesetzlichen Vertreter oder mit Zustimmung des gesetzlichen Vertreters von einem Dritten überlassen

II. **Rechtsfolge:** Rechtsgeschäft wirksam

In Klausuren zur beschränkten Geschäftsfähigkeit werden Sie vermutlich bestimmen müssen, ob ein Rechtsgeschäft für den Minderjährigen rechtlich vorteilhaft ist (§ 107 BGB). Kniffelig ist vor allem die Abgrenzung, ob und wann ein Geschäft rechtliche Verpflichtungen begründet, auch wenn es wirtschaftlich sinnvoll erscheint. Häufig prüfungsrelevant sind zudem die besonderen Vorschriften des § 111 BGB (einseitiges Rechtsgeschäft ohne Einwilligung) bzw. der *partiell unbeschränkten Geschäftsfähigkeit* gem. § 112 BGB (Betrieb eines Erwerbsgeschäfts) sowie § 113 BGB (Dienst- oder Arbeitsverhältnis).

Prüfungsschema: Sittenwidrigkeit, § 138 Abs. 1 BGB

Die Sittenwidrigkeit nach § 138 Abs. 1 BGB bildet eine wichtige Grenze der Privatautonomie und dient vornehmlich dem Schutz grundlegender Wertungen der Rechts- und Sozialordnung. Maßgeblich ist, ob Inhalt, Zweck oder Gesamtcharakter eines Rechtsgeschäfts nach dem Anstandsgefühl aller billig und gerecht Denkenden als »untragbar« erscheinen (Definition).

Die Prüfung der Sittenwidrigkeit erfordert stets eine wertende Betrachtung der konkreten Umstände des Einzelfalls.

I. **Tatbestandsvoraussetzung der Sittenwidrigkeit,** gem. § 138 Abs. 1 BGB

1. **Subsidiaritätsprinzip**

   ➔ Spezialregelungen sind vorrangig anwendbar, z.B. Wucher (§ 138 Abs. 2 BGB), gesetzliches Verbot (§ 134 BGB) oder Anfechtung wg. Täuschung oder Drohung (§ 123 BGB).

2. **Verstoß des Rechtsgeschäftes gegen die guten Sitten (objektive Voraussetzung)**

   → Die Sittenwidrigkeit kann sich aus dem Inhalt oder dem Gesamtcharakter des Rechtsgeschäftes ergeben.

3. **Kenntnis bzw. grob fahrlässige Unkenntnis der die Sittenwidrigkeit begründenden Umstände**

   → Eine verwerfliche Gesinnung ist nicht erforderlich, auch muss den Vertragsparteien die Sittenwidrigkeit nicht zwingend bekannt sein, es genügt bereits die grob fahrlässige Unkenntnis derjenigen Umstände, die zur Bewertung der Sittenwidrigkeit führen.

II. **Rechtsfolge:** Rechtsgeschäft unwirksam

Prüfungsschema: Wucher, § 138 Abs. 2 BGB

Der Wucher nach § 138 Abs. 2 BGB ist ein Sonderfall der Sittenwidrigkeit und führt deshalb ebenfalls zur Nichtigkeit des betreffenden Rechtsgeschäfts. Die Vorschrift hat eine wichtige Schutzfunktion im Zivilrecht: Sie soll verhindern, dass wirtschaftlich oder persönlich unterlegene Personen durch besonders nachteilige Vertragsbedingungen ausgebeutet werden. Häufig geht es um ein auffälliges Missverhältnis zwischen Leistung und Gegenleistung sowie um die bewusste Ausnutzung einer Zwangslage, von Unerfahrenheit oder einer erheblichen Willensschwäche des Vertragspartners.

Typische Beispiele für Wucher sind krass überhöhte Darlehenszinsen oder andere wirtschaftlich stark belastende Verträge.

I. **Tatbestandsvoraussetzung des Wuchers**, gem. § 138 Abs. 2 BGB

1. **Objektive Voraussetzungen**

   → Im Rahmen eines gegenseitigen Vertrags ist objektiv bzw. anhand der Verkehrsauffassung ein besonders grobes Missverhältnis zwischen der Leistung und der Gegenleistung erforderlich.

   a. Gegenseitiger Vertrag

      → Herausarbeitung der Vertragsart sowie der konkreten Leistungspflichten.

   b. Auffälliges Missverhältnis zwischen Leistung und Gegenleistung

      → Feste Grenzen zur Beurteilung eines Missverhältnisses bestehen nicht, vielmehr kommt es auf alle Umstände des Einzelfalls an.

   c. Schwächesituation des Bewucherten

      → Der Bewucherte muss sich objektiv bzw. anhand der Verkehrsauffassung in einer Schwächesituation im Verhältnis zu seinem Vertragspartner befinden (geschäftliche Unerfahrenheit genügt nicht!).

2. **Ausbeutung der Schwächesituation (subjektive Voraussetzung)**

   ➔ Der Vertragspartner muss die Schwächesituation des Bewucherten bewusst ausnutzen.

II. **Rechtsfolge:** Rechtsgeschäft unwirksam

Gute Geschäfte (z.B. objektiv hoher Kaufpreis aufgrund guter Verhandlungsgeschicke des Verkäufers) oder Geschäfte mit Liebhaberpreisen (z.B. Bereitschaft des Käufers zur Bezahlung eines objektiv viel zu hohen Preises) sind regelmäßig kein Wucher.

IN DIESEM KAPITEL

- Vertragserfüllung
- Schadensersatz
- Culpa in Contrahendo
- Unmöglichkeit

Kapitel 2
Schuldrecht

Tobias Huep

Das Schuldrecht enthält einen Allgemeinen und einen Besonderen Teil.

Das Allgemeine Schuldrecht enthält Regelungen, die für alle Schuldverhältnisse gelten. Es ist daher – ähnlich wie der in Kapitel 1 dargestellte Allgemeine Teil des BGB – quasi »vor die Klammer« des Zivilrechts gezogen und hat einen sehr breiten Anwendungsbereich. Deshalb enthalten Klausuren aus dem BGB regelmäßig Bezüge zum Schuldrecht Allgemeiner Teil.

Detaillierte Kenntnisse im Schuldrecht sind unerlässlich, um sich rechtssicher im gesamten Bürgerlichen Recht und seinen Nebengebieten zu bewegen. Sie sind daher gut beraten, sich mit den nachfolgenden Schemata intensiv zu beschäftigen.

Allgemeiner Teil

Hier lernen Sie die wichtigsten Prüfungsschemata des Allgemeinen Teils des Schuldrechts kennen.

Die Schemata helfen Ihnen bei der Lösung Ihrer Prüfungsaufgaben, systematisch und damit nachvollziehbar und logisch vorzugehen. Denken Sie bitte stets daran, dass Schemata nur Orientierungshilfen sind. Jede Prüfungsaufgabe hat regelmäßig einen oder mehrere (Problem-)Schwerpunkte, die Sie anhand der Hinweise im Sachverhalt erkennen müssen und diese intensiver und breiter behandeln müssen!

Die schuldrechtlichen Schemata orientieren sich an der allgemein anerkannten Prüfungssystematik.

Prüfungsschema zum Anspruch auf Erfüllung eines Vertrags

Der Anspruch auf Erfüllung eines Vertrags (der *Primäranspruch*, vgl. § 241 Abs. 1 BGB) ist der häufigste schuldrechtliche Anspruch.

In der Falllösung geht es meist um juristische Probleme, die einer erfolgreichen Vertragserfüllung entgegenstehen. Dies kann die Unmöglichkeit, der Verzug oder die mangelhafte Leistung sein. Aus diesen Leistungsstörungen wiederum können sich Folgeansprüche (*Sekundäransprüche*), z.B. auf Schadensersatz ergeben.

I. **Anspruchsgrundlage für die vertragliche Leistung**

1. **Bestimmung des Vertragstyps**

   a. Ermittlung der vertragsprägenden Hauptleistungspflichten:

   aa. Übereignung einer Sache (Kauf und Schenkung)

   bb. Gebrauchsüberlassung (Miete, Pacht, Leihe)

   cc. Geldzahlungen (Kaufpreis, Mietzins, Werklohn, Arbeitsentgelt)

   dd. Tatsächliche Handlungen (Arbeits- oder Dienstleistungen)

   b. Zuordnung zu einem der gesetzlich geregelten Vertragstypen

   c. Zuordnung zu einem gesetzlich nicht geregelten Vertragstyp »sui generis« (z.B. Franchise- oder Leasingvertrag)

2. **Welche Norm regelt die geschuldete Leistung?**

   a. Leistungsanspruch auf Erfüllung (= Primärleistung, z.B. § 433 Abs. 1 und 2 BGB)

   b. Nebenleistungspflichten (z.B. Abnahme der Kaufsache gem. § 433 Abs. 2 BGB)

   c. Ansprüche auf Nacherfüllung bei mangelhafter Leistung (z.B. Nachbesserung gem. § 437 Nr. 1 BGB)

   d. Nebenpflichten auf Rücksichtnahme auf die Interessen der anderen Partei folgen aus § 241 Abs. 2 BGB

3. **Bestimmung der Schuldart**

   a. Leistungsort (§ 269 BGB) als Ort der Vornahme der Leistungshandlung – abzugrenzen vom Erfolgsort, an dem die Erfüllung (§ 362 BGB) eintritt:

aa. Holschuld (§ 269 Abs. 1 BGB): Leistungshandlung ist das Bereitstellen der Leistung zur Abholung am Wohn- oder Geschäftssitz des Schuldners und Aufforderung zur Abholung (Leistungsort = Erfolgsort).

bb. Bringschuld: Leistungshandlung ist Anbieten der Leistung am Wohn- oder Geschäftssitz des Gläubigers (Leistungsort = Erfolgsort).

cc. Schickschuld: Leistungshandlung ist die Übergabe des Leistungsgegenstands an die Transportperson (Leistungsort und Erfolgsort fallen auseinander) – beachte die Auslegungsregel in § 269 Abs. 3 BGB!

b. Stück- oder Gattungsschuld:

aa. Bei der Stückschuld beschränkt sich die Leistungspflicht auf einen einzelnen, unvertretbaren (= nicht austauschbaren) Gegenstand; die Stückschuld ist der gesetzliche vorgesehene Regelfall der Schuldarten.

bb. Bei der Gattungsschuld (§ 243 BGB) ist ein Teil oder eine Teilmenge aus einer nach bestimmten Merkmalen bestimmten Gattung zu leisten. Die Teilmenge muss mindestens durchschnittliche Qualität aufweisen (§§ 243 Abs. 1 BGB, 360 HGB).

cc. Die Vorratsschuld ist ein Fall der Gattungsschuld, bei der die Leistung aus einem bestimmten, begrenzten Vorrat (z.B. einem Lager) erfolgt.

c. Geldschuld:

aa. Zu leisten ist als Wertverschaffungsschuld der vereinbarte Geldwert, nicht bestimmte Zahlungsmittel (Geldstücke oder -scheine). Geschuldet wird entweder eine bestimmte Summe (= Geldsummenschuld, z.B. der Kaufpreis) oder ein zu berechnender Wert (= Geldwertschuld, z.B. bei Schadensersatz oder Unterhalt).

bb. Geldschuld ist qualifizierte Schickschuld: Leistungsort beim Schuldner, Erfolgsort beim Gläubiger (§ 270 Abs. 1 BGB).

cc. Schuldner trägt Übermittlungskosten und das Verlustrisiko (§ 270 Abs. 1 BGB).

II. **Anspruchsvoraussetzungen**

1. **Einigung über das Zustandekommen des Vertrags**

2. **Eventuelle Formvorschriften** (z.B. § 311b BGB)

III. **Gegenrechte des Schuldners** als rechtshindernde, rechtsvernichtende oder rechtshemmende Einwendungen oder Einreden:

1. **Erfüllung** (§ 362 BGB)

2. **Unmöglichkeit der Leistung** (§ 275 BGB)

3. **Verjährung** (§§ 194 ff. BGB)

4. **Ausübung von Gestaltungsrechten** (Rücktritt, Widerruf, Kündigung)

5. **Aufrechnung** (§§ 387 ff. BGB)

6. **Zurückbehaltungsrechte** (§§ 273 BGB, 320 BGB)

IV. **Rechtsfolgen:**

1. Der **Anspruch auf Erfüllung** besteht.
2. **Vorrangig aus der vertraglichen Vereinbarung ergeben sich die Modalitäten der Leistung** (Leistungsort, Leistungszeit und die genaue Art der Leistung).
3. **Ohne vertragliche Regelung greifen die gesetzlichen Regelungen** (z.B. § 269 BGB).

Prüfungsschema für vorvertragliche Ansprüche (culpa in contrahendo)

Vorvertragliche Ansprüche können nie auf die Erfüllung von (vertraglichen) Hauptleistungspflichten gerichtet sein. In Betracht kommen Schadensersatzansprüche. Die Besonderheit liegt in der Prüfung, ob ein Schuldverhältnis vorliegt.

I. **Anspruchsgrundlage:** § 280 Abs. 1 BGB

II. **Anspruchsvoraussetzungen:**

1. **Fehlen eines sonstigen Anspruchs** – insbesondere besteht kein Vertrag.
2. **Schuldverhältnis** gem. § 311 Abs. 2 BGB als gesetzliches Schuldverhältnis der »culpa in contrahendo (c.i.c.)« durch:
   a. Aufnahme von Vertragsverhandlungen (§ 311 Abs. 2 Nr. 1 BGB)
   b. Anbahnung eines Vertrags (§ 311 Abs. 2 Nr. 2 BGB) (beachte: das Verhalten muss auf einen Vertragsschluss gerichtet sein!
   c. Ähnliche geschäftliche Kontakte (§ 311 Abs. 2 Nr. 3 BGB)
   d. Inanspruchnahme besonderen Vertrauens von Sachwaltern mit eigenem wirtschaftlichem Interesse bei der Begründung eines Vertrags (§ 311 Abs. 3 BGB)
3. **Pflichtverletzung:** hier nur als Verletzung einer Nebenpflicht gem. § 241 Abs. 2 BGB
4. **Vertretenmüssen** (§ 276 BGB), auch als Zurechnung des Handelns eines Erfüllungsgehilfen gem. § 278 BGB
5. **Schaden beim Anspruchsinhaber**

III. **Rechtsfolgen**

1. **Entstehen eines gesetzlichen Schuldverhältnisses**
2. **Inhalt: nur Nebenpflichten** i.S. von § 241 Abs. 2 BGB
3. **Keine Leistungsansprüche auf Vertragserfüllung, da kein Vertragsschluss**
4. **Bei Verletzung der Nebenpflichten Schadensersatzansprüche** gem. § 280 Abs. 1 BGB

Prüfungsschema für einen Anspruch auf Schadensersatz in einem Schuldverhältnis

Für einen Anspruch auf Schadensersatz in einem Schuldverhältnis kommt die spezielle Anspruchsgrundlage nach den §§ 280 ff. BGB, aber auch die allgemeine Anspruchsgrundlage nach den §§ 823 ff. BGB in Betracht. Die Anspruchsvoraussetzungen unterscheiden sich deutlich. Das nachfolgende Schema enthält die allgemeine Prüfungsreihenfolge, darauf aufbauend lernen Sie spezielle Fallkonstellationen kennen.

I. **Anspruchsgrundlage** § 280 f. BGB (zuerst zu prüfen, da lex specialis zu § 823 BGB!)

1. **Bestehen eines Schuldverhältnisses:**

   a. Vertraglich (z.B. ein Kaufvertrag)

   b. Gesetzlich (z.B. »culpa in contrahendo«, GoA)

2. **Vorliegen einer Pflichtverletzung** aus dem Schuldverhältnis durch den Schuldner und Anspruchsgegner

   a. Welche Pflicht (stets genau benennen!)?

   aa. Hauptpflichten (abhängig vom jeweiligen Schuldverhältnis)

   bb. Nebenpflichten (vgl. § 241 Abs. 2 BGB)

   b. Durch welche Handlung oder Unterlassung genau wurde die Pflicht verletzt?

3. **Vertretenmüssen** des Schuldners gem. §§ 276 ff. BGB:

   a. Eigenes Verschulden des Schuldners

   b. Zurechnung des Verschuldens Dritter (§ 278 BGB):

   aa. Dritter als gesetzlicher Vertreter (seltener Fall)

   bb. Dritter als Erfüllungsgehilfe (häufiger Fall)

   c. Vertretenmüssen ohne Verschulden, § 276 Abs. 1 Satz 1 a.E. BGB

4. **Schaden beim Gläubiger**

5. **Rechtsfolge**

   a. Schadensersatz statt der Leistung (§§ 280 Abs. 3, 281–283 BGB): Der Schadensersatz tritt an die Stelle des ursprünglich geschuldeten vertraglichen Leitungsanspruchs.

   b. Schadensersatz neben der Leistung, sog. »Begleitschaden« (§ 280 Abs. 1 BGB)

II. **Anspruchsgrundlage** § 823 ff. BGB

Prüfungsschema für das Vertretenmüssen des Schuldners oder Schädigers

Das Vertretenmüssen ist regelmäßig bei Ansprüchen auf Schadensersatz (§§ 280 ff., 823 ff. BGB) wichtige Anspruchsvoraussetzung.

Legen Sie besondere Sorgfalt auf die Prüfung des Haftungsmaßstabs sowie die Verantwortlichkeit für das Handeln Dritter (§§ 278, 831 BGB). Meist liegt als Verschuldensform in der Fallbearbeitung (wie auch in der Praxis des Wirtschaftsverkehrs) Fahrlässigkeit vor.

I. **Grundnorm für das Vertretenmüssen** ist § 276 Abs. 1 BGB:

1. **Verschuldensfähigkeit** (§§ 276 Abs. 1 Satz 2, 827, 828 BGB): Bewusstsein des eigenen Unrechtshandelns – fehlt z.B. bei Bewusstseinsstörungen und ist altersabhängig (vgl. § 828 BGB)
2. **Schuldner hat sein eigenes Verschulden zu vertreten.**
3. **Schuldner haftet für das Handeln Dritter**

   a. Haftung für den gesetzlichen Vertreter (§ 278, 1. Alt. BGB – eher selten):

   aa. Vertragliches oder gesetzliches Schuldverhältnis

   bb. Handelnder ist kraft gesetzlicher Regelung berechtigt, für den Schuldner zu handeln (z.B. Eltern, Testamentsvollstrecker, Insolvenzverwalter).

   cc. Beachte: nicht gesellschaftsrechtliche Organe wie Vorstand oder Geschäftsführer, da durch Gesellschafterbeschluss eingesetzt!

   b. Haftung für den Erfüllungsgehilfen (§ 278, 2. Alt. BGB)

   aa. Vertragliches oder gesetzliches Schuldverhältnis

   bb. Handelnder wird mit Wissen und Wollen vom Schuldner eingesetzt, um seine Pflichten aus dem Schuldverhältnis zu erfüllen.

   cc. Rechtsbeziehung zum Schuldner ist unbeachtlich: Arbeitnehmer, aber auch freie Mitarbeiter oder selbstständige (Sub-)Unternehmer.

   dd. Handeln in innerem Zusammenhang zum Schuldverhältnis (str.)

   ee. Beachte: § 278 BGB ist keine Anspruchsgrundlage, sondern nur Zurechnungsnorm!

   c. Haftung für den Verrichtungsgehilfen (§ 831 BGB):

   aa. § 831 BGB ist eine eigene Anspruchsgrundlage

   bb. Sonderbeziehung Geschäftsherr – Verrichtungsgehilfe als weisungsabhängige Tätigkeit

   cc. (Nur) Tatbestand und Rechtswidrigkeit einer unerlaubten Handlung (§ 823 ff. BGB) des Verrichtungsgehilfen dd. Handeln in innerem Zusammenhang zum Schuldverhältnis (str.)

ee. Verschulden des Geschäftsherrn als Auswahl-, Organisations- und Überwachungsverschulden

ff. Keine Exculpationsmöglichkeit des Geschäftsherrn (§ 831 Abs. 1 Satz 2 BGB):

- Verschulden des Geschäftsherrn wird vermutet.
- Geschäftsherr muss die sorgfältige Auswahl und Überwachung darlegen bzw. dass der Schaden trotz entsprechender Sorgfalt entstanden wäre.

4. **Verschuldensformen**

a. Vorsatz: Wissen und Wollen des eingetretenen Erfolgs und Kenntnis der Rechtswidrigkeit

b. Fahrlässigkeit (§ 276 Abs. 2 BGB):

aa. Außerachtlassen der im Verkehr erforderlichen Sorgfalt

bb. Maßstab ist die von den Angehörigen der jeweiligen Gruppe objektiv-abstrakt zu erwartende Sorgfalt.

cc. Grobe Fahrlässigkeit: Verletzung der erforderlichen Sorgfalt in besonders schwerem Maße

c. Eigenübliche Sorgfalt (§ 277 BGB): Haftung beschränkt auf Vorsatz und grobe Fahrlässigkeit nach subjektivem, am gewohnheitsmäßigen Verhalten des Schädigers orientiertem Maßstab.

5. **Haftungsmaßstab**

a. Grundsätzlich haftet der Schuldner für vorsätzliches, aber auch jegliches fahrlässige Handeln (§ 276 Abs. 1 Satz 1 BGB).

b. Gesetzliche Beschränkungen auf Vorsatz und grobe Fahrlässigkeit (§§ 300, 521, 599, 680, 968 BGB)

c. Gesetzliche Beschränkungen auf die Sorgfalt in eigenen Angelegenheiten (§§ 346 Abs. 3 Satz 1 Nr. 3, 347 Abs. 1 Satz 2 BGB, 690, 1664, 2131 BGB)

d. Gesetzliche Verschärfung der Haftung:

aa. Gefährdungshaftung (z.B. Tierhalterhaftung nach § 833 BGB, Kfz-Halterhaftung nach § 7 StVG)

bb. Verschuldensunabhängige Haftung (§§ 122 Abs. 1, 179 Abs. 2, 536a Abs. 1, 1. Alt. BGB)

e. Vertragliche Haftungsmodifikationen:

aa. Vertragliche Haftungsbeschränkungen sind grundsätzlich möglich.

bb. Ein Ausschluss der Haftung für vorsätzliches Handeln ist unwirksam (§ 276 Abs. 3 BGB).

cc. Die Haftung für eine Verletzung von Leben, Körper und Gesundheit kann nicht durch AGB ausgeschlossen oder begrenzt werden (§ 309 Nr. 7a BGB).

dd. Die Haftung für Schäden an sonstigen Rechtsgütern kann nicht ausgeschlossen oder auf grobe Fahrlässigkeit begrenzt werden (§ 309 Nr. 7b BGB).

ee. Übernahme einer Garantie oder eines Beschaffungsrisikos (§ 276 Abs. 1 Satz 1 a.E. BGB)

II. **Anspruchsgrundlage** §§ 823 ff. BGB

Prüfungsschema für den Umfang des eingetretenen Schadens

Ist ein Anspruch auf Schadensersatz gegeben, ergeben sich Art und Umfang des Schadensersatzanspruchs nach den §§ 249 ff. BGB. Dabei wird die primär geschuldete *Naturalrestitution* durch eine Geldzahlung ersetzt.

Die Schadensersatzpflicht umfasst unter besonderen Voraussetzungen auch immaterielle Einbußen, insbesondere Schmerzensgeld.

I. **Naturalrestitution** gem. § 249 BGB

1. **Naturalrestitution ist vorrangig!**
2. »**Reale**« Naturalrestitution (§ 249 Abs. 1 BGB)
   a. Pflicht zur Herstellung des ohne das schädigende Ereignis (hypothetisch) bestehenden Zustands beim Geschädigten
   b. Nur Herstellung eines wirtschaftlich gleichwertigen Zustands
3. »**Rechnerische**« Naturalrestitution (§ 249 Abs. 2 BGB)
   a. Anspruch auf den zur Wiederherstellung erforderlichen Geldbetrag
   b. Ersetzungsbefugnis des Geschädigten
   c. Wiederherstellung muss nicht durchgeführt werden (= Anspruch auf »fiktive Reparaturkosten«)
   d. Kein Anspruch auf »fiktive Umsatzsteuer« (§ 249 Abs. 2 Satz 2 BGB)
4. Beide Formen der Naturalrestitution sind auf **Wiederherstellung** gerichtet – Herstellung muss noch möglich sein!
5. **Grenze bei unverhältnismäßigen Kosten** der Wiederherstellung (§ 251 Abs. 2 Satz 1 BGB)
6. **Ersatz von Vermögens- und Nichtvermögensschäden!**

II. **Geldentschädigung statt Naturalrestitution** gem. §§ 250, 251 BGB

1. **§ 250 BGB**
   a. Naturalrestitution ist möglich.
   b. Fristsetzung und Ablehnungsandrohung
   c. Nicht rechtzeitige Schadensbeseitigung durch Naturalrestitution

2. **§ 251 BGB**
   a. Unmöglichkeit der Naturalrestitution
   b. Naturalrestitution ist ungenügend.
   c. Unverhältnismäßiger Aufwand der Naturalrestitution, insbes. »wirtschaftlicher Totalschaden«, wenn Reparaturkosten > 30 % des Wiederbeschaffungswerts
   d. Nur Ersatz der Vermögensschäden – dazu zählt auch der »merkantile Minderwert« (insbes. Wertminderung bei Unfallfahrzeug)
   e. Naturalrestitution und Geldentschädigung sind kumulativ möglich (wichtiges Beispiel: Reparatur und Ausgleich des Minderwerts bei Kfz-Schaden).
   f. Kommerzialisierung bei:
   aa. Vertaner Urlaubszeit (§§ 253 Abs. 1, 651n BGB)
   bb. Entgangener Genussmöglichkeit (z.B. Konzertbesuch)
   cc. Verletzung des im Haushalt tätigen Ehepartners
   dd. Nutzungsausfall bei Sachgütern
   ee. Nicht bei Freizeiteinbußen (z.B. zur Schadensabwicklung)
3. **Entgangener Gewinn** (§ 252 BGB) ist Vermögensschaden: alle Vermögensvorteile, die dem Geschädigten ohne das schädigende Ereignis zugeflossen wären

III. **Ersatz immaterieller Schäde**n gem. § 253 BGB (»Schmerzensgeld«)

1. **§ 253 ist keine eigene Anspruchsgrundlage.**
2. **Nichtvermögensschaden** als immaterieller Schaden in Form psychischer Belastungen durch Körperverletzungen oder Traumata

IV. **Berücksichtigung des Mitverschuldens** gem. § 254 BGB:

1. **Die Verursachungsbeiträge von Schädiger und Geschädigtem** werden gegeneinander abgewogen.
2. **Verschulden des Geschädigten** als »Verschulden gegen sich selbst« bzw. als treuwidrige Geltendmachung des gesamten Schadens
3. **Auch als Unterlassung einer Warnung** vor besonders hohem Schaden (§ 254 Abs. 2, Satz 1, 1. Alt. BGB)
4. **Auch als Missachtung der Schadensminderungspflicht** (§ 254 Abs. 2 Satz 1, 2. Alt. BGB)
5. Beachte: als allgemeiner Rechtsgrundsatz **analoge Anwendung** möglich (Berücksichtigung des Betriebsrisikos im Arbeitsrecht!)

V. **Ermittlung des Schadens**

1. **Gesamtvermögensbetrachtung nach der Differenzhypothese:** Vergleich zwischen der tatsächlichen Vermögenssituation des Geschädigten und der hypothetischen Vermögenslage, die ohne das schädigende Ereignis bestehen würde
2. Der Schaden ist die **Differenz zwischen den beiden Vermögenslagen** oben 1

Prüfungsschema für die Kontrolle Allgemeiner Geschäftsbedingungen (AGB)

In Falllösungen wird Ihnen vermutlich die Kontrolle Allgemeiner Geschäftsbedingungen begegnen und dabei meist die Inhaltskontrolle auf Basis der Generalklausel von § 307 Abs. 1 BGB – da die Norm unbestimmt ist, gibt es einen erheblichen Beurteilungsspielraum.

Kontrollieren Sie im ersten Schritt die Einbeziehung und die vorrangigen Klauselverbote der §§ 308, 309. Achten Sie zudem darauf, ob die Klausel im Vertragsaufbau inhaltlich transparent erscheint und nicht an ungewöhnlicher Stelle versteckt ist.

I. **Anwendbarkeit der AGB-Kontrolle** nach den §§ 305 ff. BGB

1. **Sachlicher Anwendungsbereich**

   a. Keine Anwendbarkeit auf Verträge im Erb- und Familienrecht

   b. Keine Anwendbarkeit im Gesellschaftsrecht

   c. Im Arbeitsrecht eingeschränkt:

   aa. Auf Arbeitsverträge unter Berücksichtigung der »Besonderheiten des Arbeitsrechts« (§ 310 Abs. 4, Satz 2 BGB), z.B. Richterrecht

   bb. Keine Inhaltskontrolle von Tarifverträgen, Betriebs- oder Dienstvereinbarungen (§ 310 Abs. 4, Satz 1 BGB)

   cc. Auch die Bezugnahme auf Tarifverträge, Betriebs- oder Dienstvereinbarungen unterliegt keiner Inhaltskontrolle (§ 310 Abs. 4, Satz 3 BGB).

2. **Persönlicher Anwendungsbereich**

   a. Grundsätzlich anwendbar auf sämtliche Vertragsparteien

   b. Unternehmen (§ 14 BGB) untereinander ohne §§ 305 Abs. 2 und 3, 308, 309 BGB – beachte Problem kollidierender AGB!

   c. Bei Verbraucherverträgen gelten zusätzlich die strengeren Anforderungen gem. § 310 Abs. 3 BGB.

II. **Vorliegen von AGB** gem. § 305 Abs. 1 BGB:

1. **Vertragsbedingungen vorformuliert** = sind bereits bei Vertragsschluss fixiert.

2. **Für eine Vielzahl von Verträgen**

   a. Beachte: Entscheidend ist die Verwendungsabsicht (mind. dreimal – dann bereits ab der ersten tatsächlichen Verwendung!).

   b. Bei Verbraucherverträgen sind die §§ 305c Abs. 2, 306, 307–309 BGB anwendbar schon bei einmaliger Verwendung.

3. **Die Vertragsbedingungen** werden vom Verwender **einseitig** gestellt:

   a. »Friss oder stirb«!

   b. Vorrang der Individualabrede (§§ 305 Abs. 1 Satz 3, 305b BGB):

   aa. Anforderungen an Individualabrede sind hoch, um Umgehung der AGB-Kontrolle zu vermeiden.

   bb. Vertragsklausel muss vom Verwender ernsthaft zur Disposition gestellt werden.

III. **Die AGB sind** gem. § 305 Abs. 2 BGB **wirksam** in den Vertrag einbezogen worden

1. **Ausdrücklicher Hinweis** auf die AGB

2. Verwender hat die **Möglichkeit der Kenntnisnahme** für die Gegenseite geschaffen.

3. Beachte **Ausnahmen** der Einbeziehung z.B. im Massenverkehr (§ 305a BGB)

4. Die andere Partei hat sich mit der Einbeziehung der AGB **einverstanden erklärt.**

5. **Keine überraschende Klausel** (§ 305c Abs. 1 BGB)

6. **Sich widersprechende AGB werden nicht Vertragsbestandteil.**

IV. **Inhaltskontrolle der AGB**

1. Bei Zweifeln über den Inhalt zunächst **Auslegung der Klausel** (§§ 133, 157 BGB)

2. **Prüfung von speziellen Klauselverboten** (§§ 308, 309 BGB) zur Generalklausel (§ 307 BGB)

3. § 309 BGB: **Klauselverbote ohne Wertungsmöglichkeit** = Verstoß führt zwingend zur Unwirksamkeit.

4. § 308 BGB: **Klauselverbote mit Wertungsmöglichkeit** = Verstoß muss aufgrund der unbestimmten Rechtsbegriffe im Einzelfall (richterlich) ermittelt werden.

5. § 307 Abs. 1 BGB: **Generalklausel**

   a. Inhaltskontrolle nur bei Abweichung von Rechtsnormen (auch Richterrecht!)

   b. Klausel als unangemessene Benachteiligung

   c. Maßstab Treu und Glauben (= weit gefasst und wenig präzise!)

   d. Intransparenz der Klausel (§ 307 Abs. 1 Satz 2 BGB): »Sag es in einfachen Worten!«

   e. Widerspruch zu wesentlichen gesetzlichen Grundgedanken (§ 307 Abs. 2 Nr. 1 BGB)

   f. Einschränkung der vertragsprägenden, sog. »Kardinalpflichten« (§ 307 Abs. 2 Nr. 2 BGB)

V. **Rechtsfolgen:**

1. Eine **nicht wirksam einbezogene oder inhaltlich nichtige Klausel wird nicht Vertragsbestandteil** (§ 306 Abs. 1 BGB).

2. An die Stelle der unwirksamen Klausel tritt die **gesetzliche Regelung** (§ 306 Abs. 2 BGB)

3. **Ergänzende Vertragsauslegung** in Ausnahmefällen möglich!

4. Der Vertrag im Übrigen bleibt **wirksam und unverändert** bestehen.
5. Bei **Teilbarkeit der Klausel** bleibt wirksamer Teil erhalten (»blue pencil test«).
6. Keine »**geltungserhaltende Reduktion**« der Klausel auf den gerade noch wirksamen Inhalt!

Prüfungsschema für die Beendigung eines Vertrags (Rücktritt/Widerruf/Kündigung)

Rücktritt, Widerruf oder Kündigung sind einseitige Gestaltungsrechte. Eine Partei kann einen zunächst wirksam geschlossenen Vertrag wieder auflösen.

Stets erforderlich ist eine entsprechende Willenserklärung (Zugang!), zusätzlich meist auch ein Grund. Schwierigkeiten bereiten oftmals die unterschiedlichen Rechtsfolgen des Rücktritts, die sowohl den Rücktrittsgegner als auch den Rücktrittsberechtigten treffen können.

Achten Sie unbedingt auf die Unterscheidung zwischen dem Rücktrittsberechtigten und dem Rücktrittsgegner sowie den Parteien des durch den Rücktritt entstehenden Rückgewährschuldverhältnisses!

I. **Rücktritt**

1. **Rücktrittserklärung** (§ 349 BGB)
2. **Rücktrittsgrund**
   a. Vertraglicher Rücktrittsgrund (§ 346 Abs. 1, 1. Alt. BGB)
   b. Gesetzlicher Rücktrittsgrund (§ 346 Abs. 1, 2. Alt. BGB):
   aa. Fehlende oder fehlerhafte Leistung (§ 323 Abs. 1 BGB)
   bb. Verletzung einer Nebenpflicht (§§ 324, 241 Abs. 2 BGB)
   cc. Unmöglichkeit der Leistung (§§ 326 Abs. 5, 275 BGB)
   dd. Störung der Geschäftsgrundlage (§ 313 Abs. 3 Satz 1 BGB)
   ee. Mangelhafte Leistung (§§ 437 Nr. 2, 1. Alt., 634 Nr. 3, 1. Alt., 323 BGB)
3. **Keine Ausschlusstatbestände** gem. §§ 350 ff. BGB
   a. Erlöschen des Rücktrittsrechts nach Fristsetzung (§ 350 BGB)
   b. Unwirksamkeit des Rücktritts, wenn Rücktrittsgegner unverzüglich nach der Rücktrittserklärung die Aufrechnung erklärt (§ 352 BGB)
4. **Rechtsfolgen** des Rücktritts
   a. Die ursprünglichen Leistungspflichten erlöschen.
   b. Durch den Rücktritt entsteht ein (gesetzliches) Rückgewährschuldverhältnis (§ 346 Abs. 1 BGB).

c. Gegenseitige Ansprüche auf Rückgewähr der empfangenen Leistungen Zug um Zug (§§ 346 Abs. 1, 348 BGB)

d. Herausgabe der gezogenen Nutzungen und Verwendungen (§§ 346 Abs. 1, 100, 347 BGB)

e. Wertersatz, wenn:

aa. Rückgewähr oder Herausgabe gem. § 346 Abs. 2 Satz 1 Nr. 1 BGB von vornherein ausgeschlossen ist (z.B. verderbliche Ware)

bb. Rückgewähr gem. § 346 Abs. 2 Satz 1 Nr. 2 BGB wegen Verbrauch, Veräußerung, Verarbeitung oder Umgestaltung ausgeschlossen ist

cc. Rückgewähr wegen Untergang oder Verschlechterung gem. § 346 Abs. 2 Satz 1 Nr. 3 BGB auch ohne Vertretenmüssen ausgeschlossen ist

dd. Wertersatz entfällt nach Maßgabe von § 346 Abs. 3 BGB:.

- Der zum Rücktritt berechtigende Mangel zeigt sich erst während der Verarbeitung oder Umgestaltung.
- Der Rückgewährgläubiger hat den Untergang oder die Verschlechterung zu vertreten.
- Der beim Rückgewährschuldner entstandene Schaden wäre in gleicher Weise auch beim Rückgewährgläubiger eingetreten.
- Der kraft Gesetz zum Rücktritt berechtigte Rückgewährschuldner haftet privilegiert nur für die Sorgfalt in eigenen Angelegenheiten – ansonsten entfällt seine Wertersatzpflicht.

f. Herausgabe einer verbliebenen Bereicherung des Rückgewährschuldners gem. § 346 Abs. 3 Satz 2 BGB, sofern Wertersatz nach § 346 Abs. 3 entfällt.

g. Schadensersatzansprüche sind nach den allgemeinen Regelungen der §§ 280 ff. möglich (§ 346 Abs. 4 BGB):

aa. Unproblematisch ab Ausübung eines gesetzlichen Rücktrittsrechts

bb. Keine Haftung bis zur Kenntnis des Rücktrittsgrunds

cc. Strittig, ob Schadensersatzansprüche entstehen können. Zwischen Kenntnis und Ausübung des Rücktrittsrechts – nach h.M. ab Kenntnis.

dd. Beachte: Bei einem vertraglichen Rücktrittsrecht darf der Vertragsgegenstand ab seiner Leistung nur in vertraglich zulässiger Weise verwendet werden!

II. **Widerruf**

1. **Widerrufserklärung**

a. Erklärender muss Verbraucher (§ 13 BGB) sein.

b. Erklärung muss gegenüber dem Unternehmer (§ 14 BGB) abgegeben werden (§ 355 Abs. 1 Satz 2 BGB)

c. Erklärung muss den Willen zum Widerruf eindeutig erkennen lassen (§ 355 Abs. 1 Satz 3 BGB)

d. Formerfordernis im Einzelfall prüfen (z.B. § 356a Abs. 1 BGB)!

2. **Gesetzliches Widerrufsrecht** (Auswahl)

a. Außerhalb von Geschäftsräumen geschlossener Vertrag und Fernabsatzvertrag (§ 312g Abs. 1 BGB)

b. Teilzeitwohnrechtevertrag (§ 356a BGB)

c. Verbraucherdarlehensvertrag (§ 356b BGB)

d. Ratenlieferungsvertrag (§ 356c BGB)

e. Verbraucherbauvertrag (§§ 356e, 650l BGB)

3. **Widerrufsfrist**

a. Die Frist beträgt grundsätzlich 14 Tage (§ 355 Abs. 2 Satz 1 BGB).

b. Frist beginnt stets erst nach Erhalt ordnungsgemäßer Belehrung (Artt. 246a, 246b EGBGB) über das Widerrufsrecht, vgl. § 356 Abs. 3 Satz 1 BGB.

c. Fristbeginn ist der auf den Tag des Vertragsabschlusses folgende Tag (§ 187 Abs. 1 BGB).

d. Beachte zahlreiche Ausnahmen:

aa. Verbrauchsgüterkauf: Erhalt der Ware (§ 356 Abs. 2 Nr. 1a BGB)

bb. Verbraucherdarlehensvertrag: Zur-Verfügung-Stellen von Antrag und Vertragsurkunde (§ 356b Abs. 1 BGB) sowie der Pflichtangaben nach § 492 Abs. 2 BGB

cc. Teilzeitwohnrechtevertrag: nicht vor dem Zur-Verfügung-Stellen von Antrag und Vertragsurkunde oder Vorvertragsurkunde (§ 356a Abs. 2 BGB) sowie der vorvertraglichen Informationen nach § 482 Abs. 1 BGB

e. Fristende gem. § 188 Abs. 2 i.V. mit § 355 Abs. 1 Satz 5 BGB: Ausreichend ist die rechtzeitige Absendung des Widerrufs.

f. Bei unvollständiger Information des Verbrauchers erlischt Widerrufsrecht regelmäßig 12 Monate und 14 Tage nach dem Vertragsschluss (vgl. § 356 Abs. 3 Satz 2 BGB).

4. **Rechtsfolgen**

a. Rückgewähr der empfangenen Leistungen spätestens nach 14 Tagen (§ 357 Abs. 1 BGB)

b. Vom Verbraucher gezahlte Lieferkosten sind zu erstatten (§ 357 Abs. 2 Satz 1 BGB).

c. Rücksendekosten muss der Verbraucher nur tragen, wenn er darauf hingewiesen worden ist (§ 357 Abs. 5 BGB).

d. Wertersatz durch den Verbraucher nur, wenn Gebrauch über die Beschaffenheits- und Funktionsprüfung hinaus und wirksame Widerrufsbelehrung (§ 357a Abs. 1 BGB)

III. **Kündigung (§ 314 BGB und Spezialregelungen)**

1. **Kündigungserklärung**
2. **Formerfordernis** (z.B. §§ 568 Abs.1, 623 BGB)
3. Bestehen eines **Dauerschuldverhältnisses** = Vertrag mit wiederkehrendem Leistungsaustausch (Mietvertrag, Arbeitsvertrag)
4. **Kündigungsgrund**
   a. Ordentliche Kündigung: abhängig vom Vertragstyp (z.B. § 573 BGB)
   b. Außerordentliche Kündigung: wichtiger Grund (§ 314 Abs. 1 Satz 1 BGB), z.T. Spezialregelungen (vgl. §§ 543 Abs. 1, 626 Abs. 1 BGB)
   c. Interessenabwägung (§ 314 Abs. 1 Satz 2, 626 BGB): Bei außerordentlicher Kündigung ist Abwarten der Kündigungsfrist nicht zumutbar.
5. **Kündigungsfrist**
   a. Grundsatz: Ordentliche Kündigung erfordert Einhaltung der Kündigungsfrist (z.B. §§ 573c, 621, 622 BGB).
   b. Außerordentliche Kündigung regelmäßig fristlos (§ 314 Abs. 1 Satz 1 BGB)
   c. Außerordentliche Kündigung bei Vertragspflichtverletzung erfordert Frist zur Abhilfe bzw. erfolglose Abmahnung (§§ 314 Abs. 2 Satz 1, 543 Abs. 3 BGB).
6. Wahrung **angemessener Frist für die Kündigungserklärung** (§§ 314 Abs. 3, 626 Abs. 2 BGB)
7. **Rechtsfolge**
   a. Vertrag wird mit Wirkung für die Zukunft aufgelöst (»ex nunc«).
   b. Mögliche Schadensersatzansprüche aus der Vergangenheit bleiben bestehen (§ 314 Abs. 4 BGB).

Prüfungsschema für die Leistungsstörung Unmöglichkeit

Die Unmöglichkeit ist ein »Gegenrecht« des Schuldners einer Leistung, die als Einrede oder Einwendung den Anspruch des Gläubigers zum Erlöschen bringt.

Unmöglichkeit bedeutet, dass die Leistung endgültig und dauerhaft nicht mehr erbracht werden kann. Verwechseln Sie das nicht mit dem Verzug, der nur ein vorübergehendes Leistungshindernis ist (Grenzfall ist das »absolute Fixgeschäft«, bei dem die Verspätung die Leistung für den Gläubiger sinnlos werden lässt!).

Unmöglich kann die Leistung (nur) für den Schuldner sein (subjektiv) oder für jedermann (objektiv).

I. Unmöglichkeit gem. § 275 Abs. 1 BGB bei einer **Stückschuld** (geschuldet ist ein einzelner, individueller Leistungsgegenstand)

1. Die Leistung ist **dauerhaft** nicht zu erbringen – auch, wenn die Leistungszeit so entscheidend ist, dass die verspätete Leistung für den Gläubiger sinnlos ist = **absolutes Fixgeschäft.**

2. **Erscheinungsformen der Unmöglichkeit**, die alle unter § 275 Abs. 1 BGB fallen und in Kombination auftreten können

   a. Die geschuldete Leistung ist tatsächlich (physisch) nicht mehr zu erbringen.

   b. Die geschuldete Leistung kann aus rechtlichen Gründen nicht erbracht werden.

   c. Die geschuldete Leistung kann nur vom Schuldner nicht erbracht werden (= subjektive Unmöglichkeit) und der zur Leistung fähige Dritte ist zur Leistung nicht bereit.

   d. Die geschuldete Leistung kann von niemandem mehr erbracht werden (= objektive Unmöglichkeit).

   e. Die geschuldete Leistung ist nach Vertragsschluss unmöglich geworden (= nachträgliche Unmöglichkeit).

   f. Die geschuldete Leistung war bereits zum Zeitpunkt des Vertragsschlusses unmöglich (= anfängliche Unmöglichkeit, gem. § 311a Abs. 1 BGB den sonstigen Arten der Unmöglichkeit gleichgestellt).

II. Unmöglichkeit gem. § 275 Abs. 1 BGB bei einer **Gattungsschuld** (geschuldet ist eine Teilmenge aus einer Gattung, vgl. § 243 BGB):

1. Bei Untergang eines Teils aus der Gattung bleibt der Schuldner zur Leistung verpflichtet (= **Leistungsgefahr**).

2. Hat der Schuldner durch seine **Leistungshandlung** (§ 269 BGB) die Leistung auf einen Gegenstand aus der Gattung gem. § 243 Abs. 2 BGB **konkretisiert**, tritt Unmöglichkeit ein, wenn nur dieser Gegenstand nicht mehr geleistet werden kann.

3. Mit Eintritt des **Annahmeverzugs** wird ebenfalls der aus der Gattung ausgewählte einzelne Leistungsgegenstand **konkretisiert** (§ 300 Abs. 2 BGB).

4. Bei **Geldschulden** führt Zahlungsunfähigkeit nicht zur Unmöglichkeit (»Geld hat man zu haben«!).

III. Unmöglichkeit nach § 275 Abs. 2 BGB (**praktische Unmöglichkeit**)

1. Es liegt kein Fall des § 275 Abs. 1 BGB vor, das heißt, **die Leistung kann erbracht werden**.

2. Die Leistungserbringung ist mit einem **hohen Aufwand für den Schuldner** verbunden:

   a. Interesse des Gläubigers an der Leistung

   b. (Finanzieller) Aufwand des Schuldners

c. Verantwortlichkeit des Schuldners für das Leistungshindernis (vgl. § 275 Abs. 2 Satz. 2 BGB)

d. Grobes Missverhältnis zwischen oben a. und b. als umfassende Interessenabwägung, dabei gilt zugunsten des Gläubigers »pacta sunt servanda«!

IV. Unmöglichkeit nach § 275 Abs. 3 BGB (**persönliche Unzumutbarkeit**):

1. **Höchstpersönliche Leistungspflicht** des Schuldners (insbes. Künstler)

2. Es liegt kein Fall des § 275 Abs. 1 BGB vor, das heißt, **die Leistung kann erbracht werden.**

3. **Bestehendes Leistungshindernis**

4. **Leistungsinteresse** des Gläubigers

5. **Unzumutbarkeit** der Leistungserbringung als umfassende **Interessenabwägung** von oben 3. und 4., dabei gilt zugunsten des Gläubigers »pacta sunt servanda«!

V. **Rechtsfolgen** der Unmöglichkeit

1. § 275 Abs. 1 BGB: Die **Leistungspflicht** des Schuldners erlischt (als Einwendung von Amts wegen zu berücksichtigen).

2. § 275 Abs. 2 und 3 BGB: Der Schuldner kann die **Leistung verweigern** (Einrede).

3. Das **Schuldverhältnis** (der Vertrag insbesondere) als solches **bleibt bestehen.**

4. Bei **gegenseitigen Verträgen** gilt für die Gegenleistung (= **Preisgefahr**):

a. Grundsatz gem. § 326 Abs. 1 Satz 1 BGB: Der Anspruch auf die Gegenleistung (z.B. den Kaufpreis) entfällt – eine bereits erbrachte Gegenleistung kann zurückgefordert werden (§§ 326 Abs. 4, 346 ff. BGB).

b. Ausnahmen – Gegenleistung muss erbracht werden:

aa. bei Unmöglichkeit der Nacherfüllung nur Rücktritt (§ 326 Abs. 1 Satz 2 BGB)

bb. Gläubiger ist für die Unmöglichkeit mindestens »weit überwiegend« verantwortlich (§ 326 Abs. 2 Satz 1, 1. Alt. BGB).

cc. Gläubiger befindet sich im Annahmeverzug (§§ 293 ff. BGB) und Schuldner hat die Unmöglichkeit nicht vorsätzlich oder grob fahrlässig verursacht (§ 326 Abs. 2 Satz 1, 2. Alt. BGB).

dd. Gläubiger verlangt das Surrogat für die unmöglich gewordene Leistung (§ 326 Abs. 3 Satz 1 BGB).

ee. Preisgefahr ist auf den Gläubiger übergegangen (§§ 446, 447, 644, 645 BGB) – nicht beim Verbrauchsgüterkauf (§ 475 Abs. 2 BGB).

5. **Sekundäransprüche** des Gläubigers (§ 275 Abs. 4 BGB):

a. Schadensersatz nach § 311a Abs. 2 BGB bei anfänglicher Unmöglichkeit:

bb. Schadensersatz statt der Leistung

cc. Schuldner muss seine Unkenntnis von der Unmöglichkeit zu vertreten haben (§ 311a Abs. 2 BGB).

b. Schadensersatz nach §§ 280, 283 BGB bei nachträglicher Unmöglichkeit:

aa. Schadensersatz statt der Leistung

bb. Schuldner muss den Eintritt der Unmöglichkeit zu vertreten haben.

c. Aufwendungsersatz nach §§ 311a Abs. 2, 284 BGB bei anfänglicher Unmöglichkeit, nach §§ 280, 283, 284 BGB bei nachträglicher Unmöglichkeit – jeweils nur alternativ zum Schadensersatz

d. Ein Ersatzanspruch (Surrogat) kann gem. § 285 BGB herausverlangt werden.

e. Rücktrittsrecht gem. § 326 Abs. 5 BGB ohne vorherige Fristsetzung

Prüfungsschema für den Schuldnerverzug (§§ 280 Abs. 1 und 2, 286 ff. BGB)

Beim Schuldnerverzug ist die Abgrenzung zur Unmöglichkeit bei der sog. »Fixschuld« wichtig, außerdem die Anforderungen an eine wirksame Mahnung bzw. die Entbehrlichkeit der Mahnung.

I. **Bestehen eines gesetzlichen oder vertraglichen Anspruchs**

II. **Fälligkeit** des Anspruchs:

1. **Entsprechend der vertraglichen Regelung**

2. Im Zweifel ist die **Leistung sofort fällig** (§ 271 Abs. 1 BGB).

III. **Durchsetzbarkeit** des Anspruchs: Es bestehen keine Einreden gegen den Anspruch.

IV. **Nichtleistung** trotz Möglichkeit der Leistung (§ 286 Abs. 1 Satz 1 BGB) = Abgrenzung zur Unmöglichkeit!

V. **Vertretenmüssen** der Nichtleistung (§ 286 Abs. 4 BGB)

VI. **Mahnung** des Gläubigers (§ 286 Abs. 1 BGB)

1. Anforderungen an eine **wirksame Mahnung:**

   a. Eindeutige Aufforderung zur Leistung

   b. Bestimmtheit: exakte Benennung der geforderten Leistung

   c. Ernsthaftigkeit: nachdrückliche Erklärung, dass die geschuldete Leistung verlangt wird

   d. Mahnung vor Fälligkeit ist unwirksam.

   e. Mahnung ist geschäftsähnliche Handlung – die Regelungen zu Willenserklärungen (Zugang!) gelten analog.

2. **Entbehrlichkeit der Mahnung** (§ 286 Abs. 2 BGB):
   a. Leistungszeit ist nach dem Kalender bestimmbar (§ 286 Abs. 2 Nr. 1 BGB).
   b. Leistungszeit wird nach dem Eintritt eines festgelegten, aber zeitlich ungewissen Ereignisses mit einer angemessenen Frist bestimmt (§ 286 Abs. 2 Nr. 2 BGB).
   c. Schuldner verweigert die Leistung ernsthaft und endgültig (§ 286 Abs. 2 Nr. 3 BGB) – Anforderungen daran sind hoch!
   d. Sonstige, besondere Gründe (§ 286 Abs. 2 Nr. 4 BGB) – besondere Dringlichkeit der Leistung oder »Selbstmahnung« des Schuldners
   e. Bei Entgeltansprüchen aus gegenseitigen Verträgen spätestens Verzug 30 Tage nach Fälligkeit und Zugang einer Rechnung (§ 286 Abs. 3 BGB) – gegenüber Verbrauchern muss ein entsprechender Hinweis erfolgen (§ 286 Abs. 3 Satz 1, 2. Hs. BGB).

VII. **Rechtsfolgen:**

1. Der **ursprüngliche Erfüllungsanspruch** besteht unverändert fort.
2. Anspruch auf **Ersatz des Verzugsschadens** (§§ 280 Abs. 1 und 2, 286 ff. BGB)
3. Anspruch auf **Verzugszinsen** (§§ 288 ff. BGB)
4. **Haftungsverschärfung** gem. § 287 BGB – insbesondere für die Leistung auch **ohne Verschulden** (§ 287 Satz 2 BGB)!

Prüfungsschema für den Gläubigerverzug (§§ 293 ff. BGB)

Der Verzug des Gläubigers (*Annahmeverzug*) ist keine klassische Pflichtverletzung im Sinne des § 280 Abs. 1 BGB. Sie ist vielmehr eine erforderliche Mitwirkungshandlung des Gläubigers als *Obliegenheit*, um dem Schuldner seine Leistung zu ermöglichen. Große praktische Bedeutung hat der Annahmeverzug im Arbeitsrecht!

I. Bestehen eines gesetzlichen oder vertraglichen **Anspruchs**

II. **Leistungsberechtigung** des Schuldners gem. § 271 BGB: Schuldner darf leisten.

III. **Leistungsvermögen** des Schuldners gem. § 297 BGB: Schuldner kann die geschuldete Leistung tatsächlich und rechtlich erbringen.

IV. **Leistungsbereitschaft** des Schuldners gem. § 297 BGB: Schuldner hat den Willen zur Leistung.

V. **Angebot der Leistung** durch den Schuldner gem. §§ 293 ff. BGB:

1. **Tatsächliches Angebot** gem. § 294 BGB der Leistung am richtigen Ort (= Erfolgsort gem. §§ 269, 270 BGB), zur richtigen Zeit und in der richtigen Art und Weise
2. Beachte: »**Kein Angebot zur Unzeit**« (Erscheinen beim Gläubiger nach Mitternacht)!

3. **Wörtliches Angebot** gem. § 295 BGB genügt, wenn:
   a. Gläubiger hat die Annahme zuvor eindeutig verweigert (§ 295 Satz 1, 1. Alt. BGB)
   b. Gläubiger unterlässt eine erforderliche Mitwirkungshandlung (§ 295 Satz 1, 2. Alt. BGB)
4. **Entbehrlichkeit des Angebots** gem. § 296 BGB, wenn die Mitwirkungshandlung kalendarisch bestimmt oder nach einem Ereignis bestimmbar ist

VI. **Nichtannahme der Leistung** oder **Nichtvornahme einer gebotenen Mitwirkungshandlung** (§§ 293, 299 BGB):

1. **Annahmehandlung** des Gläubigers zur Erfüllung notwendig
2. **Mitwirkungshandlung** des Gläubigers zur Erfüllung notwendig
3. Ist die **Leistungszeit** nicht genau geregelt, muss Schuldner diese vorher **ankündigen** (§ 299 BGB).
4. **Vertretenmüssen** des Gläubigers **nicht erforderlich!**

VII. **Rechtsfolgen**

1. Gläubiger behält den **Anspruch auf die Leistung**.
2. Übergang der **Preisgefahr** auf den Gläubiger gem. § 326 Abs. 2, Satz 1, 2. Alt. BGB
3. Bei **Gattungsschulden**: Übergang der **Leistungsgefahr** (§ 300 Abs. 2 BGB)
4. **Haftungsbeschränkung** zugunsten des Schuldners auf Vorsatz und grobe Fahrlässigkeit (§ 300 Abs. 1 BGB)
5. **Ersatzanspruch** des Schuldners für Mehraufwendungen (z.B. Transport- und Lagerkosten) gem. § 304 BGB, aber kein Schadensersatz!

Prüfungsschema für den Vertrag zugunsten Dritter (§§ 328 ff. BGB)

Der Vertrag zugunsten Dritter begründet allein keinen eigenen Anspruch. Erforderlich ist stets ein Anspruch aus einem konkreten Vertragsverhältnis, z.B. einem Kaufvertrag.

Unterscheiden Sie unbedingt zwischen Deckungs-, Valuta- und Vollzugsverhältnis (… und arbeiten Sie bei der Falllösung mit einer Dreiecksskizze!).

I. **Deckungsverhältnis**: wirksamer Vertrag mit einem Schuldner (= Versprechender) und einem Gläubiger (= Versprechensempfänger)

1. Nur schuldrechtliche **Verpflichtungsgeschäfte** möglich, keine Verfügungsgeschäfte
2. Vereinbarung, dass der Schuldner **an einen Dritten leisten** soll – beachte: Bestimmbarkeit des Dritten genügt!
3. **Gläubiger hat selbst Anspruch** auf Leistung an den Dritten (§ 335 BGB).

II. **Vollzugsverhältnis** zwischen dem Versprechenden (= Schuldner) und dem Dritten

1. **Eigener Leistungsanspruch**, das heißt, der Dritte kann selbst die Leistung vom Versprechenden an sich verlangen.

2. § 328 Abs. 2 BGB: **Auslegung** der Vereinbarung – fehlt es am eigenständigen Leistungsanspruch, liegt **unechter Vertrag zugunsten Dritter** vor!

3. **Dritter kann das Recht** gegenüber dem Versprechenden **zurückweisen** (§ 333 BGB).

4. Versprechender kann **Einwendungen aus dem Deckungsverhältnis** auch gegenüber dem Dritten geltend machen (§ 334 BGB).

III. **Valutaverhältnis:**

1. **Rechtsgrund für die Leistung an den Dritten**

2. Bei unwirksamem Valutaverhältnis **Bereicherungsanspruch** (§ 812 BGB) des Versprechensempfängers gegenüber dem Dritten

3. **Fehler im Deckungsverhältnis** berühren das Valutaverhältnis nicht.

Prüfungsschema für einen Vertrag mit Schutzwirkung zugunsten Dritter

Der Vertrag mit Schutzwirkung zugunsten Dritter ist gesetzlich nicht geregelt. Er begründet keine eigenen Leistungsansprüche des Dritten; dieser wird lediglich in die den Schuldner treffenden Schutzpflichten einbezogen. Ausgangspunkt in der Fallprüfung sind regelmäßig Schadensersatzansprüche aus § 280 Abs. 1 BGB.

I. **Vertrag zwischen Gläubiger und Schuldner** – möglich ist auch das gesetzliche Schuldverhältnis der »culpa in contrahendo« (§ 311 Abs. 2 Nr. 1–3 BGB).

II. **Nebenpflichtverletzung des Schuldners** (§ 241 Abs. 2 BGB), die (zumindest auch) den Dritten trifft

III. **Einbeziehung des Dritten** in den Schutzbereich dieses Vertrags:

1. **Gläubigernähe:** Zwischen dem Dritten und dem Gläubiger des Vertrags (oben I.) muss ein besonderes Näheverhältnis bestehen:

   a. Beziehung mit personenrechtlichem Einschlag (»Wohl und Wehe« der Eltern für ihre minderjährigen Kinder)

   b. Weisungsgebundenheit zwischen Gläubiger und Drittem (insbes. Arbeitsvertrag)

   c. Sonstige Interessen des Gläubigers an der Einbeziehung

   d. Einbeziehung durch die vertragliche Gestaltung zwischen Gläubiger und Schuldner

   e. Beachte: Gegenläufige Interessen von Gläubiger und Drittem lassen die Gläubigernähe nicht zwingend entfallen.

2. **Leistungsnähe**: Der Dritte kommt bestimmungsgemäß aufgrund des Vertrags mit der geschuldeten Leistung in Berührung und den damit verbundenen Risiken und Gefahren in gleicher Weise ausgesetzt wie der Gläubiger.

3. **Erkennbarkeit der Einbeziehung des Dritten** aufgrund der Gläubiger- und Leistungsnähe für den Schuldner vor oder bei Beginn des Vertragsverhältnisses

4. **Dritter ist schutzbedürftig**, weil ihm kein eigener, gleichwertiger Anspruch gegen den Schuldner bzw. Dritte zusteht.

IV. **Vertretenmüssen** des Schuldners oder seiner Erfüllungsgehilfen (§§ 276, 278 BGB)

V. **Schaden** des Dritten

VI. **Rechtsfolgen:**

1. **Der Dritte hat einen eigenen vertraglichen Schadensersatzanspruch** gegen den Schuldner.

2. Schuldner kann seine **Einwendungen aus dem Vertrag mit dem Gläubiger** analog § 334 BGB auch dem Dritten entgegenhalten.

3. Ein **eventuelles Mitverschulden** (§ 254 BGB) muss sich der Dritte anrechnen lassen.

Prüfungsschema für die Drittschadensliquidation

Die Drittschadensliquidation sichert dem Gläubiger Schadensersatzansprüche, obwohl er – durch einen zufällig den Schädiger entlastenden Umstand – keinen Schaden erlitten hat. Es gilt die Regel »Der Schaden wird zum Anspruch gezogen!«

Sie müssen hier mögliche Ansprüche gegen zwei Personen prüfen, bei denen der eine keinen eigenen Schadensersatzanspruch hat, der andere zwar grundsätzlich einen Anspruch hätte, ihm jedoch kein Schaden entstanden ist.

I. **Anspruchsgrundlage** §§ 280 ff. BGB

1. Bestehen eines **Schuldverhältnisses**

2. **Pflichtverletzung** aus dem Schuldverhältnis durch den Schuldner/Anspruchsgegner

3. **Vertretenmüssen** des Schuldners/Anspruchsgegners gem. §§ 276 f. BGB

4. **Kein Schaden beim Gläubiger/Anspruchsteller:**

   a. Gläubiger handelt in mittelbarer Stellvertretung.

   b. Gläubiger ist als Verwahrer (§§ 688 ff. BGB) zur Obhut über eine fremde Sache verpflichtet und hat dafür einen Vertrag mit dem Schuldner abgeschlossen.

   c. Zufällige (»Obligatorische«) Gefahrentlastung, z.B. beim Versendungskauf: Der Verkäufer als Gläubiger behält wegen § 447 Abs. 1 BGB den Kaufpreisanspruch, die Kaufsache wird jedoch vor der Übereignung auf dem Transport zufällig zerstört (ähnlich § 644 Abs. 1 BGB).

5. Der Dritte erleidet durch den Vorgang einen **Schaden an seinem Vermögen**, hat jedoch keinen eigenen unmittelbaren Anspruch gegen den Schädiger:

   a. Bei der mittelbaren Stellvertretung hat der Hintermann kein Vertragsverhältnis zum Schädiger, muss aber dem Strohmann die Kosten erstatten oder vorleisten.

   b. Der Verwahrer erleidet keine Eigentumsverletzung und profitiert von der Haftungsfreistellung (§ 690 BGB), der Eigentümer steht in keinem Vertragsverhältnis zum Schuldner.

   c. Beim Versendungskauf behält der Verkäufer aufgrund des Gefahrenübergangs (§ 447 Abs. 1 BGB) den Kaufpreisanspruch, der Käufer erhält die Kaufsache jedoch nicht.

II. **Der »Schaden wird zum Anspruch gezogen«:** Der an sich anspruchsberechtigte Gläubiger kann den Schaden des Anderen zur Komplettierung der Anspruchsvoraussetzungen zu seiner Anspruchsgrundlage ziehen.

III. **Der anspruchsberechtigte Gläubiger tritt** seinen komplettierten **Anspruch** an den eigentlich Geschädigten **ab.**

Prüfungsschema für die Abtretung einer Forderung (§§ 398 ff. BGB)

Die Forderungsabtretung ist als Verfügung über eine Forderung ein dingliches Rechtsgeschäft, das im Schuldrecht geregelt ist.

Unterscheiden Sie unbedingt zwischen der vertraglichen Forderungsabtretung (Zession) nach den §§ 398 ff. BGB und einem gesetzlichen Forderungsübergang (*cessio legis*) nach § 412 BGB!

I. **Abtretungsvertrag** gem. § 398 Satz 1 BGB:

1. **Einigung** zwischen dem bisherigen Gläubiger (= **Zedent**) und dem neuen Gläubiger (**Zessionar**) – insbesondere muss die Forderung ausreichend **bestimmt** bzw. **bestimmbar** sein.
2. **Keine Inhaltsänderung** der Forderung (§ 399 Alt. 1 BGB)
3. **Keine bestimmte Form** erforderlich – Ausnahme § 1154 BGB: Schriftform bei Abtretung hypothekarisch gesicherter Forderung

II. **Bestehen** der Forderung:

1. Die **Forderung** muss tatsächlich bestehen.
2. Zedent hat die **Verfügungsbefugnis** über diese Forderung.
3. Der **gutgläubige Erwerb** einer Forderung ist **ausgeschlossen**.

III. **Übertragbarkeit** der Forderung:

1. **Grundsätzlich ist jedes Recht übertragbar.**
2. **Kein Ausschluss der Zession** aufgrund Vereinbarung zwischen Schuldner und Zedent (§ 399 Alt. 2 BGB)
3. **Kein Abtretungsverbot** aufgrund Unpfändbarkeit der Forderung (§ 400 BGB)

IV. **Rechtsfolgen:**

1. **Die Forderung** geht auf den Zessionar über (§ 398 Satz 2 BGB).
2. **Neben- und Vorzugsrechte** wie (akzessorische) Hypotheken und Pfandrechte gehen über (§ 401 BGB).
3. Der Zedent muss dem Zessionar **Auskunft über die Forderung erteilen** und ggf. bestehende Urkunden übergeben (§ 402 BGB).
4. Dem Schuldner stehen die **Einwendungen**, die ihm gegenüber dem Zedenten im Zeitpunkt der Abtretung zustanden, auch gegenüber dem Zessionar zu (§ 404 BGB).
5. Dem Schuldner bleibt eine im Zeitpunkt des Forderungsübergangs mit dem Zedenten bestehende **Aufrechnungslage** auch gegenüber dem Zessionar erhalten (§ 406 BGB).
6. **Leistung des gutgläubigen Schuldners** an den Zedenten wirkt auch gegenüber dem Zessionar (§ 407, 1. Alt. BGB), dies gilt auch bei sonstigen Rechtsgeschäften (§ 407, 2. Alt. BGB) und auch bei weiteren Abtretungen durch den Zedenten.
7. Der Zedent muss eine **Abtretungsanzeige** gegenüber dem Schuldner gegen sich gelten lassen – auch wenn die Abtretung unwirksam ist (§ 409 Abs. 1 Satz 1 BGB).

Prüfungsschema für die Schuldübernahme (§§ 414 ff. BGB)

Die Probleme bei der Schuldübernahme als ein Drei-Personen-Verhältnis liegen in der Abgrenzung gegenüber dem Schuldbeitritt und der Bürgschaft. Beachten Sie unbedingt, dass es sich bei der Schuldübernahme zwar um ein Verfügungsgeschäft handelt, das zugrunde liegende Schuldverhältnis jedoch ein Verpflichtungsgeschäft ist und Sie die dafür geltenden Formvorschriften beachten müssen.

I. **Schuldübernahmevertrag** gem. §§ 414, 415 BGB

1. **Zwei Alternativen**
   a. Einigung zwischen dem Gläubiger und dem Übernehmer als neuem Schuldner (§ 414 Abs. 1 BGB) – insbesondere muss die Schuld ausreichend bestimmt bzw. bestimmbar sein.
   b. Einigung zwischen dem bisherigen Schuldner und dem neuen Schuldner und Genehmigung des Gläubigers (§ 415 Abs. 1 BGB) – ohne Genehmigung ist die Schuldübernahme schwebend unwirksam (§ 415 Abs. 2 BGB).
2. **Keine Inhaltsänderung** der Schuld

3. **Keine bestimmte Form** erforderlich – Ausnahme: Schriftform bei Immobilienkaufvertrag, Verbraucherkreditvertrag (§ 492 Abs. 1 BGB) und Schenkung (§ 518 BGB)

II. **Bestehen der Schuld:** Wirksames Schuldverhältnis zwischen bisherigem Schuldner und Gläubiger

III. **Rechtsfolgen:**

1. **Die Schuld geht** auf den neuen Schuldner **über**.
2. **Der bisherige Schuldner scheidet** aus dem Schuldverhältnis **aus**.
3. **Sicherheiten** wie Bürgschaften und Pfandrechte **erlöschen** (§ 418 BGB).
4. **Dem neuen Schuldner stehen die Einwendungen zu**, die dem früheren Schuldner gegenüber dem Gläubiger im Zeitpunkt der Schuldübernahme zustanden (§ 417 Abs. 1 BGB).
5. **Einwendungen aus dem Vertrag** zwischen bisherigem Schuldner und neuem Schuldner können dem Gläubiger nicht entgegengehalten werden (§ 417 Abs. 2 BGB).

Prüfungsschema für die Aufrechnung (§§ 387 ff. BGB)

Die Aufrechnung ist ein wichtiges Instrument zur effizienten, einseitigen »Verrechnung« des Inhabers einer Forderung.

Wichtig ist die richtige Zuordnung der Forderungen: Die aufrechnende Partei ist Inhaber der Gegenforderung, mit der gegen die Hauptforderung aufgerechnet wird.

I. **Aufrechnungslage** gem. § 387 BGB

1. **Gegenseitigkeit der Forderungen**
   a. Beide Parteien sind wechselseitig Schuldner und Gläubiger.
   b. Ausnahmen: § 406 BGB (Aufrechnung auch gegenüber dem neuen Gläubiger der Hauptforderung); § 566d BGB (Aufrechnung des Mieters gegen den Erwerber mit einer Forderung gegen den bisherigen Vermieter) oder Berufung auf fehlende Gegenseitigkeit ist missbräuchlich (§ 242 BGB).
2. **Gleichartigkeit der Forderungen** (regelmäßig wird es sich um Geldforderungen handeln)
3. **Erfüllbarkeit der Hauptforderung**
4. **Fälligkeit und Durchsetzbarkeit** der Gegenforderung (§ 390 BGB)

II. **Kein Ausschluss** der Aufrechnung (§§ 390 ff. BGB):

1. **Durch Vertrag** (beachte § 309 Nr. 3 BGB: Unwirksamkeit eines Aufrechnungsverbots in AGB)
2. **Gesetzlich** gem. §§ 390–395, keine Aufrechnung mit einredebehafteter Forderung sowie gegen Forderung aus unerlaubter Handlung (§ 393 BGB), unpfändbare Forderung (§ 394 BGB)

III. **Aufrechnungserklärung** (§ 388 BGB):

1. Einseitige, empfangsbedürftige **Gestaltungserklärung**

2. **Erklärung darf nicht bedingt oder zeitbestimmt** abgegeben werden (§ 388 Satz 2 BGB).

IV. **Rechtsfolgen:**

1. **Die Forderungen erlöschen**, soweit sie sich decken.

2. **Maßgeblicher Zeitpunkt** ist der Moment, in dem sich die Forderungen erstmals aufrechenbar gegenüberstehen.

Prüfungsschema für den Wegfall der Geschäftsgrundlage (§ 313 BGB)

Der Wegfall der Geschäftsgrundlage ist ein letztes, flexibles Instrument als ein offener Tatbestand mit ebenso offener, angepasster Rechtsfolge. Setzen Sie ihn mit Zurückhaltung ein – andere Gestaltungsinstrumente gehen unbedingt vor und sind vorrangig zu prüfen!

I. **Anwendbarkeit** der Grundsätze – es darf **keine vorrangige Regelung** eingreifen:

1. **Vertragliche Regelungen** (z.B. Rücktrittsrechte)

2. **Unzumutbarkeit der Leistungserbringung** gem. § 275 Abs. 2 BGB

3. **Anfechtung wegen eines Eigenschaftsirrtums** gem. § 119 Abs. 2 BGB

II. **Vorliegen eines Vertragsverhältnisses**

III. **Wesentliche Vertragsgrundlage:**

1. Als **reales Element** ist ein Umstand erforderlich, der von wenigstens einer der Vertragsparteien bei Vertragsschluss als gegeben und wesentlich vorausgesetzt wurde.

2. Die Parteien hätten den Vertrag in Kenntnis der tatsächlichen Lage nicht abgeschlossen (**hypothetisches Element**).

3. Nach wertender Betrachtung (**normatives Element**) hätten die Parteien den Vertrag mit anderem Inhalt abgeschlossen – die nachträgliche Vertragsanpassung ist damit gerechtfertigt.

IV. Schwerwiegende, fundamentale **Änderung der Vertragsgrundlage:**

1. Schwerwiegende **Änderung der Umstände** (§ 313 Abs. 1 BGB)

2. **Wesentliche Vorstellungen** haben sich als falsch erwiesen (§ 313 Abs. 2 BGB).

3. **Fallgruppen**

   a. Zweckstörung

   b. Äquivalenzstörung

   c. Beidseitiger Eigenschaftsirrtum

V. **Rechtsfolgen**

1. **Vorrangig**: flexible Vertragsanpassung (§ 313 Abs. 1 BGB)
2. **Nachrangig** ist die Auflösung des Vertrags durch Rücktritt oder Kündigung (§ 313 Abs. 3 BGB).

Prüfungsschema für Zurückbehaltungsrechte (§§ 273, 320 BGB)

Bitte unterscheiden Sie zwischen Haupt- und Gegenforderung: Die Gegenforderung ist die Forderung der Partei, die ein Zurückbehaltungsrecht geltend macht!

Bei § 320 BGB muss ein gegenseitiger Vertrag vorliegen – die Regelung ist lex specialis zu § 273 BGB!

I. **Allgemeine Zurückbehaltungsrecht** nach § 273 BGB

1. **Vertragliches oder gesetzliches Schuldverhältnis**
2. **Erhebung der Einrede** des Zurückbehaltungsrechts
3. **Zwei Forderungen** stehen sich gegenüber
4. **Fälligkeit und Durchsetzbarkeit der Gegenforderung**
5. **Konnexität der Ansprüche**
6. **Kein Ausschluss des Zurückbehaltungsrechts**

II. Das **spezielle Zurückbehaltungsrecht** nach § 320 BGB

1. **Vorliegen eines gegenseitigen Vertrags** = beide Parteien sind Schuldner und Gläubiger der anderen Partei.
2. Erfasst werden (nur) die im **Gegenseitigkeitsverhältnis stehenden Hauptleistungspflichten (Konnexität).**
3. **Keine Vorleistungspflicht** des Schuldners
4. Der Gläubiger der Hauptforderung hat die geschuldete **Gegenleistung noch nicht erbracht.**
5. **Durchsetzbarkeit** und **Fälligkeit** der Gegenforderung
6. Der einredende Schuldner ist selbst **leistungsbereit** und **leistungswillig.**
7. **Kein Ausschluss der Einrede** vertraglich oder nach Treu und Glauben

III. **Rechtsfolge** in beiden Fällen (§§ 273, 320 BGB):

1. Entstehen des Zurückbehaltungsrechts als **Leistungsverweigerungsrecht**
2. **Leistungsverweigerung zeitlich begrenzt**, bis auch Gläubiger leistet
3. **Verurteilung zur Leistung** Zug um Zug (§ 274 Abs. 1 BGB)

4. Abwendung durch **Sicherheitsleistung des Gläubigers:**
   a. Beim allgemeinen Zurückbehaltungsrecht möglich gem. § 273 Abs. 3 BGB
   b. Beim speziellen Zurückbehaltungsrecht gem. § 320 Abs. 1 Satz 3 BGB ausgeschlossen.

Schuldrecht Besonderer Teil

Lernen Sie nun die wichtigsten Prüfungsschemata des Besonderen Teils des Schuldrechts (§§ 433 ff. BGB) kennen. Die Schemata helfen Ihnen, bei der Lösung Ihrer Prüfungsaufgaben systematisch und damit nachvollziehbar und logisch vorzugehen.

Insbesondere die Vorschriften zu Kauf- und Werkvertrag sind für unsere umsatzorientierte Wirtschaftsordnung von besonderer Prüfungs- und Praxisrelevanz und werden oft auch als Ausgangspunkt für Prüfungen aus zivilrechtlichen Nebengebieten von Relevanz sein (z.B. im Handelsrecht).

Sollte Ihr Dozent abweichende Schemata zur Verfügung stellen, so prüfen Sie, ob die Abweichungen tatsächlich vorhanden sind.

Prüfungsschema für Erfüllungsansprüche aus einem Kaufvertrag gem. § 433 BGB

Ansprüche auf der Basis eines Kaufvertrags sind sehr häufig Gegenstand juristischer Fallbearbeitungen. Bei Erfüllungsansprüchen geht es in der Regel um Fragestellungen, die einer erfolgreichen Vertragserfüllung entgegenstehen, insbesondere bei Mängeln der Kaufsache.

Beachten Sie, dass die mangelfreie Leistung bereits Teil der den Verkäufer treffenden Hauptleistungspflicht ist, vgl. § 433 Abs. 1 BGB.

I. **Anspruchsgrundlagen** für die vertraglichen Leistungen:

1. **Anspruch des Käufers** aus § 433 Abs. 1 BGB
2. **Anspruch des Käufers** auf Nacherfüllung, § 437 Nr. 1 BGB
3. **Anspruch des Verkäufers** aus § 433 Abs. 2 BGB

II. **Anspruchsvoraussetzungen** in allen Fällen

1. **Wirksamer Kaufvertrag:** Prüfung der allgemeinen Voraussetzungen eines wirksamen Vertragsschlusses (Willenserklärungen als Angebot und Annahme, Geschäftsfähigkeit, Stellvertretung, Formerfordernisse)
2. **Einigung** über die vertragstypischen Elemente (sog. »essentialia negotii«)
   a. Vertragsparteien als Käufer und Verkäufer

b. Kaufgegenstand als:

aa. Sachen (beweglich oder Immobilien)

bb. Rechte (§ 453 Abs. 1 BGB)

cc. Sonstige Gegenstände (§ 453 Abs. 1 BGB)

dd. Digitale Inhalte

c. Kaufpreis:

aa. Bestimmbarkeit genügt

bb. Grundsätzlich als Barzahlung in Geld

3. **Besondere Formen** des Kaufvertrags

   a. Verbrauchsgüterkaufvertrag

   b. Fernabsatzvertrag

   c. Kauf unter Eigentumsvorbehalt (§ 449 BGB)

   d. Kauf digitaler Elemente

III. **Rechtsfolgen:** Begründung schuldrechtlicher Ansprüche ohne tatsächliche Rechtsänderung (Abstraktionsprinzip!)

1. **Ansprüche des Käufers** (§ 433 Abs. 1 BGB)

   a. Übergabe der Kaufsache als tatsächliche Besitzverschaffung (§ 433 Abs. 1 Satz 1 BGB)

   b. Übertragung des Eigentums an der Sache (§ 433 Abs. 1 Satz 1 BGB)

   c. Leistung der Sache frei von Sach- und Rechtsmängeln (§ 433 Abs. 1 Satz 2 BGB)

   d. Ansprüche auf Aufklärung über Risiken der Kaufsache, Anleitung und Einweisung zum sachgemäßen Gebrauch des Kaufgegenstands (§ 241 Abs. 2 BGB)

2. **Ansprüche des Verkäufers** (§ 433 Abs. 2 BGB)

   a. Zahlung des vereinbarten Kaufpreises

   b. Abnahme der Kaufsache als Nebenleistungspflicht (Hauptleistungspflicht, wenn Abnahme von besonderer Bedeutung für den Verkäufer)

3. **Kostentragung** nach der vertraglichen Vereinbarung, ansonsten § 448 BGB

Prüfungsschema für einen Anspruch auf Nacherfüllung gem. § 437 Nr. 1 BGB

Die Nacherfüllung ist vorrangig vor den übrigen Gewährleistungsansprüchen (»Recht zur 2. Andienung«) und muss zunächst geprüft werden. Und dabei muss die Nacherfüllung überhaupt möglich sein! Das ist nicht der Fall beim Kauf (gebrauchter) Einzelstücke. Beim Kauf von Neuware aus einer Gattungsschuld ist die Nacherfüllung regelmäßig möglich.

I. **Wirksamer Kaufvertrag**

II. **Sach- oder Rechtsmangel** (§ 434, § 435 BGB) als negative Abweichung der »Ist«- (als tatsächlicher Zustand der Kaufsache) von der »Soll«- (als der vertraglich geschuldeten) Beschaffenheit der Kaufsache

1. **Sachmangel** (§ 434 BGB – zunächst prüfen, ob die Parteien die »Soll«-Beschaffenheit **subjektiv** vereinbart haben, falls nicht, auf **objektive** Kriterien abstellen!)

   a. »Soll«-Beschaffenheit aufgrund einer vertraglichen Beschaffenheitsvereinbarung (§ 434 Abs. 2 Satz 1 Nr. 1 BGB = *subjektiv*)

   b. »Soll«-Beschaffenheit aufgrund eines vertraglich vereinbarten Verwendungszwecks (§ 434 Abs. 2 Satz 1 Nr. 2 BGB = *subjektiv*)

   c. »Soll«-Beschaffenheit bzgl. zu lieferndem Zubehör oder Anleitungen (§ 434 Abs. 2 Satz 1 Nr. 3 BGB = *subjektiv*)

   d. »Soll«-Beschaffenheit als die Eignung der Kaufsache zur gewöhnlichen Verwendung (§ 434 Abs. 3 Satz 1 Nr. 1 BGB = *objektiv*)

   e. »Soll«-Beschaffenheit als die für diese Kaufsache übliche Beschaffenheit (§ 434 Abs. 3 Satz 1 Nr. 2 BGB = *objektiv*)

   f. »Soll«-Beschaffenheit als Identität mit einer Probe oder einem Muster (§ 434 Abs. 3 Satz 1 Nr. 3 BGB = *objektiv*)

   g. »Soll«-Beschaffenheit als Lieferung des üblichen Zubehörs oder der üblichen Anleitungen (§ 434 Abs. 3 Satz 1 Nr. 4 BGB = *objektiv*)

   h. »Soll«-Beschaffenheit als sachgemäße Montage aufgrund einer Montagevereinbarung (§ 434 Abs. 4 Satz 1 Nr. 1 BGB = *objektiv*)

   i. »Soll«-Beschaffenheit als Lieferung einer ausreichenden Montageanleitung (§ 434 Abs. 4 Satz 1 Nr. 1 BGB = *objektiv*)

   j. »Soll«-Beschaffenheit aufgrund einer öffentlich, auch durch Dritte getroffenen Werbeaussage (§ 434 Abs. 3 Satz 1 Nr. 1 BGB = *objektiv*)

2. **Rechtsmangel** (§ 435 BGB):

   a. An der Kaufsache bestehen Rechte Dritter, z.B. Eigentum oder Pfandrechte (§ 435 Satz 1 BGB)

   b. Eintragung nicht bestehender Rechte im Grundbuch (§ 435 Satz 2 BGB)

III. **Mangel** liegt vor bei Gefahrübergang:

1. **Gefahrübergang** mit Übergabe der Kaufsache (§ 446 Satz 1 BGB = Regelfall)

2. **Gefahrübergang** beim Versendungskauf (§ 447 BGB, insbesondere Online-Kauf)

3. **Gefahrübergang** bei Annahme(Gläubiger-)verzug (§ 446 Satz 3 BGB)

4. **Beweislast** für das Vorliegen des Mangels bereits bei Gefahrübergang trägt der Käufer, aber Entlastung durch die Vermutung beim Verbrauchsgüterkauf (§ 477 BGB: 1 Jahr bei Sachen / digitale Elemente / 6 Monate bei Tieren).

IV. **Möglichkeit der Nacherfüllung**: Ist die Nacherfüllung in beiden Varianten unmöglich gem. § 275 Abs. 1–3 BGB, entfällt auch der Anspruch darauf.

V. **Ausübung des Wahlrechts** durch den Käufer (§ 439 Abs. 1 BGB)

1. Käufer kann **Beseitigung des Mangels** (§ 439 Abs. 1, 1. Alt. BGB = Nachbesserung) oder Austausch gegen eine mangelfreie Sache (§ 439 Abs. 1, 2. Alt. BGB = Neulieferung) verlangen.
2. **Erklärung gegenüber dem Verkäufer**
3. Verkäufer kann Käufer **zur Erklärung auffordern.**

VI. **Recht zur Verweigerung der Nacherfüllung** (§ 439 Abs. 4 BGB)

1. Gewählte Art der Nacherfüllung verursacht **unverhältnismäßige Kosten.**
2. **Andere Art der Nacherfüllung** verursacht keine wesentlichen Nachteile.
3. Verkäufer kann auch **Nacherfüllung insgesamt verweigern** (439 Abs. 4 Satz 3 BGB).
4. **Zusätzlich gelten** § 275 Abs. 2 und 3 BGB.

VII. **Kein Ausschluss der Gewährleistung**

1. **Wirksamer vertraglicher Ausschluss** innerhalb der Grenzen von §§ 444, 476 BGB und angemessen (AGB-Kontrolle, vgl. § 309 Nr. 8 b) BGB)
2. **Gesetzlicher Gewährleistungsausschluss** gem. §§ 442, 445 BGB (beim Verbrauchsgüterkauf eingeschränkt gem. § 475 Abs. 3 Satz 2 BGB)

VIII. **Keine Verjährung** des Anspruchs auf Nacherfüllung

1. **Bei beweglichen Sachen** zwei Jahre – Beginn bereits ab Ablieferung (§ 438 Abs. 1 Nr. 3 BGB)
2. **Bei Mängeln an Bauwerken** fünf Jahre (§ 438 Abs. 1 Nr. 2 BGB)
3. **Bei Mängeln aufgrund dinglicher Rechte** 30 Jahre (§ 438 Abs. 1 Nr. 3 BGB)
4. **Bei arglistiger Täuschung** über das Vorliegen eines Mangels gilt die Regelverjährung (§ 438 Abs. 3 Satz 1 BGB).
5. **Unterbrechung der Verjährungsfrist** bei gescheitertem Nacherfüllungsversuch (»Kettenverjährung«)

Prüfungsschema für den Rücktritt vom Kaufvertrag bei Mangel der Kaufsache (§ 437 Nr. 2, 1. Alt. BGB)

Der Rücktritt ist ein einseitiges Gestaltungsrecht des Käufers. Der Rücktritt erfordert eine Rücktrittserklärung und einen Rücktrittsgrund.

I. **Wirksamer Kaufvertrag**

II. **Rücktrittserklärung**

III. **Sach- oder Rechtsmangel** als Rücktrittsgrund

IV. **Erheblichkeit** des Mangels (§ 323 Abs. 5 Satz 2 BGB)

V. **Kein Vorrang** der Nacherfüllung:

1. **Angemessene Frist** zur Nacherfüllung (§ 323 Abs. 1 BGB) ist **abgelaufen.**

2. **Frist** zur Nacherfüllung **entbehrlich**

   a. Unmöglichkeit der Nacherfüllung (§ 275 Abs. 1–3 BGB), § 326 Abs. 5 BGB

   b. Rechtmäßige Verweigerung der Nacherfüllung gem. § 439 Abs. 4 BGB

   c. Nacherfüllung gem. § 440 BGB fehlgeschlagen oder unzumutbar

   d. Ausnahmen nach § 323 Abs. 2 BGB

   e. Beim Verbrauchsgüterkauf gilt § 475d Abs. 1 BGB.

VI. **Kein Ausschluss der Gewährleistung / des Rücktritts** gem. § 323 Abs. 6 BGB

VII. **Kein Ausschluss des Rücktrittsrechts wegen Verjährung** des Anspruchs auf die Leistung bzw. Nacherfüllung (§§ 438 Abs. 4, 218 BGB)

VIII. **Rechtsfolge**

1. **Rückabwicklung** des Kaufvertrags nach den allgemeinen Regelungen der §§ 346 ff. BGB

2. Daneben möglich: **Anspruch auf Schadens- oder Aufwendungsersatz** (§ 437 Nr. 3 BGB)

Prüfungsschema für die Minderung des Kaufpreises §§ 437 Nr. 2, 2. Alt., 441

Die Minderung wird auch als der »kleine Rücktritt« bezeichnet und folgt dessen Aufbau. Zentrales Problem ist die Berechnung des Minderungswerts.

I. **Wirksamer Kaufvertrag**

II. **Minderungserklärung** gem. § 441 Abs. 1 Satz 1 und Abs. 2 BGB

III. **Sach- oder Rechtsmangel** als Minderungsgrund

IV. **Kein Vorrang** der Nacherfüllung

1. **Angemessene Frist** zur Nacherfüllung (§ 323 Abs. 1 BGB) ist **abgelaufen.**

2. **Frist** zur Nacherfüllung **entbehrlich**

   a. Unmöglichkeit der Nacherfüllung (§ 275 Abs. 1–3 BGB), § 326 Abs. 5 BGB

   b. Rechtmäßige Verweigerung der Nacherfüllung gem. § 439 Abs. 4 BGB

   c. Nacherfüllung gem. § 440 BGB fehlgeschlagen oder unzumutbar

   d. Ausnahmen nach § 323 Abs. 2 BGB

   e. Beim Verbrauchsgüterkauf gilt § 475d Abs. 1 BGB

V. **Kein Ausschluss** der Gewährleistung / der Minderung gem. §§ 441 Abs. 1, 323 Abs. 6 BGB

VI. **Kein Ausschluss** des Minderungsrechts **wegen Verjährung** des Anspruchs auf die Leistung bzw. Nacherfüllung (§§ 438 Abs. 5, 218 BGB)

VII. **Rechtsfolge**

1. **Reduzierung des Kaufpreises** bei im Übrigen unverändert fortbestehendem Vertrag

2. **Berechnung** gem. § 441 Abs. 3 BGB:

   (Wert mit Mangel × Kaufpreis) / Wert ohne Mangel

3. Gegebenenfalls **Anspruch auf Rückzahlung** des Minderungsbetrags, sofern Kaufpreis bereits in voller Höhe gezahlt wurde

Prüfungsschema für einen Anspruch auf Schadensersatz bei Mangel der Kaufsache (§ 437 Nr. 3, 1. Alt. BGB)

Für einen Anspruch auf Schadensersatz bei Mängeln der Kaufsache ist § 437 Nr. 3, 1. Alt. BGB Anknüpfungspunkt als *Rechtsgrundverweisung* – die Norm verweist auf die allgemeinen Schadensersatzansprüche nach den §§ 280 ff. BGB, die Sie gedanklich an die Besonderheiten des Gewährleistungsrechts »anpassen« müssen.

Dabei können Sie an die Art des im Fall geltend gemachten Schadens anknüpfen: Handelt es sich um

✔ **das Erfüllungs- oder Äquivalenzinteresse**, also die zeitliche und sachliche Erfüllung des Vertrags als Schadensersatz *statt* der Leistung oder um

✔ **das Integritätsinteresse**, also die Verletzung sonstiger Rechtsgüter des Käufers als Schadensersatz *neben* der Leistung, *Begleitschaden*?

Das Integritätsinteresse wird zusätzlich über die allgemeinen Schadensersatzansprüche der §§ 823 ff. BGB geschützt!

I. **Anspruch** richtet sich auf die vereinbarungsgemäße Erfüllung des Vertrags (das **Äquivalenzinteresse** sichert dem Käufer den vertragsgemäßen Wert des Leistungsaustausches):

1. Bestehen eines **wirksamen Kaufvertrags**

2. Vorliegen eines **Sach- oder Rechtsmangels**

3. **Schadensersatz** statt der Leistung

   a. Nacherfüllung ist wegen eines vor Vertragsschluss unbehebbaren Mangels anfänglich (§ 311 a Abs. 1 BGB) unmöglich (§§ 437 Nr. 3, 1. Alt., 311a BGB).

   b. Nacherfüllung ist wegen eines nach Vertragsschluss, aber vor Gefahrübergang eingetretenen Mangels gem. § 275 Abs. 1 bis 3 BGB unmöglich (§§ 437 Nr. 3, 1. Alt., 280 Abs. 3, 283 BGB).

   c. Nacherfüllung ist aufgrund eines behebbaren Mangels grundsätzlich möglich: Fristsetzung (§§ 280 Abs. 3, 281 Abs. 1 Satz 1 BGB) oder Entbehrlichkeit der Frist (§§ 281 Abs. 2, 440, 475d Abs. 2 BGB).

4. **Vertretenmüssen** des Verkäufers

   a. Bei anfänglicher Unmöglichkeit (§ 311a Abs. 2 Satz 2 BGB!) muss der Verkäufer bereits bei Vertragsschluss Kenntnis vom Mangel haben.

   b. Bei nachträglicher Unmöglichkeit muss der Verkäufer den unbehebbaren Mangel der Kaufsache zu vertreten haben (z.B. Unfallverursachung).

   c. Bei Möglichkeit der Nacherfüllung muss der Verkäufer den Mangel der Kaufsache bzw. die ausbleibende Nacherfüllung zu vertreten haben.

5. Schaden beim Käufer nach der **»Differenzhypothese«** als Gesamtvermögensminderung aufgrund des Mangels der Kaufsache

6. **Kein Ausschluss** der Mängelhaftung

7. **Keine Verjährung** des Anspruchs (§ 438 BGB)

8. **Rechtsfolge** Schadensersatz statt der Leistung

   a. als »Kleiner Schadensersatz«: Käufer behält die mangelhafte Sache und erhält zusätzlich die Wertdifferenz zwischen mangelfreier und mangelhafter Sache und zusätzlich Nichterfüllungsschaden (insbesondere entgangener Gewinn oder Ersatzbeschaffungskosten).

   b. als »Großer Schadensersatz« (nur bei erheblichem Mangel, § 281 Abs. 1 Satz 3 BGB): Käufer gibt die Kaufsache gegen Rückzahlung des Kaufpreises zurück und kann zusätzlich Nichterfüllungsschaden – auch in Kombination mit Rücktritt (§ 437 Nr. 2, 1. Alt. BGB) möglich – geltend machen.

II. **Anspruch** richtet sich als Schadensersatz neben der Leistung auf das Integritätsinteresse bei Verletzung sonstiger Rechtsgüter des Käufers (das Integritätsinteresse schützt den Bestand des beim Käufer ohne den Kaufvertrag vorhandenen Vermögens):

1. Bestehen eines wirksamen **Kaufvertrags**

2. Vorliegen eines **Sach- oder Rechtsmangels**

3. Verkäufer hat den **Mangel der Kaufsache** zu vertreten (§§ 280 Abs. 1 Satz 2, 276, 278 BGB)

4. **Schaden beim Käufer** an seinen sonstigen Rechtsgütern, insbesondere seinem Eigentum = **Mangelfolgeschaden** (beachte: Hier sind Ansprüche nach den §§ 823 ff. BGB zusätzlich zu prüfen!)
   a. Der Mangel verursacht einen Schaden an einem anderen Vermögensgegenstand des Käufers (Beispiel: Das Ladegerät für einen Laptop überhitzt aufgrund des Mangels und verursacht einen Zimmerbrand).
   b. Sonderfall des »weiterfressenden Mangels«: Ein kleines, abgrenzbares Bauteil von geringem Wert innerhalb der Kaufsache führt zur Zerstörung der gesamten Kaufsache.
5. **Kein Ausschluss** der Mängelhaftung
6. **Keine Verjährung** des Anspruchs (§ 438 BGB)

Prüfungsschema für Ansprüche aus einem Mietvertrag

Der Mietvertrag beinhaltet eine vorübergehende Überlassung der Mietsache zum Gebrauch gegen ein Entgelt.

Verwechseln Sie ihn nicht mit der unentgeltlichen Gebrauchsüberlassung als Leihe.

Ein Pachtvertrag ist gegenüber dem Mietvertrag nicht nur auf den Gebrauch der Sache, sondern auch auf die Fruchtziehung gerichtet: Der Pächter hat Anspruch auf die aus der Sache erwachsenen Früchte, er darf diese dauerhaft behalten und verwerten.

Das Mietrecht enthält allgemeine Regelungen für Mietverhältnisse (§ 535 BGB) und einen praktisch wichtigen Besonderen Teil für Mietverhältnisse über Wohnraum (§§ 549 ff. BGB).

I. **Zustandekommen eines Mietvertrags**

1. **Allgemeine Wirksamkeitsvoraussetzungen**
2. **Keine Formvorschrift**, aber § 550 BGB für befristete Wohnraummietverträge

II. **Erfüllungsansprüche** aus einem Mietvertrag

1. **Ansprüche des Mieters**
   a. Überlassung des Gebrauchs der Mietsache
   b. Gebrauchsgewährung in vertragsgemäßem Zustand
   c. Aufrechterhaltung des vertragsgemäßen Zustands während der Mietzeit
2. **Ansprüche des Vermieters**
   a. Zahlung des vereinbarten Mietzinses (§§ 535 Abs. 2, 556b BGB)
   b. Gegebenenfalls Anspruch auf Erhöhung des Mietzinses (§§ 553 Abs. 2, 557 ff. BGB)
   c. Anspruch auf Zahlung einer Kaution

III. **Gewährleistungsansprüche** bei Mängeln der Mietsache

1. Vorliegen eines **Sach- oder Rechtsmangels**
2. **Recht zur Mietminderung** (§ 536 Abs. 1 BGB)
3. **Schadensersatzanspruch** (§ 536a Abs. 1 BGB)
4. **Aufwendungsersatzanspruch** bei Selbstvornahme (§ 536a Abs. 2 BGB)

IV. **Sonstige Ansprüche** der Mietvertragsparteien

1. **Ansprüche des Mieters**
   a. Anspruch auf Sicherung/Verzinsung einer gezahlten Kaution (§ 551 BGB)
   b. Anspruch auf Genehmigung der Untervermietung (§§ 540, 553 BGB)
2. **Ansprüche des Vermieters**
   a. Unterlassungsanspruch bei vertragswidrigem Gebrauch der Mietsache (§ 541 BGB)
   b. Duldungspflichten des Mieters (§§ 555a, 555d BGB)
   c. Anspruch, die Mietsache zu besichtigen und zu betreten
   d. Anspruch auf Rückgabe der Mietsache nach Beendigung des Mietverhältnisses (§ 546 BGB)
   e. Entstehen eines Vermieterpfandrechts (§§ 562 ff. BGB)
   f. Schadensersatzanspruch bei Beschädigung der Mietsache
   g. Schadensersatzanspruch bei unterlassener Anzeige von Mängeln (§ 536c Abs. 2 Satz 1 BGB)
   h. Schadensersatzanspruch wegen verspäteter Rückgabe der Mietsache (§§ 546a, 571 BGB)

V. **Beendigung und Kündigung** des Mietvertrags

1. Durch **Fristablauf** bei wirksamer Befristung (§ 542 Abs. 2 BGB), bei Wohnraummietverhältnissen eingeschränkt (§ 575 BGB)
2. Durch **Mieterkündigung**
   a. Ordentlich unter Einhaltung der Kündigungsfrist
   b. Außerordentlich bei Vorliegen eines wichtigen Grundes (§ 543 BGB), regelmäßig nur mit vorheriger Abmahnung, für Wohnraummietverhältnisse gilt § 569 BGB.
3. Durch **Vermieterkündigung**
   a. Ordentlich unter Einhaltung der Kündigungsfrist (§ 573c BGB), bei Wohnraummietverhältnissen nur bei berechtigtem Interesse gem. §§ 573 ff. BGB, dagegen Widerspruchsmöglichkeit des Mieters (§§ 574 ff. BGB)
   b. Außerordentlich bei Vorliegen eines wichtigen Grundes (§ 543 BGB), regelmäßig nur mit vorheriger Abmahnung, für Wohnraummietverhältnisse gilt § 569 BGB.
4. Bei Wohnraummietverhältnissen **Schriftform** der Kündigung (§ 568 Abs. 1 BGB)

Prüfungsschema für Erfüllungsansprüche aus einem Werkvertrag gem. § 631 BGB

Der *Werkvertrag* ist gekennzeichnet durch die Herbeiführung eines bestimmten Erfolgs, die Erstellung des »Werkes«. Als Werk gelten auch nichtkörperliche oder geistige Leistungen wie der Transport zu einem bestimmten Ziel, die Entwicklung von Softwareprogrammen, die Erstellung von Gutachten, künstlerische Darbietungen, Sportveranstaltungen usw.

Der *Dienstvertrag* ist dagegen nur auf eine bestimmte Tätigkeit ohne vertraglich festgelegten Erfolg gerichtet; der Auftrag ist gekennzeichnet durch die Unentgeltlichkeit.

Sonderform des Werkvertrags ist der *Werklieferungsvertrag* als Kauf einer vom Schuldner erzeugten oder hergestellten beweglichen Sache.

I. **Anspruchsgrundlagen** für die vertraglichen Leistungen:

1. **Anspruch** des Bestellers **auf Herstellung** des Werkes (§ 631 Abs. 1 BGB)
2. **Anspruch** des Bestellers **auf Nacherfüllung** (§§ 634 Nr. 1, 635 BGB)
3. **Anspruch** des Werkunternehmers **auf Zahlung** des Werklohns (§ 631 Abs. 1 BGB)
4. **Anspruch auf die Abnahme** des fertigen Werkes (§ 640 BGB)

II. **Anspruchsvoraussetzungen** in allen Fällen

1. **Wirksamer Werkvertrag:** Prüfung der allgemeinen Voraussetzungen eines wirksamen Vertragsschlusses (Willenserklärungen als Angebot und Annahme, Geschäftsfähigkeit, Stellvertretung, Formerfordernisse)
2. **Einigung** über die vertragstypischen Elemente (sog. »essentialia negotii«)

   a. Vertragsparteien als Besteller und Unternehmer

   b. Vertragsprägende Hauptleistungspflicht des Unternehmers ist die mangelfreie Herstellung des versprochenen Werkes:

   aa. Herstellung oder Veränderung einer Sache

   bb. Anderer, durch Arbeit oder Dienstleistung herbeigeführter Erfolg (§ 631 Abs. 2, 2. Alt. BGB)

   cc. Übergabe des Werkes als Abnahme (§ 640 BGB) oder Vollendung (§ 646 BGB)

   dd. Nebenleistungspflichten (§ 241 Abs. 2 BGB), gerichtet insbesondere auf Information und Gefahrenhinweise, Einweisung, Anleitung etc.

   c. Gegenleistung des Bestellers:

   aa. Zahlung der vereinbarten Vergütung – beachte die Auslegungsregel in § 632 BGB

   bb. Fälligkeit bei Abnahme (§ 641 BGB)

cc. U.U. Mitwirkungspflicht (§ 642 Abs. 1 BGB)

dd. U.U. Lieferung des für die Herstellung benötigten Stoffes (vgl. § 645 Abs. 1 Satz 1 BGB)

3. **Besondere Formen** des Werkvertrags

a. Werklieferungsvertrag gem. § 650 Abs. 1 BGB

b. Herstellung digitaler Produkte gem. § 650 Abs. 2 BGB

c. Bauvertrag gem. §§ 650a ff. BGB

d. Verbraucherbauvertrag gem. §§ 650i ff. BGB

III. **Gegenrechte des Schuldners** als rechtshindernde, rechtsvernichtende oder rechtshemmende Einwendungen oder Einreden

1. **Erfüllung** (§ 362 BGB)

2. **Verjährung** (§ 194 ff. BGB)

3. Ausübung von **Gestaltungsrechten** (Rücktritt; Widerruf, Kündigung)

4. **Aufrechnung** (§ 387 ff. BGB)

5. **Zurückbehaltungsrechte** (§ 273 BGB, § 320 BGB)

Prüfungsschema für Nacherfüllungsansprüche aus einem Werkvertrag gem. §§ 634, 635 BGB

Der Anspruch auf Nacherfüllung ist – wie im Kaufrecht – vorrangig vor den weiteren Rechten bei Mängeln. Anders als im Kaufrecht besteht ein Wahlrecht des Werkunternehmers, welche Art der Nacherfüllung durchgeführt werden soll!

I. **Anspruchsgrundlage** ist § 634 Nr. 1 BGB

II. **Anspruchsvoraussetzungen** in allen Fällen:

1. **Wirksamer Werkvertrag**

2. **Sach- oder Rechtsmangel** (§ 633 BGB) als negative Abweichung der »Ist«- (als tatsächlicher Zustand des Werkes) von der vertraglich geschuldeten »Soll«-Beschaffenheit des Werkes

a. Sachmangel (§ 633 Abs. 2 BGB – zunächst prüfen, ob die Parteien die »Soll«-Beschaffenheit *subjektiv* vereinbart haben, falls nicht, auf *objektive* Kriterien abstellen!)

aa. »Soll«-Beschaffenheit aufgrund einer vertraglichen Beschaffenheitsvereinbarung (§ 633 Abs. 2 Satz 1 BGB = *subjektiv*) als Festlegung bestimmter Eigenschaften des Werkes

bb. »Soll«-Beschaffenheit aufgrund eines vertraglich vereinbarten Verwendungszwecks (§ 633 Abs. 2 Satz 2 Nr. 1 BGB = *subjektiv*) cc. »Soll«-Beschaffenheit als die Eignung des Werkes zur gewöhnlichen Verwendung, der üblichen und vom Besteller erwartbaren Beschaffenheit des Werkes (§ 633 Abs. 2 Satz 2 Nr. 2 BGB = *objektiv*)

dd. Herstellung eines vollkommen anderen Werkes (»Aliud-Lieferung« gem. § 633 Abs. 2 Satz 3, 1. Alt. BGB)

b. Herstellung des bestellten Werkes in zu geringer Menge (§ 633 Abs. 2 Satz 3, 2. Alt. BGB).

c. Rechtsmangel (§ 633 Abs. 3 BGB):

aa. An dem Werk bestehen Rechte Dritter, z.B. Eigentum oder Pfandrechte (§ 633 Abs. 3, 1. Alt. BGB), aber auch Urheberrechte.

bb. An dem Werk bestehen Rechte Dritter, die der Besteller nicht im Vertrag übernommen hat (§ 633 Abs. 3, 2. Alt. BGB).

III. **Vorliegen des Mangels** zum Zeitpunkt des Gefahrübergangs (§ 644 BGB) = regelmäßig die Abnahme nach § 640 Abs. 1 BGB

IV. **Kein Recht** des Unternehmers **zur Verweigerung** der Nacherfüllung (§§ 275, 635 Abs. 3 BGB) wegen unverhältnismäßiger Kosten

V. Ausübung des **Wahlrechts** durch den Unternehmer (§ 635 Abs. 1 BGB): Unternehmer entscheidet, ob Beseitigung des Mangels (§ 635 Abs. 1, 1. Alt. BGB = Nachbesserung) oder Herstellung eines neuen Werkes (§ 635 Abs. 1, 2. Alt. BGB = Neuerstellung – Unternehmer kann dann Rückgabe des mangelhaften Werkes verlangen, §§ 635 Abs. 4, 346 ff. BGB)

VI. **Kein Ausschluss der Gewährleistung**

1. **Wirksamer vertraglicher Ausschluss** (AGB-Kontrolle, vgl. § 309 Nr. 8 b) BGB)

2. **Gesetzlicher Gewährleistungsausschluss** gem. § 640 Abs. 2 und 3 BGB (beim Verbraucher eingeschränkt gem. § 640 Abs. 2 Satz 2 BGB: Hinweis auf die Rechtsfolgen einer Abnahmeverweigerung in Textform)

VII. **Keine Verjährung** des Anspruchs auf Nacherfüllung (§ 634a BGB)

1. Es gilt grundsätzlich die **regelmäßige Verjährung** (§ 634a Abs. 1 Nr. 3 BGB), Verjährungsbeginn gem. § 199 Abs. 1 BGB.

2. **Bei Mängeln an Bauwerken** fünf Jahre (§ 634a Abs. 1 Nr. 2, 1. Alt. BGB – Beginn bereits ab Abnahme, § 634a Abs. 2 BGB)

3. **Bei Mängeln von Planungs- oder Überwachungsleistungen** für Bauwerke fünf Jahre (§ 634a Abs. 1 Nr. 2, 2. Alt. BGB – Beginn bereits ab Abnahme, § 634a Abs. 2 BGB)

4. **Bei Mängeln bei der Herstellung, Wartung oder Veränderung** einer Sache zwei Jahre (§ 634a Abs. 1 Nr. 1, 1. Alt. BGB – Beginn bereits ab Abnahme, § 634a Abs. 2 BGB)

5. **Bei Mängeln von Planungs- oder Überwachungsleistungen** für Herstellung, Wartung oder Veränderung einer Sache zwei Jahre (§ 634a Abs. 1 Nr. 1, 2. Alt. BGB – Beginn bereits ab Abnahme, § 634a Abs. 2 BGB)

6. **Bei arglistiger Täuschung** über das Vorliegen eines Mangels gilt die Regelverjährung (§ 634a Abs. 3 BGB).

VIII. **Rechtsfolgen**

1. **Wahlrecht des Werkunternehmers** gem. § 635 Abs. 1 BGB (siehe oben V.)
2. **Kostentragungspflicht** des Werkunternehmers bzgl. aller zur Nacherfüllung erforderlichen Aufwendungen (§ 635 Abs. 2 BGB)
3. **Werklohnanspruch** bleibt unverändert bestehen.

Prüfungsschema für die Selbstvornahme bei Mangel des Werkes (§ 634 Nr. 2 BGB)

Die *Selbstvornahme* ist ein Recht des Bestellers, der Besteller darf auch Dritte mit der Mängelbeseitigung beauftragen – dabei besteht das Risiko, auf den dadurch entstehenden Kosten »sitzen zu bleiben«! Deshalb gewährt ihm die Regelung in § 637 Abs. 3 BGB einen Anspruch auf Vorschuss gegen den Werkunternehmer.

I. Das **Recht zur Selbstvornahme** folgt aus § 634 Nr. 2 BGB.

II. **Voraussetzungen** für die Selbstvornahme:

1. **Wirksamer Werkvertrag**
2. **Sach- oder Rechtsmangel** gem. § 633 BGB
3. **Angemessene Frist** zur Nacherfüllung (§§ 637, 323 Abs. 1 BGB) ist **abgelaufen**.
4. **Alternativ Frist zur Nacherfüllung** entbehrlich
   a. Unmöglichkeit der Nacherfüllung (§ 275 Abs. 2–3 BGB)
   b. Verweigerung der Nacherfüllung gem. § 635 Abs. 3 BGB
   c. Nacherfüllung gem. § 637 Abs. 2 BGB fehlgeschlagen oder unzumutbar
   d. Ausnahmen nach §§ 637 Abs. 2 Satz 1, 323 Abs. 2 BGB
5. **Kein Ausschluss der Gewährleistung** gem. § 640 Abs. 2 und 3 BGB, weil Besteller die Abnahme verweigert hat bzw. keinen Vorbehalt bei Abnahme trotz Kenntnis des Mangels erklärt hat
6. **Kein Ausschluss wegen Verjährung** des Anspruchs auf die Selbstvornahme (§ 634a Abs. 1 BGB)

III. **Rechtsfolgen**

1. Anspruch des Bestellers, **Dritte mit der Mängelbeseitigung zu beauftragen**
2. Anspruch des Bestellers auf **Ersatz der** für die Mängelbeseitigung **erforderlichen Aufwendungen** – objektiv ex ante zu bestimmen, auch vollkommene Neuherstellung möglich!

3. Anspruch gegen den Werkunternehmer auf **Zahlung eines Vorschusses** (§ 637 Abs. 3 BGB)
4. Daneben möglich: Anspruch auf **Schadens- oder Aufwendungsersatz** (§ 634 Nr. 4 BGB)

Prüfungsschema für den Rücktritt vom Werkvertrag bei Mangel des Werkes (§ 634 Nr. 3, 1. Alt. BGB)

Der Rücktritt ist ein einseitiges Gestaltungsrecht des Bestellers. Der Rücktritt erfordert eine Rücktrittserklärung und einen Rücktrittsgrund.

I. Das **Rücktrittsrecht** folgt aus § 634 Nr. 3, 1. Alt. BGB.

II. **Voraussetzungen** für den Rücktritt:

1. **Wirksamer Werkvertrag**
2. **Rücktrittserklärung**
3. **Sach- oder Rechtsmangel** gem. § 633 BGB als Rücktrittsgrund
4. **Erheblichkeit** des Mangels (§ 323 Abs. 5 Satz 2 BGB)
5. **Kein Vorrang** der Nacherfüllung
6. **Angemessene Frist** zur Nacherfüllung (§ 323 Abs. 1 BGB) ist **abgelaufen.**
7. Alternativ **Frist** zur Nacherfüllung **entbehrlich**
   a. Unmöglichkeit der Nacherfüllung (§ 275 Abs. 1–3 BGB), § 326 Abs. 5 BGB
   b. Verweigerung der Nacherfüllung gem. § 635 Abs. 3 BGB
   c. Nacherfüllung gem. § 636 BGB fehlgeschlagen oder unzumutbar
   d. Ausnahmen nach §§ 636, 323 Abs. 2 BGB
8. **Kein Ausschluss der Gewährleistung / des Rücktritts** gem. § 640 Abs. 2 und 3 BGB, weil Besteller die Abnahme verweigert hat bzw. keinen Vorbehalt bei Abnahme trotz Kenntnis des Mangels erklärt hat
9. **Kein Ausschluss des Rücktrittsrechts** wegen Verjährung des Anspruchs auf die Leistung bzw. Nacherfüllung (§§ 634a Abs. 4, 218 BGB)

III. **Rechtsfolgen**

1. **Rückabwicklung** des Werkvertrags nach den allgemeinen Regelungen der §§ 346 ff. BGB
2. Daneben möglich: Anspruch auf **Schadens- oder Aufwendungsersatz** (§ 634 Nr. 4 BGB)

Prüfungsschema für die Minderung bei Mangel des Werkes (§ 634 Nr. 3, 2. Alt. BGB)

Die Minderung ist wie der Rücktritt ein einseitiges Gestaltungsrecht des Bestellers. Eine (unberechtigte) Minderung sperrt einen nachfolgend geltend gemachten Anspruch auf einen Kostenvorschuss zur Selbstvornahme der Mängelbeseitigung nicht. Die Berechnung des Minderungsbetrags können Sie durch Schätzung ermitteln, berücksichtigen Sie dabei nur den Nettobetrag der Mängelbeseitigungskosten.

I. **Das Minderungsrecht** folgt aus § 634 Nr. 3, 2. Alt. BGB.

II. **Voraussetzungen** für die Minderung:

1. **Wirksamer Werkvertrag**
2. **Minderungserklärung** (§ 638 Abs. 1 Satz 1, Abs. 2 BGB)
3. **Sach- oder Rechtsmangel** gem. § 633 BGB als Minderungsgrund
4. **Kein Vorrang** der Nacherfüllung
5. **Angemessene Frist** zur Nacherfüllung (§§ 638 Abs. 1 Satz 1, 323 Abs. 1 BGB) ist **abgelaufen.**
6. **Alternativ Frist** zur Nacherfüllung **entbehrlich**
   a. Unmöglichkeit der Nacherfüllung (§ 275 Abs. 1–3 BGB), § 326 Abs. 5 BGB
   b. Verweigerung der Nacherfüllung gem. § 635 Abs. 3 BGB
   c. Nacherfüllung gem. § 636 BGB fehlgeschlagen oder unzumutbar
   d. Ausnahmen nach §§ 636, 323 Abs. 2 BGB
7. **Kein Ausschluss der Minderung** gem. § 640 Abs. 2 und 3 BGB, **weil** Besteller die **Abnahme verweigert** hat bzw. keinen Vorbehalt bei Abnahme trotz Kenntnis des Mangels erklärt hat
8. **Kein Ausschluss des Minderungsrechts wegen Verjährung** des Anspruchs auf die Leistung bzw. Nacherfüllung (§§ 634a Abs. 5, 218 BGB)

III. **Rechtsfolgen:**

1. Der **Vergütungsanspruch des Werkunternehmers reduziert** sich gem. § 638 Abs. 3 BGB auf die geminderte Summe nach der folgenden Berechnung:

   (Wert mit Mangel × vereinbarter Werklohn) / Wert des Werkes ohne Mangel
2. **Überzahlte Vergütung** muss vom Werkunternehmer zurückgezahlt werden (§ 638 Abs. 4 BGB)
3. Daneben möglich: Anspruch auf **Schadens- oder Aufwendungsersatz** (§ 634 Nr. 4 BGB)

Prüfungsschema für einen Anspruch auf Schadensersatz bei Mangel der Werkleistung (§ 634 Nr. 4, 1. Alt. BGB)

Für einen Anspruch auf Schadensersatz bei Mängeln der Werkleistung ist § 634 Nr. 4, 1. Alt. BGB Anknüpfungspunkt als *Rechtsgrundverweisung* – die Norm verweist auf die allgemeinen Schadensersatzansprüche nach den §§ 280 ff. BGB, die gedanklich an die Besonderheiten des werkvertraglichen Gewährleistungsrechts »angepasst« werden müssen.

Knüpfen Sie dabei an die Art des im Fall geltend gemachten Schadens an: Handelt es sich um die zeitliche und sachliche Erfüllung des Vertrags (das Erfüllungs- oder Äquivalenzinteresse) oder um die Verletzung sonstiger Rechtsgüter des Bestellers (das Integritätsinteresse)?

Das Integritätsinteresse wird zusätzlich über die allgemeinen Schadensersatzansprüche der §§ 823 ff. BGB geschützt!

I. **Anspruch** richtet sich auf die vereinbarungsgemäße Erfüllung des Vertrags (das Äquivalenzinteresse sichert dem Besteller den vertragsgemäßen Wert des Leistungsaustausches):

1. Bestehen eines **wirksamen Werkvertrags**
2. Vorliegen eines **Sach- oder Rechtsmangels** (§ 633 BGB)
3. **Schadensersatz** statt der Leistung:
   a. Nacherfüllung ist wegen eines vor Vertragsschluss unbehebbaren Mangels anfänglich (§ 311 a Abs. 1 BGB) unmöglich (§§ 634 Nr. 4, 1. Alt., 311a BGB).
   b. Nacherfüllung ist wegen eines nach Vertragsschluss, aber vor Gefahrübergang eingetretenen Mangels gem. § 275 Abs. 1 bis 3 BGB unmöglich (§§ 634 Nr. 4, 1. Alt., 280 Abs. 3, 283 BGB).
   c. Nacherfüllung ist aufgrund eines behebbaren Mangels des Werkes grundsätzlich möglich: erfolglose Fristsetzung (§§ 280 Abs. 3, 281 Abs. 1 Satz 1 BGB) oder Entbehrlichkeit der Frist (§§ 636, 635 Abs. 3, 281 Abs. 2 BGB).
4. **Vertretenmüssen** des Verkäufers:
   a. Bei anfänglicher Unmöglichkeit (§ 311a Abs. 2 Satz 2 BGB!) muss der Werkunternehmer bereits bei Vertragsschluss die Unkenntnis des Mangels haben bzw. die Unmöglichkeit schuldhaft verursacht haben.
   b. Bei nachträglicher Unmöglichkeit muss der Werkunternehmer den unbehebbaren Mangel des Werkes zu vertreten haben.
   c. Bei Möglichkeit der Nacherfüllung muss der Werkunternehmer den Mangel des Werkes bzw. die ausbleibende Nacherfüllung zu vertreten haben.
5. **Schaden** beim Besteller **nach der »Differenzhypothese«** als Gesamtvermögensminderung aufgrund des Mangels der Werkleistung

6. **Kein Ausschluss der Mängelhaftung**

7. **Keine Verjährung** des Anspruchs (§ 634a BGB)

8. **Rechtsfolge Schadensersatz** statt der Leistung:

   a. als »Kleiner Schadensersatz«: Besteller behält das mangelhafte Werk und erhält die tatsächlich entstandenen Kosten der Mängelbeseitigung oder den Minderwert erstattet – beachte: kein Ersatz fiktiver Mängelbeseitigungskosten!

   b. als »Großer Schadensersatz« (nur bei erheblichem Mangel, § 281 Abs. 1 Satz 3 BGB): Besteller gibt das mangelhafte Werk gegen Rückzahlung des Werklohns zurück bzw. verlangt Wiederherstellung des früheren Zustandes und verlangt sämtliche sonstigen Schäden ersetzt.

II. **Anspruch richtet sich auf das Integritätsinteresse** bei Verletzung sonstiger Rechtsgüter des Bestellers (das Integritätsinteresse schützt den Bestand des beim Besteller ohne den Werkvertrag vorhandenen Vermögens)

1. Bestehen eines **wirksamen Werkvertrags**

2. Vorliegen eines **Sach- oder Rechtsmangels**

3. Werkunternehmer hat den **Mangel der Werkleistung** zu vertreten (§§ 280 Abs. 1 Satz 2, 276, 278 BGB)

4. Der Mangel verursacht beim Besteller einen **Schaden an seinen sonstigen Rechtsgütern**, insbesondere seinem Eigentum = Mangelfolgeschaden (beachte: Hier sind Ansprüche nach den §§ 823 ff. BGB zusätzlich zu prüfen! Beispiel: Die mangelhaft verlegte Wasserleitung verursacht einen Wasserschaden.)

5. **Kein Ausschluss** der Mängelhaftung

6. **Keine Verjährung** des Anspruchs (§ 634a BGB)

Prüfungsschema für die Ansprüche aus einem Auftrag (§§ 662 ff. BGB)

Der Auftrag ist eine Geschäftsbesorgung ohne einen Entgeltanspruch des Auftragnehmers.

- ✔ Verwechseln Sie ihn nicht mit Gefälligkeitsverhältnissen!
- ✔ Das Auftragsrecht lässt sich auf die entgeltliche Geschäftsbesorgung sowie die Geschäftsführung ohne Auftrag anwenden.
- ✔ Der Auftrag ist ein unvollkommen zweiseitiger Vertrag, da den Auftraggeber keine Hauptleistungspflicht trifft.

I. **Vereinbarung eines Auftrags** gem. § 662 BGB

1. **Inhalt ist die Geschäftsbesorgung** als jegliche rechtliche oder tatsächliche Tätigkeit, die an sich dem Auftraggeber obliegt und (zumindest auch) seinen Interessen dient

2. **Abgrenzung zur Gefälligkeit**
   a. Rechtsbindungswille objektiv anhand von wirtschaftlicher und rechtlicher Bedeutung
   b. Beurteilung einzelfallabhängig
3. **Weisungsgebundenheit** des Beauftragten gem. § 665 BGB
4. **Höchstpersönlichkeit** der Ausführung (§ 664 BGB Abs. 1 BGB)
5. **Unentgeltlichkeit**, Aufwendungsersatz (§ 670 BGB) nicht ausgeschlossen
6. **Anspruch** des Auftraggebers ohne entsprechende Regelung **nicht übertragbar** (§ 664 Abs. 2 BGB)
7. **Keine Beendigung** (§ 671 BGB)
   a. Widerruf durch Auftraggeber jederzeit möglich (§ 671 Abs. 1, 1. Hs. BGB)
   b. Kündigung durch den Beauftragten jederzeit möglich (§ 671 Abs. 1, 2. Hs. BGB)
   c. Beachte Sorgfaltspflichten des Beauftragten und Schadensersatzansprüche des Auftraggebers gem. § 671 Abs. 2 BGB.
   d. Tod des Beauftragten (§ 673 BGB)

II. **Rechtsfolgen**

1. **Erfüllungsanspruch** des Auftraggebers auf Ausführung des Auftrags (§ 662 BGB)
2. **Auskunfts- und Rechenschaftspflichten** des Beauftragten (§ 666 BGB)
3. **Herausgabe** des Erlangten (§ 667 BGB)
4. **Verzinsung** herauszugebender oder für den Auftraggeber verwendeter Gelder (§ 668 BGB)
5. **Vorschusspflicht** des Auftraggebers (§ 669 BGB)
6. **Ersatz** erforderlicher Aufwendungen (= freiwillige Vermögensopfer) des Beauftragten (§ 670 BGB)

Prüfungsschema für die Ansprüche aus einem Geschäftsbesorgungsvertrag (§§ 675 ff. BGB)

Der Geschäftsbesorgungsvertrag ist inhaltlich sehr viel enger gefasst als der Auftrag und muss der selbstständigen Wahrnehmung der Vermögensinteressen des Geschäftsherrn dienen.

I. **Vereinbarung eines Geschäftsbesorgungsvertrags** gem. § 675 BGB

1. **Inhalt** ist die Geschäftsbesorgung als:
   a. selbstständige Tätigkeit, insbes. nicht in abhängiger Stellung als Arbeitnehmer
   b. wirtschaftlicher Art: Tätigkeit muss sich unmittelbar auf das Vermögen des Geschäftsherrn auswirken.

   c. in Wahrnehmung fremder Vermögensinteressen (z.B. Bankgeschäfte, Vermögensberatung, Kommissionsgeschäfte, Steuer- und Rechtsberatung)

2. **Sonderregelungen** für Zahlungsdienste in den §§ 675c ff. BGB
3. **Weisungsgebundenheit** des Beauftragten gem. § 665 BGB
4. **Regelmäßig Entgeltlichkeit**
5. **Keine Beendigung**
   a. Kündigung entsprechend der werk- oder dienstvertraglichen Regelung
   b. Tod des Beauftragten (§§ 675, 673 BGB)

II. **Rechtsfolgen**

1. **Erfüllungsanspruch** des Geschäftsherrn auf Ausführung des Auftrags (§ 675 BGB)
2. **Auskunfts- und Rechenschaftspflichten** des Beauftragten (§§ 675, 666 BGB)
3. Zudem umfassende **Aufklärungs- und Sorgfaltspflichten** des Beauftragten aufgrund des Vermögensbezugs (§§ 675, 241 Abs. 2 BGB)
4. **Herausgabe** des Erlangten (§§ 675, 667 BGB)
5. **Verzinsung** herauszugebender oder für den Auftraggeber verwendeter Gelder (§§ 675, 668 BGB)
6. **Vorschusspflicht** des Auftraggebers (§§ 675, 669 BGB)
7. **Ersatz** erforderlicher Aufwendungen (= freiwillige Vermögensopfer) des Beauftragten (§§ 675, 670 BGB)
8. Umfassende **Aufklärungs- und Sorgfaltspflichten** des Beauftragten aufgrund des Vermögensbezugs (§§ 675, 241 Abs. 2 BGB)
9. **Schadensersatzansprüche** des Geschäftsherrn nach den werk- oder dienstvertraglichen Vorschriften
10. **Vergütungspflicht** des Geschäftsherrn entsprechend der werk- oder dienstvertraglichen Regelung

Prüfungsschema für die Geschäftsführung ohne Auftrag (§§ 677 ff. BGB)

Die GoA (Geschäftsführung ohne Auftrag) ist ein gesetzliches Schuldverhältnis, bei dem der Geschäftsführer ohne jegliche rechtliche Grundlage eine Leistung für den Geschäftsherrn erbringt. Die einzelnen Erscheinungsformen der Fremdgeschäftsführung sind im Gesetz nicht klar geregelt, die Zuordnung kann daher Schwierigkeiten bereiten.

I. **Berechtigte GoA**

1. **Geschäftsbesorgung:** jede rechtliche oder tatsächliche Handlung

2. **Fremdes Geschäft** (= objektives Tatbestandselement)

   a. »Objektiv fremdes Geschäft« als nach außen erkennbarer Eingriff ausschließlich in den Rechts- und Interessenkreis des Geschäftsherrn (Beispiel: Rettungsmaßnahmen)

   b. »Auch fremdes Geschäft« als fremde und eigene Interessen des Geschäftsführers betreffend (Beispiel: Rettungsmaßnahme dient auch der Sicherung von Rechtsgütern des Geschäftsführers.)

   c. Neutrales Geschäft als seinem Inhalt nach nicht in fremdem Interesse geführt erkennbar (Beispiel: Geschäftsführer kauft Rettungsausrüstung)

3. **Fremdgeschäftsführungswille** (= subjektives Tatbestandselement)

   a. Geschäftsführer muss mit dem Willen und Bewusstsein handeln, ein fremdes Geschäft zu führen.

   b. Bei »objektiv fremdem« Geschäft wird der Fremdgeschäftsführungswille vermutet.

   c. Bei »auch fremden« Geschäften wird der Fremdgeschäftsführungswille ebenfalls vermutet.

   d. Bei neutralem Geschäft muss der Fremdgeschäftsführungswille hinreichend nach außen in Erscheinung treten.

4. **Fehlender Auftrag oder sonstige rechtliche Berechtigung** – auch bei nichtigem Vertrag!

5. **Berechtigung** zur Geschäftsführung

   a. Geschäftsführung entspricht dem wirklichen, erkennbaren Willen des Geschäftsherrn (§ 683 Satz 1 BGB).

   b. Geschäftsführung entspricht dem mutmaßlichen Willen des Geschäftsherrn.

   c. Nachträgliche Genehmigung der Geschäftsführung (§§ 684 Satz 2, 184 BGB)

   d. Entgegenstehender Wille des Geschäftsherrn ist unbeachtlich (§ 679 BGB).

   e. Beurteilungszeitpunkt ist der Zeitpunkt der Übernahme des Geschäfts.

6. **Rechtsfolgen**

   a. Entstehung »gesetzliches Ausgleichsschuldverhältnis«

   b. Anspruch des Geschäftsherrn auf ordnungsgemäße Durchführung des Geschäfts (§ 677 BGB)

   c. Nebenpflichten des Geschäftsherrn (§§ 681, 666–668 BGB), insbesondere Anzeigepflicht

d. Schadensersatzanspruch des Geschäftsherrn bei Pflichtverletzungen (beachte Verschuldensmaßstab gem. § 680 BGB!)

e. Aufwendungsersatzanspruch des Geschäftsführers (§ 683 BGB)

f. Anspruch auf übliche Vergütung, wenn Geschäftsführung in den beruflich-gewerblichen Bereich des Geschäftsführers fällt

g. Schadensersatzanspruch des Geschäftsführers (§§ 670, 683 BGB analog) bei erkennbarer Gefahr für den Geschäftsführer

II. **Unberechtigte GoA**

1. **Geschäftsbesorgung**
2. **Fremdgeschäftsführungswille**
3. **Fehlender Auftrag** oder sonstige Berechtigung
4. **Geschäftsführung entspricht nicht dem wirklichen oder mutmaßlichen Willen** des Geschäftsherrn – auch keine Unbeachtlichkeit des entgegenstehenden Willens (§ 679 BGB) oder Genehmigung (§ 684 Satz 2 BGB)
5. **Rechtsfolgen**

a. Ansprüche des Geschäftsherrn:

aa. Schadensersatz gem. § 678 BGB bzw. § 823 ff. BGB

bb. Ansprüche aus § 812 BGB

b. Anspruch des Geschäftsführers auf Herausgabe des Erlangten (§§ 684 Satz 1, 818 ff. BGB)

III. **Angemaßte GoA**

1. **Geschäftsbesorgung** als tatsächlich objektiv fremdes Geschäft
2. **Fehlender Fremdgeschäftsführungswille** – Geschäftsführer will fremdes Geschäft wissentlich als eigenes führen (§ 687 Abs. 2 BGB).
3. **Fehlender Auftrag** oder sonstige Berechtigung
4. **Rechtsfolgen**

a. Ansprüche des Geschäftsherrn:

aa. Anspruch auf Herausgabe des durch die Geschäftsführung Erlangten

bb. Anspruch auf Auskunft und Rechnungslegung (§§ 687 Abs. 2 Satz 1, 681 Satz 2, 666 BGB)

cc. Schadensersatz gem. § 678 BGB bzw. §§ 823 ff. BGB

b. Anspruch des Geschäftsführers auf Aufwendungsersatz (§§ 687 Abs. 2, Satz 2, 684 Satz 1, 818 ff. BGB), sofern Geschäftsherr Ansprüche nach § 687 Abs. 2 Satz 1 BGB geltend macht!

Prüfungsschema für die Bürgschaft (§§ 765 ff. BGB)

Die Bürgschaft ist für den Bürgen riskant – die Rechtsprechung schützt den geschäftlich unerfahrenen Bürgen unter Rückgriff auf grundrechtliche Wertungen, beachten Sie dies bei Bürgschaftsfällen!

I. **Konstruktion der Bürgschaft:**

1. Bestehen eines **Hauptschuldverhältnisses** (z.B. Darlehen) zwischen Gläubiger und Schuldner
2. **Bürgschaftsvertrag** als auf das Hauptschuldverhältnis bezogene persönliche Sicherheit des Gläubigers
3. Bürge tritt im **Sicherungsfall** (= Ausfall des Schuldners des Hauptschuldverhältnisses) für die Verpflichtung aus dem Hauptschuldverhältnis ein.
4. **Grundsatz**: Bürgschaft ist akzessorisch und nachrangig!

II. **Abschluss des Bürgschaftsvertrags**

1. **Einigung** zwischen Gläubiger der Hauptforderung und dem Bürgen (auch als Mehrheit von Bürgen = Mitbürgschaft gem. § 769 BGB)
2. **Inhalt** (§ 765 Abs. 1 BGB)
   a. Bürgschaft ist akzessorischer Vertrag abhängig vom Hauptschuldverhältnis als Haftung für eine fremde Schuld.
   b. Abgrenzung: Schuldbeitritt (§ 311 Abs. 1 BGB): Ein Dritter tritt neben dem Schuldner in das Schuldverhältnis ein (= Gesamtschuld §§ 421 ff. BGB) und begründet eigene Schuld.
3. **Wirksamkeit des Bürgschaftsvertrags**
   a. Schriftform (§ 766 BGB)
   b. Keine Formerfordernis bei Bürgschaft durch Kaufleute (§ 350 HGB)
   c. Keine Sittenwidrigkeit (§ 138 Abs. 1 BGB) aufgrund geschäftlicher Unerfahrenheit des Bürgen
   d. Widerrufsrecht gem. §§ 312 g Abs. 1, 355 Abs. 1 BGB bei Geschäft i.S. von § 312b BGB
4. **Wirksamkeit der Hauptforderung**
5. **Einreden des Bürgen**
   a. Einreden des Hauptschuldners stehen dem Bürgen zu (§ 768 BGB).
   b. Einrede der Anfechtbarkeit des Hauptschuldverhältnisses (§ 770 Abs. 1 BGB)
   c. Einrede der Aufrechnungsmöglichkeit des Gläubigers gegenüber dem Schuldner (§ 770 Abs. 2 BGB)
   d. Einrede der Vorausklage (§ 771 BGB) – nicht unter Kaufleuten (§ 349 HGB) und § 773 BGB

III. **Rechtsfolgen**

1. **Anspruch** des Gläubigers gegen den Bürgen auf Erfüllung des Anspruchs aus dem Hauptschuldverhältnis (§ 765 Abs. 1 BGB)
2. **Haftung** des Bürgen auf Erstattung der Rechtsverfolgungskosten des Gläubigers (§ 767 Abs. 2 BGB)
3. Die **Forderung** des Gläubigers aus dem Hauptschuldverhältnis geht kraft Gesetzes auf den Bürgen über (§ 774 Abs. 1 Satz 1 BGB)
4. **Ersatzanspruch** aus dem Schuldverhältnis zwischen Bürgen und Schuldner
5. Unter Umständen **Anspruch** des Bürgen **auf Befreiung** von der Bürgschaft (§ 775 Abs. 1 BGB)

Prüfungsschema für die Leistungskondiktion (§ 812 Abs. 1 BGB)

Im Bereicherungsrecht ist die Zuordnung des Sachverhalts zur passenden Anspruchsgrundlage schwierig. Die Leistungskondiktion dient dabei der Rückabwicklung fehlgeschlagener Leistungsbeziehungen – der Fehler betrifft regelmäßig das der Leistung zugrunde liegende, schuldrechtliche Verpflichtungsgeschäft.

I. **Leistungskondiktion** gem. § 812 Abs. 1 Satz 1, 1. Alt. BGB (»condictio indebiti«)

1. **Der Kondiktionsschuldner hat etwas erlangt** (z.B. der Käufer das Eigentum an der Kaufsache) als vermögenswerter Vorteil.
2. **Durch die Leistung des Kondiktionsgläubigers** (z.B. Übereignung der Kaufsache durch den Verkäufer) als bewusste und zweckgerichtete Vermehrung fremden Vermögens. Achtung bei Mehrpersonenverhältnissen ist dies nach dem objektiven Empfängerhorizont zu entscheiden!
3. **Ohne Rechtsgrund** (z.B. Kaufvertrag nichtig oder angefochten) – der Rechtsgrund fehlt anfänglich.
4. **Kein Ausschluss** nach §§ 814, 817 Satz 2 BGB
5. **Rechtsfolgen**
   a. Herausgabe des Erlangten (z.B. Rückgabe des Besitzes und Rückübereignung bei gescheitertem Kaufvertrag)
   b. Falls a) nicht möglich, ist Wertersatz zu leisten (§ 818 Abs. 2 BGB).
   c. Kein Wegfall der Bereicherung (§ 818 Abs. 3 BGB):
   aa. Das gegenständlich Erlangte ist beim Schuldner nicht mehr vorhanden (Verbrauch, Zerstörung oder Beschädigung).
   bb. Rückgewähr bei gegenseitigen Verträgen Zug um Zug als Saldierung der beiderseitigen Leistungswerte (»Saldotheorie«)

cc. Ausnahmsweise keine Saldierung zum Schutz nicht voll Geschäftsfähiger oder bei Vertragsschluss aufgrund arglistiger Täuschung oder Drohung des Bereicherungsgläubigers

dd. Bei nicht gegenständlicher Leistung wurden keine Aufwendungen erspart.

ee. Haftung nach den allgemeinen Vorschriften, wenn:

- Bösgläubigkeit (§ 819 Abs. 1 BGB)
- Anspruch auf Rückabwicklung ist rechtshängig (§ 818 Abs. 4 BGB): gem. §§ 253, 261 ZPO ab Klagezustellung.
- Mit der Leistung bezweckter Erfolg tritt nicht ein (§ 820 Abs. 1 BGB).
- Haftung dann nach dem Eigentümer-Besitzer-Verhältnis der §§ 987 ff. BGB

d. Herausgabe von gezogenen Nutzungen und Surrogaten (§§ 812 Abs. 1, 818 Abs. 1 BGB)

II. **Leistungskondiktion** gem. § 812 Abs. 1 Satz 2, 1. Alt. BGB (»condictio ob causam finitam«)

1. **Der Kondiktionsschuldner hat etwas erlangt.**
2. Durch die **Leistung des Kondiktionsgläubigers**
3. **Rechtsgrund** für das Behaltendürfen der Leistung ist **später entfallen** (z.B. bei Eintritt einer auflösenden Bedingung)
4. **Kein Ausschluss** nach §§ 814, 817 Satz 2 BGB
5. **Rechtsfolgen:** siehe oben

III. **Leistungskondiktion** gem. § 812 Abs. 1 Satz 2, 2. Alt. BGB (»condictio ob rem«)

1. **Der Kondiktionsschuldner hat etwas erlangt.**
2. Durch die **Leistung des Kondiktionsgläubigers**
3. Der mit der Leistung bezweckte **Erfolg tritt nicht ein.**
4. **Kein Ausschluss** nach §§ 814, 817 Satz 2 BGB
5. **Rechtsfolgen:** siehe oben

Prüfungsschema für die Nichtleistungskondiktion (§ 812 Abs. 1 Satz 1, 2. Alt. BGB)

Die Nichtleistungskondiktion erfasst alle Fälle, in denen die Bereicherung nicht auf einer Leistung als bewusster und zweckgerichteter Vermögensvermehrung beruht. Gerade bei der wichtigen Eingriffskondiktion erfolgt die Bereicherung durch die (bewusste oder auch unbewusste) Verletzung eines fremden Rechts, z.B. des Eigentums.

I. **Eingriffskondiktion** (= Grundtatbestand)

1. **Der Kondiktionsschuldner hat etwas erlangt** (z.B. das Eigentum oder den Besitz an einer Sache) als vermögenswerter Vorteil.
2. **In sonstiger Weise:**
   a. Nicht durch Leistung des Kondiktionsgläubigers
   b. Als Eingriff in den Zuweisungsgehalt eines Rechts gegen oder ohne den Willen des Berechtigten!
   c. Zuweisungsgehalt ist der dem Bereicherungsgläubiger zustehende Inhalt eines Rechts (z.B. ist der Besitz dem Eigentümer zugewiesen).
3. **Auf Kosten des Bereicherungsgläubigers**, weil die (wirtschaftliche) Verwertung des Rechts dem Bereicherungsgläubiger zusteht
4. **Ohne Rechtsgrund**, weil es an einer rechtlichen Grundlage (z.B. ein Vertrag oder eine Genehmigung) für den Eingriff in den Zuweisungsgehalt fehlt
5. **Rechtsfolgen**: wie oben zur Leistungskondiktion

II. **Verwendungskondiktion**

1. **Der Kondiktionsschuldner hat etwas erlangt** = Hier die Verwendung auf eine fremde Sache als ein bewusstes Vermögensopfer (z.B. die Fütterung eines fremden Nutztieres) als vermögenswerter Vorteil.
2. **In sonstiger Weise**
3. **Auf Kosten des Bereicherungsgläubigers**
4. **Ohne Rechtsgrund**, weil es an einer rechtlichen Grundlage (z.B. ein Vertrag für die Erbringung des Vermögensopfers) fehlt
5. **Rechtsfolgen:** wie oben zur Leistungskondiktion

III. **Rückgriffskondiktion**

1. **Der Kondiktionsschuldner hat etwas erlangt** = hier Befreiung von einer Verbindlichkeit (z.B. durch befreiende Überweisung eines Rechnungsbetrags an den Gläubiger des Kondiktionsschuldners)
2. **In sonstiger Weise** = hier die Tilgung fremder Schuld (§ 267 BGB)
3. **Auf Kosten des Bereicherungsgläubigers**
4. **Ohne Rechtsgrund**, weil es an einer rechtlichen Grundlage (z.B. eine Verbindlichkeit des Kondiktionsgläubigers gegenüber dem Kondiktionsschuldner) fehlt.
5. **Rechtsfolgen:** wie oben zur Leistungskondiktion

Prüfungsschema für die Verfügung eines Nichtberechtigten (§ 816 BGB)

Die Varianten der Eingriffskondiktion der §§ 816 ff. BGB erfassen Drei-Personen-Verhältnisse und tragen dem Schutz des wirksamen Rechtserwerbs eines Dritten aufgrund anderer Regelungen Rechnung – bestes Beispiel ist der gutgläubige Erwerb des Eigentums vom Nichtberechtigten!

I. **Entgeltliche Verfügung** eines Nichtberechtigten gem. § 816 Abs. 1 Satz 1 BGB

1. **Verfügung als dingliches Rechtsgeschäft**, durch das eine Rechtsänderung unmittelbar herbeigeführt wird (Beispiel: Übertragung des Eigentums)
2. **Verfügender war Nichtberechtigter**, weil er nicht Inhaber des Rechts und auch zur Verfügung nicht befugt oder ermächtigt war
3. Die **Verfügung** ist gegenüber dem Berechtigten **wirksam**, weil die Rechtsordnung den Rechtserwerb vom Nichtberechtigten billigt (Beispiel: gutgläubiger Erwerb beweglicher Sachen gem. § 932 ff. BGB, § 366 HGB).
4. **Entgeltlichkeit** der Verfügung, weil diese mit dem Ziel vorgenommen wurde, selbst einen Vermögensvorteil zu erlangen (z.B. die Kaufpreiszahlung)
5. **Rechtsfolge:** Anspruch des Berechtigten gegen den Nichtberechtigten auf Herausgabe des Erlangten einschließlich eines etwaigen Gewinns (str.).

II. **Unentgeltliche Verfügung eines Nichtberechtigten** gem. § 816 Abs. 1 Satz 2 BGB

1. **Verfügung als dingliches Rechtsgeschäft**, durch das eine Rechtsänderung unmittelbar herbeigeführt wird (Beispiel: Übertragung des Eigentums)
2. **Verfügender war Nichtberechtigter**
3. Die **Verfügung** ist gegenüber dem Berechtigten **wirksam.**
4. **Verfügung** erfolgte **unentgeltlich** (Beispiel: Schenkung) – nach h.M. nicht anwendbar auf den rechtgrundlosen Erwerb!
5. **Rechtsfolge:** Anspruch des Berechtigten auf Herausgabe des Erlangten gegen denjenigen, der durch die Verfügung unmittelbar einen rechtlichen Vorteil erlangt (Beispiel: der Empfänger einer Schenkung, nicht der unberechtigt Verfügende!).
6. Beachte auch § 822 BGB, wenn der Empfänger das Erlangte selbst wiederum unentgeltlich einem Dritten zukommen lässt!

III. **Leistung an einen Nichtberechtigten** gem. § 816 Abs. 2 BGB

1. **Leistung des Schuldners** auf eine fremde Schuld (Beispiel: Zahlung auf eine Forderung)
2. **Der Leistungsempfänger ist Nichtberechtigter** (Beispiel: der frühere Gläubiger nach Abtretung einer Forderung)

3. **Die Leistung ist** gegenüber dem Berechtigten **wirksam** (Beispiel: Der neue Gläubiger muss die Zahlung des Schuldners an den früheren Gläubiger gem. § 407 BGB gegen sich gelten lassen)
4. **Rechtsfolge:** Anspruch des Berechtigten gegen den Nichtberechtigten auf Herausgabe des Geleisteten

Prüfungsschema für Schadensersatzansprüche aus unerlaubter Handlung – Grundtatbestand (§ 823 Abs. 1 BGB)

I. **Schadensersatz** nach § 823 Abs. 1 BGB

1. **Rechtsgutsverletzung**
   a. Leben
   b. Körper und Gesundheit: Eingriff in die körperliche äußere Unversehrtheit bzw. Beeinträchtigung der inneren Lebensvorgänge; darunter fallen auch ärztliche Eingriffe!
   c. Freiheit
   d. Eigentum: bemisst sich nach der umfassenden Verfügungsbefugnis gem. § 903 BGB
   e. Sonstige Rechte:
   aa. Besitz (unmittelbar und mittelbar)
   bb. Dingliche Rechte neben dem Eigentum (Pfandrechte, Anwartschaftsrechte, Reallasten)
   cc. Immaterialgüterrechte (Marken-, Patent- und Urheberrechte) – beachte: Hier bestehen vorrangige Spezialnormen (z.B. § 14 Abs. 5 MarkenG).
   dd. Eingriff in das »Recht am eingerichteten und ausgeübten Gewerbebetrieb« – beachte: Subsidiär ggü. Eigentumsverletzung, zudem muss Eingriff konkret betriebsbezogen sein.
   ee. Eingriff in das Allgemeine Persönlichkeitsrecht (Art. 1 Abs. 1 i.V.m. Art. 2 Abs. 1 GG)
2. **Verletzungshandlung**
   a. Aktives Tun als willensgesteuertes Handeln
   b. Unterlassung einer von der Rechtsordnung geforderten Handlung, sofern Garantenstellung besteht, z.B. aufgrund von Verkehrssicherungs- oder Obhutspflichten sowie vorangegangenem gefährdenden Tun
3. **Kausalität:** als haftungsbegründende Kausalität ursächliche Verknüpfung von Verletzungshandlung und Rechtsgutsverletzung
   a. Äquivalenztheorie (conditio sine qua non): Ursächlich ist jede Bedingung, die nicht hinweg gedacht werden kann, ohne dass der Erfolg entfiele (= sehr weit!).

b. Adäquanztheorie: Der Eintritt der Rechtsgutsverletzung liegt nicht außerhalb jeder Lebenswahrscheinlichkeit. Fehlt bei nicht vorhersehbaren, atypischen und ungewöhnlichen Geschehensabläufen.

c. Schutzzweck der Norm: Die verletzte Norm will gerade diesen Schadenseintritt verhindern – es handelt sich nicht nur um die Verwirklichung des allgemeinen Lebensrisikos.

4. **Rechtswidrigkeit**

a. Wird durch den Tatbestand indiziert, fehlt (selten) bei Vorliegen von Rechtfertigungsgründen (Notwehr, rechtfertigender Notstand etc.)

b. Ausnahme »offene Tatbestände« wie der »Eingriff in den eingerichteten und ausgeübten Gewerbebetrieb« und das »Allgemeine Persönlichkeitsrecht«: Interessenabwägung im Einzelfall erforderlich!

5. **Verschulden**

a. Verschuldensfähigkeit gem. den §§ 827, 828 BGB

b. Verschulden: Vorsatz und Fahrlässigkeit

c. Ausnahme: Billigkeitshaftung gem. § 829 BGB

6. **Rechtsfolge:** Schadensersatz (§§ 249 ff., §§ 842 ff. BGB)

a. Schaden als Einbuße am Gesamtvermögen (»Gesamtvermögensvergleich«), auch als immaterieller Schaden (Schmerzensgeld gem. § 253 BGB)

b. Haftungsausfüllende Kausalität zwischen Rechtsgutsverletzung und Schaden

Prüfungsschema für Schadensersatzansprüche wegen der Verletzung von Schutzgesetzen (§ 823 Abs. 2 BGB)

I. **Rechtsgutsverletzung** wie oben I. 1.

II. **Verletzung eines Schutzgesetzes** durch eine Handlung oder Unterlassung

1. **Schutzgesetz** ist jede Norm, die (zumindest auch) den Einzelnen schützt (insbes. Strafvorschriften).

2. **Verstoß** ist die Verwirklichung von Tatbestand, Rechtswidrigkeit und Schuld des Schutzgesetzes (z.B. einer Strafrechtsnorm)

III. **Kausalität** wie oben I. 3.

IV. **Rechtswidrigkeit** (nicht gesondert zu prüfen, wenn bereits als Teil des Schutzgesetzes geprüft), ansonsten auch hier indiziert

V. **Verschulden** (ebenfalls nur gesondert zu prüfen, wenn nicht bereits Teil des Schutzgesetzes), ansonsten als Vorsatz oder Fahrlässigkeit – beachte § 823 Abs. 2 Satz 2 BGB bei an sich verschuldensunabhängigen Schutzgesetzen!

VI. **Rechtsfolge** wie oben

Prüfungsschema für Schadensersatzansprüche wegen sittenwidriger Schädigung (§ 826 BGB)

I. **Rechtsgutsverletzung:** Vermögensminderung, auch als Veranlassung sonst nicht gewollter Verfügung

II. **Verstoß gegen die guten Sitten** als »Verstoß gegen das Anstandsgefühl aller billig und gerecht Denkenden«

III. **Kenntnis der** die **Sittenwidrigkeit** begründenden Umstände **genügt.**

IV. **Haftungsbegründende Kausalität** zwischen Rechtsgutsverletzung und der den Sittenverstoß begründenden Handlung

V. **Verschulden als** (mind. bedingter) **Vorsatz** – regelmäßig identisch mit der Kenntnis der die Sittenwidrigkeit begründenden Tatsachen

VI. **Rechtsfolge** wie oben

Prüfungsschema für Schadensersatzansprüche gegen den Geschäftsherrn bei unerlaubter Handlung des Verrichtungsgehilfen (§ 831 BGB)

I. **Unerlaubte Handlung eines Verrichtungsgehilfen:**

1. **Verrichtungsgehilfe** als vom Geschäftsherrn **weisungsabhängige Person**, typischerweise Arbeitnehmer
2. **Geschäftsherr** – typischerweise als weisungsberechtigter Arbeitgeber
3. **Inzidentprüfung** der unerlaubten Handlung gem. §§ 823 ff. BGB des Verrichtungsgehilfen nur hinsichtlich des Tatbestands und der Rechtswidrigkeit
4. **Unerlaubte Handlung** in Ausführung der Verrichtung, d.h. innerhalb der beauftragten Arbeitsaufgabe
5. **Achtung: Verschulden des Verrichtungsgehilfen ist hier nicht zu prüfen!**

II. **Verschulden des Geschäftsherrn** als Unterlassen ordnungsgemäßer Auswahl und Überwachung der eigenen Mitarbeiter

III. **Keine Exculpation des Geschäftsherrn** (Beweislast!) gem. § 831 Abs. 1 Satz 2 BGB: Entlastung, wenn Geschäftsherr den Verrichtungsgehilfen unter Beachtung der erforderlichen Sorgfalt ausgewählt, angeleitet und überwacht hat; ausreichen kann die Einrichtung entsprechender betrieblich-organisatorischer Überwachungsstrukturen in größeren Unternehmen.

IV. **Rechtsfolgen**

1. **Schadensersatzanspruch gegen den Geschäftsherrn**
2. Daneben **Schadensersatzanspruch gegen den Verrichtungsgehilfen** aus §§ 823 ff. BGB
3. **Gesamtschuldnerische Haftung** von a) und b) gem. § 840 Abs. 1 BGB

IN DIESEM KAPITEL

Bewegliche und unbewegliche Sachen

Eigentumserwerb

Gutgläubiger Erwerb vom Nichtberechtigten

Grundpfandrechte

Kapitel 3
Sachenrecht

Peter Eisenbarth

In diesem Kapitel lernen Sie die wichtigsten Prüfungsschemata des Sachenrechts kennen (§§ 854 ff. BGB). Die Schemata helfen Ihnen dabei, Klausurfragen systematisch und logisch zu beantworten.

Die sachenrechtlichen Schemata basieren auf Erfahrungswerten und orientieren sich an der allgemein anerkannten Prüfungssystematik.

Das Sachenrecht ist die Beziehung einer Person zu einer Sache. Kernbeziehungen sind das Eigentum (im BGB nicht definiert) und der Besitz (§ 854).

Eigentum und Besitz werden in Klausuren immer chronologisch geprüft, sofern keine anderslautende Fallfrage gestellt ist.

Das Sachenrecht unterscheidet zwischen beweglichen und unbeweglichen Sachen. Den Eigentumsübergang von beweglichen Sachen regelt § 929 S. 1, alle Grundstücksrechte § 873 Abs. 1. Es bleibt aber bei einer einheitlichen Grund-Struktur:

Wenn sich das Sachenrecht verändert, also dynamisch das Eigentum wechselt, ein Teilrecht bestellt oder verändert wird, steht im gesamten Mobiliar- und Immobilienrecht dieselbe Struktur dahinter. Rechtsfragen im Sachenrecht stammen in aller Regel aus diesen drei Ebenen.

- sachenrechtlicher Vertrag,
- Veränderung der Person-Sache-Beziehung,
- Legitimation.

Bewegliche Sachen

Bewegliche Sachen (auch *Mobilien*) sind im BGB nicht definiert. Typisch für die bewegliche Sache ist, dass man von außen die tatsächliche Sachherrschaft erkennt, § 854 Abs. 1 BGB. Für den Besitzer spricht eine gesetzliche Vermutung, dass er auch der Eigentümer ist, § 1006 BGB.

Prüfungsschema zur Grundform Eigentumsübergang beweglicher Sachen

I. **Einigung**, § 929 Satz 1 BGB

Sachenrechtlicher Vertrag mit zwei übereinstimmenden dinglichen Willenserklärungen, die inhaltlich auf Eigentumswechsel gerichtet sind.

II. **Übergabe**, § 929 Satz 1 BGB

Erwerb Besitz (§ 854 Abs. 1 BGB) als Realakt (keine Willenserklärung!), generell mit vollständigem Besitzverlust auf Veräußererseite und Besitzbegründungswille auf Erwerberseite.

III. **Berechtigung, ungeschriebene Voraussetzung**

Wahrer Eigentümer, der in Verfügungsbefugnis nicht beschränkt ist (Beschränkung z.B. aus Insolvenz, § 80 InsO; Ehegattenverfügungen, §§ 1365 Abs. 1 Satz 1, 1369 Abs. 1 BGB).

IV. (Noch) **Einigsein bei Übergabe** (nur bei Anhaltspunkten für Wegfall Einigung prüfen).

V. **Rechtsfolge:** Eigentum an beweglicher Sache abgeleitet erworben.

Prüfungsschema zum Eigentumserwerb »kurzer Hand«

Beim Erwerb »kurzer Hand« wird komplett auf die Übergabe verzichtet.

I. **Grundform** (Einigung, Übergabe, Berechtigung)

II. **Statt Übergabe:** § 929 Satz 2 BGB

Übergabe entfällt, wenn Erwerber bei Einigung schon Besitz an der zu erwerbenden Sache hat; Einigung reicht in diesem Fall aus.

III. **Rechtsfolge:** Eigentum an beweglicher Sache abgeleitet erworben.

Prüfungsschema zum Eigentumserwerb über Besitzkonstitut

Beim Besitzkonstitut erhält ein neuer Eigentümer (»nur«) mittelbaren Besitz, aber damit eine notwendige Besitzerstellung. Gleichzeitig kann eine andere Person mit unmittelbarem Besitz (der bisherige Eigentümer) die Sache weiter nutzen, ohne sie unwirtschaftlich örtlich verlagern zu müssen.

I. **Grundform** (Einigung, Übergabe, Berechtigung)

II. **Statt Übergabe:** § 930 BGB

1. **(unmittelbarer) Besitz beim Veräußerer** (ist bisheriger Eigentümer)

2. **Besitzmittlungsverhältnis vereinbart**, § 868 BGB

   Besitzer (bisheriger Eigentümer) wird Mieter, Pächter, Verwahrer, Nießbraucher, Pfandgläubiger oder vereinbart ähnliches Rechtsverhältnis, das auf Zeit zum Besitz berechtigt oder verpflichtet.

   Folge: Neuer Eigentümer ist mittelbarer Besitzer (bisheriger Eigentümer verliert Eigentum, bleibt aber unmittelbarer Besitzer, § 854 Abs. 1 BGB).

III. **Rechtsfolge:** Eigentum an beweglicher Sache abgeleitet erworben.

Prüfungsschema zum Eigentumserwerb über Abtretung des Herausgabeanspruchs

I. **Grundform** (Einigung, Übergabe, Berechtigung)

II. **Statt Übergabe:** § 931 BGB

1. **Erwerber und Veräußerer ohne (unmittelbaren) Besitz**

2. **Besitz eines Dritten**

3. **Abtretung Herausgabeanspruch gegen Besitzer**

   a. Sonderfall: Herausgabeanspruch, § 985 BGB

      h.M.: Eigentum wird nicht durch Abtretung erworben, sondern Einigung = Einigung reicht hier (+ Veräußerer muss aber Besitzwille auch für Zukunft aufgeben; Erwerber darf künftigen Besitzbegründungswillen haben).

   Es bleiben folgende Varianten für § 931 BGB:

   b. Abtretung Herausgabeanspruch aus Vertrag oder Rückabwicklungsschuldverhältnis

   c. Abtretung sonstiger Herausgabeansprüche aus §§ 823 oder 812 BGB möglich

   d. Wenn Besitzmittlungsverhältnis vereinbart, Abtretung mittelbarer Besitz § 870 BGB

III. **Rechtsfolge:** Eigentum an beweglicher Sache abgeleitet erworben.

Prüfungsschema zum gutgläubigen Erwerb von beweglichen Sachen

In Ausnahmefällen ist ein Erwerb von einer nicht berechtigten Person möglich. Hintergrund: Fehlen der Berechtigung kann nicht erkannt werden; nachträgliche Eigentumskorrektur unterbleibt.

I. **Grundform** (Einigung, Übergabe, Berechtigung)

II. **Berechtigung fehlt = Erwerb vom Nichtberechtigten**, §§ 932, 935 BGB

1. **Guter Glaube des Erwerbers** an die Berechtigung des Veräußerers, § 932 Abs. 1

   a. Keine positive Kenntnis von fehlendem Eigentum, § 932 Abs. 2 BGB

   aa. Vertreterkenntnis wird nach § 166 BGB zugerechnet. (Besitzdiener, § 955 BGB oder Besitzkonstitut, § 868 BGB finden keine Anwendung!)

   bb. Wissenszurechnung an juristische Person (mehrere Organe, eines hat Wissen, anderes guten Glauben): kein guter Glaube, wenn »typischerweise aktenmäßig festgehaltenes Wissen« vorliegt

   b. Keine grob fahrlässige Unkenntnis von fehlender Berechtigung, § 932 Abs. 2. Grobe Fahrlässigkeit = Ergänzung § 276 Abs. 2 BGB

   aa. Grundsätzlich keine Erkundigungspflicht des Erwerbers. Aus § 1006 BGB Eigentumsvermutung für Besitzer, die dem Gutgläubigen hilft.

   bb. Aber Aufklärungspflicht, wo Umstände des Einzelfalls Berechtigungsanschein erschüttern (Verkauf Auto ohne Papiere; Herkunft der Ware fragwürdig).

2. **Kein Ausschluss** des gutgläubigen Erwerbs, § 935 Abs. 1 BGB

   Gutgläubiger Erwerb nicht möglich, wenn Sache abhandengekommen = Diebstahl, Verlust, sonst ohne Wille Sache von Person entfernt. Für gutgläubigen Erwerb bleiben nur Fälle, in denen sich Person freiwillig von der Sache getrennt hat!

   Abhandenkommen greift für Eigentümer § 935 Abs. 1 Satz 1 BGB und mittelbaren Besitz (§ 868 BGB) des Eigentümers und Abhandenkommen des unmittelbaren Besitzers, § 935 Abs. 1 Satz 2 BGB.

3. **Gegenausnahme**, § 935 Abs. 2 BGB

   Trotz Abhandenkommen gutgläubiger Erwerb möglich bei

   aa. Geld = nur aktives Zahlungsmittel

   bb. Inhaberpapieren = nicht personalisierte Wertpapiere mit Recht für jeweiligen Inhaber (z.B. Einzel-, Tages-, Busfahrkarte; Eintrittskarten; Liftkarte; Gutschein; Inhaberschuldverschreibungen, § 793 BGB)

   cc. Öffentliche Versteigerung = Originär neues Eigentum wird vom Staat mit Zuschlag vergeben.

III. **Rechtsfolge:** Eigentum an beweglicher Sache abgeleitet erworben.

Prüfungsschema zum gutgläubigen lastenfreien Erwerb

Mit einem gutgläubigen Erwerb können Rechte Dritter an der beweglichen Sache untergehen.

I. **Eigentumserwerb von einem Berechtigten**, § 929 BGB oder

II. **Eigentumserwerb von einem Nichtberechtigten** nach §§ 932, 935 BGB

III. **Gutgläubigkeit**, dass keine Belastungen vorhanden sind, § 936 Abs. 3 BGB

IV. **Keine Ausnahme** nach § 935 BGB analog

V. **Rechtsfolge:** Erlöschen des Rechts an der beweglichen Sache – ggf. im Fall §§ 929 Satz 2, 930, 931 BGB erst mit Besitzerlangung.

Prüfungsschema zum Anwartschaftsrecht an beweglichen Sachen

Es ist möglich, Eigentum in Teilschritten zu erwerben. Der Eigentumsübergang erfolgt erst mit dem letzten Schritt. In der Zwischenzeit, also ab dem ersten Schritt, ist schon eine Rechtsbeziehung entstanden, das Anwartschaftsrecht – es findet sich nicht im BGB = Rechtsfortbildung.

I. **Mehraktiges Rechtsgeschäft** (z.B. Eigentumsvorbehalt, Ratenzahlung)

Rechtsgeschäft in Abwicklung mit gesicherter Position des Erwerbers

II. **Aufschiebend bedingte Einigung** (zum Eigentumswechsel)

Mögliche Bedingungen: z.B. vollständige Kaufpreiszahlung, Zeitablauf, Bedingung in der Person des Käufers

III. **Übergabe oder Übergabesurrogat**

IV. **Berechtigung**

V. **Tatsächlich möglicher Bedingungseintritt**

VI. **Rechtsfolgen**

1. **Anwartschaftsrecht** + §§ 161 Abs. 1 und 3, 936 Abs. 1 Satz 3 und Abs. 3, 986 Abs. 2 BGB: Schutz vor Zwischenverfügungen.

2. **Vollrecht**, wenn Bedingung eingetreten.

Prüfungsschema zum vertraglichen Pfandrecht an beweglichen Sachen

Eine Sache wird – ohne dass das Eigentum wechselt – auf Zeit oder bis Eintritt einer Bedingung an den Gläubiger übergeben, der sie zunächst verwahrt. Zusätzliche Vereinbarungen regeln, wie der Schuldner seine verpfändete Sache wiedererhält. Gleichzeitig ist geregelt, wann das Pfand an den Gläubiger geht und er es verwerten darf, also wann das Pfand als Sicherheit benötigt und »zu Geld« gemacht wird.

I. **Einigung**, §§ 1204, 1205 BGB

Inhalt: Pfandrecht für Gläubiger an bestimmter Sache

II. **Schuldrechtliche Forderung**

Diese Forderung wird durch den Wert des Pfands abgesichert.

III. **Übergabe** des Pfands, § 1205 BGB

Realakt oder Surrogate nach § 1205 Abs. 1 Satz 2 BGB oder § 1205 Abs. 2 BGB oder § 1206 BGB

IV. **Berechtigung oder gutgläubiger Erwerb** nach §§ 1207, 932 ff. BGB

V. **Kein Erlöschen** des Pfandrechts

VI. **Rechtsfolgen**

1. § 1204 BGB: **vertragliches Pfandrecht** an der beweglichen Sache.
2. § 1215 BGB: **Verwahrpflicht** für Pfandgläubiger.

Prüfungsschema zur Weitergabe eines Pfandrechts an einer beweglichen Sache

I. **Abtretung der schuldrechtlichen Forderung**, §§ 398 ff., 1250 BGB

II. **Bestehen der Forderung** (ohne Forderung kein Pfandrecht = Akzessorietät)

III. **Rechtsfolge**, § 1250 BGB: Übergang des Pfandrechts kraft Gesetz.

Prüfungsschema zur Verwertung eines Pfandrechts an beweglichen Sachen

I. **Fälligkeit der Forderung**, § 1228 Abs. 2 BGB

II. **Geldforderung**, § 1228 Abs. 2 Satz 2 BGB

= wenn gesicherte Schuld keine Geldforderung, muss sie erst in Geldforderung gewandelt werden.

III. **Verbot einer Verfallvereinbarung**, § 1229 BGB

Vor Fälligkeit der Forderung darf keine Vereinbarung existieren, dass ab einer bestimmten Zeit oder Bedingung das Pfand Eigentum des Gläubigers wird (Schuldnerschutz).

IV. **Verwertung**

1. **Pfandverkauf** (privatrechtlich), § 1228 BGB

   a. Verkaufsandrohung, § 1234 BGB

   Anzeige, dass Verwertung erfolgt und Nennung des fälligen Betrags.

   b. Wartefrist, § 1234 Abs. 2 BGB

   1 Monat ab (Zugang der) Androhungserklärung

   c. kein vertraglicher Ausschluss des Pfandverkaufs

2. **Öffentliche Versteigerung**, § 1219 BGB

   a. Drohender Verderb des Pfands

   b. Androhung der Versteigerung, § 1220 BGB

   c. Unverzügliche Nachricht von der Versteigerung, § 1220 Abs. 2 BGB

3. **Freihändiger Verkauf**, § 1221 BGB

   a. Voraussetzungen wie 2.

   b. Markt- oder Börsenpreis des Pfands

V. **Rechtsfolge**, § 1247 BGB: Forderung erlischt; ggf. tritt Erlös an Stelle des Pfands.

Prüfungsschema zum gesetzlichen Pfandrecht an beweglichen Sachen

I. **Bestehen einer zu sichernden schuldrechtlichen Forderung** z.B. aus Mietvertrag, Grundstückspacht, Pachtvertrag, Werkvertrag, Gastwirtsvertrag, Handelsrecht

II. **Besitz des Gläubigers**

Tatsächliche Sachherrschaft, § 854 Abs. 1 BGB von Schuldner erlangt

III. **Eigentum des Schuldners**

IV. **Gesetzliche Anordnung**, z.B. aus § 562 BGB (Mietvertrag), § 583 BGB (Pächterpfandrecht Grundstückspacht), § 592 BGB (Verpächterpfandrecht), § 647 (Unternehmerpfandrecht Werkvertrag), § 704 BGB (Gastwirtpfandrecht), weitere nach Handelsgesetzbuch.

V. **Rechtsfolge** Spezialnorm und § 1257 BGB: gesetzliches Pfandrecht.

Unbewegliche Sachen: Grundstücke

Immobilien sind Grundstücke. Seine Definition spielt im Alltag weniger eine Rolle.

Das BGB kennt nur das Grundstück, generell kein Gebäude als eigenständige Sache! Rechtlich spielt es eine untergeordnete Rolle, ob ein Grundstück bebaut oder unbebaut ist. Eine Bebauung steigert aber den Wert des Grundstücks.

Prüfungsschema zum wesentlichen Bestandteil eines Grundstücks

Werden bewegliche, bisher eigenständige Sachen (Bäume, Schilder, Baumaterial) mit einem Grundstück fest verbunden, werden sie wesentlicher Bestandteil des Grundstücks, § 94 BGB, und der Grundstückseigentümer erwirbt das Eigentum an der bisher eigenständigen (sonderrechtsfähigen) ehemals beweglichen Sache, § 946.

Denken Sie in einer Klausur daran: gesetzlicher Eigentumserwerb, ohne Willenserklärungen (= ohne Einigung).

I. **Bisher eigenständige Sache**

II. **Verbindung mit dem Grundstück** i.S.d. § 94 BGB

Feste Verbindung mit dem Grund und Boden.

III. **Kein Scheinbestandteil**, § 95 BGB

1. **Verbindung mit dem Boden** ist nur **vorübergehend.**
2. **Vorübergehender Zweck** bestimmt sich aus dem Willen der Beteiligten – kann auch nachträglich verändert werden.

IV. **Rechtsfolge:** Eigentumserwerb des Eigentümers der bisher eigenständigen Sache und Rechtsverlust des bisherigen Eigentümers – kraft Gesetz, § 946.

Prüfungsschema für generell alle Grundstücksrechte

I. **Einigung**, § 873 Abs. 1 BGB

Sachenrechtlicher Vertrag mit zwei übereinstimmenden dinglichen Willenserklärungen.

II. **Eintragung im Grundbuch**, § 873 Abs. 1 BGB

Rechtsbegründender (konstitutiver) Vorgang, der zur Rechtsentstehung führt

III. **Berechtigung**, ungeschriebene Voraussetzung

Generell der Eigentümer, der nicht beschränkt ist, oder jemand, der seine Legitimation vom Eigentümer ableiten kann

IV. (Noch) **Einigsein** zum Zeitpunkt der Eintragung, ungeschrieben Voraussetzung Umkehrschluss aus § 873 Abs. 2 BGB.

V. **Rechtsfolge:** »Recht am Grundstück« oder »Recht an einem Recht am Grundstück« erworben.

Teil-Prüfungsschema zur Einigung, § 873 Abs. 1 BGB: Mögliche Inhalte

1. **Übertragung** Eigentum am Grundstück (Sonderfall: Auflassung),
2. **Bestellung/Übertragen/Belastung**, + inhaltliche Veränderung, § 877 BGB, *jeweiliges Recht am Grundstück.*
   a. Grunddienstbarkeit, §§ 1018, 1019 BGB = inhaltlich beschränktes Nutzungsrecht für jeweiligen Eigentümer des herrschenden Grundstücks; Zusatzvoraussetzung: Vorteil für das herrschende Grundstück, § 1019 BGB
   b. Beschränkte persönliche Dienstbarkeit, § 1090 BGB = inhaltlich beschränktes Nutzungsrecht für bestimmte Person
   c. Nießbrauch, § 1030 BGB = volles Nutzungsrecht für bestimmte Person
   d. Hypothek, § 1113 BGB = Belastung wegen Geldsumme für Forderung, Zusatzvoraussetzung: schuldrechtliche Forderung
   e. Grundschuld, § 1191 BGB = Belastung wegen Geldsumme
   f. Vorkaufsrecht, § 1094 BGB = Belastung mit Recht zum Kauf
   g. Erbbaurecht, § 1 Erbbaurechtsgesetz = Belastung mit Recht, ein Bauwerk zu Eigentum auf dem Grundstück zu haben
   h. Wohnungseigentum, § 3 Wohnungseigentumsgesetz = Reduzierung des Miteigentums auf nur noch einen Sonderrechtsinhaber durch Einigung oder Teilungserklärung, § 8 WEG
3. **Willenserklärungen** sind generell **formfrei**; Bindungswirkung über § 873 Abs. 2 BGB möglich.

Teil-Prüfungsschema zur Eintragung: Formelle Eintragung im Grundbuch, § 873 Abs. 1 BGB

Nur falls fraglich prüfen: Formell vollzogen mit

1. **Antrag auf Eintragung**, § 13 GBO;
2. **Bewilligung bisheriger Rechtsinhaber**, § 19 GBO (Sonderfall Auflassung, § 20 GBO);
3. **Form der Eintragungsbewilligung**, § 29 GBO (öff. oder öff. beglaubigte Urkunde);
4. **Voreintragung** des Betroffenen, § 39 GBO (Sonderfall Erbschaft, § 40 GBO).

Teil-Prüfungsschema zur Berechtigung

1. **Wahrer Eigentümer**, der
2. **in Verfügungsbefugnis nicht beschränkt** ist

   Beschränkungen: z.B. Insolvenz, § 80 InsO; Ehegattenverfügungen, §§ 1365 Abs. 1 Satz 1, 1369 Abs. 1 BGB; aber auch öffentlich-rechtlich, § 44 Abs. 2 BNatsG; § 2 Grundstücksverkehrsgesetz (= BW: Agrarstrukturverbesserungsgesetz): für landwirtschaftliche Flächen ab bestimmter Größe Genehmigung Staat notwendig
3. jemand, der seine **Verfügungsbefugnis vom Eigentümer ableiten** kann (mit Vollmacht, Erlaubnis etc.)
4. **§ 878 BGB** ausreichend
   a. Erklärung abgegeben und
   b. Bindung an die Erklärung – ggf. nach § 873 Abs. 2 BGB und
   c. Eintragungsantrag beim Grundbuchamt gestellt.

Teil-Prüfungsschema zum (noch) Einigsein zum Zeitpunkt der Eintragung

Umkehrschluss aus § 873 Abs. 2 BGB. Danach fixe Bindung an Einigungserklärung nur in bestimmten Fällen, weshalb ansonsten Willenserklärung zur Einigung frei widerruflich. Wegen generell langer Zeitspanne zwischen Einigung und Eintragung vorab Überprüfung notwendig, ob Einigung noch besteht.

Prüfungsschema zum Eigentumserwerb an einem Grundstück

Immobilien haben oft hohe Werte. Der Eigentumserwerb eines Grundstücks hat daher besondere Aufmerksamkeit verdient; der Gesetzgeber will ihn rechtlich sicher machen.

Grundform + Einigung in der Sonderform der Auflassung

I. **Einigung**, § 873 Abs. 1 BGB mit Zusatzvoraussetzungen der Auflassung, § 925 Abs. 1 und Abs. 2 BGB

   Sachenrechtlicher Vertrag mit zwei übereinstimmenden dinglichen Willenserklärungen, die inhaltlich auf den *Eigentumswechsel* gerichtet sind.

   Auflassung (nur Sonderbezeichnung) = die Einigung, nach § 873 Abs. 1 BGB. Keine weitere Einigung!

1. **Gleichzeitige Anwesenheit** (der – formfreien – Willenserklärungen)

   Sinn: keine Unsicherheiten bei Vollrechtserwerb

   Vertretung zulässig, sogar üblich

2. **Vor zuständiger Stelle**

   Sinn: Rechtssicherheit, Rechtsklarheit beim Eigentumswechsel

   Notariate § 935 Abs. 1 Satz 2 BGB, Botschaften, Konsulate, Gerichte (soweit mit einer Grunderwerbsfrage befasst, z.B. Insolvenzgericht, Abs. 1 Satz 3). Nicht: Grundbuchamt

3. **Bedingungsfeindlichkeit**, § 925 Abs. 2 BGB (weder inhaltlich noch zeitlich)

   Sinn: keine Unsicherheiten bei Vollrechtserwerb

   Ausnahme: Was gesetzlich ohnehin vorgesehen ist, kann schadlos eine Bedingung der Auflassung sein (Vorkaufsrecht Gemeinde aus BauGB, des Staats nach NatSchG, Grunderwerbsgesetz etc.)

II. **Auflassungserklärung selbst hat keine Formpflicht** = mündlich, sogar schlüssig möglich! Wird aber in aller Regel (freiwillig) aufgeschrieben, weil Grundbuchordnung Urkunde verlangt (§ 29 GBO).

III. **Rechtsfolge:** Eigentum am Grundstück erworben.

Grundpfandrechte

Es gibt drei Grundpfandrechte:

1. Hypothek,
2. Grundschuld und
3. Rentenschuld

Heute wird fast ausschließlich die Grundschuld verwendet. Sie baut auf der Hypothek als ehemaliges Grundmodell auf. Dieses Buch geht nur auf die Grundschuld als einzig praxisrelevantem Grundpfandrecht ein.

Prüfungsschema zur Bestellung einer Grundschuld

Das heutige Standardmodell ist die Grundschuld (als Buchgrundschuld). Für Kreditgeber – die schon immer eine gewisse Machtstellung hatten – ist das die sicherste Variante. Vor allem die starren gesetzlichen Folgen bei der Hypothek gibt es bei der Grundschuld nicht.

Die Lösung für den Sicherungsgeber liegt im Sicherungsvertrag! Viele Rechte, die bei der Hypothek vom Gesetz automatisch vorgegeben werden, kann der Sicherungsgeber aus dem Sicherungsvertrag geltend machen. Aber: Er muss es auch machen, das heißt aktiv werden und einfordern.

Hier wird die Grundschuld immer als Sicherungsgrundschuld betrachtet: zur Absicherung des Rückzahlungsanspruchs aus einem Kredit.

I. **Einigung**, § 873 Abs. 1 BGB

inhaltlich Grundschuld, § 1191 BGB = Belastung wegen Geldsumme

II. **Eintragung im Grundbuch**, §§ 873 Abs. 1, 1191, 1192 Abs. 1, 1115 BGB

1. **Eintragung mit Grundschuldgläubiger**, ggf. Geldbetrag der Forderung, ggf. Zinssatz, ggf. Nebenleistungen

2. soweit vereinbart: **Ausschluss der Brieferteilung**, §§ 1192 Abs. 1, 1116 Abs. 2 Satz 3 BGB

III. **Berechtigung**, ungeschriebene Voraussetzung

IV. (Noch) **Einigsein** zum Zeitpunkt der Eintragung, ungeschrieben Voraussetzung

V. **Rechtsfolge:** Grundschuld ist bereits entstanden.

1. **Briefgrundschuld**, §§ 1192 Abs. 1, 1116 Abs. 1, 1117 BGB

   a. Brieferteilung, §§ 1192 Abs. 1, 1116 Abs. 1 BGB

   b. Übergabe Brief von Eigentümer an Gläubiger, §§ 1192 Abs. 1, 1117 Abs. 1 BGB (ggf. §§ 929 Satz 2, 930, 931 BGB) oder

   c. Vereinbarung Gläubiger-Eigentümer: Direktempfang Brief durch Gläubiger, §§ 1192 Abs. 1, 1117 Abs. 1 (weiterer – formfreier – Vertrag!)

   d. ggf. gesetzliche Vermutung §§ 1192, 1117 Abs. § BGB bei Briefbesitz Gläubiger

2. **Buchgrundschuld**, §§ 1192 Abs. 1, 1116 Abs. 2, Abs. 3 BGB

   a. Ausschluss der Brieferteilung, §§ 1192 Abs. 1, 1116 Abs. 2 BGB = zusätzliche – formfreie – Einigung zwischen Eigentümer und Gläubiger

   b. Eintragung des Ausschlusses im Grundbuch, §§ 1192 Abs. 1, 1116 Abs. 2 Satz 3 BGB (siehe oben 2.).

   c. Keine nachträgliche Aufhebung des Ausschlusses, §§ 1192 Abs. 1, 1116 Abs. 3 BGB

VI. **Rechtsfolge:** Erwerb einer Brief- oder Buchgrundschuld.

Annex: Schuldrechtliche Forderung, die Sicherungsgrundschuld absichert, wird über schuldrechtlichen Sicherungsvertrag verknüpft.

Prüfungsschema zur Weitergabe einer Briefgrundschuld (Standard)

Die Briefgrundschuld ist das »Enfant terrible« der Grundpfandrechte! Wenn jemand Probleme macht, dann sie! Entsprechend klausurrelevant ist die Briefgrundschuld!

Die Grundschuld vereint alle Schwierigkeiten: einerseits Briefrecht und damit umlauffähig, ohne im Grundbuch eingetragen zu werden. Andererseits »unabhängig« von der Forderung, weshalb das Sachenrecht und die schuldrechtliche Forderung immer getrennt betrachtet werden müssen.

Die Verbindung von Grundschuld und Forderung liegt im Sicherungsvertrag, mit den Vereinbarungen ihrer Verwendung. Beide sind nie völlig selbstständig unterwegs und bleiben über »die Nabelschnur« Sicherungsvertrag verbunden.

I. **Abtretung der Grundschuld**, §§ 1192 Abs. 1, 1154 Abs. 2, 398 BGB

Sog. Übertragungserklärung = *dinglicher* Abtretungsvertrag

1. **Schriftform**, §§ 1192 Abs. 1, 1154 Abs. 1 Satz 1 BGB

Eine wirksame Weitergabe wäre also nicht im Grundbuch ersichtlich (!) oder

2. **Eintragung** der Abtretung **im** Grundbuch, §§ 1192 Abs. 1, 1154 Abs. 2 BGB

II. **Gesonderte Abtretung** der Forderung, § 398 BGB

Meist stillschweigend und formfrei (weil schuldrechtliche Abtretung) mit Abtretung der Grundschuld. Forderung alleine zieht Grundschuld nicht mit, weil keine Akzessorietät besteht.

III. **Berechtigung** (hinsichtlich der Grundschuld)

Kein Ausschluss der Übertragbarkeit, §§ 413, 399 BGB + Eintragung im Grundbuch

IV. **Rechtsfolge:** Übergang der Briefgrundschuld.

Prüfungsschema zur Weitergabe einer Briefgrundschuld bei Trennung von Forderung und Sachenrecht (Sonderfall)

I. **Abtretung der Grundschuld**, §§ 1192 Abs. 1, 1154 Abs. 2, 398 BGB

1. **Schriftform**, §§ 1192 Abs. 1, 1154 Abs. 1 Satz 1 BGB

2. **Eintragung der Abtretung im Grundbuch**, §§ 1192 Abs. 1, 1154 Abs. 2 BGB

II. **Gesonderte Abtretung** der Forderung, § 398 BGB

III. **Berechtigung** (hinsichtlich der Grundschuld)

1. Grundschuld und Forderung werden **gemeinsam abgetreten.**

   a. Vor Fälligkeit der Forderung: Abtretung als Standard möglich, soweit kein Ausschluss der Übertragbarkeit, §§ 413, 399 BGB + Eintragung im Grundbuch

   Rechtsfolge: Eigentümer hat gegen Forderung Einreden nach § 404 BGB; gegen Grundschuld Einrede nach §§ 1192 Abs. 1, 1157 BGB.

   b. Nach Fälligkeit der Forderung: Abtretung möglich, soweit keine andere Vereinbarung

   Rechtsfolge: Eigentümer kann Einreden gegen neuen Gläubiger wie gegen bisherigen Gläubiger erheben, § 1192 Abs. 1a BGB.

2. Grundschuld und Forderung werden **getrennt abgetreten.**

   a. Vor Fälligkeit der Forderung:

      Im Innenverhältnis Eigentümer-Gläubiger verboten, folgt aus Sinn und Zweck Sicherungsvertrag. Im Außenverhältnis (gutgläubig) möglich.

      Rechtsfolge: Forderung: Eigentümer hat gegen Forderung Einreden nach § 404 BGB. Wegen verbotswidriger Weitergabe kann Sicherungsvertrag entfallen; ggf. Fortbestand der Grundschuld mit neuem Forderungsinhaber zu vereinbaren.

      Grundschuld: Eigentümer hat Einreden nach §§ 1192 Abs. 1, 1157 BGB.

      Bei Schaden: Haftung Erstgläubiger auf Ersatz, vertragswidriges Verhalten

   b. Nach Fälligkeit der Forderung:

      Forderung fällig, Zugriff auf Sicherungsgut Eigentümer möglich

      Rechtsfolge: Grundschuld und Forderung zur Verwertung gemeinsam abtretbar.

      Gläubiger kann Grundschuld isoliert abtreten, wenn Sicherungszweck erhalten bleibt.

      Rechtsfolge: Zwangsvollstreckung gegen Eigentümer möglich; Erlös auf persönliche Schuld anzurechnen.

Prüfungsschema zur Weitergabe einer Buchgrundschuld

I. **Abtretung der Grundschuld durch Einigung**, §§ 1192, 1154 Abs. 3, 873 BGB (ggf. § 878 BGB) und sog. Übertragungserklärung = dinglicher Abtretungsvertrag. (Im Gegensatz zur Hypothek ist die Grundschuld selbstständig übertragbares Vermögensrecht.)

II. **Eintragung der Abtretung im Grundbuch**, §§ 1192 Abs. 1, 1154 Abs. 3, 873 Abs. 1 BGB

III. **Gesonderte Abtretung der Forderung**, § 398 BGB

Meist stillschweigend und formfrei (weil schuldrechtliche Abtretung) mit Abtretung der Grundschuld. Forderung alleine zieht Grundschuld nicht mit, weil keine Akzessorietät besteht.

IV. **Berechtigung** (hinsichtlich der Grundschuld)

Kein Ausschluss der Übertragbarkeit, §§ 413, 399 BGB + Eintragung im Grundbuch

V. **Rechtsfolge:** Übergang der Briefgrundschuld.

Prüfungsschema zu Zahlung und Grundschuld

I. **Eigentümer und Schuldner gleiche Person**

1. **Vorbetrachtung**

   a. Vereinbarung, »worauf« gezahlt wird (Anrechnungsvereinbarung)?

b. Bestimmung des Zahlenden, »worauf« er zahlt (Anrechnungsbestimmung), § 366 Abs. 1 BGB?

c. Fehlt beides: aus Interessenlage des Zahlenden auszulegen, § 366 Abs. 2 BGB

2. **Zahlung auf Grundschuld**

   Rechtsfolgen:

   Eigentümergrundschuld entsteht, § 1192 Abs. 1, 1142, 1143 BGB;

   Forderung erlischt, §§ 362, 362 BGB.

3. **Zahlung auf die Forderung**

   Rechtsfolgen:

   Forderung erlischt, § 362 BGB;

   Grundschuld an Eigentümer zu übertragen, aus Sicherungsvertrag (ggf. § 812 BGB); auch Urkunde und Rechte §§ 1192 Abs. 1, 1167, 1144, 1145 BGB.

II. **Eigentümer und Schuldner zwei Personen**

1. **Schuldner zahlt** auf Forderung.

   Forderung erlischt, § 362 BGB

   Grundschuld an Eigentümer zu übertragen, aus Sicherungsvertrag; auch Urkunde und Rechte §§ 1192 Abs. 1, 1167, 1144, 1145 BGB

2. **Eigentümer zahlt** auf Grundschuld (keine Pflicht = Vermeidung Zwangsvollstreckung)

   Eigentümergrundschuld entsteht, §§ 1192 Abs. 1, 1142, 1143 BGB

   Anspruch auf Abtretung der Forderung, §§ 1192 Abs. 2, 1143 BGB

3. **Dritte Person zahlt** (berechtigt):

   Forderung erlischt, § 362 BGB

   Grundschuld geht an Dritten über, §§ 1192 Abs. 1, 1150, 268 Abs. 3 BGB

Prüfungsschema zur Durchsetzung der Grundschuld

Die Durchsetzung ist die Frage, unter welchen Voraussetzungen und wie der Anspruch auf Duldung der Zwangsvollstreckung geltend gemacht wird.

I. **Kündigung der Grundschuld**, § 1193 BGB

1. **Kündigungserklärung** (generell: kein Kündigungsgrund nötig)

2. Bei Briefgrundschuld **Briefvorlage**, §§ 1192 Abs. 1, 1155 BGB

3. **Ablauf der Kündigungsfrist** von 6 Monaten

II. **Weg der Durchsetzung**

1. **Klage auf Duldung** der Zwangsvollstreckung, §§ 1191, 1192 Abs. 1, 1147 BGB oder

2. **förmliche Unterwerfung** unter die sofortige Zwangsvollstreckung.

III. **Keine Einwendungen**

1. **Aus Bestellungsvorgang**

2. **Aus Rechtsübergang** (ggf. fehlende Schriftform, Briefübergabe)

3. **Gutgläubiger Erwerb**, § 892 BGB

IV. **Keine Einreden**, § 1192 Abs. 1a BGB

1. **Aus dem schuldrechtlichen Sicherungsvertrag** (z.B. fehlende Forderungsfälligkeit)

2. **Einredenübergang**, §§ 1192 1a, 1157 BGB

V. **Rechtsfolge**, § 1147 BGB: Anspruch auf Duldung der Zwangsvollstreckung (= Zwangsversteigerung (Zwangsverwaltung) nach dem Zwangsversteigerungsgesetz).

Prüfungsschema zum Erlöschen von Grundstücksrechten

Wie beim Entstehen, Ändern und Weitergeben von Rechten kennt das BGB für das Erlöschen von Rechten an einem Grundstück eine Ausgangsnorm: § 875 BGB.

Sachenrechte erlöschen nie von alleine!

Im Gegensatz zu schuldrechtlichen Forderungen, die mit Erfüllung erlöschen, sich also in Wohlgefallen auflösen, passiert das bei Sachenrechten generell nie. Grundregel: Sachenrechte als Person-Sache-Beziehung müssen aktiv beendet werden.

I. **Erklärung des Berechtigten**, § 875 Abs. 1 Satz 1 BGB

II. **Sachenrechtliche Willenserklärung des Rechtsinhabers**

1. **Gegenüber dem Grundbuchamt**, § 875 Abs. 1 Satz 2 BGB oder

2. **Gegenüber dem Begünstigten**, § 875 Abs. 1 Satz 2 BGB

   sog. Löschungsbewilligung = öffentliche Urkunde (§ 29 GBO), die Wille des Berechtigten bescheinigt

III. **Löschung im Grundbuch**, § 875 Abs. 1 Satz 1 BGB

   Konstitutiver Vorgang für Rechtserlöschen

IV. **Keine gesetzliche Ausnahme**

   Ausnahmen: Tod des Nießbrauchers, § 1061 BGB; Tod des Berechtigten einer beschränkten persönlichen Dienstbarkeit, § 1090 BGB

V. Gegebenenfalls **Zustimmung von beteiligtem Dritten**, § 876 BGB

Prüfungsschema zur Vormerkung

Das Trennungsprinzip zwischen Schuld- und Sachenrecht führt zu Verzögerungen der Vorgänge. Als Sicherheitsinstrument dient die Vormerkung.

I. **Schuldrechtlicher Anspruch auf Recht** am Grundstück oder Recht am Grundstücksrecht, § 883 BGB (auch künftiger oder bedingter Anspruch oder Rangänderung)

1. **Bewilligung des Betroffenen**, § 885 BGB oder

2. **Einstweilige Verfügung**, § 885 BGB

II. **Eintragung der Vormerkung im Grundbuch**

1. **Berechtigung des Bewilligenden** = Verfügungsbefugter Rechtsinhaber, (§ 878 BGB analog anwendbar) oder

2. **Gutgläubiger Erwerb**, §§ 893, 892 BGB

III. **Rechtsfolgen**

1. **§ 883 Abs. 2 BGB:** relative Unwirksamkeit beeinträchtigender Verfügungen;

2. **§ 888 BGB:** Löschungsbewilligung bei fehlerhaftem Vollzug.

Prüfungsschema zum Anwartschaftsrecht auf Eigentum an einem Grundstück

Es ist möglich, Eigentum in Teilschritten zu erwerben. Der Eigentumsübergang erfolgt erst mit dem letzten Schritt. In der Zwischenzeit, also ab dem ersten Schritt, ist schon eine Rechtsbeziehung entstanden, das Anwartschaftsrecht – es findet sich nicht im BGB = Rechtsfortbildung.

I. **Rechtsgeschäft in Abwicklung mit gesicherter Position** des Erwerbers aus

1. **Auflassungsvormerkung**, §§ 883, 885 BGB oder

2. **Antrag auf Eintragung beim Grundbuchamt** gestellt

II. **Berechtigung**

III. **Rechtsfolge:** Anwartschaftsrecht.

Besonderheit: Anwartschaftsrecht kann verpfändet (§ 1274 BGB analog) oder über Auflassung, § 925 BGB, weitergegeben werden – dazu ist keine Eintragung notwendig. Aber es ist kein gutgläubiger Erwerb möglich!

Formale Grundbuchrechte

Neben den materiellen Rechtsinhalten des BGB gehören zum Grundstücksrecht auch die formalen Vorschriften, wie der Eintrag im Grundbuch vollzogen wird (siehe dazu oben »Teil-Prüfungsschema zur Eintragung«). Hier finden Sie den Kurzüberblick über die Prüfung der grundsätzlichen Rechtsfragen.

Prüfungsschema zum Grundbuchberichtigungsanspruch

Wenn das Grundbuch tatsächlich etwas Falsches aussagt, was mit der wirklichen Rechtslage nicht (mehr) übereinstimmt, gibt es einen Anspruch auf formale Korrektur (formal, weil das Recht selbst sich ja schon geändert hat!).

I. **Inhalt des Grundbuchs**

1. **Recht an einem Grundstück** oder
2. **Recht an einem Grundstücksrecht** oder
3. **Verfügungsbeschränkung**

II. **Grundbuchaussage stimmt nicht mit der tatsächlichen (materiellen) Rechtslage überein.**

1. **Änderung der materiellen Rechtslage** außerhalb des Grundbuchs (z.B. Tod Rechtsinhaber, Weitergabe Briefrecht, Wegfall der akzessorischen Forderung einer Hypothek)
2. **Falscheintrag**

III. **Anspruchssteller**

Im Recht beeinträchtige Person (Eigentümer, Rechtsinhaber)

IV. **Anspruchsgegner**

Im formalen Eintrag betroffene Person.

V. **Rechtsfolge**, § 894 BGB: Anspruch auf Zustimmung zur Berichtigung.

Prüfungsschema zum Widerspruch im Grundbuch

Meint jemand, das Grundbuch müsste falsch sein, muss das geklärt werden. Dazu dient der Widerspruch. Sein Eintrag im Grundbuch bedeutet, dass untersucht wird, ob das Grundbuch ggf. korrigiert werden muss – solange diese Untersuchung läuft, ist der gute Glaube an fragliche Aussage im Grundbuch nicht gegeben.

I. **Voraussetzungen** wie Grundbuchberichtigung, § 894 BGB

II. **Eintragung**

1. **Bewilligung des Anspruchsgegners** oder

2. **Einstweilige Verfügung**

III. **Rechtsfolgen**

1. **§ 899 BGB:** Eintrag eines Widerspruchs im Grundbuch. Untersuchung des Grundbuchamts, ob Widerspruch berechtigt oder nicht. Danach: Grundbuchänderung oder Löschung Widerspruch

2. **§ 891 BGB:** Gilt nicht, solange Widerspruch eingetragen ist.

Schutz von Eigentum und Besitz

Das BGB regelt nicht nur Entstehen, Weitergabe, Durchsetzung etc. von Sachenrechten, sondern gewährt dem berechtigen Rechtsinhaber auch Schutz seiner Rechte.

Das Eigentum als Vollrecht kennt eigentlich nur zwei direkte Ansprüche: Herausgabe des Eigentums, § 985 BGB, und Unterlassung einer Beeinträchtigung, § 1004 Abs. 1 BGB. Letzteres ist in der Praxis viel häufiger.

Prüfungsschema zum Herausgabeanspruch des Eigentums

I. **Sache**, § 90 BGB

Nur zu prüfen, wo es fraglich ist

II. **Besitz des Anspruchsgegners**, § 854 Abs. 1 BGB

Tatsächliche Sachherrschaft

III. **Eigentum des Anspruchstellers**

Eigentumsvermutung für Besitzer § 1006 BGB

IV. **Kein Recht zum Besitz**, § 986 BGB

Recht kommt ggf. aus:

- dinglichem Recht (z.B. Nutzungsrecht, Pfand, Anwartschaftsrecht)
- schuldrechtlichem Vertrag (z.B. Miete, Pacht, Leihe, Leasing, Kauf)
- Besitz ohne Vertrag, aber mit Genehmigung des Eigentümers, § 185 BGB
- gesetzlichem Besitzrecht (z.B. Kindervermögen § 1626 Abs. 1 BGB; Erbenbesitz § 857 BGB, Insolvenzverwalter, § 80 InsO; öffentlich-rechtliche Vorschriften)
- Zurückbehaltungsrechte, § 1000 BGB, § 273 BGB

- abgeleitetem Besitzrecht aus mittelbarem Besitz, soweit Weitergabe erlaubt, § 986 Abs. 1 Satz 1 BGB
- bei Eigentumserwerb über Abtretung nach § 931 BGB, § 986 Abs. 2 BGB

V. **Rechtsfolge:** Anspruch auf Herausgabe der Sache oder Abtretung des Herausgabeanspruchs gegen den Besitzmittler, der nur mittelbaren Besitz hat.

Die Pflicht eines anderen, jede unerlaubte Störung des Eigentums zu unterlassen, macht den Schutz des Eigentums erst komplett.

Prüfungsschema zum Unterlassungsanspruch des Eigentümers

I. **Eigentum**, § 903 BGB

II. **Beeinträchtigung des Eigentums**

substanzielle Behinderung oder Verhinderung der Rechtsherrschaft

III. Andauernde **Beeinträchtigung** oder konkret bevorstehende Beeinträchtigung

IV. **Störer**

Anspruchsgegner ist Handlungsstörern (aktives Tun oder Unterlassen) oder Zustandsstörer (passiv aber rechtlich verantwortlich)

V. **Keine Duldungspflicht** des Eigentümers

- aus Vertrag
- keine oder unwesentliche Beeinträchtigung, § 906 Abs. 1 BGB oder ortsübliche, unvermeidbare Beeinträchtigung, § 906 Abs. 2 BGB
- Überbau, § 912 BGB
- Notweg, § 917 BGB
- Notstand, § 904 BGB
- aus Treu und Glauben (Fairness), § 242 BGB (z.B. geringfügige, kurze Beeinträchtigung)
- öffentlich-rechtliche Vorschriften (Verwaltungsakt, Gesetz z.B. Immissionsschutzgesetz, Kinderlärm, § 22 BImSchG).

VI. **Rechtsfolge:** Beseitigung der Störung bzw. Ursache (Folgen der Störung ggf. nach § 823 BGB).

Außer dem Eigentum ist auch der Besitz geschützt. Und zwar generell so gut, wie das Eigentum – nur in anderen Normen.

Im Alltag ist der Besitz vielfach der optische Ausdruck des Eigentums. Der Besitz ist aber auch für eine berechtigte Person möglich, die ein Besitzrecht hat (Miete, Leihe, Nutzungsrechte etc.). Die tatsächliche Verfügungsgewalt muss daher auch geschützt werden gegen unberechtigten Entzug.

Mangels Praxisbezug und hoher Komplexität für Anfänger wird ein Anspruch aus § 1007 BGB hier nicht behandelt.

Prüfungsschema zur Besitzwehr/Besitzkehr

I. **Bewegliche Sache**, § 859 Abs. 2 BGB

Alles, was nicht Immobilie oder Recht ist

II. **Bisheriger Besitz**, § 859 Abs. 2 BGB = unmittelbarer Besitz, § 854 Abs. 1 BGB. Räumliche Entfernung von Sache hebt Besitz mit Besitzwille nicht auf.

III. **Besitz durch verbotene Eigenmacht entzogen**, § 859 Abs. 2 BGB

§ 858 Abs. 1 BGB: Besitzentzug gegen Willen Besitzer

IV. **Auf frischer Tat** angetroffen oder verfolgt, § 859 Abs. 2 BGB

1. **Entzug dauert an/erfolgt aktuell.**
2. **Entzug und Täter** werden alsbald **entdeckt.** Kein Beobachten der Tat nötig, baldige Entdeckung reicht, wenn zeitlich enger Zusammenhang mit Tat gegeben. Je nach Einzelfall zu beurteilen.

V. **Kein Gewaltexzess**, ungeschriebene Grenze

Zulässige Gewalt bei Selbsthilfe nicht definiert. Grundsätze Geeignetheit, Erforderlichkeit, Schadensgeringhaltung zu beachten, also keine Gewaltexzesse erlaubt.

VI. **Rechtsfolge:** erlaubte Gewaltanwendung für Besitz.

Prüfungsschema zur Besitzeinräumung

I. **Besitzentziehung**

Keine tatsächliche Sachherrschaft beim berechtigten Besitzer.

II. **Entzug durch verbotene Eigenmacht,** §§ 861 Abs. 1, 858 Abs. 1 BGB

Besitzentzug ohne Wille des berechtigten Besitzers.

III. **Unberechtigter Besitz** = keine Gestattung durch Gesetz (möglich z.B. bei Notstand, Nothilfe, Notwehr)

IV. **Kein Ausschluss** nach § 861 Abs. 2 BGB

Wenn (vermeintlich berechtigter) Besitzer selbst nicht zum Besitz berechtigt war, dann ist der eigenmächtige Entzug des berechtigten Besitzers innerhalb eines Jahres möglich.

V. **Frist,** § 864 BGB

Ein Jahr ab Entzug

VI. **Rechtsfolge**, § 861 Abs. 1 BGB: Herausgabe der Sache durch Besitzeinräumung.

Besonderheit: Anspruch auch für mittelbaren Besitzer möglich, § 869 BGB.

Prüfungsschema zum Unterlassungsanspruch/ Beseitigungsanspruch

I. **Besitzstörung**

Tatsächliche Sachherrschaft eingeschränkt bis unmöglich

II. **Störung durch verbotene Eigenmacht**, §§ 862 Abs. 1, 858 Abs. 1 BGB

Störung ohne Wille des Besitzers

III. **Gegner ist Störer.** Handlungsstörer = aktive Störung; Zustandsstörer = passiv, aber für die Störung verantwortlich.

IV. **Kein Ausschluss** nach § 861 Abs. 2 BGB

Wenn (vermeintlich berechtigter) Besitzer selbst nicht zum Besitz berechtigt war, dann ist der eigenmächtige Entzug des berechtigten Besitzers innerhalb eines Jahres möglich.

V. **Frist**, § 864 BGB

Ein Jahr ab Entzug.

VI. **Rechtsfolge**, § 862 BGB: Unterlassung und/oder Beseitigung der Störungsursache.

Besonderheit: Anspruch auch für mittelbaren Besitzer möglich, § 869 BGB.

Eigentümer-Besitzer-Verhältnis

Das *Eigentümer-Besitzer-Verhältnis* (kurz: EBV) regelt die Sondersituation, dass ein Eigentümer nicht im Besitz seiner Sache ist und der Besitzer kein Recht zum Besitz hat (= unrechtmäßiger Besitzer). Diese sogenannte *Vindikationslage* ist Grundvoraussetzung. Ohne sie liegt kein EBV vor!

Das EBV ist ein gesetzliches Schuldverhältnis. Wer von wem was verlangen kann, richtet sich im Folgenden danach, ob der Besitzer gut- oder bösgläubig, ggf. sogar bereits verklagt ist.

Generell gilt: Der Eigentümer erhält sein Eigentum zurück. Was also für das EBV noch zu regeln bleibt, ist, ob und welche Schäden, Nutzungen, Kosten zu tragen sind – also eher schadens- und bereicherungsrechtliche Themen – und damit eigentlich nicht direkt Sachenrecht.

Wegen dieser eher mittelbaren Bedeutung für das Sachenrecht beschränken sich die Schemata auf Hauptfälle.

Prüfungsschema zur Haftung bösgläubiger oder verklagter Besitzer

Hier geht es um das Wissen des Besitzers über das fehlende Besitzrecht.

Vindikationslage: Eigentümer verlangt von Besitzer Herausgabe, der kein Besitzrecht hat.

I. **Eigentümer**, § 903 BGB

Rechtsherrschaft

II. **Besitzer**, § 854 Abs. 1 BGB

Sachherrschaft

III. **Herausgabeverlangen** Eigentümer, § 985 BGB; kein Recht zum Besitz, (kein § 986 BGB)

1. **Rechtshängigkeit**, § 989 BGB

   Eigentümer hat Klage auf Herausgabe bei Gericht erhoben oder

2. **bösgläubiger Besitzer** bei Erwerb, § 990 BGB

   Besitzer kennt fehlendes Besitzrecht oder

3. **Besitzrecht entfallen**

   Zeitablauf, Bedingung eingetreten oder Besitzrecht sonst beendet oder

4. **Wille zum Fremdbesitz wandelt sich** in Wille zum Eigenbesitz.

   Besitzer ändert seine Haltung zur Sache.

Rechtsfolge Schadensersatz, §§ 989, 990 BGB:

IV. **Schaden, Verschlechterung, Untergang, Hindernis**, § 989 BGB

V. **Verschulden Besitzer**, §§ 989, 276 BGB

VI. **EBV im Zeitpunkt der Verletzungshandlung**

Rechtsfolge Herausgabe Nutzungen, § 987 BGB:

VII. **Nutzungen**, §§ 99, 100 BGB

1. **Nutzungen ab bösgläubigem Erwerb** oder
2. **Nutzungen ab Kenntnis** fehlendes Besitzrecht

VIII. **EBV im Zeitpunkt der Verletzungshandlung**

Gegenrechte Besitzer für notwendige und/oder nützliche Verwendungen, § 994 Abs. 2 BGB:

Lediglich notwendig Verwendungen nach Geschäftsführung ohne Auftrag.

Prüfungsschema zur Haftung gutgläubiger, unverklagter Besitzer

Hier geht es um die Unwissenheit des Besitzers über das Fehlen des Besitzrechts.

Gutgläubiger Besitzer: Besitzrecht endet oder fehlendes Besitzrecht war nicht bekannt.

I. **Eigentümer**, § 903 BGB

II. **Besitzer**, § 854 Abs. 1 BGB als Eigenbesitz, § 872 BGB

Besitz als ihm gehörend

III. **Herausgabeverlagen** Eigentümer, § 985 BGB; kein Recht zum Besitz (kein § 986 BGB)

Rechtsfolge Schadensersatz:

Keine Haftung! Ausnahme Fremdbesitzerexzess (auch ein wirklich zu Besitz berechtigter würde für Schädigung haften).

Rechtsfolge bei entgeltlich erworbenem Besitz, § 993 Abs. 1 BGB:

Herausgabe der Früchte, soweit die Früchte kein Ertrag sind.

Rechtsfolge bei unentgeltlich erworbenem Besitz, § 988 BGB:

Herausgabe der Früchte und Nutzungen.

Gegenrechte Besitzer für notwendige und/oder nützliche Verwendungen, § 994 Abs. 1 BGB:

Nützliche und notwendige Verwendungen.

Gesetzliche Fälle des Eigentumserwerbs

In seltenen Fällen greift der Gesetzgeber mit Regeln im Zivilrecht ein. Insofern finden sich Fälle, in denen das BGB einen Eigentumserwerb regelt.

Die Darstellung beschränkt sich auf praxisrelevante Fälle und stellt auch nur die wesentliche Norm vor.

Prüfungsschema zur Verbindung beweglicher Sachen

Dauerhafte Verbindung von Sachen i.S.v. wesentlichen Bestandteilen, § 93 BGB

Rechtsfolge: § 947 Abs. 1 BGB, Miteigentum der bisherigen Eigentümer, im Verhältnis der Beitragswerte.

Ausnahme, § 947 Abs. 2: Eine Sache ist die Hauptsache; dann Alleineigentum und Ausgleichsansprüche für (Teil-)Eigentumsverlust, §§ 951, 812 ff.

Prüfungsschema zur Vermischung, Vermengung

Rechtsfolge: § 948 BGB = § 947 BGB analog

Nach h.M. findet die Norm auch auf analoges Geld Anwendung.

Prüfungsschema zur Verarbeitung

Herstellung einer neuen Sache durch Vertrag oder tatsächlich; Verarbeitung muss erheblich sein.

Rechtsfolge, § 950 BGB: Hersteller wird Eigentümer.

Prüfungsschema zu Erzeugnissen

Eigenständige Sachen, § 90, die aus der bisherigen Sache hervorgehen

Rechtsfolgen:

I. **Eigentumserwerb des Eigentümers der Hauptsache**, § 953 BGB.

II. **Eigentumserwerb des dinglichen Rechtsinhabers**, § 954 BGB.

III. **Gutgläubiger Eigenbesitzer**, § 955 BGB.

IV. **Eigentumserwerb des schuldrechtlich Berechtigen**, § 956 BGB.

V. **Gestattung des Nichtberechtigten**, § 957 BGB.

Prüfungsschema zur Aneignung

Herrenlose Sache aneignen

Herrenlosigkeit bei absichtlichem Eigentumsverzicht mit Besitzaufgabe, § 959 BGB. Sonderfälle, §§ 960 ff. BGB.

Rechtsfolge, § 958 BGB: Eigentumserwerb des Aneignenden.

Prüfungsschema zur Ersitzung

Besitz als Eigenbesitzer (§ 872 BGB) über 10 Jahre

Rechtsfolge, § 937: Eigentumserwerb des bisherigen Besitzers.

Prüfungsschema zum Fund

I. **Anzeigepflicht**, § 965 Abs. 1 BGB, oder

II. **Ablieferungspflicht**, § 965 Abs. 2 Satz 1 BGB

Ausnahme: Wertgrenze unterschritten, § 965 Abs. 2 Satz 2 BGB

III. **Rechtsfolge**

1. § 971 BGB: **Finderlohn**
2. § 973 BGB: nach 6 Monaten ohne Abforderung des Eigentümers = **Eigentumserwerb des Finders**

IN DIESEM KAPITEL

Verlöbnis

Unterhalt

Zugewinnausgleich

Kapitel 4
Familienrecht

Sonia Uricher

Dieses Kapitel enthält die wichtigsten Prüfungsschemata aus dem Familienrecht (§§ 1297 ff. BGB). Sie sollen Ihnen bei der Lösung einer Klausuraufgabe helfen, ohne Anspruch auf Vollständigkeit zu erheben.

Verlöbnis, Heirat, Trennung, Scheidung, Unterhalt

Das Familienrecht ist gekennzeichnet durch Ansprüche, die sich – ebenso wie gesellschaftliche Moral- und Wertvorstellungen – im Wandel der Zeit ändern können oder an Bedeutung verlieren. Neben den gesetzlichen Regelungen sind daher insbesondere auch die Urteile der Familiengerichte für die Anwendung des materiellen Rechts von Relevanz.

Die Reihenfolge der dargestellten Ansprüche folgt der Chronologie vom Verlöbnis bis zur Scheidung und den sich danach oder generell aus familienrechtlichen Beziehungen ergebenden Ansprüchen.

Prüfungsschema zur Ersatzpflicht bei Rücktritt vom Verlöbnis §§ 1298, 1299 BGB und zum Anspruch auf Rückgabe von Geschenken § 1301 BGB

Obwohl diese Ansprüche in der Praxis selten vorkommen, sind sie evtl. doch klausurrelevant.

I. **Wirksames Verlöbnis**

II. **Auflösung des Verlöbnisses** durch Rücktritt eines Verlobten bzw. Unterbleiben der Eheschließung

III. **Berechtigung** des Anspruchstellers

IV. **Rechtsfolge**

Prüfungsschema für Ansprüche aus ehelicher Lebensgemeinschaft § 1353 BGB

§ 1353 BGB ist eine Generalklausel für die Regeln des Zusammenlebens in einer Ehe, z.B. häusliche Gemeinschaft, Familienplanung und Geschlechtsgemeinschaft, Beistand und Fürsorge, einvernehmliche Regelung gemeinsamer Angelegenheiten, Rücksichtnahme und Achtung des persönlichen Freiraums, Verständigungsbereitschaft, gegenseitiger Unterhalt und Mitarbeit.

I. **Bestehen der ehelichen Lebensgemeinschaft**

II. **Rechtsfolge**

Prüfungsschema für Geschäfte zur Deckung des Lebensbedarfs § 1357 BGB

I. **Bestehen einer wirksamen Ehe,** gilt nicht für nichteheliche Lebensgemeinschaften

II. **Kein Getrenntleben** zum Zeitpunkt des Vertragsschlusses

Trennung kann auch gegeben sein, wenn die Eheleute noch in derselben Wohnung zusammenleben.

III. **Angemessenheit des Rechtsgeschäfts** zur Deckung des Lebensbedarfs in objektiver und subjektiver Sicht

IV. **Kein Ausschluss**

V. **Rechtsfolge**

Prüfungsschema zur Verpflichtung zum Familienunterhalt § 1360 BGB

Hat ein Partner die Haushaltsführung übernommen, wird kein weiterer Familienunterhalt geschuldet.

I. **Bestehen einer wirksamen Ehe**

II. **Rechtsfolge**

Kein Anspruch auf Barleistung

Prüfungsschema zum Unterhalt bei Getrenntleben § 1361 BGB

Der Bedarf des Ehegatten richtet sich nach den ehelichen Lebensverhältnissen, § 1578 BGB.

I. **Gläubiger und Schuldner** des Unterhaltsanspruchs sind **miteinander verheiratet.**

Bei nichtehelichen Lebenspartnerschaften gibt es keinen gesetzlichen Trennungsunterhalt; hier kann ein Anspruch auf Unterhalt wegen Betreuung eines Kindes bestehen.

II. **Anspruch beginnt mit der Trennung** und endet mit Rechtskraft der Scheidung.

Erst mit Geltendmachung entsteht der Anspruch, nicht bereits bei Trennung.

III. **Rechtsfolge**

Prüfungsschema zur Verfügung über Vermögen im Ganzen § 1365 BGB

I. **Bestehen der Ehe**

II. **Verfügung über Vermögen im Ganzen**

III. **Fehlende Einwilligung des anderen Ehegatten**

IV. **Rechtsfolge**

Prüfungsschema zur Verfügung über Haushaltsgegenstände § 1369 BGB

I. **Bestehen der Ehe**

II. **Verfügung über Haushaltsgegenstände**

III. **Fehlende Einwilligung des anderen Ehegatten**

IV. **Rechtsfolge**

Prüfungsschema zur Ausgleichsforderung bei Zugewinn § 1378 BGB

I. **Ermittlung des Zugewinns** jedes, § 1373 BGB

II. **Ermittlung des Ausgleichsanspruchs**, § 1378 BGB

III. **Begrenzung des Anspruchs**, § 1378 Abs. 2 BGB

IV. **Berücksichtigung eines Vorausempfangs**, § 1380 BGB

V. **Kein Anspruch oder Reduzierung in Härtefällen**, § 1381 BGB

VI. **Rechtsfolge**

Prüfungsschema zum Auskunftsanspruch § 1379 BGB

I. **Scheidungsantrag** oder Beendigung des Güterstandes, Aufhebung der Ehe, vorzeitige Aufhebung der Zugewinngemeinschaft oder Beantragung der vorzeitigen Aufhebung der Zugewinngemeinschaft

II. **Rechtsfolge:** Auskunft

Prüfungsschema zur Ehescheidung § 1564 ff. BGB

I. **Antrag auf Ehescheidung** eines der Ehegatten § 1564 1 BGB

II. **Scheitern der Ehe** § 1565 I BGB

III. **Getrenntleben** § 1567 BGB

IV. **Subjektive Voraussetzung:** Trennungswille § 1567 I 1 BGB

Trennung ist auch innerhalb der Ehewohnung möglich, § 1567 I 2 BGB.

Prüfungsschema zum nachehelichen Unterhalt § 1569 BGB

I. **Rechtskräftige Scheidung**

II. **Bedürftigkeit**, § 1577 BGB

III. **Leistungsfähigkeit des Unterhaltsschuldners**, § 1581 BGB

IV. **Vorliegen eines Unterhaltstatbestands**

- Unterhalt wegen Betreuung eines gemeinsamen Kindes, § 1570 BGB
- Unterhalt wegen Krankheit, § 1572 BGB
- Unterhalt wegen Erwerbslosigkeit, § 1573 Abs. 1 BGB

- Aufstockungsunterhalt, § 1573 Abs. 2 BGB
- Unterhalt wegen Ausbildung, Fortbildung oder Umschulung, § 1575 BGB
- Unterhalt aus Billigkeitsgründen, § 1576 BGB

V. **Angemessene Erwerbstätigkeit** des Anspruchstellers, § 1574 BGB

VI. **Mögliche Befristung des Unterhalts**, § 1578b BGB

VII. **Kein Ausschluss des Anspruchs** auf nachehelichen Unterhalt bei grober Unbilligkeit, § 1579 BGB

VIII. **Rechtsfolge**

Prüfungsschema zum Verwandtenunterhalt § 1601 BGB

Entscheidend ist der Anspruch auf Auskunft über Einkünfte und Vermögen (§ 1605 BGB).

I. **Verwandtschaft in gerader Linie**, § 1589 BGB

II. **Verwandtschaft durch Annahme als Kind**, §§ 1741 ff. BGB

III. **Bedürftigkeit**, § 1602 BGB

IV. **Leistungsfähigkeit**, § 1603 BGB

V. **Rangverhältnis der Unterhaltsansprüche** unter Verwandten bei mehreren Unterhaltspflichtigen, § 1606 BGB

VI. **Keine vorrangige Haftung** des Ehegatten oder Lebenspartners des Bedürftigen, § 1608 BGB

VII. **Rechtsfolge**

IN DIESEM KAPITEL

Gesetzliche Erbfolge

Wirksamkeit und Anfechtung eines Testaments

Kapitel 5
Erbrecht

Patrick Holtermann

In diesem Kapitel lernen Sie die wichtigsten Prüfungsschemata des Erbrechts (§§ 1922 ff. BGB) kennen. Die Schemata helfen Ihnen bei der Abarbeitung der Klausuraufgabe, systematisch und damit nachvollziehbar und logisch vorzugehen.

Im Erbrecht finden sich insbesondere Regelungen zur gesetzlichen und testamentarischen Erbfolge sowie zu Pflichtteilsansprüchen bestimmter Personengruppen.

Gesetzliche Erbfolge

Gesetzliche Erbfolge gilt dann, wenn der Erblasser kein Testament und keinen Erbvertrag hinterlassen hat.

In Deutschland ist sie streng hierarchisch aufgebaut und richtet sich nach dem Parentelsystem, wonach nähere Verwandte entferntere Verwandte von der Erbfolge ausschließen (§ 1930 BGB).

Erbrechtlich besonders berücksichtigt wird der Ehegatte des Erblassers (§§ 1931 ff. BGB).

Prüfungsschema zur gesetzlichen Erbfolge bei Verwandten, §§ 1924 ff. BGB

I. **Ordnung**

- Abkömmlinge des Erblassers, § 1924 Abs. 1 BGB
- Repräsentationsprinzip, § 1924 Abs. 2 BGB

- Eintrittsprinzip, § 1924 Abs. 3 BGB
- Erbfolge nach Stämmen

II. **Ordnung**

- Eltern des Erblassers und deren Abkömmlinge, § 1925 Abs. 1 BGB
- Repräsentationsprinzip, § 1925 Abs. 2 BGB
- Eintrittsprinzip, § 1925 Abs. 3 BGB
- Erbfolge nach Linien

III. **Ordnung**

- Großeltern des Erblassers und deren Abkömmlinge, § 1926 Abs. 1 BGB
- Repräsentationsprinzip, § 1926 Abs. 2 BGB
- Eintrittsprinzip, § 1926 Abs. 3 BGB
- Erbfolge nach Linien

IV. **Weitere Ordnungen,** § 1589 S. 3 BGB

Prüfungsschema zum gesetzlichen Erbrecht des Ehegatten, §§ 1931 ff. BGB

I. **Erbrecht des Ehegatten im Verhältnis zu Verwandten,** § 1931 Abs. 1, Abs. 2, Abs. 4 BGB

- neben Verwandten 1. Ordnung: 1/4, § 1931 Abs. 1 S. 1 Var. 1 BGB
- neben Verwandten 2. Ordnung: 1/2, § 1931 Abs. 1 S. 1 Var. 2 BGB
- neben Verwandten 3. Ordnung: 1/2, § 1931 Abs. 1 S. 1 Var. 3 BGB
- neben Verwandten weiterer Ordnungen: Alleinerbe, § 1931 Abs. 2 BGB

II. **Berücksichtigung des Güterrechts**

1. **Zugewinngemeinschaft,** §§ 1363 ff. BGB

   aa. erbrechtliche Lösung:

   pauschale Erhöhung um 1/4, §§ 1931 Abs. 3, 1371 Abs. 1 BGB

   bb. güterrechtliche Lösung: §§ 1931 Abs. 3, 1371 Abs. 3 BGB

2. **Gütertrennung,** § 1931 Abs. 1, Abs. 2, Abs. 4 BGB

III. **Voraus des Ehegatten,** § 1932 BGB

»Hiermit verfüge ich …«: das Testament

Ein Testament ist eine einseitige Verfügung von Todes wegen. § 1937 BGB (Erbeinsetzung durch letztwillige Verfügung) setzt die Begriffe Testament und letztwillige Verfügung gleich. Die Prüfung von Testamenten sowie deren Anfechtung sind oft Gegenstand erbrechtlicher Klausuraufgaben.

Prüfungsschema zur Wirksamkeit eines Testaments

Testamente sind häufig unklar formuliert und daher näher zu prüfen. Maßgeblich ist der tatsächliche Erblasserwille zum Zeitpunkt der Testamentserrichtung (§ 133 BGB). Diesen Willen im Rahmen ihrer Auslegung zu ergründen, ist Ihre Aufgabe.

Relevant ist dabei zunächst die erläuternde Auslegung. Dabei fragen Sie sich, was der Verfasser konkret wollte. Wenn diese Auslegungsmethode nicht zu einem brauchbaren Ergebnis führt, müssen Sie ergänzend auslegen. Dabei müssen Sie den hypothetischen Willen des Erblassers zum Zeitpunkt der Testamentserrichtung prüfen.

Es gilt der Grundsatz, dass bereits eine Andeutung des Auslegungsergebnisses im Testament ausreicht.

Ein »eigenhändiges« Testament ist auch dann eigenhändig, wenn Dritte beim Schreiben helfen – allerdings als reine Schreibhilfe, nicht mehr. Das Geschriebene muss vom Willen des Erblassers bestimmt worden sein. Die Unterschrift schließt das Testament ab. Wenn nachträglich Zusätze aufgenommen werden, muss der Erblasser diese auch unterschreiben.

I. **Testierwille,** § 133 BGB

II. **Testierfähigkeit**

- Volljährige, § 2 BGB
- Minderjährige: Errichtung erst nach Vollendung des 16. Lebensjahres zulässig, § 2229 Abs. 1 BGB

III. **Persönliche Errichtung,** §§ 2064, 2065 BGB

IV. **Form**

- Eigenhändiges Testament, § 2247 BGB

  eigenhändig geschrieben und unterschrieben (§ 2247 Abs. 1 BGB)

  Zeit und Ort, § 2247 Abs. 2 BGB; beachte § 2247 Abs. 5 BGB

- Öffentliches Testament: zur Niederschrift eines Notars, § 2232 BGB
- Nottestamente

  Nottestament vor dem Bürgermeister, § 2249 BGB

  Nottestament vor drei Zeugen, § 2250 BGB

  Nottestament auf See, § 2251 BGB

V. **Keine anderen Nichtigkeitsgründe,** §§ 134, 138 BGB

VI. **Kein Widerruf,** §§ 2253 ff. BGB

VII. **Keine Anfechtung,** §§ 142 Abs. 1, 2078 ff. BGB

Prüfungsschema zur Anfechtung eines Testaments

In Klausuren werden häufig Fragen des Erbrechts mit solchen des Allgemeinen Teils des BGB verbunden. Ein »Klassiker« ist dabei die Anfechtung eines Testaments, bei der Sie die Regelungen des Allgemeinen Teils zur Anfechtung bspw. wegen Irrtums, Drohung oder Täuschung auf Testamente anwenden müssen.

Rechtsfolge einer wirksamen Anfechtung ist die Nichtigkeit ex tunc, § 142 Abs. 1 BGB. Die Regelung zum Schadensersatz gemäß § 122 BGB findet keine Anwendung.

Gehen Sie im Zweifel zum Schutz des Erblasserwillens auch nur von einer Teilnichtigkeit und nicht von einer Gesamtnichtigkeit aus, vgl. § 2085 BGB.

I. **Anfechtungsgrund,** § 2078 BGB

1. **Inhalts-/Erklärungsirrtum,** § 2078 Abs. 1 BGB, vgl. § 119 Abs. 1 BGB
2. **Motivirrtum,** § 2078 Abs. 2 BGB
3. **Widerrechtliche Drohung,** § 2078 Abs. 2 BGB, vgl. § 123 Abs. 1 Var. 2 BGB

II. **Anfechtungserklärung**

1. **Anfechtungsberechtigung:** derjenige, dem die Aufhebung unmittelbar zustattenkommen würde, § 2080 Abs. 1 BGB
2. **Anfechtungsgegner:** Nachlassgericht, § 2081 Abs. 1 BGB; § 143 Abs. 4 S. 1 BGB
3. **Anfechtungsfrist:** ein Jahr ab Kenntnis des Anfechtungsgrundes, § 2082 BGB

III. **Kein Ausschluss**

IV. **Rechtsfolge:** Nichtigkeit ex tunc, § 142 Abs. 1 BGB

Prüfungsschema zum gemeinschaftlichen Testament unter Ehegatten, §§ 2265 ff. BGB

In der Praxis sind gemeinschaftliche Testamente unter Eheleuten bzw. eingetragenen Partnern einer Lebenspartnerschaft i.S.d. LPartG besonders relevant.

Nicht gemeinsam testieren dürfen Verwandte oder auch Freunde. Auch Partner einer nichtehelichen Lebensgemeinschaft dürfen nicht gemeinschaftlich testieren.

Durch das gemeinschaftliche Testament werden die Beteiligten weitgehend gebunden. Ein Widerruf wechselseitiger Verfügungen ist nur in den engen Grenzen des § 2271 BGB möglich.

I. **Wirksamkeit,** § 2267 BGB

- eigenhändig durch zumindest einen Ehegatten geschrieben
- eigenhändig durch beide Ehegatten unterschrieben

II. **Kein Widerruf,** §§ 2253 ff. BGB

III. **»Berliner Testament«,** § 2269 BGB: gegenseitige Erbeinsetzung sowie Einsetzung eines oder mehrerer Dritten als Erben des Überlebenden

1. **Trennungsprinzip:** getrennte Vererbung der Vermögensmassen; Ehegatten setzen sich gegenseitig zum Vorerben und Dritten als Nacherben ein; relative Verfügungsbeschränkung, §§ 2112 ff. BGB.
2. **Einheitsprinzip:** Überlebender ist Vollerbe, Dritter Schlusserbe
3. **Auslegung:** im Zweifel Einheitsprinzip, § 2269 Abs. 1 Hs. 2 BGB

Erbvertrag, Erbschein und Pflichtteil

Neben den bereits vorgestellten Prüfungsschemata zur gesetzlichen Erbfolge und zu Testamenten sind weitere erbrechtliche Themen für Sie von erhöhter Prüfungsrelevanz, so der Erbvertrag, der öffentliche Glaube des Erbscheins und der Pflichtteilsanspruch.

Prüfungsschema zum Erbvertrag, §§ 1941, 2274 ff. BGB

Erbverträge gelten als das »schärfste Schwert« des Erbrechts und weisen im Gegensatz zu Testamenten eine besonders hohe Bindungswirkung auf. Sie unterliegen daher besonderen Wirksamkeitsvoraussetzungen.

I. **Testierwille**

II. **Testierfähigkeit,** insbesondere unbeschränkte Geschäftsfähigkeit, § 2275 BGB

III. **Persönlicher Abschluss,** § 2274 BGB

IV. **Zur Niederschrift eines Notars** bei gleichzeitiger Anwesenheit beider Teile, § 2276 Abs. 1 S. 1 BGB

V. **Keine anderen Nichtigkeitsgründe**

VI. **Keine Anfechtung,** §§ 2281 ff. BGB

VII. **Keine Aufhebung,** §§ 2290 ff. BGB

VIII. **Kein Rücktritt,** §§ 2293 ff. BGB

IX. **Rechtsfolgen**

1. **Keine Einschränkung** unter Lebenden mit Ausnahme einer Schenkung mit Schädigungsabsicht, §§ 2286, 2287 BGB
2. **Frühere Verfügungen von Todes wegen** aufgehoben, spätere Verfügungen von Todes wegen unwirksam, § 2289 Abs. 1 BGB

Prüfungsschema zum öffentlichen Glauben des Erbscheins, §§ 2365 ff. BGB

Der öffentliche Glaube des Erbscheins (§§ 2365 ff. BGB) schützt den Rechtsverkehr, indem er die im Erbschein ausgewiesene Erbfolge als richtig vermuten lässt.

Klausurrelevant ist insbesondere der gutgläubige Erwerb eines Nachlassgegenstands trotz unrichtigen Erbscheins.

I. **Erwerb eines Nachlassgegenstands** durch Verkehrsgeschäft, nicht Erbfolge

II. **Rechtsscheintatbestand:** unrichtiger Erbschein, § 2365 BGB

III. **Erwerber gutgläubig,** § 2366 BGB

1. **Keine Kenntnis der Unrichtigkeit** des Erbscheins
2. **Keine Kenntnis vom Rückgabeverlangen** des Nachlassgerichts

IV. **Kein Abhandenkommen,** § 935 BGB analog

V. **Rechtsfolgen**

VI. **Gutgläubiger Erwerb** trotz unrichtigen Erbscheins, § 2366 BGB

a. Leistungen an Erbscheinserben wirken leistungserfüllend, § 2367 BGB

Prüfungsschema zum Anspruch auf den Pflichtteil, § 2303 Abs. 1 BGB

Nahen Angehörigen, die enterbt wurden, steht eine gesetzlich garantierte Mindestbeteiligung am Nachlass zu: der Pflichtteilsanspruch.

In einigen vorwiegend erbrechtlichen Klausuren sind auch Pflichtteilsansprüche zu prüfen.

Mittels enger Arbeit am und mit dem Gesetz lassen sich diese Fälle gut lösen.

I. **Anspruch entstanden**

1. **Pflichtteilsberechtigter**

   a. Abkömmlinge, § 2303 Abs. 1 S. 1 BGB

   b. Eltern, § 2303 Abs. 2 S. 1 BGB

   c. Ehegatten, § 2303 Abs. 2 S. 1 BGB

2. **Gesetzlicher Erbe,** §§ 1924 ff. BGB

3. **Ausschluss von der Erbfolge** durch Verfügung von Todes wegen, § 1938 BGB

4. **Anspruch** entsteht mit Erbfall, § 2317 Abs. 1 BGB

5. **Rechtsfolge:** Pflichtteilsanspruch

   Schuldrechtlicher Anspruch gegen Erben in Höhe der Hälfte des gesetzlichen Erbteils, § 2303 Abs. 1 S. 2 BGB

II. **Anspruch nicht erloschen**

III. **Anspruch durchsetzbar**

IN DIESEM KAPITEL

Kaufmannsarten

Prokura und Handlungsvollmacht

Kaufmännisches Bestätigungsschreiben

Firmenfortführung

Kapitel 6
Handelsrecht

Benedict Erdl, Oliver Haag

In diesem Kapitel lernen Sie die zentralen Prüfungsschemata im Handelsrecht kennen. Die Schemata dienen Ihnen als strukturierende Werkzeuge, um Klausuraufgaben systematisch, nachvollziehbar und rechtlich fundiert zu bearbeiten. Sie ermöglichen ein methodisches Vorgehen, das sowohl die Klarheit der Argumentation als auch die Nachvollziehbarkeit der rechtlichen Prüfung verbessert.

Die gewählte Reihenfolge der nachfolgenden Prüfungsschemata orientiert sich an der Systematik der Gesetzesbücher, insbesondere des Handelsgesetzbuches (kurz »HGB«).

Das Handelsrecht ist das sogenannte *Sonderprivatrecht* der Kaufleute. Insofern stellt das HGB eine Art spezielles (Privat-)Recht nur für Kaufleute dar, was bedeutet: Wenn Kaufleute am Rechtsverkehr beteiligt sind, gelten vorrangig die Regelungen des HGB, soweit es spezielle Vorschriften enthält (*lex specialis*). Fehlen im HGB spezielle Regelungen, wird auf die allgemeinen Vorschriften des Bürgerlichen Gesetzbuchs (BGB) zurückgegriffen – das BGB gilt also *subsidiär*.

Was bedeutet das für die Fallbearbeitung in der Klausur?

1. Start einer zivilrechtlichen Prüfung ist in aller Regel eine Anspruchsgrundlage aus dem Bürgerlichen Gesetzbuch (kurz »BGB«), z.B. der Anspruch auf Schadensersatz wegen Pflichtverletzung gem. § 280 Abs. 1 BGB oder der Anspruch auf Kaufpreiszahlung gem. § 433 Abs. 2 BGB.

2. Vorschriften des HGB werden dann relevant, wenn im Sachverhalt erkennbar ist, dass mindestens eine beteiligte Person Kaufmann im Sinne des HGB ist (z.B. durch Hinweise wie Handelsregistereintrag, Gewerbebetrieb, Firmenbezeichnung o.Ä.).

3. Die Vorschriften des HGB werden nicht isoliert oder separat geprüft. Bauen Sie sie dort in die Prüfung ein, wo sie den jeweiligen BGB-Prüfungspunkt ergänzen oder modifizieren.

Grundlage: Das Gewerbe

Grundlage der Kaufmannseigenschaft ist der Betrieb eines Handelsgewerbes.

Prüfungsschema zum Gewerbe

In der juristischen Praxis ist die Gewerbeeigenschaft entscheidend für zahlreiche rechtliche Konsequenzen, so etwa

- ✔ die Anwendbarkeit des Handelsrechts,
- ✔ die Pflicht zur Gewerbeanmeldung (§ 14 GewO) sowie
- ✔ die Möglichkeit, Kaufmann im Sinne des HGB zu sein (§ 1 HGB).

Häufig ist ein Gewerbe der Ausgangspunkt für die Prüfung handelsrechtlicher Vorschriften sowie gewerberechtlicher Pflichten, sodass die Tatbestandsvoraussetzungen eine fundamentale Rolle in der Prüfungspraxis spielen. Die Voraussetzungen müssen dabei kumulativ vorliegen.

I. **Tatbestandsvoraussetzungen eines Gewerbes**

1. **Selbstständig ausgeübte Tätigkeit** (§ 84 Abs. 1 S. 2 HGB)
2. **Äußerlich erkennbare Tätigkeit**
3. **Planmäßig und auf gewisse Dauer angelegte Tätigkeit**
4. **Tätigkeit** wird **entgeltlich** bzw. mit Gewinnerzielungsabsicht betrieben
5. **Erlaubte Tätigkeit**
6. **Ausschluss folgender Berufsgruppen**
   a. Kein freier Beruf (vgl. § 1 Abs. 2 PartGG, oder auch § 18 EStG)
   b. Kein land- oder forstwirtschaftlicher Beruf
   c. Keine bloße Vermögensverwaltung

II. **Rechtsfolge:** Vorliegen eines Gewerbes

Die Kaufmannsarten

Das Handelsgesetzbuch unterscheidet zwischen verschiedenen Arten von Kaufleuten: Ist-, Kann- und Formkaufmann sowie Kaufmann kraft Eintragung und Kaufmann kraft tatsächlichen Verhaltens. Hinzu tritt der Kannkaufmann der Land- und Forstwirtschaft, der aber in Praxis und Prüfung eine untergeordnete Rolle einnimmt.

Prüfungsschema zum Istkaufmann, § 1 HGB

Der *Istkaufmann* nach § 1 HGB ist eine Person, die ein Handelsgewerbe betreibt und damit kraft Gesetzes Kaufmannseigenschaft erlangt – unabhängig von einer Eintragung ins Handelsregister.

Die Kaufmannseigenschaft zieht sämtliche handelsrechtlichen Rechte und Pflichten nach sich, etwa die Anwendung handelsrechtlicher Vorschriften bei Verträgen. Geschäftspartner können sich auf die damit verbundenen Regeln verlassen, beispielsweise die Anwendung der Handelsbräuche.

I. **Tatbestandsvoraussetzungen** eines Istkaufmanns, gem. § 1 HGB

1. **Betrieb eines Gewerbes** (s. *Schema Gewerbe*)
2. Gewerbe erfordert nach Art und Umfang einen **in kaufmännischer Weise eingerichteten Betrieb** (Handelsgewerbe), § 1 Abs. 2 HGB.
3. **Identität** von Gewerbetreibendem und der im Handelsregister eingetragenen Person

II. **Rechtsfolge:** Vorliegen eines Istkaufmanns

Die Frage, ob **nach der Art** des Unternehmens ein Handelsgewerbe im Sinne des Gesetzes vorliegt, wird zum Beispiel über den Umfang der Kunden- und Geschäftsbeziehungen, die Vielfalt des Produktportfolios etc. beantwortet.

Die Frage, ob für das Unternehmen **nach dem Umfang** ein in kaufmännischer Weise eingerichteter Betrieb erforderlich ist, wird beispielsweise anhand des Umsatzes, der Mitarbeiterzahl etc. beantwortet.

§ 1 Abs. 2 HGB enthält dabei eine widerlegbare Vermutung, wonach jeder Gewerbebetrieb ein Handelsgewerbe ist.

Prüfungsschema zum Kannkaufmann, § 2 HGB

Die Regelung des § 2 HGB regelt den sog. *Kannkaufmann* und erfasst Unternehmer, die mangels einer erforderlichen kaufmännischen Organisation nicht schon Istkaufmann gemäß § 1 HGB sind, sich aber durch Eintragung ins Handelsregister die Kaufmannseigenschaft verschaffen können.

In der Praxis ist der Kannkaufmann vor allem relevant, wenn z.B. Kleingewerbetreibende durch die freiwillige Eintragung in das Handelsregister Zugang zu handelsrechtlichen Gestaltungsmöglichkeiten (z.B. Prokura, Firmierung etc.) erhalten wollen.

Für Sie als Studierende wichtig: Die Kaufmannseigenschaft bestimmt, ob das HGB anwendbar ist – daher ist die Prüfung, ob ein Kannkaufmann vorliegt, ein zentraler Einstiegspunkt im Handelsrecht.

I. **Tatbestandsvoraussetzungen** eines Kannkaufmanns, gem. § 2 HGB

1. **Betreiben eines Gewerbes** (s. *Schema Gewerbe*)

2. **Gewerbe ist kein Handelsgewerbe** i.S.d. § 1 Abs. 2 HGB

3. **Eintragung ins Handelsregister** (konstitutiv = rechtsbegründend)

4. **Identität** von Gewerbetreibendem und der im Handelsregister eingetragenen Person

II. **Rechtsfolge:** Vorliegen eines Kannkaufmanns

Prüfungsschema zum Fiktivkaufmann, § 5 HGB

Ein *Fiktivkaufmann* ist – wie der Name suggeriert – eine Person, die im Handelsregister zwar als Kaufmann eingetragen ist, nach objektiven Maßstäben aber kein Handelsgewerbe (mehr) vorliegt, also die Voraussetzungen des § 1 Abs. 2 HGB nicht erfüllt sind.

Der Anwendungsbereich des Fiktivkaufmanns in der Praxis ist sehr gering.

I. **Tatbestandsvoraussetzungen** eines Fiktivkaufmanns, gem. § 5 HGB

1. Zum Zeitpunkt der Eintragung im Handelsregister wurde ein **Gewerbe betrieben** (s. *Schema Gewerbe*)

2. Zum Zeitpunkt der Prüfung liegt **kein *Handelsgewerbe*** i.S.d. § 1 Abs. 2 HGB (mehr) vor oder **nur ein *Kleingewerbe***

3. **Eintragung im Handelsregister** wurde (noch) nicht gelöscht bzw. besteht trotz Wegfall des Handelsgewerbes

4. **Identität** des fiktiven Gewerbetreibenden und der im Handelsregister eingetragenen Person

II. **Rechtsfolge:** Vorliegen eines Fiktivkaufmanns

In der Prüfung spielt § 5 HGB zumeist nur eine sehr untergeordnete Rolle, da trotzdem vermutet wird, dass es sich bei einer im Handelsregister eingetragenen Person um einen Kaufmann handelt, das heißt, solange eine Eintragung im Handelsregister nicht gelöscht ist, ist die Person im Ergebnis regelmäßig Kaufmann.

Prüfungsschema zum Scheinkaufmann kraft tatsächlichen Verhaltens, § 5 HGB analog i.V.m. § 242 BGB

»Mehr Schein als Sein!« – Ein *Scheinkaufmann* ist eine Person, die nach außen als Kaufmann auftritt, ohne tatsächlich ein Handelsgewerbe zu betreiben.

Nach § 242 BGB muss sich der Scheinkaufmann so verhalten, wie Treu und Glauben es erfordern. In der Praxis bedeutet dies, dass Personen, die etwa Firmenschilder, Geschäftsbriefe oder geschäftliche Aktivitäten wie ein Handelsgewerbe gestalten, für ihre Darstellung haften, selbst wenn sie formal keine Kaufleute sind.

I. **Tatbestandsvoraussetzungen** eines Scheinkaufmanns, gem. § 5 HGB analog i.V.m. § 242 BGB

1. **Rechtsschein** der Kaufmannseigenschaft
2. **Zurechenbare Veranlassung des Rechtsscheins**
3. **Gutgläubigkeit** des Geschäftspartners (keine positive Kenntnis des Gegenteils)
4. **Abschluss eines Rechtsgeschäfts**
5. **Kausalität** von Rechtsschein und Rechtsgeschäft

II. **Rechtsfolge:** Vorliegen eines Scheinkaufmanns

Prüfungsschema zum Formkaufmann, § 6 HGB

Die Regelung des § 6 HGB dehnt die Vorschriften über Kaufleute (§§ 1–5 HGB) auf Handelsgesellschaften und juristische Personen des Privatrechts entsprechend aus – selbst, wenn diese nicht im klassischen Sinn »Kaufleute« sind.

Taucht im Sachverhalt eine Personen- oder Kapitalgesellschaft auf, wirkt die Vorschrift des § 6 HGB als Vereinfachung für den Handelsverkehr, sodass sich eine Prüfung nach § 1 Abs. 2 HGB erübrigt, da diese Handelsgesellschaften kraft Rechtsform ohne Weiteres die Kaufmannseigenschaft innehaben.

I. **Vorliegen einer Handelsgesellschaft**

1. **Personenhandelsgesellschaft**
   a. OHG
   b. KG
   c. GmbH & Co. KG
2. **Kapitalgesellschaft**
   a. GmbH (vgl. auch § 13 Abs. 3 GmbHG)
   b. AG (vgl. auch § 3 Abs. 1 AktG)
   c. KGaA

II. **Rechtsfolge:** Vorliegen eines Formkaufmanns, der wie ein Kaufmann (§§ 1–5 HGB) zu behandeln ist

Eine Gesellschaft bürgerlichen Rechts ist grundsätzlich keine Handelsgesellschaft und betreibt regelmäßig **kein Handelsgewerbe** im Sinne des § 1 HGB. Die GbR kann also nicht selbst Kaufmann sein, sondern wird durch den Betrieb eines Handelsgewerbes kraft Gesetzes zur OHG (!).

Außerdem gilt: Wenn sich eine GbR in das Gesellschaftsregister (kein Handelsregister!) eintragen lässt, führt dies nicht automatisch zur Kaufmannseigenschaft, wohl aber zu einer rechtsfähigen, handlungsfähigen Außen-GbR (wichtig im Rechtsverkehr, z.B. bei Grundstückskäufen, Klagebefugnis etc.).

Lesen Sie den Klausursachverhalt dahin gehend aufmerksam durch!

Das Handelsregister

Wichtige Grundlage für Praxis und Prüfung ist das Handelsregister als öffentliches Verzeichnis wichtiger handelsrechtlicher Informationen. Klausurrelevant ist hier insbesondere die Vorschrift des § 15 HGB.

Prüfungsschema zur negativen Publizität, § 15 Abs. 1 HGB

Gewisse Sachverhalte sind zwingend im Handelsregister einzutragen, vor allem die, die den Bestand oder die Rechtsstellung eines Kaufmanns betreffen.

Ist eine eintragungspflichtige Tatsache nicht eingetragen, kann sie einem Dritten nicht zu dessen Nachteil entgegengehalten werden. Wurde z.B. das Erlöschen einer Prokura nicht im Handelsregister eingetragen, ist das Geschäft eines ehemaligen Prokuristen grundsätzlich gültig. Geschäftspartner sollen sich nämlich auf die Richtigkeit der eingetragenen Tatsachen verlassen dürfen. In der Praxis bedeutet dies, dass stets dafür Sorge zu tragen ist, dass alle relevanten Informationen korrekt und aktuell im Handelsregister geführt werden, um Rechtsunsicherheiten oder Haftungsrisiken zu vermeiden.

I. **Tatbestandsvoraussetzungen** der negativen Publizität, gem. § 15 Abs. 1 HGB

1. Vorliegen einer **eintragungspflichtigen Tatsache**

   → Tatsachen, zu deren Eintragung der Kaufmann gesetzlich verpflichtet ist

2. **Keine Eintragung** und/oder **keine Bekanntmachung**

   a. wenn sich eine Tatsache zum Nachteil eines Dritten auswirkt

   b. wenn eine Tatsache erst ins Register eingetragen wird und später eine eintragungspflichtige Änderung eintritt, z.B.

   aa. Widerruf/Erlöschen der Prokura (§ 53 Abs. 2 HGB)

   bb. Übertragung eines Unternehmens auf einen neuen Inhaber (§ 31 HGB) cc. Ausscheiden eines Gesellschafters (§ 130 HGB)

c. wenn eine ursprüngliche Tatsache zu Unrecht nicht eingetragen ist

3. **Gutgläubigkeit** des Dritten / keine (positive) Kenntnis des Dritten

a. Dritter i.S.d. § 15 Abs. 1 HGB

aa. Person darf nicht involviert sein, ansonsten wird sie vom Verkehrsschutz ausgeschlossen

→ Der Einzelkaufmann und die juristische Person oder die Handelsgesellschaft werden nicht geschützt.

bb. Auch ausgeschlossen: betroffene Gesellschafter und Organpersonen oder Prokuristen und die übrigen Gesellschafter und Organpersonen

b. Gutgläubigkeit

aa. Schutz nur für den mit gutem Glauben bezüglich der Nichtverwirklichung der nichteingetragenen, aber eintragungspflichtigen Tatsache

bb. Maßstab für die Bösgläubigkeit: jede Unkenntnis = geschützt

4. **Tatsache** ist in Angelegenheiten dessen **einzutragen**, der sich sonst auf die Tatsache berufen kann

5. **Vorgang im Geschäftsverkehr**

→ Dritter richtet sein Verhalten auf die Publikation des Handelsregisters ein.

II. **Rechtsfolge:** Negative Publizität bestätigt, das heißt, eine nicht eingetragene eintragungspflichtige Tatsache kann einem Dritten nicht entgegengehalten werden.

Umstritten ist, ob § 15 Abs. 1 HGB auch dann Anwendung findet, wenn die gebotene Voreintragung unterblieben ist, also wenn weder die eintragungspflichtige Tatsache noch die dieser vorausgehenden eintragungspflichtige Tatsache im Handelsregister eingetragen wurde (sog. *sekundäre Unrichtigkeit*). Ein Beispiel ist das Unterbleiben der Eintragung sowohl der Erteilung als auch des Widerrufs einer Prokura.

Die Problematik der sekundären Unrichtigkeit zählt zu den klassischen Prüfungsgegenständen des Handelsrechts.

Prüfungsschema zur Publizitätswirkung, § 15 Abs. 2 HGB

Nach § 15 Abs. 2 HGB muss sich ein Dritter eine Tatsache, die ordnungsgemäß eingetragen und richtig bekannt gemacht wurde, entgegenhalten lassen.

Die Wirkung nach § 15 Abs. 2 HGB gilt nicht, wenn seit der Bekanntmachung noch keine 15 Tage vergangen sind und der Dritte nachweist, dass er die Tatsache weder kannte noch kennen musste (*positive Publizität*). Die Vorschrift dient dem Schutz des Eintragungspflichtigen, der seiner Publikationspflicht ordnungsgemäß nachgekommen ist.

I. **Tatbestandsvoraussetzungen**, gem. § 15 Abs. 2 HGB

1. **Vorliegen einer eintragungspflichtigen Tatsache** (s.o. negative Publizität)

2. **Korrekte Eintragung** und Bekanntmachung

   → Sachverhalt der Bekanntmachung stimmt mit der Eintragung überein.

3. **15-Tagesfrist**

   a. 15 Tage seit Bekanntmachung vergangen, <u>oder</u>

   b. innerhalb 15-Tages-Frist, aber Bösgläubigkeit des Dritten

4. Vorgang im **Geschäftsverkehr**

   → Dritter richtet sein Verhalten auf die Publikation des Handelsregisters ein.

II. **Rechtsfolge:** Zerstörung des Rechtsscheins im Interesse des Eintragenden, das heißt, die eingetragene und bekannt gemachte eintragungspflichtige Tatsache kann einem Dritten entgegengehalten werden.

Da § 15 Abs. 2 HGB mit der positiven Publizität im Grunde eine Selbstverständlichkeit normiert, ist seine Klausurrelevanz gering und beschränkt sich regelmäßig auf die Abgrenzung zu den Vorschriften über den allgemeinen Rechtsschein.

Prüfungsschema zur positiven Publizität, § 15 Abs. 3 HGB

Das Handelsrecht schreibt vor, dass gewisse Sachverhalte zwingend im Handelsregister einzutragen sind. Ist eine eigentlich einzutragende Tatsache jedoch unrichtig eingetragen, kann sich ein Dritter dennoch darauf berufen, solange der Eintrag nicht berichtigt wird. Dann spricht man von der *positiven Publizität* gemäß § 15 Abs. 3 HGB. Geschäftspartner dürfen sich daher auf die Richtigkeit der eingetragenen Tatsachen verlassen.

In der Praxis bedeutet dies, dass dafür Sorge zu tragen ist, dass alle relevanten Informationen korrekt und aktuell im Handelsregister eingetragen sind, um Haftungsrisiken zu vermeiden.

I. **Tatbestandsvoraussetzungen** der positiven Publizität, gem. § 15 Abs. 3 HGB

1. **Vorliegen einer eintragungspflichtigen Tatsache** (s. *Schema Negative Publizität*)

2. **Unrichtige Eintragung**

   → § 15 Abs. 3 HGB erfasst, unabhängig von der Bekanntmachung (richtig oder falsch), alle Fälle einer unrichtigen Eintragung, das heißt, die Eintragung stimmt nicht mit der wirklichen Rechtslage überein.

3. Vorgang im **Geschäftsverkehr**

   → Dritter richtet sein Verhalten auf die Publikation des Handelsregisters ein.

4. **Gutgläubigkeit** des Dritten

a. Dritter i.S.d. § 15 Abs. 1 HGB: Person darf nicht involviert sein, ansonsten wird sie vom Verkehrsschutz ausgeschlossen

b. Gutgläubigkeit über die Unrichtigkeit der Eintragung:

aa. Fahrlässige Unkenntnis schadet nicht

bb. Das abstrakte Vertrauen wird auch geschützt (egal, ob der Dritte tatsächlich ins Handelsregister geschaut hat)

5. **Modifiziertes Veranlasserprinzip**

→ Nach h.M. wirkt § 15 Abs. 3 HGB nur zulasten desjenigen, der die unrichtige Bekanntmachung irgendwie veranlasst hat.

II. **Rechtsfolge:** Positive Publizität bestätigt, das heißt, ein Dritter kann sich auf eine unrichtig eingetragene eintragungspflichtige Tatsache berufen.

Prüfungsschema zum Rechtsschein

Greifen die speziell im HGB geregelten Rechtsscheintatbestände (§ 15 HGB, § 5 HGB) nicht ein, kann eine allgemeine Rechtsscheinhaftung bestehen. Eine solche Haftung kommt in Betracht, wenn das Vertrauen des Dritten auf einen vom Handelsregister unabhängigen Rechtsschein in besonderem Maße schutzwürdig ist.

Ein besonderer Vertrauensschutz wird insbesondere angenommen, wenn der Eintragungspflichtige gegen vertrauensschützende Vorschriften verstoßen hat (z.B. § 19 Abs. 2 GmbHG) oder wenn im Rahmen laufender Geschäftsbeziehungen nicht auf eingetretene Rechtsänderungen hingewiesen wurde.

Die Abgrenzung zwischen § 15 HGB und den allgemeinen Grundsätzen des Rechtsscheins sollten Sie für Ihre Klausur kennen:

- ✔ Während nach § 15 HGB allein die positive Kenntnis des Dritten schädlich ist, genügt im Rahmen des allgemeinen Rechtsscheins bereits eine leicht fahrlässige Unkenntnis.
- ✔ § 15 HGB verlangt lediglich das Vorliegen eines geschäftsverkehrsrelevanten Vorgangs, wohingegen bei den allgemeinen Rechtsscheinregeln eine konkrete Kausalität zwischen dem Rechtsschein und dem Verhalten des Dritten erforderlich ist.

I. **Tatbestandsvoraussetzungen** des Rechtsscheins

1. **Sachverhalt**, der nicht bereits von § 15 HGB bzw. § 5 HGB erfasst wird
2. Kaufmann hat **Rechtschein** zurechenbar erzeugt
3. **Gutgläubigkeit** des Dritten
4. Konkrete **Kausalität**

II. **Rechtsfolge:** Anspruchsteller kann sich auf Rechtsschein berufen.

Handelsrechtliche Vollmachten

Kaufleute bedienen sich besonderer Vollmachten: Prokura und Handlungsvollmacht.

Prüfungsschema zur Vertretung des Kaufmanns durch Prokuristen, § 48 HGB

Auch ein »ordentlicher Kaufmann« kann – trotz der Vielzahl sehr wichtiger Geschäfte – nicht überall zugleich sein. Daher kann er einem Angestellten eine Prokura erteilen, die den Prokuristen umfassend zur Vornahme aller Arten von gerichtlichen und außergerichtlichen Geschäften des Handelsgewerbes berechtigt.

Ausgenommen von der Prokura sind lediglich außergewöhnliche Rechtsgeschäfte, wie der Verkauf oder die Belastung von Grundstücken, sofern nicht eine Sondervollmacht erteilt wurde.

I. **Tatbestandsvoraussetzungen** der Vertretung mit Prokura

1. **Eigene Willenserklärung** des Prokuristen, gem. § 164 Abs. 1, 3 BGB

2. **Im Namen des Kaufmanns**, gem. § 164 Abs. 1 BGB

   a. Offenkundigkeit der Vertretung

   → ausdrücklich oder konkludent (aus den Umständen), vgl. § 164 Abs. 1 S. 2 BGB

   b. Ausnahmen vom Offenkundigkeitsprinzip

   aa. Unternehmensbezogenes Geschäft: Bei unternehmensbezogenen Geschäften geht der Wille der Parteien im Zweifel dahin, dass der Betriebsinhaber Vertragspartner werden soll

   bb. »Geschäft für den, den es angeht«

   - Dem Dritten ist es gleichgültig, wer Vertragspartner ist
   - Vertreterwille

3. **Vertretungsmacht** aus Prokura, gem. §§ 48 ff. HGB

   a. Wirksame Erteilung der Prokura

   aa. Erteilungsberechtigter: Kaufmann, §§ 1 ff. HGB (persönlich),

   gem. § 48 Abs. 1 Hs. 1 HGB

   bb. Personenverschiedenheit Kaufmann vs. Prokurist

   cc. Ausdrückliche Erteilung

dd. Eignung des Prokuristen

- Natürliche Person
- Keine Geschäftsunfähigkeit, vgl. § 104 BGB
- Beschränkung der Geschäftsfähigkeit schadet nicht, vgl. § 165 BGB

ee. Eintragung im Handelsregister, gem. § 53 Abs. 1 HGB (deklaratorisch = rechtsbekundend)

b. Kein Erlöschen der Prokura, z.B.

aa. Widerruf, gem. § 52 Abs. 1 HGB

bb. Anfechtung

cc. Beendigung des Grundverhältnisses

dd. Tod oder Geschäftsunfähigkeit des Prokuristen

ee. Verzicht

ff. Verlust der Kaufmannseigenschaft/Einstellung des Handelsgewerbes

c. Umfang der Prokura

aa. Grundsatz: alle Rechtsgeschäfte, die der Betrieb irgendeines Handelsgewerbes mit sich bringt, gem. §§ 49 Abs. 1, 50 Abs. 1 HGB

bb. Grenzen:

- Grundlagengeschäfte
- private Geschäfte
- Veräußerung und Belastung von Grundstücken, gem. § 49 Abs. 2 HGB
- Missbrauch der Vertretungsmacht, z.B. Kollusion (§§ 138, 826 BGB)

II. **Rechtsfolge:** Wirksame Vertretung durch Prokuristen

Ein gängiger Fall in der Klausur ist, dass ein Prokurist einem anderen Beschäftigten Prokura erteilen möchte. Da aber aufgrund § 48 Abs. 1 HGB die Prokuraerteilung persönlich und ausdrücklich zu erfolgen hat, kann ein Prokurist selbst keine Prokura erteilen. In einem solchen Fall kommt gemäß § 140 BGB eine Umdeutung der unwirksamen Prokuraerteilung in eine wirksame Handlungsvollmacht in Betracht.

Beachten Sie auch, dass im Falle des Missbrauchs der Vertretungsmacht (z.B. bei vorsätzlichem Missbrauch der Vertretungsmacht, der vom Dritten erkannt oder unschwer erkennbar ist, sowie bei arglistigem Zusammenwirken des Prokuristen und des Dritten zum Nachteil des Geschäftsherrn) interne Vertretungsbeschränkungen auch gegenüber Dritten Wirkung entfalten.

Prüfungsschema zur Vertretung des Kaufmanns durch Handlungsvollmacht, § 54 HGB

Bekanntlich erledigen Mitarbeiter im Unternehmensalltag eigenständig Verträge und Geschäfte, ohne jedes Detail immer mit der Geschäftsleitung abzustimmen. Hierfür kann ein Kaufmann einem Angestellten auch eine sog. *Handlungsvollmacht* erteilen.

In der Praxis treten Handlungsbevollmächtigte regelmäßig für Bestellungen, Vertragsabschlüsse oder Zahlungsabwicklungen auf – teilweise auch unbemerkt. Geschäftspartner dürfen grundsätzlich auf den Bestand dieser Vollmacht vertrauen, solange die Geschäfte im Rahmen des Üblichen liegen.

I. **Tatbestandsvoraussetzungen** der Vertretung mit Handlungsvollmacht

1. **Eigene Willenserklärung** des Handlungsbevollmächtigten, gem. § 164 Abs. 1, 3 BGB

2. **Im Namen des vertretenen Kaufmanns**, gem. § 164 Abs. 1 BGB

   a. Offenkundigkeit der Vertretung

   → ausdrücklich oder konkludent, vgl. § 164 Abs. 1 S. 2 BGB

   b. Ausnahmen vom Offenkundigkeitsprinzip (s. vorheriges Schema)

3. **Vertretungsmacht** aus Handlungsvollmacht

   a. Erteilungsberechtigter: Kaufmann i.S.v. §§ 1 ff. HGB oder Kleingewerbetreibender (analog) bzw. deren Vertreter (z.B. Prokurist)

   b. Eignung des Bevollmächtigten

   aa. Natürliche Person

   bb. Keine Geschäftsunfähigkeit

   cc. Beschränkung der Geschäftsfähigkeit schadet nicht (§ 165 BGB)

   dd. Einbindung ins Handelsgewerbe des Kaufmanns (Handeln »von innen heraus«)

   c. Ausdrückliche oder konkludente Erteilung

   d. Kein Erlöschen der Handlungsvollmacht

   e. Umfang der Vollmacht – je nach Art der erteilten Vollmacht

   aa. Generalhandlungsvollmacht (allgemeine Handlungsvollmacht)

   bb. Arthandlungsvollmacht (Teilvollmacht)

   cc. Spezialhandlungsvollmacht (Einzelvollmacht)

   f. Grenzen der Vollmacht, z.B.

   - Privatgeschäft
   - Kein branchenübliches Geschäft
   - Grundlagengeschäft

- Grenzen des § 54 Abs. 2 HGB
- Rechtsgeschäftliche Beschränkungen, gem. § 54 Abs. 3 HGB

II. **Rechtsfolgen:** Wirksame Vertretung durch Handlungsbevollmächtigten

Ein Handlungsbevollmächtigter ist – im Unterschied zum Prokuristen – nicht zu sämtlichen Geschäften befugt, die zum Betrieb eines Handelsgewerbes gehören. Seine Vertretungsmacht erstreckt sich nur auf diejenigen Geschäfte, die in einem derartigen Handelsgewerbe üblicherweise anfallen. Er ist folglich auf branchenübliche Geschäfte beschränkt, die im jeweiligen Geschäftsbetrieb nicht als ungewöhnlich anzusehen sind. Außerdem muss jeder Dritte gesetzliche Einschränkungen – unabhängig seiner Kenntnis – gegen sich wirken lassen.

Prüfungsschema zur Vertretung des Kaufmanns durch Ladenangestellte, § 56 HGB

Wer im Laden einkauft, darf selbstverständlich davon ausgehen, dass das Verkaufspersonal auch zum Verkauf berechtigt ist – oder etwa nicht? Da ein Ladeninhaber selbst nicht ununterbrochen hinter der Kasse stehen kann, enthält § 56 HGB die Vertretungsregelung für Personen, die in einem Laden oder offenen Warenlager angestellt sind, um Verkäufe und Empfangnahmen vorzunehmen, die üblicherweise in einem solchen Geschäft erfolgen.

Die Vorschrift des § 56 HGB dient dem Schutz des Geschäftsverkehrs, indem sie auf den äußeren Anschein der Vertretungsbefugnis abstellt. Sie begründet damit eine besondere Form der Handlungsvollmacht i.S.d. § 54 Abs. 1 S. 1 Alt. 2 HGB und bezweckt

- ✔ den Rechtsverkehr vor den Risiken vollmachtlos handelnder Ladenangestellter zu schützen und
- ✔ einen Handelsverkehr zu ermöglichen, der schnell und verlässlich funktioniert.

Nach § 56 HGB wird vermutet, dass Ladenangestellte zur Vornahme von Rechtsgeschäften ermächtigt sind, die ein derartiges Geschäft gewöhnlich mit sich bringt.

I. **Tatbestandsvoraussetzungen** der Vertretung durch einen Ladenangestellten

1. **Eigene Willenserklärung** des Ladenangestellten, gem. § 164 Abs. 1, 3 BGB
2. **Im Namen des Kaufmanns**, gem. § 164 Abs. 1 BGB
   a. Offenkundigkeit
      → ausdrücklich oder konkludent, vgl. § 164 Abs. 1 S. 2 BGB
   b. Keine Ausnahmen vom Offenkundigkeitsprinzip (s. oben)
3. **Vertretungsmacht** aus § 56 HGB
   → Anscheinsregel: keine explizite rechtsgeschäftliche Vollmacht notwendig

a. Kaufmannseigenschaft des Vertretenen

b. Laden/offenes Warenlager

c. Angestellter (z.B. per Arbeitsvertrag) oder jede Person, die mit Wissen und Wollen des Ladeninhabers tätig ist (Anscheinsregel)

d. Gewöhnliches Geschäft im Rahmen des eingerichteten und ausgeübten Betriebs, z.B. Verkauf oder Empfangnahme von Waren oder Dienstleistungen

e. Gutgläubigkeit des Dritten, analog § 54 Abs. 3 HGB

f. Keine Widerlegung durch Kaufmann

aa. Wenn Kaufmann Vermutung nicht widerlegt: Vertretungsmacht über Vermutungskomponente des § 56 HGB

bb. Wenn Kaufmann Vermutung widerlegt: Vertretungsmacht über Rechtsscheinkomponente des § 56 HGB

II. **Rechtsfolge:** Wirksame Vertretung durch Ladenangestellten

Das Schweigen des Kaufmanns

Während Schweigen im Bürgerlichen Recht als »rechtliches nullum« einzuordnen ist, stellt das Handelsrecht mit dem Schweigen eines Kaufmanns unter bestimmten Voraussetzungen eine rechtserhebliche Willenserklärung dar.

Prüfungsschema zum Schweigen im Rechtsverkehr, § 362 HGB

»Reden ist Silber, Schweigen ist Gold«, so sagt man – oder doch nicht? Schweigt ein Kaufmann auf ein Angebot, das ihm im Rahmen seines Handelsgewerbes von einem anderen Kaufmann gemacht wird, gilt dieses Schweigen im Zweifel bzw. unter gewissen Voraussetzungen als Annahme des Angebots, und der Vertrag kommt mit dem Inhalt des Antrags zustande.

Kaufleute sollten eingehende Angebote sorgfältig prüfen – und reagieren! Untätigkeit kann rechtlich bindende Verträge begründen.

I. **Tatbestandsvoraussetzungen**, gem. § 362 HGB

1. **Antrag auf Abschluss eines Geschäftsbesorgungsvertrags**

2. **Empfänger des Antrags ist Kaufmann**

3. **Gewerbebetrieb des Kaufmanns bringt die Besorgung von Geschäften für andere mit sich**

4. **Sachliche Kausalität**

   → Antrag muss sich auf Geschäfte beziehen, die Gewerbebetrieb des Kaufmanns mit sich bringt.

5. **Bestehende Geschäftsverbindung** (Satz 1) oder **Erbieten der Geschäftsbesorgung** (Satz 2)

6. **Keine unverzügliche Ablehnung** bzw. **Annahme unter Änderungen**

II. **Rechtsfolgen:** Geschäftsbesorgungsvertrag wirksam begründet

Prüfungsschema zum kaufmännischen Bestätigungsschreiben

Das *kaufmännische Bestätigungsschreiben* (»KBS«) ist ein im Handelsrecht entwickeltes Institut, das auf einem Handelsbrauch beruht (§ 346 HGB). Mit ihm bestätigt ein Kaufmann schriftlich den Inhalt zuvor geführter Vertragsverhandlungen.

Schweigt der Empfänger eines KBS, obwohl er die Möglichkeit (und Pflicht) zur unverzüglichen Richtigstellung hat, gilt der somit bestätigte Inhalt regelmäßig als Vertragsinhalt. Ein KBS wird häufig nach Telefonaten, Besprechungen oder mündlichen Verhandlungen versandt, sodass es eine hohe Praxisrelevanz besitzt. Schweigen nach dem Erhalt eines kaufmännischen Bestätigungsschreibens kann den Vertragsschluss in einer Form festschreiben, der den eigenen Interessen widerspricht.

I. **Tatbestandsvoraussetzungen** eines KBS

1. **Absender und Empfänger des KBS:** Kaufmann oder jeder, der wie ein Kaufmann am Geschäftsverkehr teilnimmt (z.B. Rechtsanwalt)

2. **Vorangegangene (Vertrags-)Verhandlungen**

3. **Bestätigung des (angenommenen) vorherigen Vertragsschlusses** im Wege des kaufmännischen Bestätigungsschreibens

4. **Enger zeitlicher Zusammenhang** zwischen Verhandlungen und Zugang des KBS

5. **Genehmigungsfähiger Inhalt**

   a. Keine bewusste Abweichung vom Verhandlungsergebnis

   b. Kein derart weites Entfernen vom Verhandlungsergebnis, dass vernünftigerweise mit Billigung nicht zu rechnen ist

   c. Keine sich kreuzenden/widersprechenden KBS

      → falls beide Seiten ein KBS übermitteln

6. **Kein unverzüglicher Widerspruch** des Empfängers

7. **Keine anderweitige Parteivereinbarung**

II. **Rechtsfolge:** Vertragsschluss mit Inhalt des KBS begründet

»Unverzüglich« bedeutet, dass Einwendungen ohne schuldhaftes Zögern erfolgen müssen (siehe § 121 Abs. 1 BGB), d.h. in der Regel innerhalb weniger Tage bzw. im Rahmen des ordentlichen Geschäftsgangs.

Handelsgeschäfte

Die Vorschriften des 4. Buches des HGB »Handelsgeschäfte« modifizieren an wichtigen Punkten Regelungen des BGB und sich daher besonders prüfungs- und praxisrelevant.

Prüfungsschema zum gutgläubigen Erwerb, § 366 HGB

Im Handelsalltag werden Waren und Güter häufig von Personen veräußert, die nicht selbst Eigentümer sind. Dabei ermöglicht die Vorschrift des § 366 HGB unter bestimmten Voraussetzungen den Eigentumserwerb an beweglichen Sachen, obwohl der Veräußerer bzw. der Verfügende selbst nicht berechtigter Eigentümer ist. Sie dient damit der Förderung der Verkehrssicherheit und der Funktionsfähigkeit des kaufmännischen Geschäftsverkehrs.

§ 366 HGB erweitert den Schutz des guten Glaubens gegenüber den allgemeinen Regelungen des BGB. Außerhalb des Handelsrechts regeln etwa die §§ 932 ff., 1207 ff. BGB den Erwerb vom Nichteigentümer und adressieren damit den Mangel im Eigentum des Verfügenden.

I. **Tatbestandsvoraussetzung**, gem. § 366 HGB

1. **Veräußerer ist Kaufmann**

   → siehe Schemata oben, gem. §§ 1 ff. HGB

2. **Veräußerung einer beweglichen Sache** im Betrieb des Handelsgewerbes

3. **Gutgläubigkeit** des Erwerbers in Bezug auf die Verfügungsbefugnis des Veräußerers

4. **Wirksames Verfügungsgeschäft**, gem. §§ 932 ff., 1207 ff. BGB

   → Verfügung darf lediglich an der fehlenden Verfügungs-/Vertretungsmacht leiden, nicht jedoch an einem anderen Mangel.

II. **Rechtsfolge:** Sache gutgläubig erworben

Prüfungsschema zum Zurückbehaltungsrecht, § 369 HGB

Nicht selten geraten im Geschäftsalltag Zahlungen einmal ins Stocken, während Waren, Güter oder Ähnliches noch beim Kaufmann liegen. Außerhalb des Handelsrechts steht einem Schuldner gemäß § 273 Abs. 1 BGB ein Zurückbehaltungsrecht gegenüber dem Gläubiger zu, sofern er gegen diesen einen fälligen Anspruch aus demselben Rechtsverhältnis hat, aus dem auch seine eigene Verpflichtung resultiert (*Konnexität*). Enthält das Handelsrecht hier etwa eine Spezialvorschrift? Ja!

Das Handelsrecht erweitert den Grundsatz der Konnexität: Nach § 369 HGB steht einem Kaufmann ein Zurückbehaltungsrecht auch ohne Konnexität der Ansprüche zu, wodurch seine Rechtsposition im Geschäftsverkehr zusätzlich abgesichert ist.

I. **Tatbestandsvoraussetzung**, gem. § 369 HGB

1. **Beiderseitige Kaufmannseigenschaft**
2. **Fällige Geldforderung** (gegen Zurückbehaltungsschuldner / Anspruchsgegner)
3. **Forderung stammt aus einem beiderseitigen Handelsgeschäft**
4. **Taugliche Zurückbehaltungssache**
   a. Bewegliche Sache (inkl. Wertpapiere im engeren Sinne)
   b. Sache im Eigentum des Zurückbehaltungsschuldners (Anspruchsgegner)
   c. Sache muss mit Willen des Zurückbehaltungsschuldners (Anspruchsgegner) aufgrund eines Handelsgeschäfts in den Besitz des Zurückbehaltungsgläubigers gelangt sein
5. **Kein Ausschluss** nach § 369 Abs. 3 HGB

II. **Rechtsfolge:** Zurückbehaltungsgläubiger/Anspruchsinhaber hat Zurückbehaltungsrecht.

In § 369 HGB bezeichnet der Gesetzgeber denjenigen, dem das Zurückbehaltungsrecht zustehen soll, als *Gläubiger* und dessen Gegner als *Schuldner*. Wohingegen in § 273 BGB die Terminologie genau umgekehrt ist! Diese begriffliche Divergenz ist eine typische Fehlerquelle in Klausuren.

Prüfungsschema zur Mängelrüge, § 377 Abs. 2 HGB

Im Handelsverkehr kommt es auch auf das Tempo an! Nach § 377 Abs. 2 HGB muss der Käufer die gelieferte Ware unverzüglich untersuchen und auftretende Mängel unverzüglich anzeigen (*Mängelrüge*). Erfolgt die Anzeige nicht rechtzeitig, gilt die Ware als genehmigt und der Käufer verliert seine Gewährleistungsrechte für die betreffenden Mängel.

In der Praxis bedeutet *»unverzüglich«* regelmäßig, dass die Ware direkt nach Lieferung, spätestens jedoch innerhalb weniger Tage (im Rahmen des sog. ordentlichen Geschäftsgangs) geprüft werden muss. Umfang und Intensität der Prüfung richten sich nach Art und Beschaffenheit der Ware (z.B. Sichtprüfung bei Maschinen, Stichprobenkontrolle bei Massengütern, sofortige Qualitätsprüfung bei verderblichen Waren).

I. **Tatbestandsvoraussetzungen** einer rechtzeitigen Mängelrüge, gem. § 377 Abs. 2 HGB

1. **Vorliegen eines Handelskaufs**
   a. Beiderseitiges Handelsgeschäft
   b. Über Waren (bewegliche Sachen oder Wertpapiere)
   c. Per Vertrag (Kauf, kaufähnlich, Tausch oder Werklieferung)
2. **Ablieferung**
3. **Mangelhaftigkeit der Sache** (vgl. §§ 434 ff. BGB)
4. **Unverzügliche Rüge**
   a. Offener Mangel: unverzüglich
   b. Durch Untersuchung anfänglich erkennbarer Mangel: Rügefrist verlängert sich um Dauer der tunlichen Untersuchung
   c. Versteckter/später erkennbarer Mangel, gem. § 377 Abs. 3 HGB: unverzüglich mit Entdeckung
5. **Kein Verzicht** auf § 377 Abs. 2 HGB
6. **Keine Ausschlussgründe**
   a. Wirksame Abbedingung von § 377 Abs. 2 HGB
   b. Verkäufer hat den Mangel arglistig verschwiegen, gem. § 377 Abs. 5 HGB.

II. **Rechtsfolge:** Gewährleistungsrechte für mangelhafte Sache nicht untergegangen

Für die Klausurbearbeitung sollten Sie die Terminologie kennen und zwischen Pflicht und Obliegenheit unterscheiden können, denn § 377 HGB begründet für den Käufer keine Pflicht zur Rüge, das heißt, er macht sich bei Unterlassen der Rüge nicht schadensersatzpflichtig. Vielmehr verliert der Käufer gemäß § 377 Abs. 2 HGB seine Ansprüche, wenn er die Rüge nicht rechtzeitig erhebt, das heißt, er verschlechtert seine eigene Rechtsposition.

Erwerb von Unternehmen

Der Erwerb eines Handelsunternehmens und dessen Fortführung unter unveränderter Firmierung führt regelmäßig zu einer Haftung des Erwerbers auch für die vor der Übernahme begründeten Altschulden.

Prüfungsschema zur Haftung eines Erwerbers bei Fortführung einer Firma, § 25 Abs. 1 S. 1, Abs. 2 HGB

Wer ein bestehendes Unternehmen übernimmt, erwirbt nicht nur Rechte und Vorteile, sondern auch gewisse, nicht unerhebliche Pflichten – eine im Wirtschaftsalltag hochrelevante Haftungsfrage, die eine Unternehmensübernahme rechtlich prägt.

§ 25 Abs. 1 HGB ordnet nach herrschender Meinung einen *gesetzlichen Schuldbeitritt* an, das heißt, der Veräußerer und der Erwerber haften fortan für alle noch bestehenden Altverbindlichkeiten – aus der Zeit vor dem Erwerb des Handelsgeschäfts – als Gesamtschuldner im Sinne von §§ 421 ff. BGB.

I. **Haftungsvoraussetzungen** bei Erwerb und Fortführung einer Firma, gem. § 25 Abs. 1 S. 1 HGB

1. **Erwerb** eines Handelsgeschäfts unter Lebenden
   a. Vorliegen eines Handelsgeschäfts
   b. Übertragung oder Überlassung eines Handelsgeschäfts
   c. Unter Lebenden (Veräußerer und Erwerber)
2. **Fortführung** des Handelsgeschäfts unter der bisherigen Firma
   a. Fortführung des Handelsgeschäfts in seinem wesentlichen Kern (»Firmenkern«)
   b. Tatsächliche Fortführung der Firma (Firmenidentität nach der allgemeinen Verkehrsanschauung, Einwilligung des Veräußerers nach herrschender Meinung hier nicht erforderlich)
3. **Kein Haftungsausschluss**, gem. § 25 Abs. 2 HGB
   a. Keine Vereinbarung über Haftungsausschluss für Altverbindlichkeiten
   b. Keine Eintragung der Vereinbarung in das Handelsregister
   aa. Eintragung binnen angemessener Zeit
   bb. Bekanntmachung
   c. Keine Mitteilung über Vereinbarung zum Haftungsausschluss an Gläubiger des Veräußerers (positive Kenntnis)

II. **Rechtsfolge:** Erwerber der Firma haftet.

Neben der Haftung eines Erwerbers bei Fortführung einer Firma gibt es auch den umgekehrten Fall des *Forderungsübergangs* bei Erwerb und Fortführung einer Firma, gem. § 25 Abs. 1 S. 2, Abs. 2 HGB. Im Unterschied zur Haftung bei Erwerb und Firmenfortführung, gem. § 25 Abs. 1 S. 1, Abs. 2 HGB, beinhaltet Satz 2 noch eine weitere Tatbestandsvoraussetzung: die *wirksame Einwilligung des bisherigen Inhabers (Veräußerer) zur Firmenfortführung* (nach herrschender Meinung Duldung ausreichend). Zu beachten ist auch, dass der Schuldner grundsätzlich ein Wahlrecht hat, ob er mit befreiender Wirkung an den Erwerber leisten möchte (§ 362 Abs. 1 BGB) oder an den Veräußerer.

Prüfungsschema zur handelsrechtliche Haftung eines Erben bei Firmenfortführung, § 27 HGB i.V.m. § 25 Abs. 1 S. 1, Abs. 2 HGB

In der juristischen Praxis ist der ungeregelte Erbfall eines Firmeninhabers keine Seltenheit. Hierbei ergibt sich für den Erben jedoch eine grundsätzlich persönliche und unbegrenzte Haftung (gesamtes Vermögen) für Altverbindlichkeiten aus dem Handelsgeschäft.

§ 27 Abs. 1 HGB stellt dabei einen *Rechtsgrundverweis* dar, wonach die handelsrechtliche Haftung des Erben erst dann begründet wird, wenn die zusätzlichen Voraussetzungen des § 25 HGB erfüllt sind.

I. **Tatbestandsvoraussetzungen** zur Haftung eines Erben bei Fortführung einer Firma, gem. § 27 HGB i.V.m. § 25 Abs. 1 S. 1, Abs. 2 HGB

1. **Erwerb des Handelsgeschäfts von Todes wegen** (z.B. testamentarische Verfügung des früheren Inhabers oder durch gesetzlichen Erbfall, gem. §§ 1922 ff. BGB)

2. **Fortführung des Handelsgeschäfts** unter der bisherigen Firma

   a. Fortführung des Handelsgeschäfts in seinem wesentlichen Kern

   b. Tatsächliche Fortführung der Firma (Firmenidentität nach der allgemeinen Verkehrsanschauung)

3. **Keine Einstellung des Handelsgeschäfts** innerhalb von drei Monaten, gem. § 27 Abs. 2 S. 1 HGB

   a. Keine vollständige Aufgabe des Handelsgeschäfts, z.B. durch Zerschlagung des Geschäftsbetriebs

   b. Kein Fristablauf von drei Monaten ab Kenntnis vom Erbfall, gem. § 27 Abs. 2 S. 1 HGB

4. **Kein Haftungsausschluss/keine Haftungsbegrenzung**, gem. § 27 Abs. 1 i.V.m. § 25 Abs. 2 HGB

   a. Keine Vereinbarung zwischen Erblasser und Erbe (Erbvertrag) bzw. Erklärung des Erben über Haftungsausschluss bzw. -beschränkung auf Nachlass

   b. Keine Eintragung der Vereinbarung bzw. Erklärung in das Handelsregister

   aa. Eintragung binnen angemessener Zeit

   bb. Bekanntmachung

   c. Keine Mitteilung über Vereinbarung zum Haftungsausschluss/zur -begrenzung bzw. Erklärung an Gläubiger des Erblassers (positive Kenntnis)

II. **Rechtsfolge:** Erbe haftet.

Eine nachträgliche Änderung der Firma stellt keine Einstellung des Handelsgeschäfts dar und wirkt daher nicht enthaftend für den Erben. Und gibt es mehrere Erben, sogenannte *Miterben*, beginnt die Dreimonatsfrist erst ab Kenntnis des letzten Miterben.

IN DIESEM KAPITEL

Gesellschaft bürgerlichen Rechts (GbR)

Personenhandelsgesellschaften (OHG und KG)

Gesellschaft mit beschränkter Haftung (GmbH

Aktiengesellschaft (AG)

Kapitel 7
Gesellschaftsrecht

Oliver Haag, Benedict Erdl

In diesem Kapitel lernen Sie die zentralen Prüfungsschemata im Gesellschaftsrecht kennen. Mit dem Gesellschaftsrecht stellt der Gesetzgeber Unternehmern eine abschließende Anzahl von möglichen Gesellschaftsformen zur Verfügung. Deren Regelungen befinden sich teilweise im BGB sowie HGB oder aber in speziell für die jeweilige Gesellschaftsform erlassenen Gesetzen (z.B. GmbH-Gesetz, Aktiengesetz).

Die Schemata dienen Ihnen als strukturierende Werkzeuge, um Klausuraufgaben systematisch, nachvollziehbar und rechtlich fundiert zu bearbeiten. Sie ermöglichen ein methodisches Vorgehen, das sowohl die Klarheit der Argumentation als auch die Nachvollziehbarkeit der rechtlichen Prüfung verbessert.

Das Gesellschaftsrecht ist ein Teil des Zivilrechts und regelt die rechtlichen Grundlagen von Zusammenschlüssen mehrerer Personen zur Erreichung eines gemeinsamen Zwecks. Es bildet dabei ein eigenständiges Sonderrecht innerhalb des Privatrechts, das neben den allgemeinen Vorschriften des BGB gilt. Insofern gilt: Soweit das Gesellschaftsrecht spezielle Normen vorsieht (z.B. im Bürgerlichen Gesetzbuch für die GbR oder in speziellen Gesetzen wie dem GmbHG oder AktG), haben diese Vorrang. Fehlen besondere Regelungen, ist wiederum auf die allgemeinen Vorschriften des BGB zurückzugreifen.

Was bedeutet das für die Fallbearbeitung in der Klausur?

1. Der Ausgangspunkt einer zivilrechtlichen Prüfung bleibt in aller Regel eine Anspruchsgrundlage aus dem BGB.
2. Ob das Gesellschaftsrecht einschlägig ist, hängt vom Sachverhalt ab: Hinweise sind z.B. der Zusammenschluss mehrerer Personen zur gemeinsamen Zweckverfolgung (§ 705 BGB), einschlägige Gesellschaftsformen (z.B. GmbH, AG, OHG) oder gesellschaftsrechtliche Strukturen wie Gesellschafter, Geschäftsführer oder Vorstand.

Die Gesellschaft bürgerlichen Rechts

Die Gesellschaft bürgerlichen Rechts (»GbR«) ist eine der am häufigsten gewählten Rechtsformen, weil sie per se ohne große Formalitäten gegründet werden kann und insbesondere bei kleineren Geschäftsvorhaben weit verbreitet ist.

Eine GbR entsteht, wenn sich mindestens zwei Personen durch Gesellschaftsvertrag zusammenschließen, um einen gemeinsamen Gesellschaftszweck zu verfolgen. Die Gesellschafter sind zur Förderung des Gesellschaftszwecks verpflichtet und haften persönlich, unbeschränkt und gesamtschuldnerisch für die Verbindlichkeiten der Gesellschaft. Sie ist rechtsfähig, soweit sie im Rechtsverkehr als sog. Außen-GbR auftritt, das heißt, sie kann selbst Rechte erwerben und Verbindlichkeiten eingehen.

Prüfungsschema zur Entstehung einer rechtsfähigen Gesellschaft bürgerlichen Rechts (GbR), §§ 705 ff. BGB

Die einfache Handhabung der GbR und ihre gesetzlich umfassende Normierung machen sie in Prüfungen zu einem zentralen Ausgangspunkt für das Verständnis des Personengesellschaftsrechts.

I. **Entstehungsvoraussetzung** einer rechtsfähigen GbR, gem. §§ 705 ff. BGB

1. Mindestens **zwei Gesellschafter**
2. Abschluss eines **Gesellschaftsvertrags**, gem. § 705 Abs. 1 Hs. 1 BGB

   → ausdrücklich oder konkludent
3. **Gesellschaftsvertrag auf gemeinsamen Gesellschaftszweck** gerichtet
4. **Förderung des Gesellschaftszwecks** durch die Gesellschafter (i.d.R. Einbringung der vereinbarten Beträge)
5. **Gemeinsamer Wille aller Gesellschafter zur Teilnahme am Rechtsverkehr**, gem. § 705 Abs. 2 Hs. 1 BGB
   a. Teilnahme am Rechtsverkehr durch Zustimmung sämtlicher Gesellschafter, gem. § 719 Abs. 1 Hs. 1 BGB, oder
   b. Fakultativ: Eintragung im Gesellschaftsregister, gem. §§ 719 Abs. 1 Hs. 2, 707 ff. BGB

      → sog. eingetragene GbR, kurz »eGbR«

      (1) Eintragung im Gesellschaftsregister, gem. § 707 ff. BGB

      (2) Durch Anmeldung von sämtlichen Gesellschaftern,

      → § 707 Abs. 4 S. 1 BGB

II. **Rechtsfolge:** GbR entstanden

Bei der GbR ist der Abschluss des Gesellschaftsvertrags grundsätzlich formfrei möglich und kann daher schriftlich, mündlich oder durch schlüssiges Verhalten (konkludent) zustande kommen. Beachte:

- ✔ Eine Formbedürftigkeit besteht aber immer dann, wenn der Gesellschaftsvertrag ein formbedürftiges Leistungsversprechen beinhaltet, z.B. Übereignung eines Grundstücks an die GbR.
- ✔ Eine *nicht-rechtsfähige Innen-GbR* entsteht, wenn sich die Gesellschafter zwar zur Förderung eines gemeinsamen Zwecks zusammenschließen, dieser Zweck aber ausschließlich auf interne Abstimmungen und keine Teilnahme am Rechtsverkehr gerichtet ist.

Prüfungsschema zur fehlerhaften Gesellschaft bürgerlichen Rechts (GbR)

Unter einer *fehlerhaften GbR* versteht man eine Gesellschaft bürgerlichen Rechts, deren Gesellschaftsvertrag zwar mit einem rechtlichen Mangel behaftet ist (z.B. wegen Formmangels, Gesetzesverstoßes oder Anfechtung), die aber bereits in Vollzug gesetzt wurde, d.h. mit der tatsächlichen Tätigkeit begonnen hat.

Statt die fehlerhafte GbR wegen des Mangels von Anfang an (»ex tunc«) für nichtig zu erklären, wird sie nach der *Lehre von der fehlerhaften GbR* für die Vergangenheit als wirksam behandelt, sofern keine überwiegend schutzwürdigen Interessen entgegenstehen. Eine Beendigung erfolgt dann nur für die Zukunft (»ex nunc«) durch gesellschaftsrechtliche Auseinandersetzung – nicht rückwirkend!

I. **Tatbestandsvoraussetzung** einer fehlerhaften GbR

1. **Fehlerhafter Gesellschaftsvertrag**

2. **Gesellschaft in Vollzug gesetzt**

   a. (Gesellschafter-)Beiträge eingebracht und Gesellschaftsvermögen gebildet

   b. Teilnahme am Rechtsverkehr durch Zustimmung sämtlicher GbR-Gesellschafter, gem. § 719 Abs. 1 Hs. 1 BGB, oder

   c. Fakultativ: Eintragung im Gesellschaftsregister, gem. §§ 719 Abs. 1 Hs. 2, 707 ff. BGB

3. **Keine entgegenstehenden Interessen**

   a. Allgemeinheit (z.B. Sittenwidrigkeit, gesetzliche Verbote)

   b. Einzelner (z.B. Mitwirkung einer nicht voll geschäftsfähigen Person ohne erforderliche Vertretung)

II. **Rechtsfolge:** Fehlerhafte GbR wird für die Vergangenheit wirksam behandelt.

Ein häufiger Klausurfall betrifft die Frage, ob auch ein Minderjähriger ein Gesellschafter werden kann (Stichwort: Vorrang des Minderjährigenschutzes). Nach herrschender Meinung wird der Minderjährige nicht Gesellschafter der fehlerhaften Gesellschaft. Eine andere Auffassung nimmt an, der Minderjährige werde zwar Gesellschafter, es träfen ihn jedoch keinerlei Nachteile, z.B. hafte er nicht für Gesellschaftsverbindlichkeiten.

In der Klausur ist dieser Meinungsstreit dann nicht zu entscheiden, wenn es um die Haftung des Minderjährigen für Gesellschaftsverbindlichkeiten geht, da beide Auffassungen zum gleichen Ergebnis kommen – keine Haftung! Anders verhält es sich bei Gewinnansprüchen (Vorteilen) oder wenn neben ihm nur eine weitere Person Gesellschafter ist – dann sollte der Streit entschieden werden.

Die Lehre von der fehlerhaften Gesellschaft findet auch auf die fehlerhafte offene Handelsgesellschaft (OHG) oder die fehlerhafte Kommanditgesellschaft (KG) Anwendung. Die vorstehenden Tatbestandsvoraussetzungen gleichen sich insoweit, wobei bei der OHG § 123 HGB bzw. bei der KG §§ 161, 123 HGB einschlägig ist.

Prüfungsschema zum Anspruch gegen eine Gesellschaft bürgerlichen Rechts (GbR) wegen Vertragsverletzung, §§ 280 ff. BGB i.V.m. § 31 BGB analog

Schließt eine GbR wirksam einen Vertrag (Schuldverhältnis), ist zunächst die GbR selbst Vertragspartnerin. Verletzt die GbR eine aus dem Schuldverhältnis resultierende Pflicht, haftet sie nach den allgemeinen Regeln des Schuldrechts – insbesondere nach § 280 Abs. 1 BGB auf Schadensersatz, wenn die Pflichtverletzung von ihr zu vertreten ist.

Das Verschulden eines vertretungsberechtigten Gesellschafters wird der GbR dabei wie eigenes Verschulden zugerechnet (h.M. § 31 BGB analog).

I. **Tatbestandsvoraussetzungen**, gem. §§ 280 ff. BGB i.V.m. § 31 BGB analog

1. **Durchsetzbarer Anspruch** gegen GbR aus Schuldverhältnis

   → Hier ist das Zustandekommen eines wirksamen Schuldverhältnisses zu prüfen, das heißt, Anspruch ohne Wirksamkeitshindernisse entstanden, nicht erloschen und keine Einreden.

2. **Vertragsverletzung**, gem. § 280 ff. BGB

   a. Schuldhafte Pflichtverletzung

      (1) Pflichtverletzung aus Schuldverhältnis (nach Ziff. 1)

         → Jedes objektiv nicht vertragsgemäße Verhalten der GbR, z.B. Nichtleistung, Schlechtleistung oder Verletzung einer vertraglichen Nebenpflicht.

(2) Zurechenbares Verschulden durch GbR-Gesellschafter,

gem. §§ 276 ff., 280 Abs. 1 S. 2 BGB i.V.m. § 31 BGB analog (h.M.)

- Verschulden eines GbR-Gesellschafters, gem. §§ 276, 280 Abs. 1 BGB

  → Vorsatz oder Fahrlässigkeit erforderlich

- Handlung während der zustehenden Verrichtung im Dienst der GbR

b. Schaden, gem. § 249 BGB

→ Vergleich der Vermögenslage mit/ohne Pflichtverletzung (Differenzhypothese)

c. Kausalität

→ Pflichtverletzung ursächlich für den Schaden

II. **Rechtsfolge:** Anspruch wg. Vertragsverletzung besteht.

Die gleichen Tatbestandsvoraussetzungen können auch bei der OHG sowie der KG angewendet werden.

Gängige Fallstricke in der Klausur ergeben sich vor allem bei:

✔ der Pflichtverletzung

✔ beim Verschulden bzw. der Zurechnung des Verschuldens zur OHG bzw. KG

Achten Sie bei der KG darauf, dass neben der KG mit ihrem Gesellschaftsvermögen auch die Komplementäre persönlich und unbeschränkt haften. Die Haftung der Kommanditisten einer KG ist hingegen auf einen bestimmten Betrag beschränkt (Haftsumme).

Prüfungsschema zur Haftung der Gesellschaft bürgerlichen Rechts (GbR) aus deliktischen Ansprüchen, §§ 823 Abs. 1, 31 BGB analog

Die GbR kann auch aus Delikt haften, z.B. gem. § 823 Abs. 1 BGB. Damit eine deliktische Handlung eines Gesellschafters oder eines sonstigen Vertreters der GbR zugerechnet werden kann, wird § 31 BGB analog angewendet. Danach haftet die Gesellschaft für Schäden, die durch ihre Organe oder vertretungsberechtigten Gesellschafter in Ausübung der ihnen zustehenden Verrichtungen schuldhaft verursacht werden.

In der Klausur sollten Sie im Obersatz die einschlägige Anspruchsgrundlage aus dem Deliktsrecht in Verbindung mit § 31 BGB analog nennen, z.B. *»Max Maier könnte gegen die Müller & Metzger GbR einen Anspruch auf Schadensersatz gem. § 823 Abs. 1 BGB i.V.m. § 31 BGB analog haben.«*

I. **Tatbestandsvoraussetzungen**, gem. §§ 823 Abs. 1, 31 BGB analog

1. **Deliktisches Verhalten** durch GbR-Vertreter, gem. § 823 Abs. 1 BGB

   a. Rechtsgutverletzung

   b. Verletzungshandlung

   c. Haftungsbegründende Kausalität

   → Zusammenhang zw. Verletzungshandlung (nach Ziff. I. 1. b.) und der Rechtsgutverletzung (nach Ziff. I. 1. a.)

   d. Rechtswidrigkeit

   e. Verschulden, gem. § 276 ff. BGB

   → Vorsatz oder Fahrlässigkeit erforderlich

   f. Schaden, gem. § 249 BGB

   → Vergleich der Vermögenslage mit/ohne Pflichtverletzung (Differenzhypothese)

   g. Haftungsausfüllende Kausalität

   → Zusammenhang zw. der Rechtsgutverletzung (nach Ziff. I. 1. a.) und dem konkreten Schaden (nach Ziff. I. 1. f.)

II. **Zurechenbarkeit** des deliktischen Verhaltens zur GbR, gem. § 31 BGB analog (h.M.)

1. **Verschulden** eines GbR-Gesellschafters, gem. § 276 BGB

   → Vorsatz oder Fahrlässigkeit erforderlich

2. **Begründung deliktische Haftung** durch GbR-Gesellschafter während der zustehenden Verrichtung im Dienst der GbR

III. **Rechtsfolge:** Deliktischer Anspruch besteht.

Neben der GbR selbst haften auch die Gesellschafter persönlich, unbeschränkt, unmittelbar, primär (Gläubiger muss sich nicht vorrangig an GbR wenden), auf die gesamte Leistung und gesamtschuldnerisch i.S.d. §§ 421 ff. BGB für deliktische Verbindlichkeiten.

Auch die OHG sowie die KG können aus Delikt haften. Hier sollten Sie bei der OHG in der Anspruchsgrundlage § 105 Abs. 2 HGB nennen, bei der KG §§ 161 Abs. 2, 105 Abs. 2 HGB.

Prüfungsschema zum Anspruch gegen einen GbR-Gesellschafter für Verbindlichkeiten der Gesellschaft bürgerlichen Rechts (GbR), § 721 BGB

Für Verbindlichkeiten der GbR haftet, neben dem Gesellschaftsvermögen, grundsätzlich auch jeder Gesellschafter persönlich, unbeschränkt und gesamtschuldnerisch, sodass ein Gläubiger seinen Anspruch ebenso unmittelbar gegen einen einzelnen Gesellschafter geltend machen kann, ohne zuvor die GbR selbst oder andere Gesellschafter in Anspruch nehmen zu müssen.

In der Klausur ist bei der Prüfung eines Anspruchs gegen einen GbR-Gesellschafter für Verbindlichkeiten der GbR im Obersatz grundsätzlich die einschlägige Anspruchsgrundlage in Verbindung mit § 721 BGB zu nennen, z.B. *»Max Maier könnte gegen den Gesellschafter Martin Müller der Müller & Metzger GbR einen Anspruch auf Zahlung des vereinbarten Kaufpreises gem. § 433 Abs. 2 BGB i.V.m. § 721 BGB haben.«*

I. **Tatbestandsvoraussetzungen**, gem. § 721 BGB

1. **Passivlegitimation**

   → Anspruchsgegner ist GbR-Gesellschafter

   a. Gesellschafterstellung im Zeitpunkt der Schuldbegründung, gem. § 721 BGB, oder

   b. Eintritt des GbR-Gesellschafters nach Schuldbegründung, gem. § 721a BGB

2. **Verbindlichkeit** der GbR

   → Rechtsgrund unerheblich, z.B. vertraglicher Erfüllungsanspruch, vertraglicher Schadensersatzanspruch oder deliktischer Schadensersatzanspruch gegen die GbR

3. **Keine Einwendungen und Einreden des Gesellschafters**, gem. § 721b BGB

4. **Kein ausnahmsweiser Haftungsausschluss** durch Individualvereinbarung mit dem Gläubiger

II. **Rechtsfolge:** Anspruch für Verbindlichkeiten der GbR besteht.

Ein GbR-Gesellschafter haftet auch für Verbindlichkeiten der GbR, die vor seinem Eintritt begründet wurden, sog. *Altverbindlichkeiten*, gemäß §§ 721, 721a BGB. Umgekehrt endet die Haftung eines GbR-Gesellschafters grundsätzlich nicht mit seinem Ausscheiden als Gesellschafter der GbR, gem. § 728b BGB. Klausurrelevant ist, dass der Ablauf der fünfjährigen Enthaftungsfrist gem. § 728b Abs. 1 S. 4 BGB i.V.m. § 204 Abs. 1 Nr. 1 BGB gehemmt wird, wenn innerhalb der 5-Jahresfrist Klage erhoben wird.

Die offene Handelsgesellschaft (OHG)

Die OHG lässt sich als ein »upgrade« der GbR verstehen: Wie die GbR ist sie keine juristische Person, doch ist sie gem. § 105 Abs. 2 HGB rechtsfähig, das heißt, sie kann unter ihrer Firma Rechte erwerben und Verbindlichkeiten eingehen, Eigentum sowie sonstige dingliche Rechte – etwa an Grundstücken – erwerben und ist prozessfähig, das heißt, sie kann vor Gericht klagen und verklagt werden. Sie ist kurz gesagt eine rechtsfähige Personengesellschaft, deren Zweck auf den Betrieb eines Handelsgewerbes unter gemeinschaftlicher Firma gerichtet ist (§ 105 Abs. 1 HGB). Sie entsteht, wenn sich mindestens zwei Gesellschafter durch Gesellschaftsvertrag zusammenschließen und den Geschäftsbetrieb aufnehmen,

§ 123 HGB. Die Eintragung ins Handelsregister (§ 106 HGB) ist Pflicht, wirkt aber lediglich deklaratorisch, da die OHG bereits mit Aufnahme des Handelsgewerbes entsteht.

Prüfungsschema zur Entstehung einer offenen Handelsgesellschaft (OHG), §§ 105 ff. HGB

Auch für die OHG ist die persönliche, unbeschränkte und gesamtschuldnerische Haftung aller Gesellschafter für die Verbindlichkeiten der Gesellschaft charakteristisch (§ 128 HGB).

I. **Entstehungsvoraussetzungen** einer OHG, gem. §§ 105 ff. HGB

1. Mindestens **zwei Gesellschafter**
2. Abschluss eines **Gesellschaftsvertrags** (formfrei möglich), gem. §§ 105 Abs. 3 HGB, 705 Abs. 1 BGB
3. **Gesellschaftsvertrag auf gemeinsamen Zweck** gerichtet, gem. § 105 Abs. 1 Hs. 1 HGB
   a. Gemeinsamer Zweck besteht im Betrieb eines Handelsgewerbes

      → Handelsgewerbe erfordert nach Art und/oder Umfang einen in kaufmännischer Weise eingerichteten Betrieb, § 1 Abs. 2 HGB.

   b. Unter gemeinschaftlicher Firma, §§ 17 ff. HGB
4. **Keine Beschränkung der Gesellschafterhaftung** gegenüber Gesellschaftsgläubigern, gem. § 105 Abs. 1 Hs. 2 HGB
5. **Teilnahme am Rechtsverkehr**
   a. Handelsregistereintragung durch Anmeldung von sämtlichen Gesellschaftern, gem. §§ 123 S. 1, 106 HGB, oder
   b. Teilnahme am Rechtsverkehr mit Zustimmung sämtlicher Gesellschafter, gem. § 123 S. 2 HGB

II. **Rechtsfolge:** Offene Handelsgesellschaft entstanden

Streng genommen ist eine OHG eine GbR, die ein Handelsgewerbe betreibt (§ 105 Abs. 1 HGB), das heißt, sobald die GbR kaufmännisch wird, kippt sie automatisch in eine OHG. Prüfen Sie deshalb in Klausuren immer, ob und inwieweit eine GbR oder eine OHG vorliegt (Schwelle zum Handelsgewerbe nach § 1 Abs. 2 HGB).

Die OHG ist nach gesetzlicher Definition Kaufmann im Sinne des HGB (§ 105 Abs. 1 i.V.m. § 6 HGB), sodass Sie in der Klausur die Kaufmannseigenschaft grundsätzlich positiv feststellen sollten.

Beachten Sie, dass eine Gesellschaft, die lediglich eigenes Vermögen verwaltet oder freie Berufe ausübt, ebenfalls eine OHG sein kann, wenn und soweit sie ins Handelsregister eingetragen ist (»Kannkaufmann« nach §§ 2 S. 1, 107 Abs. 1 HGB).

Prüfungsschema zum Anspruch gegen einen OHG-Gesellschafter für Verbindlichkeiten der offenen Handelsgesellschaft (OHG), § 126 HGB

Auch für Verbindlichkeiten der OHG haftet, neben dem Gesellschaftsvermögen, grundsätzlich jeder Gesellschafter persönlich, unbeschränkt und gesamtschuldnerisch, sodass ein Gläubiger seinen Anspruch ebenso unmittelbar gegen einen einzelnen Gesellschafter geltend machen kann, ohne zuvor die OHG selbst oder andere Gesellschafter in Anspruch nehmen zu müssen.

In der Klausur ist bei der Prüfung eines Anspruchs gegen einen OHG-Gesellschafter für Verbindlichkeiten der OHG im Obersatz grundsätzlich die einschlägige Anspruchsgrundlage in Verbindung mit § 126 HGB zu nennen, z.B. *»Ferdi Fritz könnte gegen den Gesellschafter Sebastian Schlau der Schlau & Klever OHG einen Anspruch auf Zahlung des vereinbarten Kaufpreises gem. § 433 Abs. 2 BGB i.V.m. § 126 HGB haben.«*

I. **Tatbestandsvoraussetzungen**, gem. § 126 HGB

1. **Passivlegitimation**

   → Anspruchsgegner ist OHG-Gesellschafter

   a. Gesellschafterstellung im Zeitpunkt der Schuldbegründung, gem. § 126 HGB, oder

   b. Eintritt des OHG-Gesellschafters nach Schuldbegründung, gem. § 127 HGB

2. **Verbindlichkeit** der OHG

   → Rechtsgrund unerheblich, z.B. vertraglicher Erfüllungsanspruch, vertraglicher Schadensersatzanspruch oder deliktischer Schadensersatzanspruch gegen die OHG

3. **Keine Einwendungen** oder **Einreden**, gem. § 128 HGB

4. **Kein ausnahmsweiser Haftungsausschluss** durch Individualvereinbarung mit dem Gläubiger

II. **Rechtsfolge:** Anspruch für Verbindlichkeiten der OHG besteht.

Ein OHG-Gesellschafter haftet – ebenso wie ein GbR-Gesellschafter – auch für Verbindlichkeiten der OHG, die vor seinem Eintritt begründet wurden, sog. *Altverbindlichkeiten*, gemäß § 127 HGB. Und umgekehrt endet die Haftung eines OHG-Gesellschafters grundsätzlich nicht mit seinem Ausscheiden als Gesellschafter, gem. § 137 HGB (Nachhaftung beschränkt auf fünf Jahre).

Die Kommanditgesellschaft (KG)

Die Kommanditgesellschaft ist eine »Zwei-Klassen«-Gesellschaft. Sie besteht aus mindestens einem vollhaftenden Gesellschafter (Komplementär) und mindestens einem Teilhafter als Gesellschafter (Kommanditist).

Prüfungsschema zur Entstehung einer Kommanditgesellschaft (KG), §§ 161 ff., 105 ff. HGB

Die Kommanditgesellschaft (KG) ist in der Praxis besonders bei unternehmerischen Strukturen beliebt, in denen Kapitalgeber beteiligt werden sollen, ohne diesen Geschäftsführungsbefugnisse oder eine persönliche Vollhaftung aufzuerlegen.

I. **Entstehungsvoraussetzungen** einer KG, gem. §§ 161 ff., 105 ff. HGB

1. Mindestens **zwei Gesellschafter**

2. Abschluss eines **Gesellschaftsvertrags**, gem. §§ 161 Abs. 2, 105 Abs. 3 HGB, 705 Abs. 1 BGB

   → ausdrücklich oder konkludent

3. **Gesellschaftsvertrag auf gemeinsamen Zweck** gerichtet, gem. § 161 Abs. 1 Hs. 1 HGB

   a. Gemeinsamer Zweck besteht im Betrieb eines Handelsgewerbes

      → Handelsgewerbe erfordert nach Art und/oder Umfang einen in kaufmännischer Weise eingerichteten Betrieb, § 1 Abs. 2 HGB.

   b. Unter gemeinschaftlicher Firma, vgl. § 17 ff. HGB

4. **KG-spezifisches Haftungssystem**, gem. § 161 Abs. 1 Hs. 2 HGB

   a. Beschränkung der Gesellschafterhaftung gegenüber Gesellschaftsgläubigern bei einem oder bei einigen der KG-Gesellschafter auf eine Haftungssumme (Kommanditisten)

   b. Keine Beschränkung der Gesellschafterhaftung gegenüber Gesellschaftsgläubigern bei einem oder bei einigen der KG-Gesellschafter (Komplementäre – persönlich haftend)

5. **Teilnahme am Rechtsverkehr**

   a. Handelsregistereintragung durch Anmeldung von sämtlichen Gesellschaftern, gem. §§ 161 Abs. 2, 123 S. 1, 106 HGB, oder

   b. Teilnahme am Rechtsverkehr mit Zustimmung sämtlicher Gesellschafter, gem. §§ 161 Abs. 2, 123 S. 2 HGB

II. **Rechtsfolge:** Kommanditgesellschaft entstanden

Übt die KG lediglich ein Kleingewerbe i.S.d. § 2 HGB aus oder verfolgt sie Zwecke der Vermögensverwaltung bzw. der gemeinsamen Ausübung freier Berufe (§§ 161 Abs. 2, 123 Abs. 1 S. 2, 107 Abs. 1 HGB), so ist die Eintragung in das Handelsregister für ihre Qualifikation als KG im Außenverhältnis konstitutiv, also rechtsbegründend.

Prüfungsschema zum Anspruch gegen einen Komplementär für Verbindlichkeiten der Kommanditgesellschaft (KG), §§ 161 Abs. 2, 126 HGB

Eine alte Merkhilfe lautet: »Der Kommanditist baut Mist, der Komplementär hat's schwer.« Insofern sind Ansprüche gegen einen Komplementär einer KG in der Praxis keine Seltenheit. Dabei ist in der Klausur bei der Prüfung eines Anspruchs gegen einen Komplementär für Verbindlichkeiten der KG im Obersatz grundsätzlich die einschlägige Anspruchsgrundlage in Verbindung mit §§ 161 Abs. 2, 126 HGB zu nennen, z.B. *»Susi Sauer könnte gegen den Komplementär Klaus Knauser der Knauser & Mauser KG einen Anspruch auf Zahlung des vereinbarten Kaufpreises gem. § 433 Abs. 2 BGB i.V.m. §§ 161 Abs. 2, 126 HGB haben.«*

I. **Tatbestandsvoraussetzungen**, gem. §§ 161 Abs. 2, 126 HGB

1. **Passivlegitimation**

   → Anspruchsgegner ist persönlich haftender Gesellschafter (Komplementär) der KG

   a. Komplementärstellung im Zeitpunkt der Schuldbegründung, gem. §§ 161 Abs. 1, 2, 126 HGB, oder

   b. für Altverbindlichkeiten: Eintritt des persönlich haftenden Gesellschafters (Komplementär) nach Schuldbegründung, gem. §§ 161 Abs. 1, 2, 127 HGB

2. **Verbindlichkeit** der KG

   → Rechtsgrund unerheblich, z.B. vertraglicher Erfüllungsanspruch, vertraglicher Schadensersatzanspruch oder deliktischer Schadensersatzanspruch gegen die KG

3. **Keine Einwendungen oder Einreden**, gem. §§ 161 Abs. 2, 128 HGB

4. **Kein ausnahmsweiser Haftungsausschluss** durch Individualvereinbarung mit dem Gläubiger

II. **Rechtsfolge:** Anspruch für Verbindlichkeit der KG besteht.

Ein Komplementär einer KG haftet auch für Verbindlichkeiten der KG, die vor seinem Eintritt begründet wurden, sog. Altverbindlichkeiten, gemäß §§ 161 Abs. 1, 2, 127 HGB. Umgekehrt endet die Haftung eines Komplementärs grundsätzlich nicht mit seinem Ausscheiden als Komplementär der KG, gem. §§ 161 Abs. 1, 2, 137 HGB (Nachhaftung beschränkt auf fünf Jahre).

Prüfungsschema zum Anspruch gegen einen Kommanditisten für Verbindlichkeiten der Kommanditgesellschaft (KG), §§ 161 Abs. 1, 171 Abs. 1 Hs. 1 HGB

In der Klausur ist bei der Prüfung eines Anspruchs gegen einen Kommanditisten für Verbindlichkeiten der KG im Obersatz grundsätzlich die einschlägige Anspruchsgrundlage in Verbindung mit § 171 Abs. 1 Hs. 1 HGB zu nennen, z.B. *»Susi Sauer könnte gegen den Kommanditisten Kurt Knall der Knall & Partner KG einen Anspruch auf Zahlung des vereinbarten Kaufpreises gem. § 433 Abs. 2 BGB i.V.m. § 171 Abs. 1 Hs. 1 HGB haben.«*

I. **Tatbestandsvoraussetzungen**, gem. §§ 161 Abs. 1, 171 Abs. 1 Hs. 1 HGB

1. **Passivlegitimation**

   → Anspruchsgegner ist Kommanditist der KG

   a. Kommanditistenstellung im Zeitpunkt der Schuldbegründung, gem. §§ 161 Abs. 1, 171 Abs. 1 Hs. 1 HGB, oder

   b. für Altverbindlichkeiten: Eintritt des Kommanditisten nach Schuldbegründung, gem. §§ 161 Abs. 1, 173 HGB

2. **Verbindlichkeit** der KG

   → Rechtsgrund unerheblich, z.B. vertraglicher Erfüllungsanspruch, vertraglicher Schadensersatzanspruch oder deliktischer Schadensersatzanspruch gegen die KG

3. **Vereinbarung über eine Haftsumme**, gem. § 161 Abs. 1 HGB

   a. Vereinbarung über die Einlage des Kommanditisten (Haftsumme)

   b. Haftsumme des Kommanditisten im Handelsregister eingetragen (deklaratorisch), gem. §§ 162 Abs. 1, 172 Abs. 1 HGB

4. **Kein Haftungsausschluss**

   a. Haftungsausschluss gem. § 171 Abs. 1 Hs. 2 HGB

      → Hat der Kommanditist seine vereinbarte Einlage in voller Höhe erbracht, ist die Haftung insoweit ausgeschlossen.

   b. Kein ausnahmsweiser Haftungsausschluss durch Individualvereinbarung mit dem Gläubiger

II. **Rechtsfolge:** Anspruch für Verbindlichkeit KG besteht.

Sollte die Einlage eines Kommanditisten zurückbezahlt bzw. zurückgewährt worden sein (jede Leistung aus dem Vermögen der KG an den Kommanditisten, der keine gleichwertige Gegenleistung gegenübersteht), so gilt diese gegenüber den Gläubigern als nicht geleistet, gem. § 172 Abs. 4 HGB.

Prüfungsschema zum Anspruch gegen einen Kommanditisten für Verbindlichkeiten der Kommanditgesellschaft (KG) vor Eintragung, §§ 176 Abs. 1, 161 Abs. 1, 126 HGB

In der Klausur ist bei der Prüfung eines Anspruchs gegen einen Kommanditisten für Verbindlichkeiten der KG im Obersatz grundsätzlich die einschlägige Anspruchsgrundlage in Verbindung mit 176 Abs. 1, 161 Abs. 1, 126 HGB zu nennen, z.B. *»Ralf Reiz könnte gegen den Kommanditisten Knut Knoll der Knutsen & Partner KG einen Anspruch auf Zahlung des vereinbarten Kaufpreises gem. § 433 Abs. 2 BGB i.V.m. §§ 176 Abs. 1, 161 Abs. 1, 126 HGB haben.«*

I. **Tatbestandsvoraussetzungen**, gem. §§ 176 Abs. 1, 161 Abs. 1, 126 HGB

1. **Passivlegitimation**

   → Anspruchsgegner ist Kommanditist der KG

   a. Kommanditistenstellung im Zeitpunkt der Begründung einer Verbindlichkeit, gem. §§ 161 Abs. 1, 171 Abs. 1 Hs. 1 HGB, oder

   b. für Altverbindlichkeiten: Eintritt des Kommanditisten nach Schuldbegründung, gem. §§ 161 Abs. 1, 173 HGB

2. **Betrieb eines Handelsgewerbes unter gemeinschaftlicher Firma**

   → Handelsgewerbe erfordert nach Art und/oder Umfang einen in kaufmännischer Weise eingerichteten Betrieb, § 1 Abs. 2 HGB.

3. **Aktive Teilnahme am Rechtsverkehr vor Eintragung ins Handelsregister**

4. **Zustimmung des Kommanditisten** (Anspruchsgegner) zur Teilnahme am Rechtsverkehr

   → formfrei möglich (auch konkludent)

5. **Begründung einer Verbindlichkeit** der KG vor Eintragung ins Handelsregister

   → Anspruch entstanden, nicht erloschen oder untergegangen

6. **Kein Haftungsausschluss**

   a. Keine positive Kenntnis des Gläubigers von der Kommanditistenstellung des Anspruchsgegners

      → Hat der Gläubiger von der Kommanditistenstellung Kenntnis, ist die unbeschränkte Haftung des Kommanditisten ausgeschlossen.

   b. Kein ausnahmsweiser Haftungsausschluss durch Individualvereinbarung mit dem Gläubiger

II. **Rechtsfolge:** Anspruch gegen Kommanditisten besteht unbeschränkt.

Vor Eintragung seiner Stellung im Handelsregister haftet der Kommanditist gemäß § 176 HGB wie ein Komplementär, also unbeschränkt.

Die Gesellschaft mit beschränkter Haftung (GmbH)

Die Gesellschaft mit beschränkter Haftung (GmbH) ist die in Deutschland wohl wichtigste Kapitalgesellschaft und bildet gerade wegen ihrer klaren Organisationsstruktur, der Pflichtorgane und der Trennung zwischen Gesellschaft und Gesellschaftern im Studium wie in der Praxis einen zentralen Referenzpunkt im Gesellschaftsrecht. Eine GmbH entsteht dabei in drei Stufen: Zunächst bildet sich mit Abschluss des Gesellschaftsvertrags die Vorgründungsgesellschaft, eine reine GbR oder OHG, die noch nicht als GmbH existiert. Mit notarieller Beurkundung des Gesellschaftsvertrags entsteht die Vor-GmbH (auch »GmbH in Gründung«, oder kurz »GmbH i.G.«), die bereits teilrechtsfähig ist. Erst mit der Eintragung ins Handelsregister entsteht die eigentliche GmbH als juristische Person, die ab diesem Zeitpunkt voll rechtsfähig ist und für ihre Verbindlichkeiten ausschließlich mit dem Gesellschaftsvermögen haftet.

Prüfungsschema zur Entstehung einer Gesellschaft mit beschränkter Haftung (GmbH), §§ 1 ff. GmbHG

Gemäß § 13 Abs. 1 GmbHG ist die GmbH eine juristische Person und gemäß § 6 HGB i.V.m. § 13 Abs. 3 GmbHG Formkaufmann (s. oben).

I. **Entstehungsvoraussetzungen** einer GmbH, gem. §§ 1 ff. GmbHG

1. **Gesellschafter**, gem. § 1 GmbHG

   → Eine (sog. Ein-Mann-GmbH) oder mehrere Personen

2. **Gesellschaftsvertrag**, gem. § 2 GmbHG

   a. Notarielle Form, gem. § 2 Abs. 1 GmbHG

   b. Mindestinhalt des Gesellschaftsvertrags erfüllt, gem. § 3 Abs. 1 GmbHG

   aa. Firma und Sitz der Gesellschaft, gem. §§ 3 Abs. 1 Nr. 1, 4, 4a GmbHG

   → Firma muss die Bezeichnung »Gesellschaft mit beschränkter Haftung« oder Abkürzungsformen wie »GmbH« oder »-gesellschaft mbH« enthalten.

   bb. Gegenstand des Unternehmens, gem. § 3 Abs. 1 Nr. 2 GmbHG

   cc. Betrag des Stammkapitals, gem. § 3 Abs. 1 Nr. 3 GmbHG

   dd. Zahl und Nennbeträge der Geschäftsanteile, die jeder Gesellschafter gegen Einlage auf das Stammkapital (Stammeinlage) übernimmt, gem. § 3 Abs. 1 Nr. 4 GmbHG

3. Einbringung mindestens eines Viertels des vereinbarten **Stammkapitals** mindestens aber der Hälfte des gesetzlichen Mindeststammkapitals, gem. §§ 5 Abs. 1, 7 Abs. 2 GmbHG

4. **Anmeldung zum Handelsregister**, gem. §§ 7, 8 GmbHG

II. **Rechtsfolge:** Gesellschaft mit beschränkter Haftung entstanden.

Prüfungsschema zum vertraglichen Erfüllungsanspruch gegen eine Vor-GmbH

Mit der notariellen Beurkundung des Gesellschaftsvertrags entsteht die sog. *Vor-GmbH* als eigenständige Gesellschaftsform (*sui generis*). Sie dient vorrangig der Herbeiführung der späteren Eintragung ins Handelsregister. Bereits in diesem Stadium ist die Vor-GmbH rechtsfähig, sodass sie Trägerin von Rechten und Pflichten sein und eigenes Vermögen bilden kann, das strikt vom Vermögen der Gesellschafter getrennt bleibt. Auf die Vor-GmbH finden, neben dem Gesellschaftsvertrag, die Vorschriften des GmbHG entsprechende Anwendung, soweit diese nicht ausdrücklich die Eintragung voraussetzen oder mit der Gründungsphase unvereinbar sind.

I. **Tatbestandsvoraussetzungen** eines durchsetzbaren Anspruchs gegen die Vor-GmbH aus Schuldverhältnis

1. **Wirksames Schuldverhältnis**

→ Hier ist das Zustandekommen eines wirksamen Schuldverhältnisses zu prüfen, d.h. Anspruch ohne Wirksamkeitshindernisse entstanden, nicht erloschen und keine Einreden

2. **Zurechnung des Schuldverhältnisses** zur Vor-GmbH

a. Existenz der Vor-GmbH bei Vertragsschluss

→ s.o.: Vor-GmbH entsteht mit der notariellen Beurkundung des Gesellschaftsvertrags (bis Eintragung der GmbH ins Handelsregister).

b. Rechtsfähigkeit der Vor-GmbH, gem. § 13 Abs. 1 GmbHG analog

→ Die Vor-GmbH ist eine rechtsfähige Gesellschaft »sui generis«, auf die wegen ihrer Nähe zur GmbH das GmbH-Recht analog angewendet wird.

c. Wirksame Vertretung der Vor-GmbH, gem. § 164 Abs. 1 BGB, i.V.m. § 35 GmbHG analog

aa. eigene Willenserklärung

bb. im Namen der Gesellschaft

cc. mit Vertretungsmacht, gem. § 35 GmbHG analog

II. **Rechtsfolge:** Durchsetzbarer Anspruch gegen Vor-GmbH besteht.

Im Wesentlichen gleich ist auch der vertragliche Erfüllungsanspruch gegen eine GmbH aufgebaut (→ tausche Vor-GmbH gegen GmbH). Auch hierbei ist in der Klausur im Obersatz die einschlägige Anspruchsgrundlage aus dem zugrunde liegenden Vertrag in Verbindung mit § 13 Abs. 1 GmbHG zu nennen, z.B. *»Rosa Roth könnte gegen die LibertySell GmbH einen Anspruch auf Zahlung des vereinbarten Kaufpreises gem. § 433 Abs. 2 BGB i.V.m. § 13 Abs. 1 GmbHG haben.«*

Prüfungsschema zur Handelndenhaftung, § 11 Abs. 2 GmbHG

Die Handelndenhaftung i.S.v. § 11 Abs. 2 GmbHG dient dem Gläubigerschutz, weil bis zur Eintragung ins Handelsregister noch keine haftungsbeschränkte juristische Person existiert, sodass der Handelnde wie ein eigener Schuldner behandelt wird. Sie erfasst dabei Verbindlichkeiten gegenüber außenstehenden Dritten, die auf einem Rechtsgeschäft beruhen und vor Eintragung (Vor-GmbH) im Namen der GmbH begründet wurden. Hat der Handelnde seine Vertretungsbefugnisse jedoch nicht überschritten, so ist ihm gegenüber sowohl die Vor-GmbH als auch nach ihrer Entstehung die GmbH aufgrund des mit ihr bestehenden Rechtsverhältnisses regress- und freistellungspflichtig.

In der Klausur ist bei der Prüfung der Handelndenhaftung im Obersatz die einschlägige Anspruchsgrundlage in Verbindung mit § 11 Abs. 2 GmbHG zu nennen, z.B. *»Rudi Rau könnte einen Anspruch auf Zahlung des vereinbarten Kaufpreises gem. § 433 Abs. 2 BGB i.V.m. § 11 Abs. 2 GmbHG haben.«*

I. **Tatbestandsvoraussetzungen**, gem. § 11 Abs. 2 GmbHG

1. **Durchsetzbarer Anspruch** gegen die Vor-GmbH aus Rechtsgeschäft

   → Hier ist das Zustandekommen eines wirksamen Schuldverhältnisses zu prüfen, d.h. Anspruch ohne Wirksamkeitshindernisse entstanden, nicht erloschen und keine Einreden.

2. **Handelnder** i.S.v. § 11 Abs. 2 GmbHG

   → Vertretungsorgan

   a. Geschäftsführer der Vor-GmbH (vgl. § 35 GmbHG), oder

   b. Personen, die wie ein Geschäftsführer aufgetreten sind, z.B. §§ 170 ff., 242 BGB (durch Rechtsscheintatbestand einer Anscheinsvollmacht)

3. **Handeln im Namen** der Gesellschaft

II. **Rechtsfolge:** Handelnder i.S.v. § 11 Abs. 2 GmbHG haftet.

Gesellschafter der Vor-GmbH haften – selbst bei Zustimmung zur Handlung – nicht nach § 11 Abs. 2 GmbHG; gleiches gilt für Prokuristen und sonstige Bevollmächtigte.

Prüfungsschema zur Innenhaftung eines GmbH-Geschäftsführers wegen Verletzung einer Sorgfaltspflicht, § 43 Abs. 2 GmbHG

GmbH-Geschäftsführer haben in den Angelegenheiten der GmbH die Sorgfalt eines ordentlichen Geschäftsmannes anzuwenden, s. § 43 Abs. 1 GmbHG. Verletzen sie diese *(Sorgfalts-)Obliegenheit,* haften sie der GmbH gemäß § 43 Abs. 2 GmbHG als Gesamtschuldner (solidarisch) für den hierdurch entstandenen Schaden.

§ 43 GmbHG bringt damit einen allgemeinen Grundsatz zum Ausdruck: Wer fremdes Vermögen verwaltet, hat für Schäden einzustehen, die aus unsorgfältiger Vermögensverwaltung resultieren.

I. **Tatbestandsvoraussetzungen**, gem. § 43 Abs. 2 GmbHG

1. **Aktivlegitimation**

   → Anspruchsteller ist die GmbH selbst, vertreten durch die Gesellschafter

2. **Passivlegitimation**, gem. § 43 Abs. 2 GmbHG

   → Anspruchsgegner ist (ehemaliger) GmbH-Geschäftsführer

3. **Schuldhafte Pflichtverletzung**

   a. Pflichtverletzung

      → Sorgfalt eines ordentlichen und gewissenhaften Geschäftsmannes (objektiv-abstrakter Maßstab), gem. § 43 Abs. 1 GmbHG

   b. Zurechenbares Verschulden durch Geschäftsführer der GmbH

   aa. Verschulden des GmbH-Geschäftsführers, gem. § 276 BGB

      → Vorsatz oder Fahrlässigkeit erforderlich

   bb. Handlung während der zustehenden Verrichtung im Dienst der GmbH

4. **Schaden der Gesellschaft**, gem. § 249 BGB

   → Vergleich der Vermögenslage mit/ohne Pflichtverletzung (Differenzhypothese)

5. **Kausalität**

   → Pflichtverletzung ursächlich für den Schaden

6. **Gesellschafterbeschluss**, gem. § 46 Nr. 8 GmbHG

7. **Keine Verjährungseinrede**, gem. § 43 Abs. 4 GmbHG

II. **Rechtsfolge:** GmbH-Geschäftsführer haftet wg. Sorgfaltspflichtverletzung.

Die Unternehmergesellschaft mit beschränkter Haftung (UG haftungsbeschränkt)

Die Unternehmergesellschaft (haftungsbeschränkt) ist eine Sonderform der GmbH mit geringem Mindeststammkapital, die insbesondere für Existenzgründer gedacht ist und bereits ab einem Euro Haftungskapital gegründet werden kann (§ 5a GmbHG). Umgangssprachlich wird sie auch als »Mini-GmbH« bezeichnet.

Prüfungsschema zur Entstehung einer Unternehmergesellschaft mit beschränkter Haftung (UG haftungsbeschränkt)

Trotz der niedrigen Kapitalanforderung gelten die Grundstrukturen der GmbH. Charakteristisch ist vor allem die Pflicht zur Bildung einer gesetzlichen Rücklage, bis das Stammkapital einer regulären GmbH erreicht ist.

I. **Entstehungsvoraussetzungen** einer UG (haftungsbeschränkt)

1. **Gesellschafter**, gem. § 1 GmbHG

   → Eine oder mehrere Personen

2. **Gesellschaftsvertrag**, gem. § 2 GmbHG

   a. Notarielle Form, gem. § 2 Abs. 1 GmbHG

   b. Mindestinhalt des Gesellschaftsvertrags erfüllt, gem. § 3 Abs. 1 GmbHG

   aa. Firma und Sitz der Gesellschaft, gem. §§ 3 Abs. 1 Nr. 1, 4a, 5a Abs. 1 GmbHG

   → Firma muss die Bezeichnung »Unternehmergesellschaft (haftungsbeschränkt)« oder die Abkürzung »UG (haftungsbeschränkt)« enthalten

   bb. Gegenstand des Unternehmens, gem. § 3 Abs. 1 Nr. 2 GmbHG

   cc. Betrag des Stammkapitals, gem. § 3 Abs. 1 Nr. 3 GmbHG

   dd. Zahl und Nennbeträge der Geschäftsanteile, die jeder Gesellschafter gegen Einlage auf das Stammkapital (Stammeinlage) übernimmt, gem. § 3 Abs. 1 Nr. 4 GmbHG

3. **Stammkapital** in voller Höhe eingebracht, gem. §§ 5a Abs. 2 S. 1, 7 Abs. 2 GmbHG

   → Sacheinlagen sind ausgeschlossen, gem. § 5a Abs. 2 S. 2 GmbHG

4. **Anmeldung zum Handelsregister**, gem. §§ 7, 8 GmbHG

II. **Rechtsfolge:** UG (haftungsbeschränkt) entstanden.

Die Aktiengesellschaft (AG)

Die Aktiengesellschaft ist in der Praxis vor allem für größere Unternehmen und kapitalmarktorientierte Strukturen bedeutsam, da sie eine klare Trennung von Eigentum und Leitung sowie eine flexible Kapitalbeschaffung über den Aktienmarkt ermöglicht.

Prüfungsschema zur Entstehung einer Aktiengesellschaft (AG), §§ 1 ff. AktG

Die AG ist eine Gesellschaft mit eigener Rechtspersönlichkeit, gem. § 1 Abs. 1 S. 1 AktG. Sie zählt zu den Kapitalgesellschaften und erlangt mit ihrer Eintragung in das Handelsregister die Rechtsstellung einer juristischen Person, gem. § 41 Abs. 1 S. 1 AktG.

I. **Entstehungsvoraussetzungen** einer AG, gem. §§ 1 ff. AktG

1. **Gesellschaftsvertrag** (Satzung), gem. § 2 AktG
   a. Notarielle Form, gem. § 23 Abs. 1 AktG
   b. Mindestinhalt der Satzung erfüllt, gem. § 23 Abs. 2, 3, 4 AktG
2. **Organbestellung**, gem. § 30 AktG
   a. Bestellung von Aufsichtsrat, Vorstand und Abschlussprüfer, §§ 30, 76 ff., 95 ff. AktG, 319 Abs. 1 HGB
   b. Notarielle Form der Bestellung erfüllt
3. **Einzahlung Grundkapital**, gem. §§ 7, 36 Abs. 2, 36a, 54 AktG
   a. Mindesteinzahlung bei Bargründung 25 % je Aktie, gem. § 36a Abs. 1 AktG
   b. Sacheinlagen in voller Höhe, gem. §§ 36a Abs. 2, 27 AktG
4. **Übernahme aller Aktien**, gem. § 29 AktG
5. Erstellung **Gründungsbericht und Gründungsprüfung**, gem. § 32 ff. AktG
6. **Anmeldung zum Handelsregister**, gem. §§ 36, 37 AktG
7. **Prüfung durch Registergericht**, gem. § 38 AktG

II. **Rechtsfolge:** Aktiengesellschaft entstanden.

Prüfungsschema zur Innenhaftung eines Vorstandsmitglieds wegen Verletzung einer Sorgfaltspflicht gegenüber der Aktiengesellschaft, § 93 Abs. 2 AktG

Vorstandsmitglieder einer AG haben bei ihrer Geschäftsführung grundsätzlich ebenso wie GmbH-Geschäftsführer die Sorgfalt eines ordentlichen und gewissenhaften Geschäftsleiters anzuwenden. Verstoßen sie gegen diese Maßstäbe, sind sie gem. § 93 Abs. 2 S. 1 AktG der Gesellschaft gegenüber zum Ersatz des daraus entstehenden Schadens als Gesamtschuldner verpflichtet.

I. **Tatbestandsvoraussetzungen**, gem. § 93 Abs. 2 AktG

1. **Aktivlegitimation**

   → Anspruchsteller ist die AG selbst, vertreten durch den Aufsichtsrat (§ 112 AktG)

2. **Passivlegitimation**, gem. § 93 Abs. 2 S. 1 AktG

   → Anspruchsgegner ist (ehemaliges) Vorstandsmitglied

3. **Schuldhafte Pflichtverletzung**

   a. Pflichtverletzung

      → Sorgfalt eines ordentlichen und gewissenhaften Geschäftsleiters (objektiv-abstrakter Maßstab), gem. § 93 Abs. 1 S. 1 AktG

   b. Zurechenbares Verschulden durch Vorstand der AG

   aa. Verschulden des (ehem.) AG-Vorstands, gem. § 276 BGB

      → Vorsatz oder Fahrlässigkeit erforderlich

   bb. Handlung während der zustehenden Verrichtung im Dienst der AG

   c. Keine Exkulpation

   aa. Business Judgement Rule, gem. § 93 Abs. 1 S. 2 AktG

   bb. Gesetzmäßiger Beschluss der Hauptversammlung zur Vornahme der die Ersatzpflicht begründenden Handlung, gem. 93 Abs. 3 S. 1 AktG

4. **Schaden der Gesellschaft**, gem. § 249 BGB

   → Vergleich der Vermögenslage mit/ohne Pflichtverletzung (Differenzhypothese)

5. **Kausalität**

   → Pflichtverletzung ursächlich für den Schaden

6. **Keine Verjährungseinrede**, gem. § 93 Abs. 6 AktG

II. **Rechtsfolge:** Vorstandsmitglied haftet wg. Sorgfaltspflichtverletzung.

Zu beachten ist, dass § 93 Abs. 2 S. 2 AktG eine Beweislastumkehr enthält, wonach das Vorstandsmitglied beweisen muss, dass es die Sorgfaltspflichten eingehalten hat (gilt analog bei § 43 Abs. 2 GmbHG). Erwähnenswert ist an dieser Stelle auch die sog. *Business Judgement Rule.*

Weitere Gesellschaftsformen

Im Folgenden finden Sie noch einige besonders prüfungsrelevante Schemata für weitere Gesellschaftsformen.

Prüfungsschema zur Entstehung eines nichtwirtschaftlichen und eingetragenen Vereins (e.V.), §§ 21 ff. BGB

Statistisch ist ungefähr jede zweite Person in Deutschland Mitglied in mindestens einem Verein. Insofern spielt der Verein eine zentrale Rolle für gemeinnützige, kulturelle und wirtschaftliche Zwecke und ist wegen seiner klaren Organstruktur eine der häufigsten Organisationsformen im deutschen Recht. Er ist eine auf Dauer angelegte Verbindung einer größeren Zahl von Personen zur Verfolgung eines gemeinsamen Zwecks. Der Verein ist grundsätzlich auf einen wechselnden Mitgliederbestand ausgerichtet, wird gemäß der Satzung körperschaftlich organisiert und führt einen Gesamtnamen.

Der zentrale Unterschied zwischen Verein und GbR besteht in der körperschaftlichen Struktur des Vereins, sodass er als Prototyp der privatrechtlichen Körperschaften gilt. Demgemäß wird bei gewissen Fragen anderer juristischer Personen (z.B. GmbH oder AG) auch auf das Vereinsrecht zurückgegriffen, z.B. § 31 BGB (Haftung für Organe).

I. **Entstehungsvoraussetzungen** eines e.V., gem. §§ 21 ff. BGB

1. **Mindestens sieben Gründer**, gem. §§ 56, 59 Abs. 3 BGB

2. **Vereinssatzung**, gem. §§ 25, 57 Abs. 1, 58 BGB

   → grundsätzlich formfrei

   a. Festlegung eines gemeinsamen Zwecks

   b. Unterscheidbarer Name (ergänzend § 57 Abs. 2 BGB)

   c. Sitz des Vereins

   d. Eintragungswille

   e. Weitere Regelungsinhalte

   aa. Eintritt und Austritt der Mitglieder

   bb. Zu leistende Beiträge der Mitglieder

cc. Bildung des Vorstands

dd. Voraussetzungen für die Mitgliederversammlung

→ Einberufung, Form der Berufung, Beurkundung der Beschlüsse etc.

3. **Keine Zurückweisung vom Amtsgericht** bzw. Eintragung ins Vereinsregister, gem. §§ 60, 65 BGB

→ konstitutiv

II. **Rechtsfolge:** nichtwirtschaftlicher eingetragener Verein entstanden.

Prüfungsschema zur Entstehung einer stillen Gesellschaft, §§ 230 ff. HGB

Gemäß § 230 Abs. 1 HGB beteiligt sich der sog. stille Gesellschafter an dem Handelsgewerbe eines anderen durch eine Vermögenseinlage, die in das Vermögen des Inhabers des Handelsgeschäfts übergeht.

Der zentrale Unterschied zwischen der stillen Gesellschaft und der KG besteht darin, dass der stille Gesellschafter gerade nicht Gesellschafter des Inhabers des Handelsgeschäfts wird und nach außen auch nicht in Erscheinung tritt. Im Außenverhältnis gegenüber Dritten handelt ausschließlich der Inhaber des Handelsgeschäfts (§ 230 Abs. 2 HGB).

I. **Entstehungsvoraussetzungen** einer stillen Gesellschaft, gem. §§ 230 ff. HGB

1. **Grundsatz der Zweipersonengesellschaft**

a. Partei Nr. 1 ist Kaufmann.

→ i.S.d. §§ 1 ff. HGB

b. Partei Nr. 2 ist stiller Gesellschafter.

→ Jede natürliche oder juristische Person des Privatrechts oder des öffentlichen Rechts, rechtsfähige Personengesellschaften (GbR, OHG, KG, PartG) sowie nicht eingetragene Vereine, Genossenschaften oder auch Körperschaften des öffentlichen Rechts

2. **Gesellschaftsvertrag auf gemeinsamen Zweck** gerichtet, gem. §§ 705 Abs. 1 BGB, 230 HGB

→ grundsätzlich formfrei

a. Festlegung eines gemeinsamen Zwecks

b. Verpflichtung zum koordinierten, gemeinsamen Handeln

c. Förderung durch jeweilige Beiträge

3. **Einbringung der Einlage** durch stillen Gesellschafter

   → Leistung der Einlage geht in Vermögen des Inhabers des Handelsgeschäfts über, d.h. Übereignung der Einlage an Geschäftsinhaber

4. **Zwingende Beteiligung** des stillen Gesellschafters am Unternehmensgewinn, gem. § 231 Abs. 2 Hs. 2 HGB

II. **Rechtsfolge:** Stille Gesellschaft entstanden.

Die stille Gesellschaft ist nicht rechtsfähig und damit auch nicht partei- oder prozessfähig.

Prüfungsschema zur Entstehung einer Partnerschaftsgesellschaft (PartG), §§ 1 ff. PartGG, 705 ff. BGB

Viele Freiberufler schließen sich gerne in einer Partnerschaftsgesellschaft zusammen, um Kunden gemeinsam zu bearbeiten und Ressourcen zu bündeln. Nach § 1 Abs. 1 PartGG ist die Partnerschaftsgesellschaft eine Personengesellschaft, in der sich Angehörige freier Berufe zur gemeinsamen Ausübung ihrer beruflichen Tätigkeit zusammenschließen.

Eine Partnerschaftsgesellschaft betreibt kein Handelsgewerbe (§ 1 Abs. 1 S. 2 PartGG), da die Tätigkeit freier Berufe grundsätzlich nicht als Gewerbe im Sinne des HGB gilt.

I. **Entstehungsvoraussetzungen** einer PartG, gem. §§ 1 ff. PartGG, 705 ff. BGB

1. **Gesellschafterlegitimation**

   a. Angehörige freier Berufe, gem. § 1 Abs. 2 PartGG

   b. Natürliche Personen, gem. § 1 Abs. 1 S. 3 PartGG

2. **Kein Handelsgewerbe**, gem. § 1 Abs. 1 S. 2 PartGG

3. **Abschluss eines Gesellschaftsvertrags (Partnerschaftsvertrag) auf Zusammenschluss zur Ausübung freier Berufe**

4. **Anmeldung im Partnerschaftsregister**, gem. § 4 PartGG

II. **Rechtsfolge:** Partnerschaftsgesellschaft entstanden.

Auf die Partnerschaftsgesellschaft finden gemäß § 1 Abs. 4 PartGG die Vorschriften zur GbR entsprechend Anwendung (§§ 705 ff. BGB), soweit das PartGG nichts anderes bestimmt. Insofern greifen auch hinsichtlich der Haftung für Verbindlichkeiten der PartG die Regelungen der GbR, gem. § 8 Abs. 1 PartGG i.V.m. §§ 721a, 721b BGB.

IN DIESEM KAPITEL

Individuelles und kollektives Arbeitsrecht

Befristung, Entgeltfortzahlung, Kündigung und vieles mehr

Tarifverträge

Betriebsrat

Kapitel 8
Arbeitsrecht

Oliver Haag

In diesem Kapitel lernen Sie die wichtigsten Prüfungsschemata des Arbeitsrechts kennen. Die Schemata helfen Ihnen, bei der Abarbeitung der Klausuraufgabe systematisch und damit nachvollziehbar und logisch vorzugehen. Denken Sie bitte stets daran, dass Schemata nur Hilfsinstrumente sind, die das eigenständige Denken zwar unterstützen, aber nicht ersetzen können! Ihre wichtigsten Handwerkszeuge sind Ihr Verstand und der Gesetzestext!

Die arbeitsrechtlichen Schemata basieren auf Erfahrungswerten und orientieren sich an der allgemein anerkannten Prüfungssystematik. Da insbesondere die arbeitsgerichtliche Rechtsprechung dazu neigt, nicht immer stringent an der dogmatischen Abfolge festzuhalten, weichen die Ausführungen in den Urteilsbegründungen in Aufbau und Reihenfolge teilweise von der klassischen Prüfungsabfolge ab.

Da die Vorgehensweise der Rechtsprechung auch für die Rechtspraxis durchaus überzeugend sein kann, haben wir sie hier teilweise übernommen und einzelne Unterpunkte mit Anmerkungen und Kommentierungen versehen, wenn dies zum Verständnis des jeweiligen Schemas erforderlich ist.

Die gewählte Reihenfolge der nachfolgenden Prüfungsschemata orientiert sich am Lebenszyklus eines Arbeitsverhältnisses. Nach den wichtigsten Schemata des Individualarbeitsrechts folgen die des kollektiven Arbeitsrechts.

Individualarbeitsrecht

Das Individualarbeitsrecht regelt die Rechtsbeziehungen zwischen Arbeitgeber und Arbeitnehmer. Die meisten Streitigkeiten vor den Arbeitsgerichten und damit auch die meisten Klausuraufgaben befinden sich in diesem Teilgebiet.

Prüfungsschema zur Abgrenzung, ob ein Arbeitsverhältnis oder eine selbstständige (»freie«) Mitarbeit besteht

Die Abgrenzung zwischen der Eigenschaft als Arbeitnehmer und der freien, selbstständigen Tätigkeit (»freier Mitarbeiter«) ist ein Dauerbrenner in der juristischen Ausbildung wie in der betrieblichen Praxis:

- ✔ Ein Arbeitnehmer hat Anspruch auf Arbeitsentgelt, bezahlten Erholungsurlaub, Entgeltfortzahlung im Krankheitsfall, genießt Mutterschutz und meist auch Kündigungsschutz.
- ✔ Der freie Mitarbeiter hat dagegen lediglich Anspruch auf die Vergütung seiner Tätigkeit.

I. **Bestehen eines wirksamen Arbeitsverhältnisses**

1. **Einigung** (Bezeichnung des Vertrags nicht ausschlaggebend)
2. **Abgrenzung** zwischen freier Mitarbeit (selbstständiger Tätigkeit) und Arbeitsverhältnis
   a. Erbringen einer (unselbstständigen) Dienstleistung, § 611 oder § 611a BGB
   b. Tätigkeit wird nicht im Wesentlichen frei gestaltet und Arbeitszeit wird nicht frei bestimmt, § 611a Satz 3 BGB.
   c. Eingliederung in die Betriebsorganisation
   d. Einsatz der gesamten Arbeitskraft
3. **Gesamtschau** der Tätigkeit

II. **Rechtsfolge**

Prüfungsschema zum Anspruch auf Entschädigung nach dem Allgemeinen Gleichbehandlungsgesetz (AGG)

Bei Verstößen gegen das Allgemeine Gleichbehandlungsgesetz hat der diskriminierte Anspruchsteller Ansprüche auf Schadensersatz und Entschädigung. Der Schadensersatzanspruch spielt in der Praxis dabei nur eine untergeordnete Rolle. Von großer Bedeutung in Ausbildung und Praxis ist dagegen die Entschädigung nach § 15 Abs. 2 AGG (»Schmerzensgeld«).

I. **Anwendungsbereich** des AGG eröffnet

1. **Sachlich** §§ 1, 2 AGG

2. **Persönlich** § 6 AGG: Arbeitnehmer, Auszubildende, arbeitnehmerähnliche Personen, Bewerber (sofern keine »AGG-Hopper«), Organmitglieder

II. **Verstoß gegen ein Benachteiligungsverbot**, § 7 AGG

1. **Mindestens einer der Benachteiligungsgründe** in § 1 AGG betroffen

2. **Vorliegen einer Benachteiligung**, § 3 AGG:

   a. Unmittelbare Benachteiligung, § 3 Abs. 1

   b. Mittelbare Benachteiligung, § 3 Abs. 2

   c. Belästigung, § 3 Abs. 3

   d. Sexuelle Belästigung, § 3 Abs. 4

   e. Anweisung zu einer Benachteiligung, § 3 Abs. 5

III. **Keine Rechtfertigung** der Benachteiligung

1. **Bei unmittelbarer Benachteiligung** und Anweisung zur Benachteiligung kann eine Rechtfertigung erfolgen durch:

   a. Allgemein bei allen Benachteiligungsgründen nach § 8 AGG

   b. Bezogen auf die Benachteiligungsgründe Religion und Weltanschauung nach § 9 AGG

   c. Bezogen auf den Benachteiligungsgrund Alter nach § 10 AGG

   d. Positive Maßnahmen nach § 5 AGG

2. **Bei mittelbarer Benachteiligung** ist die Rechtfertigung bereits bei der Prüfung des Vorliegens einer mittelbaren Benachteiligung zu prüfen, § 3 Abs. 2 letzter Halbsatz

3. **Bei Belästigung und sexueller Belästigung** ist eine Rechtfertigung nicht möglich.

IV. **Entschädigung und Schadensersatz**, § 15 AGG

1. **Verstoß gegen das Benachteiligungsgebot** führt verschuldensunabhängig zum Entschädigungsanspruch nach § 15 Abs. 2 AGG (Schadensersatz nach § 15 Abs. 1 AGG setzt dagegen ein Verschulden des Arbeitgebers voraus).

2. **Kein Ausschluss/keine Einschränkung** nach § 15 Abs. 3

3. **Einhaltung der Frist**, § 15 Abs. 4

V. **Rechtsfolge**

Prüfungsschema zum Anspruch auf Entgeltfortzahlung im Krankheitsfall nach § 3 Abs. 1 EFZG

Die Überprüfung eines Anspruchs auf Entgeltfortzahlung während der Erkrankung des Arbeitnehmers ist ein Klassiker in arbeitsrechtlichen Klausuraufgaben. Auch in der Praxis spielt dieses Thema immer wieder eine Rolle, wenn Arbeitgeber die Erkrankung ihrer Arbeitnehmer entweder für vorgetäuscht oder aber für selbst verschuldet halten.

I. **Bestehen eines Arbeitsverhältnisses seit mindestens vier Wochen**, §§ 1 Abs. 2, 3 Abs. 3 EFZG

1. **Anspruchsteller ist Arbeitnehmer** des Anspruchsgegners, § 1 Abs. 2 EFZG.
2. **Das Arbeitsverhältnis besteht** bereits mindestens vier Wochen ununterbrochen, § 3 Abs. 3 EFZG.

II. **Arbeitsunfähigkeit durch Krankheit**, § 3 Abs. 1 Satz 1 EFZG

III. **Kein Verschulden des Anspruchstellers** an der Erkrankung

1. **Verschulden** bemisst sich nicht nach § 276 BGB.
2. Erforderlich ist ein »**Verschulden gegen sich selbst**«, d.h. ein grober Verstoß gegen das im Eigeninteresse eines vernünftigen Menschen liegende Verhalten.

IV. **Keine Fortsetzungserkrankung**, § 3 Abs. 1 Satz 2 EFZG

V. **Erfüllung der Anzeige- und Nachweispflicht**, § 5 EFZG, (Mitteilung der Arbeitsunfähigkeit und Vorlage der Arbeitsunfähigkeitsbescheinigung), da anderenfalls Leistungsverweigerungsrecht des Arbeitgebers nach § 7 EFZG

VI. Falls einschlägig: **gesetzlicher Forderungsübergang** für den Fall, dass ein Dritter die Erkrankung verursacht hat gemäß § 6 EFZG

VII. **Rechtsfolge**

Prüfungsschema zur Berechnung eines Anspruchs auf Urlaub nach dem BUrlG

Insbesondere in wirtschaftswissenschaftlichen Studiengängen wird auf die Beherrschung von Zahlen und Daten Wert gelegt. Aber auch in der juristischen Ausbildung ist die Beherrschung der korrekten Urlaubsberechnung ein beliebtes Prüfungsthema. Insbesondere die korrekte Berechnung von Teilurlaubsansprüchen hat ihre Tücken …

I. **Anspruchsteller ist Arbeitnehmer**, § 2 BUrlG.

II. **Wartezeit** des § 4 BUrlG erfüllt

III. **Umfang:**

1. **Gesetzlicher Mindesturlaub**, § 3 BUrlG
2. Gegebenenfalls **zusätzlicher Urlaub** aufgrund Arbeitsvertrag, einschlägigem Tarifvertrag oder besonderer gesetzlicher Regelung (zum Beispiel § 208 SGB IX Schwerbehinderung)
3. Gegebenenfalls **Anspruch auf Teilurlaub** nach § 5 BUrlG:
   a. § 5 Abs. 1 lit. a): keine Erfüllung der Wartezeit nach § 4 BUrlG im Kalenderjahr
   b. § 5 Abs. 1 lit. b): Ausscheiden vor Erfüllung der Wartezeit nach § 4 BUrlG
   c. § 5 Abs. 1 lit. c): Ausscheiden nach Erfüllung der Wartezeit in der ersten Hälfte eines Kalenderjahrs
   d. Rundungsvorschrift des § 5 Abs. 2 BUrlG beachten
4. Gegebenenfalls **Anrechnung von Vorurlaub**, § 6 BurlG
5. **Nichtanrechnung von Krankheitstagen** während des Urlaubs, § 9 BUrlG
6. **Urlaub nicht verfallen**, § 7 Abs. 3 in Verbindung mit der Rechtsprechung von EuGH und BAG (15-Monats-Frist) und explizite Hinweispflicht durch Arbeitgeber beachtet

IV. **Rechtsfolge**

Prüfungsschema zum Anspruch auf Arbeitslohn trotz Nichterbringung der Arbeitsleistung – Betriebsrisiko und Annahmeverzug des Arbeitgebers

Die Prüfung von Lohnansprüchen aus Betriebsrisiko und Annahmeverzug gehört ebenfalls zu den Klassikern arbeitsrechtlicher Klausuraufgaben. Hier spielen arbeitsrechtliche »Besonderheiten« mit klassischen zivilrechtlichen Fragestellungen zusammen und zeigen dem Korrektor, ob bei Ihnen neben der Kenntnis des Arbeitsrechts auch die Grundlagen des Bürgerlichen Rechts »sitzen«.

I. **Bestehender Arbeitsvertrag**

II. **Bestehender Vergütungsanspruch**

1. **Grundsatz:** ohne Arbeit kein Geld, § 611 Abs. 1 BGB
2. **Ausnahme:** § 615 BGB
   a. Vorliegen einer Betriebsstörung, § 615 Satz 3
   b. Betriebsstörung liegt in der Sphäre des Arbeitgebers (grundsätzlich zählt das Betriebsrisiko ebenso wie das Wirtschaftsrisiko zur Sphäre des Arbeitgebers).
   c. Annahmeverzug des Arbeitgebers, § 615 S. 1 BGB (strittig)

aa. Angebot und Leistungsfähigkeit des Arbeitnehmers, §§ 294–297 BGB

bb. Nichtannahme der Arbeitsleistung durch den Arbeitgeber, § 293 BGB

III. **Rechtsfolge**

Prüfungsschema zum Anspruch auf Arbeitsvergütung trotz Nichterbringung der Arbeitsleistung – Vorübergehende Verhinderung

Unter welchen Voraussetzungen ein Arbeitnehmer den Anspruch auf Vergütung trotz Nichtarbeit aufgrund vorübergehender Verhinderung behält, ist ein weiterer Klassiker in arbeitsrechtlichen Prüfungen.

Aber aufgepasst: Die gesetzliche Regelung des § 616 BGB ist dispositiv, also nicht zwingend, sondern durch den Arbeitsvertrag abdingbar. Ergibt sich also aus der Aufgabenstellung und/oder dem Arbeitsvertrag ein Ausschluss des § 616 BGB, dann besteht auch kein Vergütungsanspruch nach dieser Norm. Der Arbeitnehmer trägt dann selbst das Risiko vorübergehender Arbeitsverhinderung.

I. **Bestehender Arbeitsvertrag**

II. **Bestehender Vergütungsanspruch**

1. **Grundsatz:** ohne Arbeit kein Geld, § 611 Abs. 1 BGB

2. **Ausnahme:** § 616 BGB

   a. Verhinderung des Arbeitnehmers an der Erbringung seiner Arbeitsleistung

   b. Verhinderung für eine verhältnismäßig nicht erhebliche Zeit (i.d.R. einige Stunden bis wenige Tage)

   c. Gründe für die Verhinderung liegen in der Person bzw. Sphäre des Arbeitnehmers (zum Beispiel: Unfall/schwere Erkrankung/Tod eines nahen Angehörigen; Geburt eines Kindes)

   d. Kein Verschulden des Arbeitnehmers an der Verhinderung

   aa. Verschulden bemisst sich nicht nach § 276 BGB.

   bb. Erforderlich ist ein »Verschulden gegen sich selbst«, d.h. ein grober Verstoß gegen das im Eigeninteresse eines vernünftigen Menschen liegende Verhalten.

   e. Kein Ausschluss des § 616 BGB

III. **Rechtsfolge**

Prüfungsschema zum Schadensersatzanspruch des Arbeitgebers gegen den Arbeitnehmer nach § 280 Abs. 1 BGB

Auch die Prüfung von Schadensersatzansprüchen des Arbeitgebers gegen »seinen« Arbeitnehmer wird häufig in arbeitsrechtlichen Klausuren verlangt. Hier spielen nämlich sowohl klassische zivilrechtliche Haftungsansprüche als auch die Besonderheiten der im Arbeitsrecht geltenden Haftungsprivilegierung des Arbeitnehmers bei betriebsbezogener Tätigkeit eine Rolle. So kann der Prüfer sich vergewissern, dass grundlegende rechtliche Fragestellungen erfasst wurden und der Studierende in der Lage ist, Grundlagen des Bürgerlichen Rechts im Rahmen arbeitsrechtlicher Modifikationen einer sachgerechten Lösung zuzuführen.

I. Bestehen eines Schuldverhältnisses: **Arbeitsverhältnis**

II. **Pflichtverletzung des Arbeitnehmers:** Es genügt die Verletzung einer arbeitsvertraglichen Nebenpflicht, § 241 Abs. 2 BGB.

III. **Verschulden des Arbeitnehmers**, § 280 Abs. 1 Satz 2, § 619a BGB:

1. Ausgangspunkt ist auch im Arbeitsverhältnis zunächst § 276 BGB, d.h. **Haftung für Vorsatz und Fahrlässigkeit**
2. Aufgrund der besonderen Situation des Arbeitnehmers wird dieser jedoch über § 254 BGB analog in seiner Haftung privilegiert, wenn die **schadensauslösende Handlung bei einer betriebsbezogenen Tätigkeit begangen** wurde:
   a. Bei Vorsatz und grober Fahrlässigkeit: volle Haftung des Arbeitnehmers
   b. Bei mittlerer (»normaler«) Fahrlässigkeit: anteilige Haftung von Arbeitnehmer und Arbeitgeber (Quotelung) je nach Einzelfall
   c. Bei leichter Fahrlässigkeit: keine Haftung des Arbeitnehmers

IV. **Schaden**

V. **Rechtsfolge**

Prüfungsschema zur Anfechtung eines Arbeitsvertrags

Die Anfechtung des Arbeitsvertrags ist ein weiterer Dauerbrenner in arbeitsrechtlichen Klausuren.

Auch wenn der Sachverhalt zum Arbeitsrecht gehört, sollte Ihre Lösung nach den klassischen Regeln der Anfechtung des Bürgerlichen Rechts erfolgen. Also wieder ein Thema, bei dem es dem Korrektor gelingt, Grundlegendes aus beiden Rechtsgebieten gemeinsam abzuprüfen.

I. **Vorliegen einer anfechtbaren Willenserklärung** / eines anfechtbaren Rechtsgeschäfts

II. **Vorliegen eines Anfechtungsgrunds**

1. **Inhaltsirrtum**, § 119 Abs. 1 1. Fall BGB

2. **Erklärungsirrtum**, § 119 Abs. 1 2. Fall BGB

3. **Eigenschaftsirrtum**, § 119 Abs. 2 BGB

4. **Falsche Übermittlung**, § 120 BGB

5. **Arglistige Täuschung**, § 123 Abs. 1 1. Fall BGB

6. **Widerrechtliche Drohung**, § 123 Abs. 1 2. Fall BGB

III. **Anfechtungserklärung**, § 143 Abs. 1 BGB

IV. **Wahrung der Anfechtungsfrist**

1. § 122 BGB »**unverzüglich**« für die Anfechtungsgründe der §§ 119, 120 BGB

2. § 124 BGB »**binnen Jahresfrist**« für die Anfechtungsgründe des § 123 Abs. 1 BGB (beachte Fristbeginn § 124 Abs. 2 und Zehn-Jahre-Höchstfrist § 124 Abs. 3 BGB)

V. **Rechtsfolgen:**

1. **Nichtigkeit des Arbeitsvertrags** gemäß § 142 Abs. 1 BGB

2. **Gegebenenfalls Schadensersatz** des Anfechtenden gemäß § 122 BGB

3. Rückabwicklung über § 812 BGB scheitert an der »Macht des Faktischen«, daher **Vernichtung nicht rückwirkend** (ex tunc), sondern für die Zukunft (ex nun), nicht ex tunc; sogenanntes faktisches Arbeitsverhältnis.

Prüfungsschema zur Wirksamkeit einer Befristung des Arbeitsvertrags – § 14 TzBfG

Die Anforderungen an eine wirksame Befristung eines Arbeitsverhältnisses sind komplex und voller Fallstricke. Zudem führt die Unwirksamkeit der Befristung zum in der Praxis seitens des Vertragserstellers gerade nicht gewollten Ergebnis eines unbefristeten Arbeitsvertrags (vgl. § 16 TzBfG). Es wird Sie daher nicht überraschen, dass die Prüfung der Wirksamkeit von Befristungen ein beliebtes Klausur- und Prüfungsthema ist.

I. **Befristungsabrede** vor Arbeitsbeginn in Schriftform erfolgt, § 14 Abs. 4 TzBfG

II. **Vorliegen eines Sachgrunds**, § 14 Abs. 1 TzBfG (fehlt dieser siehe III.):

1. **Vorübergehender Bedarf an der Arbeitsleistung** (z.B. Saisonarbeit)

2. **Übergangserleichterung** in Beschäftigung im Anschluss an Ausbildung oder Studium

3. **Vertretung** eines anderen Arbeitnehmers (z.B. Elternzeit- oder Krankheitsvertretung)

4. **Eigenart der Arbeitsleistung** (z.B. Profi-Sportler, Schauspieler)

5. **Erprobung** (maximal für 6 Monate zulässig)

6. **Gründe in der Person** des Arbeitnehmers (z.B. nur begrenzte Arbeits- und/oder Aufenthaltserlaubnis)

7. **Zeitlich befristete Haushaltsmittel** (insbesondere im Öffentlichen Dienst von Relevanz)

8. **Gerichtlicher Vergleich**

9. **Sonstiger**, nicht explizit von § 14 Abs. 1 TzBfG genannter **Grund**

III. **Ohne Vorliegen eines Sachgrunds**, § 14 Abs. 2, 2a und 3 TzBfG (bei Befristung mit Sachgrund siehe II.):

1. **Befristungsdauer** maximal zwei Jahre

2. Maximal dreimalige **Verlängerung** innerhalb der Höchstdauer von zwei Jahren

3. **Keine Vorbeschäftigung** des Arbeitnehmers (weder befristet noch unbefristet), Abs. 2 Satz 2

4. Etwaige **abweichende Regelung** durch Tarifvertrag

5. Sofern einschlägig: Zulässigkeit nach § 14 Abs. 2a TzBfG (**Privilegierung neu gegründeter Unternehmen**)

6. Sofern einschlägig: Zulässigkeit nach § 14 Abs. 3 TzBfG (**Beschäftigung älterer, zuvor beschäftigungsloser oder geförderter Arbeitnehmer**)

IV. **Rechtsfolge**

Prüfungsschema zur Wirksamkeit einer ordentlichen Kündigung

Die Überprüfung der von einem Arbeitgeber ausgesprochenen Kündigung gehört zu »den« Klassikern in der juristischen Prüfung und stellt auch den in der arbeitsgerichtlichen Praxis am häufigsten vorkommenden Fall dar. Erfahrungsgemäß spielt die Überprüfung der Wirksamkeit von Arbeitgeberkündigungen in über der Hälfte aller arbeitsrechtlichen Prüfungen eine dominierende Rolle.

I. **Allgemeine Kündigungsvoraussetzungen**

1. **Schriftform** gewahrt, § 623 BGB, § 126 BGB

2. **Kündigungsberechtigung** der kündigenden Person

3. **Bedingungsfeindlichkeit** gewahrt

4. **Zugang der Kündigung**

5. **Anhörung des Betriebsrats** erfolgt, § 102 Abs. 1 BetrVG

6. Nur soweit einschlägig: Greift **Sonderkündigungsschutz**, zum Beispiel § 17 MuSchG (schwanger, vor Kurzem entbunden), §§ 168 ff. SGB IX (Schwerbehinderung), § 15 KSchG (betriebsverfassungsrechtliche Funktionsträger)?

II. **Besondere Kündigungsvoraussetzungen**

1. **Einschlägige Kündigungsfrist** gewahrt (§ 622 BGB; Arbeitsvertrag; sofern einschlägig: Tarifvertrag)

2. Greift das **Kündigungsschutzgesetz** (KSchG)

   a. Räumlich: Territorialitätsprinzip

   b. Persönlich: Betriebszugehörigkeit länger als sechs Monate, § 1 Abs. 1 KSchG

   c. Sachlich: Schwellenwert erreicht (mehr als zehn Arbeitnehmer beziehungsweise mehr als fünf Altarbeitnehmer), § 23 Abs. 1 KSchG

3. **Falls das KSchG nicht eingreift,** ist die Kündigung gundsätzlich. wirksam; Ausnahmen: Rechtsmissbrauch § 242 BGB (nur, wenn der Sachverhalt hierzu eindeutige Hinweise enthält) oder Verstoß gegen das Ultima-Ratio-Prinzip (ebenfalls selten, da die Kündigung außerhalb des KSchG keiner Begründung bedarf).

4. **Falls das KSchG eingreift,** bedarf die Kündigung zu ihrer Wirksamkeit der sozialen Rechtfertigung, § 1 Abs. 2 KSchG. Hierfür muss zwingend einer der drei folgenden Kündigungsgründe gegeben sein:

   a. **Personenbedingt:** Hauptfall Praxis/Klausur: Erkrankung des Arbeitnehmers

   aa. Negative Gesundheitsprognose

   bb. Erhebliche Beeinträchtigung betrieblicher Interessen durch die Erkrankung

   cc. Siehe nachfolgende Prüfungspunkte 5 (milderes Mittel insbesondere Versetzung auf einen weniger anspruchsvollen Arbeitsplatz) und 6

   b. **Verhaltensbedingt**

   aa. Schuldhafter Verstoß gegen arbeitsvertragliche Pflichten

   bb. Siehe nachfolgende Prüfungspunkte 5 (milderes Mittel insbesondere Abmahnung) und 6

   c. **Betriebsbedingt**

   aa. Wegfall des bisherigen Arbeitsplatzes aufgrund unternehmerischer Entscheidung

   bb. Keine Möglichkeit der Weiterbeschäftigung auf einem anderen Arbeitsplatz, gegebenenfalls auch nach zumutbaren Umschulungs- oder Fortbildungsmaßnahmen oder unter geänderten Arbeitsbedingungen, wenn der Arbeitnehmer hiermit sein Einverständnis erklärt hat

   cc. Sofern einschlägig: Sozialauswahl ordnungsgemäß durchgeführt anhand der zwingenden Kriterien Lebensalter, Dauer der Betriebszugehörigkeit, Unterhaltspflichten, Schwerbehinderung?

   dd. Siehe nachfolgende Prüfungspunkte 5 und 6

5. **Ultima-Ratio-Prinzip** gewahrt
6. **Interessenabwägung** fällt zugunsten des Arbeitgebers aus.
7. Sofern nach der **Kündigungsschutzklage** gefragt ist: 3-Wochen-Frist zur Erhebung der Klage gewahrt, § 4 KSchG

III. **Rechtsfolge**

Prüfungsschema zur Wirksamkeit einer außerordentlichen (fristlosen) Kündigung

Die Überprüfung einer vom Arbeitgeber ausgesprochenen fristlosen Kündigung gehört ebenso wie die Prüfung der ordentlichen Kündigung zu »den« Klassikern in Klausuren.

Beachten Sie, dass die Aufgabenstellung auch die Prüfung beider Kündigungen vorsehen kann. Für die Praxis typisch ist nämlich, dass eine fristlose (außerordentliche) Kündigung hilfsweise mit einer fristgerechten (ordentlichen) Kündigung verbunden wird. Ist dies der Fall, müssen Sie zunächst die Wirksamkeit der fristlosen und sodann – gegebenenfalls hilfsweise – der ordentlichen Kündigung prüfen.

I. **Allgemeine Kündigungsvoraussetzungen**

1. **Schriftform** gewahrt, § 623 BGB, § 126 BGB
2. **Kündigungsberechtigung** der kündigenden Person
3. **Bedingungsfeindlichkeit** gewahrt
4. **Zugang der Kündigung**
5. **Anhörung des Betriebsrats** erfolgt, § 102 Abs. 1 BetrVG
6. Nur soweit einschlägig: Greift **Sonderkündigungsschutz**, z.B. § 17 MuSchG (schwanger, vor kurzem entbunden), §§ 168 ff. SGB IX (Schwerbehinderung), § 15 KSchG (Betriebsverfassungsrechtliche Funktionsträger)?

II. **Besondere Kündigungsvoraussetzungen**

1. **Wichtiger Grund**, der die Fortsetzung des Arbeitsverhältnisses unzumutbar macht, § 626 Abs. 1 BGB; nach dem BAG wird dies mit der »Zwei-Stufen-Prüfung« geprüft:
   a. Erste Stufe: Ist der Grund »an sich« ausreichend? Zu bejahen, wenn das Arbeitsverhältnis durch den Vorfall objektiv belastet ist und sich diese Belastung auch in Zukunft negativ auf die Zusammenarbeit auswirkt. Wenn dies so ist:
   b. Zweite Stufe: Ist der Vorfall auch unter Berücksichtigung aller Umstände des konkreten Einzelfalles ausreichend, um die fristlose Kündigung zu rechtfertigen (das BAG führt hier die »integrierte« Prüfung der Punkte 3 und 4 mit durch)?
2. **Ausschlussfrist** des § 626 Abs. 2 BGB gewahrt

3. **Ultima-Ratio-Prinzip** gewahrt
4. **Interessenabwägung** fällt zugunsten des Arbeitgebers aus.
5. Sofern nach der **Kündigungsschutzklage** gefragt ist: 3-Wochen-Frist zur Erhebung der Klage gewahrt § 4 KSchG?

III. **Rechtsfolge**

Prüfungsschema zur Wirksamkeit einer Verdachtskündigung

Gerät der Arbeitnehmer in Verdacht, eine Straftat (gegenüber seinem Arbeitgeber) begangen zu haben, ist es für diesen unter bestimmten, engen Voraussetzungen möglich, eine Verdachtskündigung auszusprechen. Ausgesprochen wird sie regelmäßig als fristlose Kündigung. Stellt sich später die Unschuld des Arbeitnehmers heraus, bleibt die Wirksamkeit der Verdachtskündigung davon unberührt. Die Kenntnis der Voraussetzungen der Verdachtskündigung kann Ihnen bei entsprechenden Prüfungsaufgaben sehr hilfreich sein.

I. **Allgemeine Kündigungsvoraussetzungen**

1. **Schriftform** gewahrt, § 623 BGB, § 126 BGB
2. **Kündigungsberechtigung** der kündigenden Person
3. **Bedingungsfeindlichkeit** gewahrt
4. **Zugang der Kündigung**
5. **Anhörung des Betriebsrats** erfolgt, § 102 Abs. 1 BetrVG
6. Nur soweit einschlägig: Greift **Sonderkündigungsschutz,** zum Beispiel § 17 MuSchG (schwanger, vor Kurzem entbunden), §§ 168 ff. SGB IX (Schwerbehinderung), § 15 KSchG (Betriebsverfassungsrechtliche Funktionsträger)?

II. **Besondere Kündigungsvoraussetzungen**

1. **Wichtiger Grund,** der die Fortsetzung des Arbeitsverhältnisses unzumutbar macht § 626 Abs. 1 BGB: Sonderfall Verdachtskündigung
   a. Kündigung erfolgt unter ausdrücklichem Hinweis auf den Verdacht einer strafbaren Handlung des Arbeitnehmers.
   b. Die Straftat, derer der Arbeitnehmer verdächtigt wird, muss so schwerwiegend sein, dass sie die Fortsetzung des Arbeitsverhältnisses unzumutbar macht.
   c. Es besteht ein dringender, durch objektive Tatsachen begründeter Tatverdacht gegen den Arbeitnehmer.

   d. Der Arbeitgeber hat sich hinreichend um die Aufklärung des Sachverhalts bemüht (keine Verdachtskündigung »ins Blaue hinein«).

   e. Dem Arbeitnehmer wurde Gelegenheit gegeben, sich zu dem ihm gegenüber bestehenden Verdacht zu äußern und diesen zu entkräften.

2. **Ausschlussfrist** des § 626 Abs. 2 BGB gewahrt

3. **Ultima-Ratio-Prinzip** gewahrt

4. **Interessenabwägung** fällt zugunsten des Arbeitgebers aus.

5. Sofern nach der **Kündigungsschutzklage** gefragt ist: 3 Wochen Frist zur Erhebung der Klage gewahrt § 4 KSchG?

III. **Rechtsfolge**

Prüfungsschema zur Gewährung einer Sonderzahlung aufgrund betrieblicher Übung

Die betriebliche Übung »geistert« seit Jahrzehnten durch die arbeitsrechtlichen Klausuraufgaben. Auch in der betrieblichen Praxis finden Sie das Thema nach wie vor. Die Kenntnis der Grundlagen der betrieblichen Übung ist daher eindeutig empfehlenswert.

I. **Betriebliche Übung entstanden?**

1. **Wiederholtes (mindestens dreimaliges), gleichförmiges Verhalten** des Arbeitgebers durch Gewährung einer zusätzlichen Leistung, auf die nach dem Arbeitsvertrag (oder sofern einschlägig nach einem Tarifvertrag) kein Anspruch besteht

2. **Übung** auch gegenüber dem Anspruchsteller

3. **Kein ausdrücklicher Widerrufs- oder Freiwilligkeitsvorbehalt**

II. **Betriebliche Übung nicht beseitigt**

1. **Änderungskündigung**

2. **Widerruf** (nur möglich bei existenzieller Gefährdung des Betriebs)

III. **Rechtsfolge**

Kollektives Arbeitsrecht

Das kollektive Arbeitsrecht regelt die Rechtsbeziehung zwischen den »Kollektiven«, also Gewerkschaft bzw. Betriebsrat auf der einen Seite und Arbeitgeberverband bzw. Arbeitgeber auf der anderen Seite. Auch wenn dieses Teilgebiet des Arbeitsrechts weniger gerichtliche Auseinandersetzungen »produziert«, ist es doch von hoher Praxisrelevanz. Sie sind also gut beraten, auch hier die wichtigsten Prüfungsschemata zu kennen.

Prüfungsschema zur Geltendmachung eines Anspruchs aus einem Tarifvertrag

Die Aufgabenstellung, Ansprüche aus einem Tarifvertrag zu prüfen, kommt in Hochschulklausuren ebenfalls vor. Allerdings muss der Klausursachverhalt dafür zumindest Auszüge aus dem betreffenden Tarifvertrag enthalten. Sie sollten insbesondere dann mit einer solchen Aufgabenstellung rechnen, wenn Ihr Dozent auch in der arbeitsrechtlichen Praxis aktiv ist. Dort spielen Tarifverträge nämlich eine starke Rolle.

I. **Bestehen eines Tarifvertrags**

1. **Vorliegen eines Tarifvertrags,** § 1 Abs. 1 TVG (ggf. über Nachwirkung § 4 Abs. 5 TVG)
2. **Schriftform**, § 1 Abs. II TVG
3. Vertragsparteien sind **tariffähig,** § 2 TVG, **und tarifzuständig** (gemäß ihren Satzungen).

II. **Tarifbindung**

1. **Anspruchsteller und Anspruchsgegner sind tarifgebunden,** § 3 Abs. 1, § 4 Abs. 1 TVG, das heißt, Arbeitnehmer ist Mitglied der tarifvertragsschließenden Gewerkschaft, Arbeitgeber ist Mitglied des tarifvertragsschließenden Arbeitgeberverbands oder selbst Tarifvertragspartner (gegebenenfalls auch über § 3 Abs. 2 oder Abs. 3 TVG).
2. **Tarifbindung durch Allgemeinverbindlichkeit** des Tarifvertrags, § 5 TVG
3. **»Tarifbindung« über den Sonderfall des Betriebsübergangs** nach § 613a Abs. 1 Satz 2 BGB

III. **Geltungsbereich** des Tarifvertrags eröffnet

1. **Räumlich**
2. **Zeitlich**
3. **Fachlich**
4. **Betrieblich**
5. **Persönlich**
6. Gegebenenfalls zu prüfen: **Tarifkonkurrenz/Tarifpluralität/Tarifkollision,** § 4a TVG

IV. **Wirksamkeit** der tarifvertraglichen Regelung

1. **Regelungskompetenz** der Tarifvertragsparteien § 1 Abs. 1 TVG
2. **Kein Verstoß gegen höherrangiges Recht**

V. **Voraussetzungen** der konkreten Tarifvertragsnorm (zum Beispiel »Weihnachtsgeld«)

1. **Tatbestandsvoraussetzungen erfüllt**

2. **Rechtsfolge**

VI. **Durchsetzbarkeit** des Anspruchs, § 4 Abs. 4 TVG

VII. **Rechtsfolge**

Prüfungsschema zum Nachteilsausgleich nach § 113 BetrVG

Die Prüfung eines individuellen Anspruchs auf Nachteilsausgleich aufgrund einer zum kollektiven Arbeitsrecht gehörenden Betriebsänderung ist ein weiterer typischer arbeitsrechtlicher Klausurfall. Durch derartige Aufgabenstellungen kann Ihr Dozent abprüfen, ob Sie das Ineinandergreifen von Individualarbeitsrecht und kollektivem Arbeitsrecht verstanden haben.

I. **Vorliegen einer Betriebsänderung** gemäß § 111 BetrVG

1. **Schwellenwert erreicht** § 111 Abs. 1 Satz 1 BetrVG

2. **Mögliche wesentliche Nachteile** für Belegschaft oder erhebliche Teile der Belegschaft

3. **Betriebsänderung** nach § 111 Abs. 1 Satz 3 BetrVG

4. **Bei bloßem Personalabbau** (hierzu zählen neben der arbeitgeberseitigen Kündigung auch andere Personalmaßnahmen wie beispielsweise vom Arbeitgeber initiierte Aufhebungsverträge) gilt die Zahlenstaffel des § 17 Abs. 1 KSchG analog; bei Betrieben mit mehr als 500 Arbeitnehmern müssen mindestens 5 % der Belegschaft von der Betriebsänderung betroffen sein.

II. **Interessenausgleich nicht versucht** oder **ohne zwingenden Grund davon abgewichen**

1. **»Versuch« erfordert vollständiges Durchlaufen** des § 112 BetrVG (inkl. Anrufung der Einigungsstelle).

2. **Abweichen von vereinbartem Interessenausgleich nur bei zwingendem Grund** (»es bleibt aus objektiver Sicht keine andere Wahl«); Arbeitgeber ist voll darlegungs- und beweispflichtig.

III. **Rechtsfolge:**

1. Entlassene Arbeitnehmer **Abfindung** entsprechend § 10 KSchG, § 113 Abs. 1 BetrVG

2. Andere **wirtschaftliche Nachteile sind** bis zu einem Zeitraum von zwölf Monaten **auszugleichen**, § 113 Abs. 2 BetrVG.

Prüfungsschema zum bestehenden Beteiligungsrecht des Betriebsrats bei personellen Einzelmaßnahmen

Die Prüfung der Beteiligungsrechte des Betriebsrats gehört zum kollektiven Arbeitsrecht. Gemeinhin wird zwischen Beteiligung in sozialen, personellen und wirtschaftlichen Angelegenheiten unterschieden. Sofern in Ihren Vorlesungen die Mitwirkungsrechte des Betriebsrats behandelt wurden, besteht also eine entsprechende Klausurrelevanz.

I. **Schwellenwert erreicht** gemäß § 99 Abs. 1 Satz 1: mehr als 20 Beschäftigte

II. **Vorliegen einer personellen Einzelmaßnahme** gemäß § 99 Abs. 1 BetrVG

1. **Einstellung:** Eingliederung in den Betrieb
2. **Eingruppierung:** erstmalige Zuordnung zu einer Vergütungs-/Tarifgruppe
3. **Umgruppierung:** Wechsel der Vergütungs-/Tarifgruppe
4. **Versetzung:** Definition siehe § 95 Abs. 3 BetrVG

III. Ordnungsgemäße **Unterrichtung des Betriebsrats** unter Vorlage der erforderlichen Unterlagen

IV. **Zustimmung des Betriebsrats**

1. **Ausdrücklich oder durch Fristablauf fingiert** gemäß § 99 Abs. 3 Satz 2 BetrVG
2. **Fristgerechte Verweigerung der Zustimmung** des Betriebsrats gemäß § 99 Abs. 3 Satz 1, § 99 Abs. 2 BetrVG nur möglich aufgrund eines der in § 99 Abs. 2 BetrVG explizit aufgeführten Gründe:
   a. Einzelmaßnahme verstößt gegen Rechtsnorm, gerichtliche Entscheidung oder behördliche Anordnung.
   b. Einzelmaßnahme verstößt gegen eine mit dem Betriebsrat vereinbarte Richtlinie über die personelle Auswahl.
   c. Einzelmaßnahme begründet die Besorgnis, dass beschäftigte Arbeitnehmer durch Kündigung oder Ähnliches benachteiligt werden.
   d. Einzelmaßnahme benachteiligt den unmittelbar betroffenen Arbeitnehmer.
   e. Eine aufgrund Verlangen des Betriebsrates erforderliche betriebliche Ausschreibung ist unterblieben, § 93 BetrVG.
   f. Begründete Besorgnis, dass der in Aussicht genommene Arbeitnehmer oder Bewerber durch gesetzwidriges Verhalten oder Verstöße gegen die Grundsätze des § 75 Abs. 1 BetrVG den Betriebsfrieden stört

V. **Bei fehlender Zustimmung** ist die Maßnahme zu unterlassen; der Arbeitgeber kann das Arbeitsgericht anrufen, § 99 Abs. 4 BetrVG.

VI. **Sonderfall:** vorläufige personelle Maßnahme, § 100 BetrVG

VII. **Rechtsfolge:** Maßnahme ist zu unterlassen / vornehmbar

Prüfungsschema zur Rechtmäßigkeit eines Arbeitskampfs (insbesondere Streik/Aussperrung)

Die Prüfung der Rechtmäßigkeit eines Arbeitskampfs (vor allem Streik und Aussperrung) gehört ebenfalls zum kollektiven Arbeitsrecht. Ein rechtmäßiger Arbeitskampf ist sowohl zulässig als auch für die daran Teilnehmenden sanktionslos. Ist der Arbeitskampf dagegen rechtswidrig, können umfangreiche Ansprüche davon Betroffener entstehen und die Teilnehmenden laufen das Risiko arbeitsrechtlicher Sanktionen. Es kann also nicht verwundern, dass auch die Frage der Rechtmäßigkeit von Arbeitskämpfen ein Klassiker unter den kollektivarbeitsrechtlichen Fragestellungen ist.

I. **Vorliegen eines Arbeitskampfs:** kollektive Maßnahme zur Störung der Arbeitsbeziehungen, um ein bestimmtes Ziel zu erreichen. Hauptfälle Streik und – weniger praxisrelevant – Aussperrung.

II. **Einhalten der tariflichen Grenzen:** Kampfziel Tarifvertrag

1. **Tariffähigkeit** der Kampf-Parteien (nur Gewerkschaften, Arbeitgeberverbände und einzelne Arbeitgeber; nie einzelne Arbeitnehmer oder Arbeitnehmergruppen)
2. **Tarifvertraglich regelbares Ziel** (kein politischer Arbeitskampf)
3. Kein Verstoß gegen die **Friedenspflicht**

III. **Einhalten von Kampfparität** und Staatsneutralität: Waffengleichheit

1. **Neutralität des Staates** (Wahrung der Tarifautonomie)
2. **Streik durch Gewerkschaft** nach Auffassung BAG grds. zulässig
3. **Aussperrung durch Arbeitgeberseite** grds. nur als Abwehraussperrung und nicht als Angriffsaussperrung zulässig

IV. **Einhalten des Gebotes der Verhältnismäßigkeit:** Arbeitskampf muss geeignet, erforderlich und angemessen sein.

1. Sofern vorrangig **Gerichtsschutz** besteht, ist dieser geltend zu machen.
2. Beachtung des **Ultima-ratio-Prinzips**
   a. Streik: Nach BAG sind jedenfalls Warnstreiks auch schon während Verhandlungen zulässig (str.).
   b. Aussperrung: Die vom BAG festgelegten quantitative Grenzen der Abwehraussperrung sind zu beachten.
3. **Gebot fairer Kampfführung** (Aktionen unzulässig, die auf die Zerstörung des Gegners zielen)

V. **Einhalten der gesetzlichen Vorschriften:** kein Verstoß gegen Verfassungsrecht, öffentliches Dienstrecht, Betriebsverfassungsrecht, Strafrecht etc.

VI. **Rechtsfolgen**

IN DIESEM KAPITEL

Kartellrecht und Lauterkeitsrecht

Wettbewerbsrecht

Besondere Ausprägungen

Kapitel 9
Wettbewerbsrecht

Lennart Rümmler

In diesem Kapitel lernen Sie die wichtigsten Prüfungsschemata des Wettbewerbsrechts kennen.

Der Begriff des Wettbewerbsrechts ist in der deutschen und europäischen Rechtsordnung teils umstritten. Grob gesprochen handelt es sich beim Wettbewerbsrecht um alle Gesetze, die den freien Wettbewerb schützen sollen. Das sind

- **das Kartellrecht** (das vor allem dem Schutz des Wettbewerbs als solchem dient, so zum Beispiel durch Monopole) und
- **das Lauterkeitsrecht** (das dem Schutz der Marktteilnehmer vor unfairem Verhalten dient).

Nachdem das Kartellrecht eine nochmals tiefergreifende und in den wenigsten allgemeinen Fällen Klausur-relevante Fragestellungen bietet, beschränken sich die nachfolgenden Schemata auf das Lauterkeitsrecht. Die Schemata helfen Ihnen, bei der Abarbeitung der Klausuraufgabe systematisch und damit nachvollziehbar und logisch vorzugehen. Die gewählte Reihenfolge der nachfolgenden Prüfungsschemata orientiert sich an den gedanklichen Schritten, die Sie bei der Prüfung lauterkeitsrechtlicher Fragestellungen durchlaufen sollten. Zu Beginn finden Sie zunächst allgemeine, für alle Prüfungen relevante Schemata; die in diesen allgemeinen Schemata aufgelisteten Spezialfragen finden Sie dann weiter hinten in diesem Kapitel in gesonderten Schemata.

In einer Klausur tauchen häufig auch auf allgemeiner Ebene (vor allem: geschäftliche Handlung und Mitbewerbereigenschaft) Probleme auf. Nehmen Sie sich daher immer auch die Zeit, diese Themen zu untersuchen, und eilen Sie nicht vorschnell zur Prüfung der (natürlich regelmäßig das Kernstück der Prüfung darstellenden) Verbote der §§ 3 ff. UWG. So zeigen Sie vertieftes Bewusstsein für das Gesamtsystem des Lauterkeitsrechts.

Allgemeine Prüfungsschemata

Zu den allgemeinen, für Prüfungen relevanten Prüfungsschemata gehören die folgenden.

Allgemeines Prüfungsschema zu lauterkeitsrechtlichen Ansprüchen

Ein sauberer Aufbau der Anspruchsprüfung zeigt vertieftes Grundverständnis von der Systematik des UWG. Hierzu gehört auch die korrekte Auflistung der Anspruchsgrundlagen: Nennen Sie

1. zunächst die geltend gemachten Anspruchsnorm (§ 8 Absatz 1 UWG oder § 9 Absatz 1 / 2 UWG),
2. dann die Generalklausel zur Unlauterkeit (§ 3 Absatz 1 UWG),
3. dann die konkret verletzte Norm z.B. § 5 Absatz 2 Nr. 1 UWG – wenn mehrere Normen verletzt sind, sind alle anzuführen.

I. **Aktivlegitimation**

1. **Für Unterlassungs- und Beseitigungsanspruch:** Mitbewerber (§ 8 Absatz 3 Nr. 1 UWG) oder qualifizierte Einrichtungen (§ 8 Absatz 3 Nr. 2 bis 4 UWG)
2. **Für Schadensersatzanspruch:** Mitbewerber (§ 9 Absatz 1 UWG) oder Verbraucher (§ 9 Absatz 2 UWG)
3. **Für Gewinnabschöpfung:** qualifizierte Einrichtungen (§ 8 Absatz 3 Nr. 2 bis 4 UWG)

II. **Unlautere geschäftliche Handlung**

III. **Passivlegitimation**

1. **Unmittelbare Täterschaft**
2. **Sonderfall: mittelbare Täterschaft** von Intermediären durch Verletzung von Verkehrspflichten (z.B. Wettbewerbsrechtsverletzungen durch Dritte auf Online-Plattformen)
3. **Teilnahme** (Beihilfe, Anstiftung)

4. **Einstandspflicht** für Dritte

   a. Haftung des Geschäftsführers für Entscheidung, die typischerweise auf Geschäftsführungsebene getroffen wird

   b. Haftung des Unternehmens für Wettbewerbsverstoß durch Beauftragte und Mitarbeiter, § 8 Absatz 2 UWG

IV. **Besondere Haftungsvoraussetzungen**

1. **Für Unterlassungsanspruch:** Wiederholungs-/Erstbegehungsgefahr

2. **Für Schadensersatzanspruch:** Verschulden und Entstehung eines ersatzfähigen Schadens

3. **Für Gewinnabschöpfung:** Gewinnerzielung zulasten einer Vielzahl an Abnehmern

Allgemeines Prüfungsschema zur unlauteren geschäftlichen Handlung

Das Lauterkeitsrecht sucht immer nach der Antwort auf eine konkrete Fragestellung: »Darf ein Marktteilnehmer die in Rede stehende geschäftliche Handlung vornehmen?« Hierbei stehen sich die Wettbewerbsfreiheit auf der einen Seite und der Schutz der anderen Marktteilnehmer vor als »unlauter« qualifizierten Handlungen gegenüber. Fällt eine Handlung unter eine der in §§ 3 ff. UWG angeführten Verbote, setzt sich der Schutz der Marktteilnehmer durch.

I. **Geschäftliche Handlung**

II. **Unlauterkeit gegenüber Verbrauchern**

1. Im Anhang zu § 3 Absatz 3 UWG **aufgeführte Verbote** (»Black List«)

2. In § 4a UWG (aggressive geschäftliche Handlung), § 5 UWG (irreführende geschäftliche Handlung), § 5a UWG i.V.m. § 5b UWG (Irreführung durch Unterlassen) oder § 7 UWG (unzumutbare Belästigung) **normierte Verbote**

3. **Verletzung einer verbraucherschützenden Marktverhaltensregelung** gemäß § 3a UWG (z.B. §§ 312 ff. BGB)

4. **Sonstige Unlauterkeit** nach Generalklausel gemäß § 3 Absatz 2 UWG

III. **Unlauterkeit gegenüber Mitbewerbern**

1. In § 4 UWG **normierte Verbote** (Herabsetzung / Verunglimpfung, unwahre kreditschädigende Tatsachenbehauptungen, Nachahmung / »ergänzender Leistungsschutz«, gezielte Behinderung)

2. In § 6 UWG **normierte Verbote** (unlautere vergleichende Werbung)

3. **Verletzung einer mitbewerberschützenden Marktverhaltensregelung** gemäß § 3a UWG (z.B. § 5 DDG)

4. **Sonstige Unlauterkeit** nach Generalklausel gemäß § 3 Absatz 1 UWG

IV. Gegebenenfalls **Prüfung der Überschreitung der erforderlichen Schwelle** (§ 3 Absatz 1 und 2, § 3a, § 5, § 5a UWG, h.M. auch § 6 UWG)

Prüfungsschema zum Vorliegen einer geschäftlichen Handlung

Das Vorliegen einer geschäftlichen Handlung (§ 2 Absatz 1 Nr. 2 UWG) ist der Prüfung eines lauterkeitsrechtlichen Anspruchs immer vorangestellt – das konnten Sie schon im vorstehenden Schema erkennen.

In Abgrenzung zum allgemeinen Deliktsrecht werden nur geschäftliche Handlungen von den Marktverhaltensregelungen des UWG überhaupt erfasst. Der Tatbestand der geschäftlichen Handlung wird weit ausgelegt.

Die Tatbestandsmerkmale des Unternehmensbezugs und der Handlung vor, bei oder nach Geschäftsabschluss werden Ihnen in Klausuren üblicherweise wenig Probleme bereiten. Ihre besondere Aufmerksamkeit verlangt häufig der Marktbezug.

I. **Unternehmensbezug:** Verhalten zugunsten des eigenen oder eines fremden Unternehmens – keine Gewinnerzielungsabsicht notwendig

II. **Marktbezug:** Unmittelbarer und objektiver Zusammenhang mit Absatzförderung oder Förderung des Bezugs von Waren oder Dienstleistungen (selbst oder für Dritte)

Häufige Fälle, bei denen ein Marktbezug fehlt, sind vor allem:

- ✔ **Interne Handlungen** ohne Auswirkung auf Mitbewerber, Verbraucher oder sonstige Marktteilnehmer
- ✔ **Handeln, das im Schwerpunkt nicht-kommerziellen Interessen dient** (z.B. Verbraucherschutz, Idealvereine ohne eigene erwerbsorientierte Tätigkeit, redaktionelle Tätigkeiten, Grenzfall Influencer)

III. **Vor, bei oder nach Geschäftsabschluss:** umfassender Ansatz – Werbung, Informationserteilung, Vertragsschluss, Verhalten bei Abwicklung der Geschäftsbeziehung

Prüfungsschema zur Mitbewerbereigenschaft gemäß § 2 Absatz 1 Nr. 4 UWG

Die Prüfung der Mitbewerbereigenschaft kann in Praxis und Klausur eine Vielzahl an Streitpunkten aufwerfen und wird Ihnen daher häufig begegnen. Das Vorgehen eines Unternehmens gegen ein anderes Unternehmen auf Basis des Wettbewerbsrechts setzt zum Beispiel voraus, dass die Unternehmen Mitbewerber sind (§ 8 Absatz 3 Nr. 1 UWG für Beseitigungs- und Unterlassungsansprüche; § 9 Absatz 1 UWG für Schadensersatzansprüche). Außerdem ist die Mitbewerbereigenschaft Tatbestandsvoraussetzung der Verbote des § 4 UWG. Häufig wird in Klausuren ein besonderes Augenmerk und ein Schwerpunkt auf die Frage gelegt, ob ein konkretes Wettbewerbsverhältnis besteht. Bereiten Sie sich also darauf vor!

I. Unternehmereigenschaft der betroffenen Marktteilnehmer

II. Bestimmung des relevanten sachlichen, räumlichen und zeitlichen Marktes

III. Konkretes Wettbewerbsverhältnis auf dem relevanten Markt: funktionale Austauschbarkeit (Bezug einer Ware oder Dienstleistung kann den Bezug der anderen ersetzen) oder gegenseitige Erschwerung (Bezug einer Ware oder Dienstleistung hat negative Auswirkung auf Bezug anderer Ware oder Dienstleistung)

Richten Sie bei der Austauschbarkeit oder Erschwerung Ihren Blick auf den Endabnehmer der jeweiligen Waren oder Dienstleistungen. Es kommt auch ein Wettbewerbsverhältnis zwischen Unternehmen in Betracht, die auf unterschiedlichen Vertriebsebenen tätig sind (z.B. Hersteller und Händler eines Produkts).

Besondere Prüfungsschemata

Kommen wir nun zu den bei den allgemeinen Schemata aufgelisteten Spezialfragen.

Besonderes Prüfungsschema zur irreführenden geschäftlichen Handlung (§ 5 UWG)

Die irreführende geschäftliche Handlung gehört zu den in der Praxis am häufigsten bemühten Verbotstatbeständen des UWG und ist daher auch in Klausuren ein »Klassiker«. Klausurarbeit und juristische Arbeit in der Praxis ist immer auch Sachverhaltsarbeit. Basis Ihrer Prüfung, ob eine Irreführung vorliegt, ist immer der konkrete Kommunikationsgehalt, der dem Adressatenkreis präsentiert wird.

Es wird daher in der Prüfung gerne gesehen, wenn Sie vor der eigentlichen juristischen Prüfung wenige Sätze dazu verlieren, wer Adressatenkreis der jeweiligen Äußerung ist (z.B. Jugendliche, Fachkreise, allgemeine Verbraucher) und wie dieser Adressatenkreis die Äußerung versteht.

I. Äußerung unwahrer oder zur Täuschung geeigneter Angaben gemäß § 5 Absatz 2 Nr. 1 bis 7 UWG

Eine irreführende Angabe kann auch vorliegen, wenn zwar keine »Lüge« erzählt wird, aber im Gesamtkontext eine Fehlvorstellung über die nachfolgenden Merkmale (z.B. mehrdeutige Angaben) wird.

1. Wesentliche Merkmale der Ware oder Dienstleistung (z.B. unrichtige oder irreführende Werbung mit »Neuheit«, Werbung mit unrichtigen Testergebnissen), § 5 Absatz 2 Nr. 1 UWG
2. Preis oder Preisvorteil, Verkaufsanlass oder Bedingungen der Lieferung (z.B. unrichtige oder irreführende Werbung mit Sonderangeboten, Rabatten, Garantien), § 5 Absatz 2 Nr. 2 UWG

3. Persönliche oder geschäftliche Verhältnisse des Unternehmers (z.B. unwahre oder irreführende Spitzenstellungsbehauptung (»Die Nr. 1«), Historie des Unternehmens, unrichtige Angabe geschützter Berufsbezeichnungen), § 5 Absatz 2 Nr. 3 UWG

4. Sponsoring oder Zulassung (z.B. Werbung mit Symbol eines Fußballbunds trotz fehlendem Sponsoring), § 5 Absatz 2 Nr. 4 UWG

5. Notwendigkeit einer Leistung, eines Ersatzteils, Austauschs oder Reparatur (z.B. unrichtige Angabe über Pflicht zum Bezug eines kostenpflichtigen Softwareupdates), § 5 Absatz 2 Nr. 5 UWG

6. Einhaltung eines Verhaltenskodex, § 5 Absatz 2 Nr. 6 UWG

7. Rechte eines Verbrauchers, § 5 Absatz 2 Nr. 7 UWG (häufig Überschneidung zu § 5 Absatz 2 Nr. 2 UWG)

II. Geschäftliche Relevanz der Irreführung: Eignung zur Beeinflussung der Kaufentscheidung (Minimalschwelle)

Besonderes Prüfungsschema zur Irreführung durch Unterlassen (§ 5a, § 5b UWG)

Eine Irreführung kann auch durch Vorenthalten wesentlicher Informationen geschehen. Grundsätzlich enthalten die §§ 5 ff. UWG zwar kein Vollständigkeitsgebot und keine allgemeine Aufklärungspflicht. Etwas anderes gilt, wenn gerade das Weglassen bestimmter Informationen zu einer Fehlvorstellung führen würde, was von § 5a UWG und ergänzend § 5b UWG erfasst wird.

I. **Wesentliche Information**

1. **Numerus Clausus** in § 5b Absatz 1 bis 4 UWG:

   a. Wesentliche Informationen bei Angebot von Waren oder Dienstleistungen (Gesetzeslektüre § 5b Absatz 1 UWG!), § 5b Absatz 1 Nr. 1 UWG. Wichtig: Als Angebot zählt hier nicht erst ein Angebot im Sinne des § 145 BGB, sondern bereits eine Werbung, ein Katalog oder sonstiger Informationsträger unter Nennung eines Preises.

   b. Wesentliche Informationen bei Online-Marktplätzen und Suchanbietern (Parameter des Suchrankings und relative Gewichtung der Parameter), § 5b Absatz 1 Nr. 2 UWG

   c. Wesentliche Informationen bei Werbung mit Produktrezensionen, § 5b Absatz 1 Nr. 3 UWG (Angabe, ob und wie Authentizität der Bewertungen sichergestellt wird; Überschneidungen mit Nr. 23b und Nr. 23c im Anhang zu § 3 Absatz 3 UWG »Black List«, stets mitbeachten)

   d. Informationen, die aufgrund unionsrechtlicher Verordnungen oder Rechtsvorschriften zur Umsetzung unionsrechtlicher Richtlinien anzugeben sind (Auflistung in Anhang II UGP-Richtlinie), § 5b Absatz 1 Nr. 4 UWG

II. **Generalklausel** in § 5a Absatz 1 UWG – Einzelfallprüfung, ob besondere Aufklärungspflicht besteht. Verbreitete Fallgruppen einer Aufklärungspflicht:

1. **Vollständigkeitsgebot** für Fallgruppen mit besonders hohen Transparenzanforderungen (Green-Claims: z.B. Erklärungsbedarf des Begriffs »klimaneutral«; gesundheitsbezogene Werbung, z.B. Erklärungsbedarf des Begriffs »krankheitslindernd«)

2. **Hinweis auf negative, nicht übliche Eigenschaften**

3. **Fundstelle bei Testergebnissen**

III. **Vorenthalten oder Verschleiern**

1. **Vorenthalten:** Notwendige Information fehlt.

2. **Verschleiern,** § 5a Absatz 2 UWG: Notwendige Information ist vorhanden, aber nicht hinreichend deutlich oder nicht hinreichend rechtzeitig erteilt – Grenzfälle: Sternchenhinweise, Blickfangwerbung.

IV. **Geschäftliche Relevanz der Irreführung:** Eignung zur Beeinflussung der Kaufentscheidung (Minimalschwelle)

Besonderes Prüfungsschema zum Rechtsbruch (§ 3a UWG)

§ 3a UWG ist die »Schnittstelle« zwischen dem Lauterkeitsrecht und gesetzlichen Verboten außerhalb des UWG. Wenn in einer Klausur die Verletzung einer spezialgesetzlichen Norm in Rede steht, denken Sie immer daran, eine Verletzung des § 3a UWG zu prüfen.

I. **Verletzung einer gesetzlichen Vorschrift:** formelle Gesetze und materielle Gesetze (auch Verordnungen, Satzungen)

II. **Verletzte Vorschrift ist eine Marktverhaltensregelung** (Voraussetzungen kumulativ).

1. **Gesetzliche Vorschrift** regelt das »Wie« des Wettbewerbs, indem geschäftliche Handlungen reguliert werden (Handlungs- oder Unterlassungsgebot).

2. **Handlungs- oder Unterlassungsgebot** dient konkret dem Schutz der Marktteilnehmer (Mitbewerber oder Verbraucher).

3. **Abgrenzung:** Regelung dient nur dem Schutz der Allgemeinheit oder setzt an Verhalten an, das noch nicht zur Marktbetätigung gehört (z.B. allgemeine strafrechtliche Verbote, Straßenverkehrsrecht, Steuerrecht). Aktuelle Beispiele der Marktverhaltensregelung:

   a. §§ 307 ff. BGB

   b. Bestimmte Regelungen in der KI-VO und der DSGVO

   c. Regulatorische Branchenvorschriften (z.B. Lebensmittelrecht, Heilmittelrecht)

   d. Preisangabenverordnung

III. **Eignung zur spürbaren Interessenbeeinträchtigung:** gewisse Wahrscheinlichkeit der Beeinträchtigung der von der Marktverhaltensregelung geschützten Interessen

Besonderes Prüfungsschema zum Mitbewerberschutz (§ 4 UWG)

Der Mitbewerberschutz des § 4 UWG ist ein für die Klausurbearbeitung schwierigerer Tatbestand, weil die dortigen Verbotstatbestände im Gesetz nur sehr oberflächlich definiert sind. Die Ausfüllung der Verbote erfolgte per Fallgruppenbildung durch die Rechtsprechung. Umso wichtiger ist es hier, dass der schematische Aufbau sitzt und Sie die wesentlichen Fallgruppen kennen. In der Klausurlösung können Sie dann bei guter Argumentation auch mehrere Ergebnisse vertreten.

I. **Mitbewerbereigenschaft**

II. **Verunglimpfung** von Mitbewerbern oder derer Waren und Dienstleistungen, § 4 Nr. 1 UWG (Schmähkritik und Formalbeleidigung, pauschale Herabsetzung ohne sachliche Begründung)

Gehen Sie nicht vorschnell von einer Verunglimpfung aus. Sachlich begründete Kritik ist – auch wenn sie scharf formuliert ist – im Regelfall hinzunehmen.

III. **Anschwärzung,** § 4 Nr. 2 UWG (unwahre Tatsachenbehauptungen über Mitbewerber oder dessen Waren und Dienstleistungen, die zur Schädigung des Betriebs oder Kredits geeignet sind). Besonderheit: Hier gilt eine Beweislastumkehr zum allgemeinen Persönlichkeitsrecht.

IV. **Ergänzender Leistungsschutz,** § 4 Nr. 3 UWG.

1. **Ware oder Dienstleistung mit wettbewerblicher Eigenart** (Individualität der Ware/Dienstleistung ist geeignet, auf betriebliche Herkunft oder Besonderheiten hinzuweisen)
2. **Nachahmung:** identisch/fast identisch/nachschaffende Übernahme
3. **Unlauterkeitsbegründende Umstände** gemäß § 4 Nr. 3 a) bis c) UWG: vermeidbare Herkunftstäuschung, Rufausbeutung oder Rufschädigung, Nachahmung auf Basis unredlich erlangter Kenntnisse oder Unterlagen

V. **Gezielte Behinderung,** § 4 Nr. 4 UWG

1. **Behinderung:** Beeinträchtigung der wettbewerblichen Entfaltungsmöglichkeiten
2. **Gezielt:** zusätzliches Unlauterkeitskriterium zur Überschreitung der im Wettbewerb innewohnenden Behinderung

In der Klausur wird von Ihnen zur Prüfung der gezielten Behinderung eine Einzelfallabwägung der Zweck-/Mittel-Relation erwartet. Häufige Fallgruppen, in denen ein unlauteres Handeln bejaht werden kann, sind

- ✔ das Abwerben von Mitarbeitern oder Kunden,
- ✔ die Behinderung im kennzeichenrechtlichen Bereich (Domain-Grabbing, Keyword-Advertising, unberechtigte Geltendmachung von Schutzrechten) sowie
- ✔ die Behinderung der Absatzmöglichkeiten, z.B. Boykottaufruf.

Besonderes Prüfungsschema zur unlauteren vergleichenden Werbung (§ 6 UWG)

Auch wenn die vergleichende Werbung etwas weniger Klausur- und Praxisrelevanz aufweist als die »Klassiker« in §§ 3 bis 5 UWG, sollten Sie deren Bedeutung nicht unterschätzen. § 6 UWG weist an einigen Stellen eine besondere Systematik und eigene Definitionen auf, sodass Sie sich die Zeit nehmen sollten, sich mit diesem Tatbestand vertraut zu machen. Die relevantesten Verbote sind diejenigen der § 6 Absatz 2 Nr. 1, Nr. 2 und Nr. 5 UWG.

I. **Werbung:** Äußerung bei der Ausübung eines Handels, Gewerbes, Handwerks oder freien Berufs mit Absatzförderungsabsicht (Art. 2 lit. a Werbe-RL – weite Auslegung)

II. **Mitbewerberbezug:** Mitbewerber oder Waren oder Dienstleistungen des Mitbewerbers ausdrücklich (Nennung) oder mittelbar (Anklang, Hinweis, Umschreibung) erkennbar

III. **Vergleichend:** Gegenüberstellung von Waren oder Dienstleistungen des Werbenden und eines Mitbewerbers

IV. **Unlauterkeitskriterien:**

1. **Vergleich von Waren oder Dienstleistungen mit unterschiedlichem Bedarf und unterschiedlicher Zweckbestimmung,** § 6 Absatz 2 Nr. 1 UWG. Faustformel: Sind die verglichenen Waren oder Dienstleistungen funktionell austauschbar?
2. **Vergleich ist nicht objektiv** auf wesentliche, relevante, nachprüfbare und typische Eigenschaften bezogen, § 6 Absatz 2 Nr. 2 UWG. Begründet ein Verbot der vergleichenden Werbung mit subjektiven oder nicht belegbaren Werturteilen (»*A ist besser als B*«). Faustformel: Könnte ein Sachverständiger die Richtigkeit zweifelsfrei feststellen?
3. **Vergleich begründet Verwechslungsgefahr** zwischen den Unternehmen, den Waren/Dienstleistungen oder den Kennzeichen, § 6 Absatz 2 Nr. 3 UWG.
4. **Vergleich nutzt den Ruf** eines vom Mitbewerber verwendeten Kennzeichens (insbesondere Marke) unlauter aus, § 6 Absatz 2 Nr. 4 UWG.
5. **Vergleich setzt den Mitbewerber unlauter herab,** § 6 Absatz 2 Nr. 5 UWG – Verbot der unsachlichen Verringerung der Wertschätzung des Mitbewerbers, bei negativen Werbeaussagen häufig herangezogener Tatbestand.

Die unsachliche Herabsetzung ist ein häufiger Anwendungsfall des § 6 UWG. Nehmen Sie im Einzelfall eine Interessenabwägung daraufhin vor, ob noch ein sachlich angemessener Vergleich vorliegt oder die Schwelle zur Unsachlichkeit erreicht ist (unsachlich sind insbesondere Herabsetzungen ohne sachliche Anknüpfungspunkte oder »schiefe« Formulierungen, die einen unbegründeten Vorwurf enthalten).

6. **Vergleich unter Nutzung einer Nachahmung** oder Imitation einer unter einem geschützten Kennzeichen (insbesondere Marke) vertriebenen Ware oder Dienstleistung, § 6 Absatz 2 Nr. 6 UWG

V. **Wesentlichkeit** (strittig, nicht in Gesetz vorgesehen. Zumindest aber Minimalschwelle in richtlinienkonformer Auslegung).

Besonderes Prüfungsschema zur unzumutbaren Belästigung (§ 7 UWG)

Eine unzumutbare Belästigung zeichnet sich dadurch aus, dass der angesprochene Verbraucher oder sonstige Marktteilnehmer mit geschäftlicher Kommunikation (meistens Werbung) konfrontiert wird, die er nicht wünscht und die im konkreten Fall als unlauter erachtet wird. Der »Knackpunkt« in der Fallbearbeitung liegt hier häufig in der Frage, ob eine hinreichende Einwilligung zur Kontaktaufnahme vorliegt.

I. **Belästigung eines Marktteilnehmers:** Handlung, die dem Empfänger aufgedrängt wird und die bereits wegen ihrer Art und Weise unabhängig von ihrem Inhalt als störend empfunden wird

II. **Unzumutbarkeit der Belästigung**

1. **Katalog,** § 7 Absatz 2 UWG

   a. Kaltanrufe ohne Einwilligung, § 7 Absatz 2 Nr. 1 UWG

   b. Werbung mit automatischer Anrufmaschine, Fax oder elektronischer Post ohne Einwilligung, § 7 Absatz 2 Nr. 2 UWG

Der wichtigste Fall des § 7 Absatz 2 Nr. 2 UWG ist die E-Mail-Werbung (z.B. Newsletter) ohne Einwilligung. Eine solche Werbung ist unter bestimmten Voraussetzungen auch ohne Einwilligung zulässig: Erhalt der Kontaktdaten im Zusammenhang mit vorherigem Verkauf einer Ware oder Dienstleistung ermöglicht bis auf Widerspruch Direktwerbung für ähnliche Waren- und Dienstleistungen, § 7 Absatz 3 UWG.

   c. Nachricht (Definition in § 2 Nr. 5 UWG) ohne Offenlegung der in lit. a) bis c) angeführten Informationen zur Person des Werbenden, § 7 Absatz 2 Nr. 3 UWG

2. **Generalklausel,** § 7 Absatz 1 UWG

   a. Werbung, obwohl erkennbar ist, dass der angesprochene Marktteilnehmer die Werbung nicht wünscht, § 7 Absatz 1 S. 2 UWG (Werbung wie § 6 UWG, konkreter Adressat erforderlich), Beispiel: »Bitte keine Werbung«-Aufkleber

   b. Sonstige Fälle der Unzumutbarkeit, § 7 Absatz 1 S. 1 UWG. Umfassende Interessenabwägung zwischen Kommunikations- und Berufsfreiheit des Marktteilnehmers und Recht auf Privatsphäre des Adressaten. Häufig lässt sich im Umkehrschluss aus der »Black List« (Anhang zu § 3 Absatz 3 UWG) entnehmen, dass bestimmte Handlungen nicht als generell unlauter angesehen werden.

Besonderes Prüfungsschema zu aggressiven geschäftlichen Handlungen, § 4a UWG

Die Vorschrift des § 4a UWG soll die Entscheidungsfreiheit von Marktteilnehmern (insbesondere Verbrauchern) vor bestimmten aggressiven geschäftlichen Handlungen schützen. Hierzu untersagt sie bestimmte Praktiken, die das Verhalten der Marktteilnehmer auf nicht mehr hinnehmbare Weise beeinflussen können.

I. **Einsatz eines Mittels** gemäß § 4a Absatz 1 S. 2 Nr. 1 bis 3 UWG:

1. **Belästigung** (Handlung, die dem Adressaten aufgedrängt wird und die bereits wegen ihrer Art und Weise unabhängig von ihrem Inhalt als störend empfunden wird, z.B. unerwünschte Kommunikation)
2. **Nötigung** (Orientierung an § 240 StGB)
3. **Unzulässige Beeinflussung** (Machtposition wird zur Ausübung von Druck in einer Weise ausgenutzt, die die Fähigkeit zu einer informierten Entscheidung wesentlich einschränkt; z.B. Einsatz von »Dark Patterns«, Ausnutzung einer Situation des »Ausgeliefertseins«)

II. **Aggressivität des Mittels** unter Abwägung der Kriterien gemäß § 4a Absatz 2 S. 1 Nr. 1 bis 5 UWG

1. **Modalitäten der Handlung** (Zeitpunkt, Ort, Art, Dauer)
2. **Beleidigungen oder Drohungen**
3. **Bewusstes Ausnutzen der Situation** des Adressaten (z.B. Unfälle, Unerfahrenheit)
4. **Hindernisse für die Ausübung vertraglicher Rechte** (z.B. Verlangen unnötiger Informationen zur Vertragskündigung)
5. **Drohung** mit unzulässigen Handlungen (z.B. nicht zulässige Kündigung)

Betrachten Sie ein Mittel gemäß § 4a Absatz 1 UWG nicht voreilig als »aggressiv«, sondern nur dann, wenn es unter Gesamtabwägung der Kriterien des § 4a Absatz 2 UWG die Schwelle der Aggressivität übersteigt, indem die jeweilige Handlung verhältnismäßig schwer wiegt. Da es sich um eine Gesamtbetrachtung handelt, kann auch bereits die Verwirklichung eines einzelnen Kriteriums die Aggressivität begründen, wenn es besonders schwer wiegt.

IN DIESEM KAPITEL

Rechtmäßigkeit der Datenverarbeitung

Betroffenenrechte

Datenschutzgrundverordnung

Kapitel 10
Datenschutzrecht

Jennifer Knoll

In diesem Teil lernen Sie die wichtigsten Prüfungsschemata des Datenschutzrechts kennen.

Das Datenschutzrecht ist stark von offenen Rechtsbegriffen und Abwägungsentscheidungen geprägt. Deshalb findet man in der Literatur deutlich weniger klassische Prüfungsschemata. Das bedeutet jedoch nicht, dass sich das Datenschutzrecht der schematischen Erfassung entzöge. Im Gegenteil: Die meisten klausur- und praxisrelevanten Datenschutzfälle folgen denselben wenigen, immer wiederkehrenden Kernprüfungen.

Nutzen Sie die Schemata als Denkgerüst: Sie ersetzen nicht die juristische Argumentation, sondern geben lediglich die Prüfreihenfolge vor. Wer lernt, Sachverhalte konsequent entlang dieser Struktur zu prüfen und sie mit eigenständiger Subsumtion zu füllen, legt die Grundlage für einen souveränen Umgang mit dem Datenschutzrecht in Klausur und Praxis.

Die DSGVO

Die *Europäische Datenschutzgrundverordnung* (kurz DSGVO) ist im Vergleich zum klassischen Zivilrecht in ihrem Grundsatz nicht von Ansprüchen geprägt. Stattdessen handelt es sich um ein europarechtlich geprägtes Abwehrrecht des Einzelnen gegenüber einem staatlichen oder privaten Eingriff. Die DSGVO fragt weniger danach, wer von wem was verlangen kann, sondern danach, ob ein bestimmter Umgang mit personenbezogenen Daten erlaubt ist. Dabei ist jede Datenverarbeitung grundsätzlich verboten und nur bei einer ausdrücklichen Erlaubnis aus dem europäischen Datenschutzrecht zulässig.

Prüfungsschema zur Anwendbarkeit der DSGVO

Bevor Sie sich in Details verlieren, gilt im Datenschutz eine eiserne Regel: Erst prüfen, ob die DSGVO anwendbar ist, dann alles Weitere.

In Klausuren ist das oft der Punkt, an dem Studierende zu früh losrennen – vergleichbar mit dem Versuch, einen Vertrag zu prüfen, ohne zu wissen, ob überhaupt zwei Parteien beteiligt sind.

I. **Sachlicher Anwendungsbereich**, Art. 2 Abs. 1 DSGVO

1. »**Personenbezogene Daten**« (Informationen, die sich auf eine identifizierte oder identifizierbare natürliche Person beziehen), Art. 4 Nr. 1 DSGVO

2. »**Ganz oder teilweise automatisierte Verarbeitung**« der Daten (praktisch jede Tätigkeit in Zusammenhang mit diesen Daten), ausführliche Definition in Art. 4 Nr. 2 DSGVO

II. **Persönlicher Anwendungsbereich**

Verarbeitung durch Verantwortlichen i.S.d. Art. 4 Nr. 7 oder Auftragsverarbeiter i.S.d. Art. 4 Nr. 8 DSGVO

III. **Keine Ausnahme** nach Art. 2 Abs. 2–3 DSGVO

IV. **Räumlicher Anwendungsbereich** Art. 3 DSGVO

1. **Niederlassungsprinzip:** Niederlassung des Verantwortlichen oder Auftragsverarbeiters in der Europäischen Union (EU) Art. 3 Abs. 1 DSGVO, oder

2. **Marktortprinzip:** Verarbeitung mit Bezug zu betroffenen Personen in der EU, Art. 3 Abs. 2 DSGVO:

   a. Durch Anbieten von Waren oder Dienstleistungen an betroffene Personen in der EU (auch unentgeltlich), oder

   b. Durch Beobachten ihres Verhaltens in der EU (z.B. Tracking).

Prüfungsschema zur Rechtmäßigkeit der Datenverarbeitung

Ist die DSGVO anwendbar, stellt sich die zentrale Frage des gesamten Rechtsgebiets: Darf man das? Man könnte sagen: Wenn die DSGVO ein Lieblingsschema hätte, dann wäre es dieses. Wenn Sie eine Klausur zum Datenschutzrecht schreiben, kommen Sie an diesem Dauerbrenner mit an Sicherheit grenzender Wahrscheinlichkeit nicht vorbei.

Nicht immer wird von Ihnen das vollständige Prüfschema verlangt. Häufig beschränkt sich die Aufgabenstellung auf einzelne Abschnitte der Rechtmäßigkeitsprüfung, etwa darauf, ob eine wirksame Rechtsgrundlage nach Art. 6 DSGVO besteht oder ob die Verarbeitungsgrundsätze des Art. 5 DSGVO gewahrt sind. Art. 6 beantwortet dabei die Frage nach dem »Ob« der Datenverarbeitung, während Art. 5 deren »Wie« konkretisiert.

Aus Sicht eines Prüfers eignet sich die Frage nach der Rechtmäßigkeit der Datenverarbeitung optimal, um sich zu vergewissern, dass die Studierenden Systematik und Grundprinzipien des Datenschutzrechts verstanden haben.

I. **Anwendbarkeit** der DSGVO

II. **Grundsatz** = **Verbot mit Erlaubnisvorbehalt**

III. **Rechtsgrundlage** Vorliegen einer **Rechtsgrundlage** nach Art. 6 Abs. 1 DSGVO

1. Die Verarbeitung erfolgt auf Basis eines der **Erlaubnistatbestände** des Art. 6 Abs. 1 DSGVO (mindestens einer davon muss vorliegen):

   a. Einwilligung (zur Prüfung der Wirksamkeit der Einwilligung springen Sie bitte zum Folgeschema), Art. 6 Abs. 1 lit. a DSGVO

   b. Erfüllung eines Vertrags oder Durchführung vorvertraglicher Maßnahmen auf Anfrage des Betroffenen, Art. 6 Abs. 1 lit. b DSGVO

   c. Erfüllung rechtlicher Verpflichtungen, Art. 6 Abs. 1 lit. c DSGVO

   d. Schutzes lebenswichtiger Interessen, Art. 6 Abs. 1 lit. d DSGVO

   e. Wahrnehmung einer öffentlichen Aufgabe oder Ausübung öffentlicher Gewalt, Art. 6 Abs. 1 lit. e DSGVO

   f. Wahrung des berechtigten Interesses des Verantwortlichen oder eines Dritten, sofern nicht die Interessen oder Grundrechte und Grundfreiheiten des Betroffenen überwiegen (Interessenabwägung erforderlich) Art. 6 Abs. 1 lit. f DSGVO → lit. f findet keine Anwendung bei der Datenverarbeitung durch Behörden im Rahmen der Wahrnehmung ihrer öffentlichen Aufgaben

IV. **Bei Vorliegen besonderer Kategorien personenbezogener Daten** i.S.d. Art. 9 Abs. 1 DSGVO (z.B. rassische oder ethnische Herkunft, Gesundheitsdaten, politische Meinungen etc.) Prüfung zusätzlicher »Sperrung« durch Art. 9 Abs. 1 DSGVO:

1. **Grundsatz** = **Verbot mit Erlaubnisvorbehalt** nach Art. 9 Abs. 1 DSGVO

2. **Ausnahmetatbestand** nach Art. 9 Abs. 2 DSGVO (ggf. Art. 9 Abs. 4 in Verbindung mit § 22, 26 Abs. 3 BDSG), insbesondere relevant sind:

   a. Einwilligung, Art. 9 Abs. 2 lit. a DSGVO

   b. Arbeits- oder sozialrechtliche Erforderlichkeit, Art. 9 Abs. 2 lit. b DSGVO

   c. Erhebliches öffentliches Interesse, Art. 9 Abs. 2 lit. g DSGVO

   d. Gesundheitsversorgung, Art. 9 Abs. 2 lit. h DSGVO

   e. Forschung, Art. 9 Abs. 2 lit. j DSGVO

V. **Einhaltung der Grundsätze** für die Datenverarbeitung gemäß Art. 5 DSGVO

1. **Verarbeitung nach Treu und Glauben** und in einer für die betroffene Person nachvollziehbaren Weise, Art. 5 Abs. 1 lit. a DSGVO

2. **Zweckbindung:** Verarbeitung nur für festgelegte, eindeutige und legitime Zwecke, Art. 5 Abs. 1 lit. b DSGVO

3. **Datenminimierung:** Verarbeitung ist auf das für die Zwecke der Verarbeitung notwendige Maß beschränkt, Art. 5 Abs. 1 lit. c DSGVO.

4. **Richtigkeit der Daten,** Art. 5 Abs. 1 lit. d DSGVO

5. **Speicherbegrenzung:** Speicherung bzw. Identifizierung der betroffenen Person nur so lange, wie es für die Zweckerfüllung erforderlich ist, Art. 5 Abs. 1 lit. e DSGVO

6. **Integrität und Vertraulichkeit:** Gewährleistung von Datensicherheit durch geeignete technische und organisatorische Maßnahmen, Art. 5 Abs. 1 lit. f DSGVO (siehe hierzu auch Art. 32, Art. 24 und Art. 25 DSGVO)

VI. Je nach Sachverhalt ggf. **weitere Anforderungen**, insbesondere:

1. **Informationspflichten,** Art. 13 ff. DSGVO

2. **Datenschutz-Folgenabschätzung,** Art. 35 f. DSGVO

3. **Drittlands-Übermittlung,** Art. 44 ff. DSGVO

VII. **Rechtsfolge**

Prüfungsschema zur Einwilligung als wirksame Rechtsgrundlage

Die Einwilligung ist in der Praxis wie in der Klausur eine der wichtigsten Rechtsgrundlagen für die Verarbeitung personenbezogener Daten. Zugleich ist sie besonders fehleranfällig: Nicht jede Zustimmung ist automatisch auch eine wirksame datenschutzrechtliche Einwilligung.

I. **Anwendbarkeit** der DSGVO

II. **Grundsatz = Verbot mit Erlaubnisvorbehalt**

III. **Rechtsgrundlage** = Einwilligung i.S.d. Art. 6 Abs. 1 lit. a DSGVO

IV. **Einwilligungsfähigkeit**

1. **Einsichts- und Urteilsfähigkeit des Betroffenen** (bei Minderjährigen kann im Einzelfall die Einwilligung der Sorgeberechtigten erforderlich sein, z.B. im Fall des Art. 8 DSGVO)

V. **Freiwilligkeit**

1. **Keine Zwangslage**, kein Druck oder Nachteil (besondere Vorsicht bei Abhängigkeitsverhältnissen wie dem Arbeitsverhältnis)

2. **Kein unzulässiges Kopplungsgeschäft:** Die Leistung darf nicht unangemessen von der Einwilligung abhängig gemacht werden

3. **Tatsächliche Wahlmöglichkeit**

VI. **Informiertheit** der betroffenen Person über die Datenverarbeitung

1. **Identität des Verantwortlichen**

2. **Zweck der Verarbeitung**

3. **Art der Daten**

4. **Hinreichende Bestimmtheit/Zweckbindung** (keine pauschale Einwilligung)

5. **Hinweis auf Widerrufsmöglichkeit** der Einwilligung, Art. 7 Abs. 3 DSGVO

VII. Unmissverständlich abgegebene **Willensbekundung**

1. **Eindeutige und aktive bestätigende Handlung** (kein konkludentes Handeln, Stillschweigen oder bereits vorangekreuztes Kästchen)

VIII. **Form**

1. Grundsätzlich **formfrei**, aber Dokumentation zur Erfüllung der Rechenschaftspflicht aus Art. 5 Abs. 2 DSGVO

2. Im Beschäftigtendatenschutz **Schriftformerfordernis** gemäß § 26 Abs. 2 BDSG, soweit nicht wegen besonderer Umstände eine andere Form angemessen ist

IX. **Rechtsfolge**

Ansprüche des Betroffenen

Betroffenenrechte bieten der einzelnen Person konkrete Einfluss- und Kontrollmöglichkeiten der Verarbeitung ihrer personenbezogenen Daten. So kann auch der Auskunftsanspruch aus Art. 15 DSGVO betroffenen Personen Transparenz bei Datenverarbeitungen schaffen, die sonst nur hinter »verschlossenen Türen« des Verantwortlichen stattfinden.

Prüfungsschema zum Anspruch des Betroffenen auf Auskunft

Entscheidend ist in Klausuren vor allem, dass Sie den Umfang der geschuldeten Informationen klar bestimmen und mögliche Grenzen des Anspruchs strukturiert herausarbeiten.

Anwendbarkeit der DSGVO

I. **Anspruchsteller = Betroffene Person** i.S.d. Art. 4 Nr. 1 DSGVO

(Bei Zweifeln muss der Verantwortliche weitere Informationen zur Identitätsprüfung anfordern, begrenzt auf den Umfang, der für die Identifizierung zwingend erforderlich ist, Art. 12 Abs. 6 DSGVO.)

II. **Anspruchsgegner = Verantwortlicher** i.S.d. Art. 4 Nr. 7 DSGVO (und nicht bloßer Auftragsverarbeiter)

1. Entscheidung über Zwecke und Mittel der Verarbeitung
2. Keine Weisungsgebundenheit
3. Eigenes Interesse an den Daten

III. **Verarbeitung personenbezogener Daten** des Anspruchsberechtigten durch den Anspruchsgegner (falls (-), muss der Verantwortliche dies dem Anspruchsgegner mitteilen – siehe Rechtsfolge, Art. 15 Abs. 1 Halbsatz 1 DSGVO)

IV. **Keine Ausschluss- oder Beschränkungsgründe**

1. Offensichtlich unbegründete oder exzessive Anträge, Art. 12 Abs. 5 DSGVO
2. Beeinträchtigung der Rechte und Freiheiten anderer Personen, Art. 15 Abs. 4 DSGVO
3. Gesetzliche Beschränkungen, Art. 23 DSGVO (z.B. i.V.m. § 34 BDSG)

V. **Rechtsfolge**

1. **Auskunft über das »Ob« der Verarbeitung**, Art. 15 Abs. 1 Halbsatz 1 DSGVO
2. **Auskunft über die Informationen** nach Art. 15 Abs. 1 lit. a bis h DSGVO:
   a. Verarbeitungszwecke, Art. 15 Abs. 1 lit. a DSGVO
   b. Kategorien personenbezogener Daten, Art. 15 Abs. 1 lit. b DSGVO
   c. Empfänger oder Empfängerkategorien, Art. 15 Abs. 1 lit. c DSGVO
   d. Geplante Speicherdauer oder Kriterien der Festlegung, Art. 15 Abs. 1 lit. d DSGVO
   e. Bestehen der Rechte auf Berichtigung, Löschung, Einschränkung oder Widerspruch, Art. 15 Abs. 1 lit. e DSGVO
   f. Beschwerderecht bei einer Aufsichtsbehörde, Art. 15 Abs. 1 lit. f DSGVO
   g. Herkunft der Daten (falls nicht bei der betroffenen Person erhoben), Art. 15 Abs. 1 lit. g DSGVO
   h. Bestehen einer automatisierten Entscheidungsfindung einschließlich Profiling (Art. 22 DSGVO), inklusive aussagekräftiger Informationen über die involvierte Logik sowie Tragweite und angestrebte Auswirkungen, Art. 15 Abs. 1 lit. h DSGVO
   i. Bereitstellung einer Kopie der Daten, Art. 15 Abs. 3 DSGVO
3. **Modalitäten** der Auskunft, Art. 12 DSGVO
   a. Unentgeltlich
   b. Transparent
   c. Verständlich
   d. Unverzüglich, spätestens jedoch innerhalb eines Monats

      (Bei komplexen Sachverhalten oder einer Vielzahl von Anträgen kann diese Frist um bis zu zwei weitere Monate verlängert werden. Die Fristverlängerung ist innerhalb des ersten Monats unter Angabe von Gründen mitzuteilen.)

Prüfungsschema zum Anspruch des Betroffenen auf Löschung

Der Löschungsanspruch nach Art. 17 DSGVO, auch »Recht auf Vergessenwerden« genannt, ermöglicht betroffenen Personen, die Speicherung ihrer personenbezogenen Daten zu beenden, wenn hierfür kein rechtlicher Grund mehr besteht.

Wie beim Auskunftsanspruch liegt auch hier der Schwerpunkt in Klausuren bei den Grenzen des Anspruchs – insbesondere bei den Ausnahmen des Art. 17 Abs. 3 DSGVO und der Abwägung entgegenstehender Interessen.

I. **Anwendbarkeit** der DSGVO

II. **Anspruchsteller = Betroffene Person** i.S.d. Art. 4 Nr. 1 DSGVO

(Bei Zweifeln muss der Verantwortliche weitere Informationen zur Identitätsprüfung anfordern, begrenzt auf den Umfang, der für die Identifizierung zwingend erforderlich ist, Art. 12 Abs. 6 DSGVO)

III. **Anspruchsgegner = Verantwortlicher** i.S.d. Art. 4 Nr. 7 DSGVO (und nicht bloßer Auftragsverarbeiter)

1. Entscheidung über Zwecke und Mittel der Verarbeitung
2. Keine Weisungsgebundenheit
3. Eigenes Interesse an den Daten

IV. **Verarbeitung personenbezogener Daten des Anspruchsberechtigten durch den Anspruchsgegner**

V. **Vorliegen mindestens eines Löschungsgrunds** aus Art. 17 Abs. 1 lit. a – f DSGVO

1. Daten sind für Zwecke nicht mehr notwendig, Art. 17 Abs. 1 lit. a DSGVO
2. Widerruf der Einwilligung und keine andere Rechtsgrundlage, Art. 17 Abs. 1 lit. b DSGVO
3. Widerspruch nach Art 21 DSGVO, Art. 17 Abs. 1 lit. c DSGVO
4. Unrechtmäßige Verarbeitung, Art. 17 Abs. 1 lit. d DSGVO
5. Rechtliche Löschpflicht, Art. 17 Abs. 1 lit. e DSGVO
6. Daten eines Kindes bei Diensten der Informationsgesellschaft (Art. 8 Abs. 1 DSGVO), Art. 17 Abs. 1 lit. f DSGVO

VI. **Keine Ausschluss- oder Beschränkungsgründe**

1. Keine Ausnahme nach Art. 17 Abs. 3 lit. a – e DSGVO: Datenverarbeitung erforderlich für
   a. Ausübung der Meinungs- und Informationsfreiheit, Art. 17 Abs. 3 lit. a DSGVO
   b. Erfüllung rechtlicher Verpflichtung, Art. 17 Abs. 3 lit. b DSGVO
   c. Öffentliches Interesse im Gesundheitsbereich, Art. 17 Abs. 3 lit. c DSGVO

d. Archiv, Forschungs-, Statistikzwecke, Art. 17 Abs. 3 lit. d DSGVO

e. Geltendmachung, Ausübung oder Verteidigung von Rechtsansprüchen, Art. 17 Abs. 3 lit. e DSGVO

2. Offensichtlich unbegründete oder exzessive Anträge, Art. 12 Abs. 5 DSGVO

3. Gesetzliche Beschränkungen, Art. 23 DSGVO (z.B. i.V.m. § 34 BDSG)

VII. **Rechtsfolge**

1. **Löschung der personenbezogenen Daten:** Der Verantwortliche muss die Löschung unverzüglich, spätestens jedoch innerhalb eines Monats, durchführen. Bei komplexen Sachverhalten oder einer Vielzahl von Anträgen kann diese Frist um bis zu zwei weitere Monate verlängert werden. Die Fristverlängerung ist innerhalb des ersten Monats unter Angabe von Gründen mitzuteilen.

2. **Informationspflicht** an andere Verantwortliche **bei Veröffentlichung** der Daten, Art. 17 Abs. 2 DSGVO

Prüfungsschema zum Anspruch auf Schadensersatz nach Artikel 82 DSGVO

Art. 82 DSGVO gewährt der betroffenen Person einen unmittelbaren deliktischen Anspruch gegen den Verantwortlichen oder den Auftragsverarbeiter. Er verbindet den zivilrechtlichen Haftungsanspruch mit den datenschutzrechtlichen Besonderheiten. Gerade diese Verzahnung von DSGVO-Systematik und klassischer Anspruchsdogmatik macht Art. 82 DSGVO zu einem geeigneten Klausurgegenstand.

I. **Anwendbarkeit der DSGVO**

II. **Anspruchsberechtigung**

1. **Betroffene Person**

2. **Eigene Betroffenheit** durch konkrete Verarbeitung

III. **Anspruchsgegner** = Verantwortlicher oder Auftragsverarbeiter

IV. **Verstoß gegen die DSGVO** (rechtswidrige Verletzung einer materiellen oder formellen Pflicht)

V. **Schaden**

1. **Materieller** Schaden und/oder

2. **Immaterieller** Schaden (z.B. spürbare Beeinträchtigung des Anspruchstellers durch Kontrollverlust über dessen personenbezogene Daten)

VI. **Kausalität** zwischen DSGVO-Verstoß und Schaden

VII. **Verschulden**

1. **Grundsatz der Verschuldensvermutung**

   → Keine Exkulpation durch den Anspruchsgegner

VIII. **Rechtsfolge**

1. **Anspruch auf Schadensersatz** (bei mehreren Anspruchsgegnern gesamtschuldnerische Haftung)

Teil II
Öffentliches Recht

IN DIESEM TEIL …

In diesem Teil lernen Sie die wichtigsten Prüfungsschemata des Öffentlichen Rechts kennen.

Zunächst konzentrieren wir uns auf das Staatsrecht, das aus dem Staatsorganisationsrecht, Grundrechte und dem Staatshaftungsrecht besteht.

Sodann wenden wir uns dem Verwaltungsrecht zu. Dieses haben wir in die Abschnitte Allgemeines Verwaltungsrecht, besonderes Verwaltungsrecht und Verwaltungsprozessrecht unterteilt.

Zudem finden Sie in diesem Teil noch ein Kapitel zum Europarecht.

IN DIESEM KAPITEL

Schemata zum Staatsorganisationsrecht und zu den wichtigen Verfahren vor dem BVerfG

Prüfungsschemata für die prüfungsrelevanten Grundrechte

Staatshaftungsrechtliche Grundlagen

Kapitel 11
Staatsrecht

Thomas Heinicke

In diesem Kapitel kommen wir nun zum Staatsrecht, das sich in drei Teile aufteilt: das Staatsorganisationsrecht, die Grundrechte und das Staatshaftungsrecht

Staatsorganisationsrecht

Das Staatsorganisationsrecht gehört zu den besonders ungeliebten Materien des Öffentlichen Rechts. Mit den nachfolgenden Schemata sollen Sie einen Einblick in die wichtigsten Prüfungsabläufe im Staatsorganisationsrecht erhalten.

Prüfungsschema zum Gesetzgebungsverfahren

Das Gesetzgebungsverfahren ist das wichtigste staatsrechtliche Schema, das Sie kennen sollten. Fallkonstellationen zum Gesetzgebungsverfahren können im Staatsorganisationsrecht, bei der Grundrechtsprüfung oder im Verwaltungsrecht eine Rolle spielen. Das Gesetzgebungsverfahren hat einen dreistufigen Aufbau:

- ✔ eine tragende Gesetzgebungskompetenz,
- ✔ ein ordnungsgemäßes Verfahren in Bundestag und ggf. Bundesrat und
- ✔ eine Ausfertigung und Verkündung durch den Bundespräsidenten.

Auf allen drei Ebenen können Problemstellungen in Klausuren inhaltlich angesiedelt sein.

I. **Gesetzgebungskompetenzen**

1. **Grundsatz:** Nach Art. 70 Abs. 1 GG sind die Länder für die Gesetzgebung zuständig.

2. **Ausnahmen** regelt Art. 70 Abs. 2 GG:

a. Ausschließliche Gesetzgebungskompetenzen des Bundes (Art. 71 GG)

aa. Materie ist im Katalog des Art. 73 Abs. 1 GG genannt.

bb. Materie wird an anderer Stelle im Grundgesetz genannt (z.B. Art. 21 Abs. 5, Art. 38 Abs. 3 GG).

cc. Ungeschriebene Gesetzgebungskompetenzen (selten!)

(1) Annexkompetenzen

stellt eine notwendige Vertiefung einer dem Bund ausdrücklich zugewiesenen Kompetenz dar (z.B. Sanktionsvorschriften für Sachmaterien, die sonst wirkungslos wären).

(2) Kompetenzen kraft Sachzusammenhangs

stellt eine notwendige Erweiterung einer dem Bund ausdrücklich zugewiesenen Kompetenz dar, Übergreifen in Materien, die in einem engen Zusammenhang stehen (z.B. Sicherheitskompetenzen im Luftverkehr).

(3) kraft Natur der Sache

Materie kann nur durch den Bund geregelt werden (z.B. Festlegung nationaler Symbole).

b. konkurrierende Gesetzgebung (Art. 72, 74 GG) des Bundes

Der Bund hat nach Art. 72 Abs. 1 GG auf die im Katalog des Art. 74 Abs. 1 GG genannten Materien das Erstzugriffsrecht, die Länder dürfen Gesetze in den Bereichen machen, in denen der Bund keine oder keine Vollregelung getroffen hat. Besonderheiten in folgenden Fällen:

aa. Erforderlichkeitskompetenzen (Art. 72 Abs. 2 GG)

Bei den in Art. 72 Abs. 2 GG genannten Materien muss der Bund zur Ausübung seiner Gesetzgebungsbefugnis geltend machen, dass eine bundeseinheitliche Regelung notwendig ist:

(1) zur Herstellung gleichwertiger Lebensverhältnisse im Bundesgebiet

(2) zur Wahrung der Rechts- und Wirtschaftseinheit

bb. Kernkompetenzen (Art. 72 Abs. 2 GG im Umkehrschluss)

Hier ist eine Regelung des Bundes ohne Erforderlichkeitsprüfung möglich.

cc. Abweichungskompetenzen der Länder (Art. 72 Abs. 3 GG)

Die Länder können in den aufgeführten Sachmaterien abweichende Regelungen von einer Bundesregelung treffen. Es gilt die jeweils jüngste Regelung.

Die Abweichungsgesetzgebungskompetenz regelt eine Ausnahme von dem Grundsatz, dass Bundesrecht Landesrecht bricht (Art. 31 GG).

II. **Gesetzgebungsverfahren**

1. **Einbringungsverfahren,** Art. 76 GG

   Der Gesetzesvorschlag kann auf drei Wegen in den Bundestag eingebracht werden:

   a. Durch die Bundesregierung (Vorlage zunächst an Bundesrat, Stellungnahme in 3/6/9 Wochen)

   b. Durch den Bundesrat (Vorlage zunächst an Bundesregierung, Stellungnahme in 3/6/9 Wochen)

   c. Aus der Mitte des Bundestags (= Fraktion oder 5 % der Abgeordneten (§ 76 GO-BT), können unmittelbar beraten werden)

2. **Beschlussfassung im Bundestag,** Art. 77 Abs. 1 S. 1 GG

   Drei Beratungen im Bundestag sind nur in GO-BT vorgesehen (§§ 77 ff. GO-BT)

   a. Erste Beratung: Verweis an Fachausschüsse

   b. Zweite Beratung: Debatte im Bundestag, Änderungsmöglichkeiten

   c. Dritte Beratung: ggf. Debatte, Änderungsmöglichkeiten und danach

   d. Abstimmung

Ein Verstoß gegen die Regelungen der Geschäftsordnung bewirkt nicht automatisch die Verfassungswidrigkeit des Gesetzes. Dies gilt nur dann, wenn die Geschäftsordnung das Verfassungsrecht konkretisiert. Die Unterteilung des Verfahrens in drei Beratungen (auch Lesungen genannt) zählt nicht dazu.

3. **Beteiligung des Bundesrats,** Art. 77 Abs. 2–3 GG

   a. Bei Einspruchsgesetzen (Regelfall):

   aa. Nur der Bundesrat kann den Vermittlungsausschuss anrufen (32 Mitglieder, 16 aus BT, 16 aus BR). Dort Versuch der Kompromissfindung.

   bb. Bundesrat kann Einspruch gegen Entscheidung des Vermittlungsausschusses einlegen, der jedoch im Bundestag überstimmt werden kann, Art. 77 Abs. 2–4 GG.

   b. Bei Zustimmungsgesetzen (= im GG ausdrücklich als solche gekennzeichnet):

   aa. Bundesrat, Bundestag sowie Bundesregierung können Vermittlungsausschuss anrufen.

   bb. Bundesrat muss Gesetzesvorlage zustimmen (Art. 77 Abs. 2, 2a GG).

III. **Ausfertigung und Verkündung**

1. Erfolgt durch **Bundespräsidenten**

2. Nach Gegenzeichnung durch **Bundesregierung**

3. **Prüfungsrecht des Bundespräsidenten**

Der Bundespräsident hat das Recht (und die Pflicht), ein Gesetz vor der Ausfertigung und Verkündung auf seine Verfassungsmäßigkeit hin zu überprüfen. Der Umfang des Prüfungsrechts ist umstritten:

a. Volles formelles Prüfungsrecht

aa. In Bezug auf Gesetzgebungskompetenzen

bb. In Bezug auf die Einhaltung des Gesetzgebungsverfahrens

b. In materieller Hinsicht Evidenzkontrolle, d.h. nur bei offenkundigen Verstößen gegen

aa. die Grundrechte,

bb. Staatsstrukturprinzipien oder

cc. sonstiges materielles Verfassungsrecht

darf der Bundespräsident die Ausfertigung und Verkündung des Gesetzes unterlassen.

Das Prüfungsrecht des Bundespräsidenten gehört zu den Klassikern des Staatsorganisationsrechts. Beachten Sie, dass das Prüfungsrecht kein politisches Prüfungsrecht ist. Die Ausfertigung und Verkündung des Gesetzes darf also nur aus den genannten rechtlichen Gründen verweigert werden.

Prüfungsschema zu verfassungsändernden Gesetzen

Die Prüfung einer Verfassungsänderung ist häufig Gegenstand von öffentlich-rechtlichen Prüfungen. Beachten Sie neben den formellen Anforderungen wie den notwendigen 2/3-Mehrheiten im Bundesrat und im Bundestag insbesondere die inhaltlichen Grenzen einer Verfassungsänderung, die sich aus Art. 79 Abs. 3 GG ergeben (Ewigkeitsklausel).

I. **Notwendigkeit der Wortlautänderung des Grundgesetzes**, Art. 79 Abs. 1 GG

1. **Durch Gesetz**

Änderung des Grundgesetzes erfolgt nur durch ein Gesetz

2. **Ergänzung oder Änderung** des Wortlauts

Textänderung/-ergänzung notwendig

3. Im Text des **Grundgesetzes**

Das Grundgesetz selbst muss geändert werden

II. **Mehrheiten im Bundestag und Bundesrat**, Art. 79 Abs. 2 GG

1. **Mehrheit** von 2/3 der Stimmen der Mitglieder des **Bundestags**

   a. Mitgliedermehrheit

   nach Art. 121 GG: gesetzliche Größe des Bundestages als Referenzwert (seit 2023 auf 630 Mitglieder festgelegt)

   b. 2/3 Zustimmung (seit 2023: 420 Stimmen)

2. **Mehrheit** von 2/3 der Stimmen des **Bundesrats** (aktuell 2/3 von 69 = 46 Stimmen)

III. **Ewigkeitsklausel,** Art. 79 Abs. 3 GG

Keine *negative* Abweichung von

1. den Grundsätzen des Art. 1 GG (**Menschenwürde**)
2. den Grundsätzen von Art. 20 GG (**Staatsstrukturprinzipien**)
3. der **Gliederung des Bundes** in Länder
4. der grundsätzlichen **Mitwirkung der Länder** bei der Gesetzgebung
5. **Art. 79 Abs. 3 GG** selbst (ungeschrieben)

Kern der Ewigkeitsklausel sind die Verbote der negativen Veränderung der Grundsätze aus Art. 1 und (nicht: bis, wie Studierende sich häufig merken!) 20 GG. Ein Ausbau der Grundsätze ist hingegen möglich. Im Rahmen der verfassunggebenden Gewalt kann das Volk nach Art. 146 GG über eine neue Verfassung für Deutschland abstimmen, die nicht an die Vorgaben des Grundgesetzes gebunden ist.

Prüfungsschema zur Rückwirkung von Gesetzen

Das Rückwirkungsverbot ist im Rechtsstaatsprinzip verwurzelt. Der Gesetzgeber soll grundsätzlich nicht mit Wirkung für die Vergangenheit die Rechtslage für den Bürger verschlechtern, das widerspricht dem Grundgedanken des Vertrauensschutzes.

I. **Rechtsgrundlage**

Art. 20 Abs. 3 GG (Rechtsstaatsprinzip)

II. **Rückwirkende Verschlechterung** eines Gesetzes

1. **Rückwirkung eines Gesetzes**

Rückwirkung bedeutet, dass ein Gesetz nachträglich in einen in der Vergangenheit begonnenen Sachverhalt eingreift.

2. **Verschlechterung**

Das Gesetz verschlechtert die Situation für den Betroffenen.

III. **Unterscheidung unechte/echte Rückwirkung**

1. **Unechte Rückwirkung:** laufender Sachverhalt betroffen

   Ein in der Vergangenheit begonnener Sachverhalt dauert noch an.

2. **Echte Rückwirkung:** abgeschlossener Sachverhalt betroffen

   Ein in der Vergangenheit begonnener Sachverhalt hat auch in der Vergangenheit geendet.

IV. **Rechtfertigung**

1. **Bei unechter Rückwirkung:** grds. zulässig, im Einzelfall Vertrauensschutz
2. **Bei echter Rückwirkung:** grds. unzulässig, es sei denn:
   a. Mit Gesetzesänderung musste gerechnet werden.
   b. Auswirkungen für den Betroffenen sind gering.
   c. Das Allgemeininteresse überwiegt den Vertrauensschutz.

Achten Sie in der Prüfung darauf, dass die echte Rückwirkung nur selten zulässig ist, während die unechte im Regelfall möglich ist. Ein Standardfall für die Rückwirkung ist die Steuergesetzgebung. Wenn ein Steuergesetz rückwirkend die Rechtslage verschlechtert, kommt es für die Rechtfertigung darauf an, ob das betreffende Steuerjahr noch läuft (unechte Rückwirkung) oder bereits abgeschlossen ist (echte Rückwirkung).

Prüfungsschema zur Verfassungsbeschwerde

Die Verfassungsbeschwerde ist das mit weitem Abstand häufigste Verfahren vor dem Bundesverfassungsgericht. Es ist ein immer wiederkehrender Klassiker in staatsrechtlichen Klausuren, den Sie unbedingt beherrschen müssen. Getrennt von der Zulässigkeit ist das Annahmeverfahren zu berücksichtigen.

I. **Zulässigkeit einer Verfassungsbeschwerde**

1. **Zuständigkeit** des BVerfG

   Das BVerfG ist gem. Art. 94 Abs. 1 Nr. 4a GG i.V.m. § 13 Nr. 8a BVerfGG für die Verfassungsbeschwerde zuständig.

2. **Beschwerdefähigkeit**

   »Jedermann« ist fähig, eine Verfassungsbeschwerde einzulegen, § 90 Abs. 1 BVerfGG.

Dies schließt im Rahmen des Art. 19 Abs. 3 GG auch juristische Personen ein.

3. Tauglicher **Beschwerdegegenstand**

   Die Verfassungsbeschwerde richtet sich gegen einen Akt der öffentlichen Gewalt, Art. 94 Abs. 1 Nr. 4a GG i.V.m. § 90 Abs. 1 BVerfGG. Das umfasst:

   - ein Gesetz
   - ein Einzelakt (Verwaltungs- oder Realakt) oder
   - ein Urteil

4. **Beschwerdebefugnis,** § 90 Abs. 1 BVerfGG

   Der Beschwerdeführer muss eine Grundrechtsverletzung behaupten.

   a. Geltendmachung einer Grundrechtsverletzung

      Die GR-Verletzung darf nicht ausgeschlossen sein.

   b. Anforderungen an die mögliche GR-Verletzung (ungeschrieben)

   Der Beschwerdeführer ist

   aa. selbst betroffen,

   bb. gegenwärtig betroffen und

   cc. unmittelbar betroffen.

5. **Prozessfähigkeit** (im BVerfGG nicht ausdrücklich geregelt)

   Die Fähigkeit, prozessuale Handlungen vorzunehmen. Geht mit der Geschäftsfähigkeit einher.

6. **Rechtswegerschöpfung,** § 90 Abs. 2 BVerfGG

   Ein zur Verfügung stehender Rechtsweg muss vor Einlegen der Verfassungsbeschwerde durchlaufen sein.

Diese Voraussetzung gilt nicht für Verfassungsbeschwerden gegen Gesetze. Gegen ein Parlamentsgesetz besteht kein Rechtsweg. Bei anderen Beschwerdegegenständen als Gesetzen kann ausnahmsweise nach § 90 Abs. 2 S. 2 BVerfGG von der Erschöpfung des Rechtswegs abgesehen werden, wenn die Verfassungsbeschwerde von allgemeiner Bedeutung ist oder dem Beschwerdeführer ein schwerer und unabwendbarer Nachteil entstünde.

7. **Subsidiarität**

8. **Form und Frist**

   a. Schriftform, § 23 Abs. 1 BVerfGG i.V.m. § 126 BGB handschriftliche Unterschrift / § 23a BVerfGG qual. elektronische Signatur

   b. Begründungserfordernis, § 92 BVerfGG

   c. Frist, § 93 BVerfGG

   aa. Regelfrist: 1 Monat, § 93 Abs. 1 BVerfGG (bei Einzelakten und Urteilen) bb. Bei Verfassungsbeschwerden gegen Gesetze Ausschlussfrist von einem Jahr, § 93 Abs. 3 BVerfGG

9. **Rechtsschutzbedürfnis**

II. **Annahmeverfahren**, § 93a BVerfGG

Voraussetzungen von § 93a Abs. 2 BVerfGG müssen vorliegen.

1. **Verfassungsbeschwerde** besitzt grundsätzliche **verfassungsrechtliche Bedeutung** oder

2. ist zur **Durchsetzung der Grundrechte** angezeigt.

III. **Begründetheit**

Die Verfassungsbeschwerde ist begründet, soweit der Beschwerdeführer durch die angegriffene Maßnahme tatsächlich in einem Grundrecht oder grundrechtsgleichen Recht verletzt wurde.

Prüfungsschema zum Organstreitverfahren

Das Organstreitverfahren ist ein kontradiktorisches Verfahren zwischen Organen des Bundes, die über ihre Rechte und Pflichten aus dem Grundgesetz, also ihre Kompetenzen streiten.

I. **Zulässigkeit**

1. **Zuständigkeit** des BVerfG

Art. 94 Abs. 1 Nr. 1 GG i.V.m. § 13 Nr. 5 BVerfGG

2. **Parteifähigkeit**

Oberste Bundesorgane oder mit eigenen Rechten ausgestattete Teile davon (wie z.B. der einzelne Abgeordnete im BT), daneben auch Parteien. Die Aufzählung in § 63 BVerfGG ist nicht abschließend!

3. **Antragsbefugnis**

Nach § 64 Abs. 1 BVerfGG muss geltend gemacht werden, dass Antragsteller durch eine Maßnahme oder Unterlassung des Antragsgegners in vom GG übertragenen Rechten und Pflichten verletzt wurde oder unmittelbar gefährdet ist.

4. **Antragsgegenstand**

»Maßnahme« oder »Unterlassung« nach § 64 Abs. 1 BVerfGG

5. **Form und Frist**

a. Schriftform nach § 23 Abs. 1 BVerfGG / § 23a BVerfGG qual. elektronische Signatur

b. Ausschlussfrist von 6 Monaten nach § 64 Abs. 3 BVerfGG

II. **Begründetheit**

Das Organstreitverfahren ist begründet, wenn der Antragsteller durch die Maßnahme oder Unterlassung des Antragsgegners tatsächlich in seinen Rechten verletzt wurde.

Nach § 67 S. 1 BVerfGG ergeht ein Feststellungsurteil.

Prüfungsschema zur abstrakten Normenkontrolle

Nach Art. 94 Abs. 1 Nr. 2 GG kann vor dem Bundesverfassungsgericht im Wege der abstrakten Normenkontrolle auch die Vereinbarkeit einer Rechtsnorm mit dem GG und sonstigem Bundesrecht überprüft werden. Das Bundesverfassungsgericht ist damit das einzige Gericht in Deutschland, das über die Gültigkeit von Bundesgesetzen entscheiden kann.

I. **Zulässigkeit**

1. **Antragsberechtigung**

Abschließende Aufzählung in Art. 94 Abs. 1 Nr. 2 GG, § 13 Nr. 6 BVerfGG:

- Bundesregierung,
- Landesregierung oder
- mindestens ein Viertel der Mitglieder des Bundestags

2. **Antragsgegenstand**

- Bundesrecht oder Landesrecht
- Satzungen, Rechtsverordnungen, Gesetzes, Landesverfassungsrecht

  (nicht: Verwaltungsvorschriften)

3. **»Meinungsverschiedenheiten oder Zweifel«**

- Keine Verletzung subjektiver Rechte erforderlich
- Aber: objektives Klarstellungsinteresse in Bezug auf Anwendbarkeit einer Rechtsnorm erforderlich, keine hypothetische Fragestellung

Die abstrakte Normenkontrolle ist ein rein objektives Verfahren, da ein Antragsteller objektiv und damit losgelöst von eigenen Rechtsverletzungen die Verfassungsmäßigkeit eines Gesetzes prüfen lässt. Es geht nur um den Schutz der Verfassung selbst, nicht um besondere Rechte, die jemand geltend macht.

4. **Form**

- Schriftform nach § 23 Abs. 1 BVerfGG / § 23a BVerfGG qual. elektronische Signatur
- Keine Frist vorgesehen

II. **Begründetheit**

Die abstrakte Normenkontrolle ist begründet, soweit die beanstandete Norm nicht mit dem Grundgesetz oder sonstigem Bundesrecht vereinbar ist.

- Nach § 78 S. 1 BVerfGG ergeht ein Feststellungsurteil.
- In der Praxis neben Nichtigkeitsfeststellung auch Unvereinbarkeitsbeschluss, d.h. zeitlich beschränkte Weiteranwendung der Norm

Prüfungsschema zur konkreten Normenkontrolle

Anders als bei der abstrakten Normenkontrolle geht es bei der konkreten Normenkontrolle um eine in einem Gerichtsverfahren entscheidungserhebliche Rechtsnorm, von deren Gültigkeit der Ausgang des Verfahrens abhängt.

I. **Zulässigkeit**

1. **Vorlagekompetenz**

Nach Art. 100 Abs. 1 S. 1 GG kann jedes Gericht einen konkreten Normenkontrollantrag stellen.

2. **Vorlagegegenstand**

Formelle Gesetze des Bundes und der Länder

- Nachkonstitutionelles Recht
- Verkündet und in Kraft
- Keine Rechtsverordnungen oder Satzungen

3. **Entscheidungsmaßstab**

Prüfung anhand aller Normen des Grundgesetzes

4. **Vorlagevoraussetzungen**

a. Überzeugung des vorlegenden Gerichts von der Verfassungswidrigkeit einer Norm

Das vorlegende Gericht muss auch die verfassungskonforme Auslegung der Rechtsnorm in Betracht ziehen. Hat das BVerfG bereits über die Verfassungsmäßigkeit der betreffenden Rechtsnorm entschieden, ist die Vorlage unzulässig, es sei denn, neue Umstände liegen vor.

b. Entscheidungserheblichkeit

Die abschließende Entscheidung im Rechtsstreit hängt von der Gültigkeit der Rechtsnorm ab.

5. **Verfahren**

- Ausführlich begründeter Vorlagebeschluss des vorlegenden Gerichts
- Vorlagepflicht des Gerichts

- Art. 100 Abs. 1 S. 1 GG
- Keine Frist

II. **Begründetheit**

Das konkrete Normenkontrollverfahren ist begründet, soweit die streitentscheidende Norm tatsächlich verfassungswidrig ist.

Handelt es sich um die Überprüfung von Landesrecht durch das BVerfG, so ist der Prüfungsmaßstab das Verfassungsrecht sowie das Bundesrecht.

Prüfungsschema zu Bund-Länder-Streitigkeiten

Die Bund-Länder-Streitigkeit ist eine Konsequenz aus dem föderalen Aufbau der Bundesrepublik. Es handelt sich wie beim Organstreitverfahren, auf das die Vorschriften verweisen, um ein kontradiktorisches Verfahren, bei dem es um die Abgrenzung von Kompetenzen im föderativen Verhältnis geht.

I. **Zulässigkeit**

1. **Partei- und Prozessfähigkeit**

   Richtet sich nach § 68 BVerfGG

   - Für den Bund die Bundesregierung
   - Für ein Land oder mehrere Länder die Landesregierungen

2. **Antragsgegenstand**

   - Konkrete Maßnahmen oder Unterlassen des Antragsgegners
   - Rechtserheblichkeit
   - Betrifft föderales Verhältnis
     - Häufig: Gesetzgebungskompetenzen
     - Sonstige föderale Beziehungen

3. **Antragsbefugnis**

   Antragsteller muss geltend machen, durch eine Maßnahme oder Unterlassung des Antragsgegners in seinen ihm durch das GG übertragenen föderalen Kompetenzen verletzt oder unmittelbar gefährdet worden zu sein, § 69 i.V.m. § 64 Abs. 1 BVerfGG.

4. **Form und Frist**

   a. Schriftform nach § 23 Abs. 1 BVerfGG / § 23a BVerfGG qual. elektronische Signatur

   b. Frist von 6 Monaten ab Maßnahme oder Unterlassen, § 64 Abs. 3 BVerfGG

II. **Begründetheit**

Die Bund-Länder-Streitigkeit ist begründet, soweit der Antragsgegner tatsächlich die föderalen Rechte und Pflichten des Antragstellers verletzt hat.

Auch hier stellt das BVerfG die Verfassungswidrigkeit der Maßnahme oder des Unterlassens nur fest.

Grundrechte

Die Prüfung einer Grundrechtsverletzung ist ein Dauerbrenner in Klausuren und Hausarbeiten, es lohnt sich also, diesem Thema besondere Aufmerksamkeit zu widmen!

Zur Erinnerung: Innerhalb der Grundrechte gibt es eine große Unterscheidung.

Es gibt

- ✔ **Freiheitsgrundrechte:** Sie sind in erster Linie Abwehrrechte, mit denen staatliche Eingriffe in die Freiheitssphäre des Bürgers unterbunden werden können, beispielsweise Eingriffe in das Leben oder die körperliche Unversehrtheit, die Meinungsfreiheit oder die Berufsfreiheit.
- ✔ **Gleichheitsrechte:** Bei deren Verletzung liegt im Kern eine Ungleichbehandlung mit einem anderen Grundrechtsträger zugrunde. Der Vorwurf der Ungleichbehandlung setzt voraus, dass der Staat einen vergleichbaren Sachverhalt einmal auf diese Art und einmal auf eine andere gelöst hat. Erst aus dem Vergleich der Rechtsfolgen kommt der Grundrechtseingriff.

Leider gibt es nicht »das eine« oder »das richtige« Prüfungsschema. Wenden Sie also das Schema mit Verstand an und wandeln Sie es dort ab, wo Ihre Fallgestaltung besonders ist oder einfach Ihre Dozentin oder Ihr Dozent eine spezielle Vorstellung hat.

Bevor Ihnen in diesem Buch die speziellen Schemata für einige besonders prüfungsrelevante Grundrechte erklärt werden, lohnt es sich, ein Blick auf das allgemeine Prüfungsschema von Freiheitsgrundrechten zu werfen.

Studierenden bereitet erfahrungsgemäß die Prüfung der Rechtfertigung am meisten Schwierigkeiten. Hier unterscheiden Sie die grundsätzliche Erlaubnis, ein Grundrecht einzuschränken (Schranken), von den Anforderungen an die Grundrechtsbeschränkung (Schranken-Schranken). Die Prüfung der Schranken-Schranken ist so aufgebaut, dass man sie sich leicht merken kann. Sie beginnen immer bei der gesetzlichen Grundlage und prüfen diese in formeller und materieller Hinsicht. Dann wechseln Sie – soweit vorhanden – auf die Anwendungsebene und prüfen dort die formelle und die materielle Verfassungsmäßigkeit.

Was prüfen Sie eigentlich bei einem Grundrecht?

Grundrechtlich müssen Sie einen Sachverhalt unter drei Gesichtspunkten betrachten:

1. **Ist der Schutzbereich eröffnet?**

   Der *Schutzbereich* eines Grundrechts umfasst den Lebensbereich, den das Grundrecht schützen will. So schützt zum Beispiel Art. 2 Abs. 2 S. 1 das Leben und die körperliche Unversehrtheit. Wird jemand verletzt oder körperlich beeinträchtigt, kann sie oder er sich hierauf berufen.

2. **Liegt ein Eingriff vor?**

   Der *Eingriff* ist eine Frage der Zurechnung. Hat der grundrechtsgebundene Staat den Schutzbereich eingeschränkt? Es geht nicht mehr darum, ob der Schutzbereich eines Grundrechts berührt wurde (das haben Sie im Schutzbereich geprüft), sondern darum, ob die festgestellte Beeinträchtigung auch vom grundrechtsgebundenen Staat ausgeht.

3. **Ist der Eingriff gerechtfertigt?**

   Bei der *Rechtfertigungsprüfung des Eingriffs* geht es um die Frage, ob dem Staat der Grundrechtseingriff erlaubt ist. Eine Körperverletzung in einer Notwehrsituation ist nicht strafbar; analog dazu erlaubt das Grundgesetz in bestimmten Fällen die Einschränkung von Grundrechten. Wenn ein Grundrechtseingriff gerechtfertigt ist, handelt der Staat nicht verfassungswidrig, wenn er ein Grundrecht einschränkt. Diese drei Gesichtspunkte sehen wir uns der Reihe nach an.

Sie müssen bei der Prüfung eines Freiheitsgrundrechts drei Grundkonstellationen auseinanderhalten:

1. Geht es um die Prüfung eines Gesetzes? (Schema 1)
2. Oder um die Prüfung eines Verwaltungsakts? (Schema 2)
3. Oder um die Prüfung eines Urteils (Schema 3)?

Die genannten Varianten sind Grundkonstellationen, die in Klausuren variiert werden können. Wenn beispielsweise die Verfassungsmäßigkeit einer Maßnahme geprüft wird, die auf einer Rechtsverordnung basiert, sind zunächst das Gesetz, sodann die Rechtsverordnung und dann erst der Einzelakt auf die Verfassungsmäßigkeit hin zu prüfen.

Prüfungsschema zu Freiheitsgrundrechten bei der Beschränkung durch Gesetze (Grundschema 1)

Das einfachste Prüfungsschema ist die Prüfung der Vereinbarkeit eines Gesetzes mit den Grundrechten.

I. **Eröffnung des Schutzbereichs**

1. **Persönlicher** Schutzbereich

2. **Sachlicher** Schutzbereich

II. **Eingriff in den Schutzbereich**

III. **Verfassungsrechtliche Rechtfertigung**

1. **Beschränkbarkeit des Grundrechts** (Schranken)

    a. verfassungsunmittelbare Schranken

    b. Einfacher Gesetzesvorbehalt

    c. Qualifizierter Gesetzesvorbehalt

    d. Verfassungsimmanente Schranken

2. **Anforderungen an die GR-Beschränkung** (Schranken-Schranken)

    a. Verfassungsmäßigkeit des einschränkenden Gesetzes (EGL)

    aa. Formelle Verfassungsmäßigkeit des einschränkenden Gesetzes

        (1) Vorliegen einer Gesetzgebungskompetenz

        (2) Ordnungsgemäßes Gesetzgebungsverfahren

        (3) Ordnungsgemäße Ausfertigung und Verkündung

        (4) Zitiergebot eingehalten, Art. 19 Abs. 1 S. 2 GG

    bb. Materielle Verfassungsmäßigkeit des einschränkenden Gesetzes

        (1) Verbot des Einzelfallgesetzes eingehalten, Art. 19 Abs. 1 S. 1 GG

        (2) Wesensgehaltgarantie eingehalten, Art. 19 Abs. 2 GG

        (3) Verhältnismäßigkeitsprüfung, Art. 20 Abs. 3 GG

        (4) Kein Verstoß gegen sonstiges Verfassungsrecht

Prüfungsschema zu Freiheitsgrundrechten bei der Beschränkung durch Einzelakte (Grundschema 2)

Geht es hingegen um die Prüfung der Anwendung eines Gesetzes, dann erweitert sich das Prüfungsschema. Nun ist nicht mehr nur das Gesetz Gegenstand der grundrechtlichen Prüfung, sondern auch die Anwendung im Einzelfall, wie z.B. bei einem Verwaltungsakt, der am Maßstab der Grundrechte geprüft wird.

I. **Eröffnung des Schutzbereichs**

1. **Persönlicher** Schutzbereich

2. **Sachlicher** Schutzbereich

II. **Eingriff in den Schutzbereich**

III. **Verfassungsrechtliche Rechtfertigung**

1. **Beschränkbarkeit des Grundrechts** (Schranken)
   - a. Verfassungsunmittelbare Schranken
   - b. Einfacher Gesetzesvorbehalt
   - c. Qualifizierter Gesetzesvorbehalt
   - d. Verfassungsimmanente Schranken

2. **Anforderungen an die GR-Beschränkung** (Schranken-Schranken)
   - a. Verfassungsmäßigkeit des einschränkenden Gesetzes (EGL)
   - aa. Formelle Verfassungsmäßigkeit des einschränkenden Gesetzes
     - (1) Vorliegen einer Gesetzgebungskompetenz
     - (2) Ordnungsgemäßes Gesetzgebungsverfahren
     - (3) Ordnungsgemäße Ausfertigung und Verkündung
     - (4) Zitiergebot eingehalten, Art. 19 Abs. 1 S. 2 GG
   - bb. Materielle Verfassungsmäßigkeit des einschränkenden Gesetzes
     - (1) Verbot des Einzelfallgesetzes eingehalten, Art. 19 Abs. 1 S. 1 GG
     - (2) Wesensgehaltgarantie eingehalten, Art. 19 Abs. 2 GG
     - (3) Verhältnismäßigkeitsprüfung, Art. 20 Abs. 3 GG
     - (4) Kein Verstoß gegen sonstiges Verfassungsrecht
   - b. Verfassungsmäßigkeit der Anwendung (Einzelakt)
   - aa. Formelle Verfassungsmäßigkeit der Anwendung
     - (1) Gesetzliche Grundlage für den Eingriff / Vorliegen der Voraussetzungen
     - (2) Ggf. Richtervorbehalt / sonst. Anforderungen
   - bb. Materielle Verfassungsmäßigkeit der Anwendung
     - (1) Verhältnismäßigkeitsprüfung
     - (2) Kein Verstoß gegen sonstiges Verfassungsrecht

Auf Ebene der Anwendung des Gesetzes müssen Sie genau beachten, was Sie laut Aufgabenstellung zu prüfen haben. Prüfen Sie eine Verfassungsbeschwerde, müssen Sie vor Augen haben, dass das Bundesverfassungsgericht keine Superrevisionsinstanz ist und nur die Verletzung spezifischen Verfassungsrechts prüft. Bei einer rein gutachterlichen Prüfung gehört die Prüfung der tatbestandlichen Voraussetzungen und der Rechtsfolge ggf. in verfassungskonformer Auslegung zum Umfang der Prüfung!

Prüfungsschema zu Freiheitsgrundrechten bei der Beschränkung durch Urteile (Grundschema 3)

Die Prüfung eines Urteils ist die dritte Grundform, in der eine Grundrechtsprüfung stattfinden kann. Nach der Verfassungsmäßigkeit des Gesetzes ist die Verfassungsmäßigkeit des Urteils zu prüfen. Anders als bei Einzelakten kennt das Grundgesetz besondere Anforderungen an die formelle Verfassungsmäßigkeit des Urteils, die im Kontext der Justizgrundrechte zu finden sind. In materieller Hinsicht ist keine klassische Verhältnismäßigkeitsprüfung anzustellen, vielmehr ist zu fragen, ob in der richterlichen Entscheidung die Bedeutung der Grundrechte hinreichend zum Ausdruck kommt, ob die Entscheidung also grundrechtskonform ist.

I. **Eröffnung des Schutzbereichs**

1. **Persönlicher** Schutzbereich

2. **Sachlicher** Schutzbereich

II. **Eingriff in den Schutzbereich**

III. **Verfassungsrechtliche Rechtfertigung**

1. **Beschränkbarkeit des Grundrechts** (Schranken)

   a. Verfassungsunmittelbare Schranken

   b. Einfacher Gesetzesvorbehalt

   c. Qualifizierter Gesetzesvorbehalt

   d. Verfassungsimmanente Schranken

2. **Anforderungen an die GR-Beschränkung** (Schranken-Schranken)

   a. Verfassungsmäßigkeit des einschränkenden Gesetzes (EGL)

   aa. Formelle Verfassungsmäßigkeit des einschränkenden Gesetzes

      (1) Vorliegen einer Gesetzgebungskompetenz

      (2) Ordnungsgemäßes Gesetzgebungsverfahren

      (3) Ordnungsgemäße Ausfertigung und Verkündung

      (4) Zitiergebot eingehalten, Art. 19 Abs. 1 S. 2 GG

   bb. Materielle Verfassungsmäßigkeit des einschränkenden Gesetzes

      (1) Verbot des Einzelfallgesetzes eingehalten, Art. 19 Abs. 1 S. 1 GG

      (2) Wesensgehaltgarantie eingehalten, Art. 19 Abs. 2 GG

      (3) Verhältnismäßigkeitsprüfung, Art. 20 Abs. 3 GG

      (4) Kein Verstoß gegen sonstiges Verfassungsrecht

b. Verfassungsmäßigkeit der Anwendung (Urteil)

aa. Formelle Verfassungsmäßigkeit des Urteils

(1) Anspruch auf rechtliches Gehör (Art. 103 Abs.1 GG)

(2) Anspruch auf den gesetzlichen Richter (Art. 101 Abs. 1 S. 2 GG)

(3) Gebot des effektiven Rechtsschutzes (Art. 19 Abs. 4 GG)

bb. Materielle Verfassungsmäßigkeit des Urteils

(1) Hat das Gericht die Bedeutung der Grundrechte verkannt? Keine Superrevision des Urteils.

(2) Verfassungskonforme Anwendung

(3) Kein Verstoß gegen sonstiges Verfassungsrecht

Prüfungsschema zu Gleichheitsgrundrechten

Gleichheitsgrundrechte kommen eher selten in der Klausur vor. Wenn Sie drankommen, ist die Kenntnis des Aufbaus schon die halbe Miete.

I. Vorliegen einer Verschiedenbehandlung

Das ist der Fall, wenn miteinander vergleichbare Sachverhalte vorliegen, die unterschiedliche Rechtsfolgen aufweisen.

II. Verfassungsrechtliche Rechtfertigung

Flexibler Maßstab zwischen »Willkürverbot« und »neuer Formel«

1. Maßstab **Willkürverbot**

setzt sachbezogene Verschiedenbehandlung voraus: Es muss ein sachlicher Grund vorliegen.

2. Maßstab **neue Formel**

setzt personen- oder personengruppenbezogene Verschiedenbehandlung voraus: Es müssen Unterschiede von solcher Art und solchem Gewicht vorliegen, dass sie eine Verschiedenbehandlung rechtfertigen können.

Prüfungsschema zur Menschenwürde – Art. 1 Abs. 1 GG

Die Menschenwürde ist der oberste Verfassungswert des Grundgesetzes. Art. 1 Abs. 1 GG ist als Reaktion auf die Verbrechen des Nationalsozialismus in das Grundgesetz aufgenommen worden. Weil die Menschenwürde so eine zentrale Grundlage unseres Gemeinwesens ist, hat sie **unmittelbare Drittwirkung**, sie bindet also den Staat ebenso wie die Bürger untereinander.

I. **Schutzbereich**

1. **Persönlicher** Schutzbereich

   Jedermann-Grundrecht. Schützt alle natürlichen Personen schon vor der Geburt bis zum Hirntod. Wirkt über den Tod als postmortales Persönlichkeitsrecht hinaus.

2. **Sachlicher** Schutzbereich

   Der Begriff der »Würde« bestimmt sich nach der *Objektformel*: Der Mensch darf nicht zum Objekt gemacht werden und nicht einer Behandlung ausgesetzt werden, die seine Individualität infrage stellt. Setzt eine besondere Herabwürdigung voraus.

   Folgende Fallgruppen werden als Würdeverletzung betrachtet:

   - Schutz der körperlichen Integrität
   - Schutz der Intimsphäre
   - Schutz vor Zurschaustellung
   - Schutz von Ehre und personaler Identität
   - Schutz der elementaren Rechtsgleichheit
   - Schutz des Existenzminimums

II. **Eingriff in den Schutzbereich**

Wegen der *unmittelbaren Drittwirkung* sind auch Handlungen von Privaten als Eingriff zu qualifizieren, wenn sie herabwürdigend sind.

III. **Verfassungsrechtliche Rechtfertigung**

Wirkt »unantastbar«. Keine Rechtfertigung durch Schranken möglich. Auch keine Rechtfertigung zum Schutz von Leben oder Würde anderer. Kategorisch wirkendes Verletzungsverbot

Seien Sie in der Klausur äußerst zurückhaltend bei der Eröffnung des Schutzbereichs. Bejahen Sie eine die Menschenwürde betreffende Herabwürdigung, ist der Schritt zur nicht zu rechtfertigenden Feststellung der Verletzung des Grundrechts nur noch klein.

Prüfungsschema zum Allgemeinen Persönlichkeitsrecht – Art. 2 Abs. 1 i.V.m. 1 Abs. 1 GG

Das Allgemeine Persönlichkeitsrecht ist ein besonders wichtiges und prüfungsrelevantes Grundrecht. Es schützt anders als die Menschenwürde nicht nur vor sehr gravierenden Beeinträchtigungen, sondern bildet die gesamte Bandbreite der menschlichen Persönlichkeit ab.

Es bildet die Grundlage für zwei weitere Grundrechte: das Recht auf informationelle Selbstbestimmung und das Computergrundrecht.

I. **Eröffnung des Schutzbereichs**

1. **Persönlicher** Schutzbereich

Jedermann-Grundrecht. Schützt alle natürlichen Personen. Anwendung auf juristische Personen umstritten, BVerfG verneint Menschenwürdekern für juristische Personen. Eher an Art. 2 Abs. 1 GG orientierte Facetten können aber auch auf jur. Personen anwendbar sein.

2. **Sachlicher** Schutzbereich

Das Grundrecht schützt dem Einzelnen einen autonomen Bereich privater Lebensgestaltung, in dem er seine Individualität entwickeln und wahren kann.

Fallgruppen:

- *Selbstbewahrung* (Was dringt von mir nach außen?)
- *Selbstdarstellung* (Wie werde ich wahrgenommen?)
- *Selbstbestimmung* (Kann ich über mich selbst bestimmen?)

II. **Eingriff in den Schutzbereich**

Jedes staatliche Handeln, das die Grundrechtsausübung erschwert oder ganz oder teilweise unmöglich macht (erweiterter Eingriffsbegriff)

III. **Verfassungsrechtliche Rechtfertigung**

1. **Beschränkbarkeit des Grundrechts** (Schranken)

Einfacher Gesetzesvorbehalt im Merkmal der »verfassungsmäßigen Ordnung« aus Art. 2 Abs. 1 = die gesamte geschriebene Rechtsordnung. »Sittengesetz« und »Rechte anderer« haben daneben keine eigenständige Bedeutung mehr.

2. **Anforderungen an die GR-Beschränkung** (Schranken-Schranken)

a. Verfassungsmäßigkeit des <u>einschränkenden Gesetzes</u> (EGL)

aa. Formelle Verfassungsmäßigkeit des einschränkenden Gesetzes

Zitiergebot (Art. 19 Abs. 1 S. 2 GG) gilt nach h.M. nicht für das Allgemeine Persönlichkeitsrecht.

bb. Materielle Verfassungsmäßigkeit des einschränkenden Gesetzes / ggf. Anwendung im Einzelfall

Verhältnismäßigkeitsprüfung, Art. 20 Abs. 3 GG

Modifizierter Maßstab durch »*Sphärentheorie*«

Sozialsphäre = der Bereich, in dem das Individuum mit anderen Menschen agiert oder Bereiche seiner selbst anderen zugänglich macht

➔ »normale« Verhältnismäßigkeitsprüfung

Privatsphäre = schützt den engeren persönlichen Lebensbereich eines Menschen.

➔ »Besonders strikte« Verhältnismäßigkeitsprüfung, das Allgemeine Persönlichkeitsrecht ist grds. betroffen, es sei denn, der legitime Zweck überwiegt den grds. Vorrang.

Intimsphäre = unantastbarer Kernbereich der Lebensführung und -gestaltung

➔ Aufgrund der Nähe zur Menschenwürde keine Rechtfertigung möglich

Die Sphärentheorie ist das Herzstück des Allgemeinen Persönlichkeitsrechts. Zum Teil wird sie bereits im sachlichen Schutzbereich geprüft. Dogmatisch passender dürfte jedoch die Verortung in der Verhältnismäßigkeit sein.

Prüfungsschema zur Allgemeinen Handlungsfreiheit – Art. 2 Abs. 1 GG

Das Grundrecht der allgemeinen Handlungsfreiheit ist **subsidiär** zu allen anderen Freiheitsgrundrechten und daher am Ende aller in Betracht kommenden Freiheitsgrundrechte zu prüfen.

Für den Grundrechtsschutz gibt es keine Bedeutungsschwelle, auch banale Tätigkeiten sind umfasst (z.B. Reiten im Walde).

I. **Eröffnung des Schutzbereichs**

1. **Persönlicher** Schutzbereich

   Jedermann-Grundrecht. Schützt alle natürlichen Personen und im Rahmen des Art. 19 Abs. 3 GG auch juristische Personen des Privatrechts.

2. **Sachlicher** Schutzbereich

   Schützt jedes menschliche Verhalten, das nicht in den Schutzbereich eines speziellen Grundrechts fällt (Elfes-Rechtsprechung)

II. **Eingriff in den Schutzbereich**

Jedes staatliche Handeln, das die Grundrechtsausübung erschwert oder ganz oder teilweise unmöglich macht (erweiterter Eingriffsbegriff)

III. **Verfassungsrechtliche Rechtfertigung**

1. **Beschränkbarkeit des Grundrechts** (Schranken)

   Einfacher Gesetzesvorbehalt im Merkmal der *verfassungsmäßigen Ordnung* aus Art. 2 Abs. 1 = die gesamte geschriebene Rechtsordnung. »Sittengesetz« und »Rechte anderer« haben daneben keine eigenständige Bedeutung mehr.

Beachten Sie die *Wesentlichkeitstheorie.* Bei besonders wesentlichen, insbesondere grundrechtserheblichen Eingriffen bedarf es zur Rechtfertigung eines Parlamentsgesetzes. Dann kommt eine Beschränkung aufgrund von untergesetzlichen Normen wie Rechtsverordnungen oder Satzungen nicht in Betracht.

2. **Anforderungen an die GR-Beschränkung** (Schranken-Schranken)

a. Verfassungsmäßigkeit des einschränkenden Gesetzes (EGL)

aa. Formelle Verfassungsmäßigkeit des einschränkenden Gesetzes

Zitiergebot (Art. 19 Abs. 1 S. 2 GG) gilt nicht für die Allgemeine Handlungsfreiheit

bb. Materielle Verfassungsmäßigkeit des einschränkenden Gesetzes / ggf. Anwendung im Einzelfall

Verhältnismäßigkeitsprüfung

Bei Beeinträchtigungen der Allgemeinen Handlungsfreiheit wird regelmäßig die Prüfung der Verhältnismäßigkeit über die Legitimität des Eingriffs entscheiden.

Prüfungsschema zum Grundrecht auf Leben und körperliche Unversehrtheit, Art. 2 Abs. 2 S. 1 GG

Das Bundesverfassungsgericht betont, dass das Grundrecht auf Leben und körperliche Unversehrtheit eine sehr hohe Bedeutung für die Ausübung aller weiteren Grundrechte hat. Jedes Leben ist hierbei gleich schützenswert, eine Abwägung von Leben gegen Leben ist nicht zulässig.

I. **Eröffnung des Schutzbereichs**

1. **Persönlicher** Schutzbereich

Jedermann-Grundrecht. Schützt alle natürlichen Personen. Nicht auf juristische Personen anwendbar.

2. **Sachlicher** Schutzbereich

Leben und körperliche Unversehrtheit

- *Leben* umfasst die biologisch-physische Existenz eines Menschen vom Zeitpunkt der Nidation an (vor der Geburt) bis zum Hirntod.
- *Körperliche Unversehrtheit* umfasst die biologisch-physische und psychische Gesundheit sowie das Wohlbefinden. Letzteres ist jedoch nur insoweit geschützt, als dass die Intensität der Beeinträchtigung dem Gefühl von Schmerz gleichkommt.

Das Grundrecht umfasst jede Qualität von Leben, eine Abstufung ist ebenso wenig zulässig wie die Abwägung von Leben gegen Leben.

II. **Eingriff in den Schutzbereich**

Jedes staatliche Handeln, das die Grundrechtsausübung erschwert oder ganz oder teilweise unmöglich macht (erweiterter Eingriffsbegriff)

Eine den Eingriff ausschließende Einwilligung ist nur in das Schutzgut der körperlichen Unversehrtheit möglich. Das Grundrecht auf Leben ist nicht disponibel.

III. **Verfassungsrechtliche Rechtfertigung**

1. **Beschränkbarkeit des Grundrechts** (Schranken)

   Einfacher Gesetzesvorbehalt in Art. 2 Abs. 2 S. 3 GG

Beachten Sie die *Wesentlichkeitstheorie*. Eingriffe in Art. 2 Abs. 2 S. 1 sind nur durch oder aufgrund eines förmlichen Gesetzes möglich, da sie stets wesentlich für die Verwirklichung der Grundrechte sind.

2. **Anforderungen an die GR-Beschränkung** (Schranken-Schranken)

   a. Verfassungsmäßigkeit des einschränkenden Gesetzes (EGL)

   aa. Formelle Verfassungsmäßigkeit des einschränkenden Gesetzes

   Zitiergebot (Art. 19 Abs. 1 S. 2 GG) muss beachtet werden.

   bb. Materielle Verfassungsmäßigkeit des einschränkenden Gesetzes / ggf. Anwendung im Einzelfall

   Verhältnismäßigkeitsprüfung

Beim Grundrecht auf Leben und körperliche Unversehrtheit kommt der Prüfung der Verhältnismäßigkeit besonderes Gewicht zu.

Prüfungsschema zum Grundrecht auf Freiheit der Person, Art. 2 Abs. 2 S. 2 i.V.m. Art. 104 GG

Anders, als der Name es nahelegt, geht es beim Grundrecht auf Freiheit der Person nicht um eine allgemeine Handlungsfreiheit, sondern um die körperliche Bewegungsfreiheit, die vor staatlichen Zwangsmaßnahmen geschützt wird.

I. **Eröffnung des Schutzbereichs**

1. **Persönlicher** Schutzbereich

   Jedermann-Grundrecht. Schützt alle natürlichen Personen. Nicht auf juristische Personen anwendbar.

2. **Sachlicher** Schutzbereich

   Schutzgut ist die *körperliche Bewegungsfreiheit.*

   - Diese umfasst die Freiheit, den Ort, an dem man sich aufhält, zu verlassen (Wegbewegungsfreiheit).
   - Daneben ebenfalls die Freiheit, einen rechtlich und tatsächlich zugänglichen Ort aufzusuchen (Hinbewegungsfreiheit).

II. **Eingriff in den Schutzbereich**

Jedes staatliche Handeln, das die Grundrechtsausübung erschwert oder ganz oder teilweise unmöglich macht (erweiterter Eingriffsbegriff)

Eingriff möglich in Form der Freiheitsbeschränkung oder der Freiheitsentziehung

- Die *Freiheitsbeschränkung* umfasst alle Eingriffe, die nicht ganz geringfügig sind.
- Bei der *Freiheitsentziehung* wird die Bewegungsfreiheit in alle Richtungen für eine gewisse Mindestdauer aufgehoben.

Freiheitsbeschränkung und -entziehung sind unterschiedlich intensive Ausprägungen des gleichen Eingriffs. Abgrenzung zwischen beiden nach Dauer, Intensität und Intention, unter Freiheitsentziehung fallen z.B. Strafhaft, psychiatrische Unterbringung, vorläufige Festnahmen.

Da beide Eingriffsarten aufeinander aufbauen, gelten die Anforderungen an Freiheitsbeschränkungen auch für Freiheitsentziehungen. Folge: Der einfache Gesetzesvorbehalt aus Art. 2 Abs. 2 S. 3 GG wird durch Art. 104 Abs. 1 GG verdrängt.

III. **Verfassungsrechtliche Rechtfertigung**

1. **Beschränkbarkeit des Grundrechts** (Schranken)

Qualifizierter Gesetzesvorbehalt aus Art. 104 GG

a. Freiheitsbeschränkungen: förmliches Gesetz = Parlamentsgesetz, Art. 104 Abs. 1 GG

b. Bei Freiheitsentziehungen zusätzlich Richtervorbehalt

aa. Allgemeine Freiheitsentziehung nach Art. 104 Abs. 2 GG

Richterliche Erlaubnis liegt vor oder wird unverzüglich nachgeholt.

bb. Freiheitsentziehung in Folge einer vorläufigen Festnahme nach Art. 104 Abs. 3 GG

Regelungen zur unverzüglichen Nachholung der richterlichen Erlaubnis aus Abs. 2 GG gelten auch für Abs. 3.

2. **Anforderungen an die GR-Beschränkung** (Schranken-Schranken)

a. Verfassungsmäßigkeit des <u>einschränkenden Gesetzes</u> (EGL)

aa. Formelle Verfassungsmäßigkeit des einschränkenden Gesetzes

Zitiergebot (Art. 19 Abs. 1 S. 2 GG) muss beachtet werden.

bb. Materielle Verfassungsmäßigkeit des einschränkenden Gesetzes / ggf. Anwendung im Einzelfall

(1) Verhältnismäßigkeitsprüfung

(2) Beachtung des Richtervorbehalts

(3) Misshandlungsverbot, Art. 104 Abs. 1 S. 2 GG

(4) Bei Freiheitsentziehungen: Mitteilungspflicht aus Art. 104 Abs. 4 GG

Prüfungsschema zum allgemeinen Gleichheitssatz – Art. 3 Abs. 1 GG

Gleichheitsrechte unterscheiden sich in der Prüfung von Freiheitsrechten. Sie setzen voraus, dass der Staat trotz vergleichbarer Sachverhalte im Verhältnis zu einem Grundrechtsträger eine andere Entscheidung trifft als im Verhältnis zu einem anderen Grundrechtsträger. Es geht also um den Vergleich von verschiedenen Rechtsbeziehungen. Beim allgemeinen Gleichheitssatz ist das Kriterium, unter dem die Sachverhalte verglichen werden, nicht vorgegeben. Bei den besonderen Gleichheitssätzen hingegen schon (Geschlecht, Abstammung, Religion etc., vgl. Art. 3 Abs. 3 GG).

I. **Vorliegen einer Verschiedenbehandlung**

1. Vorliegen **mehrerer Sachverhalte mit unterschiedlicher Rechtsfolge**

2. Liegt »**wesentlich Gleiches**« vor?

3. Benennung des **Unterscheidungskriteriums**

II. **Verfassungsrechtliche Rechtfertigung**

Flexibler Maßstab zwischen »Willkürverbot« und »neuer Formel«

1. Maßstab »**Willkürverbot**«

setzt sachbezogene Verschiedenbehandlung voraus: Es muss ein sachlicher Grund vorliegen.

2. Maßstab »**neue Formel**«

setzt personen- oder personengruppenbezogene Verschiedenbehandlung voraus: Es müssen Unterschiede von solcher Art und solchem Gewicht vorliegen, dass sie eine Verschiedenbehandlung rechtfertigen können.

Prüfungsschema zu den besonderen Gleichheitssätzen – Art. 3 Abs. 2 und 3 GG

Die Auflistung der Merkmale in Art. 3 Abs. 3 GG beinhaltet besonders problematische Unterscheidungsmerkmale. Die Anforderungen an die Rechtfertigung sind sehr hoch.

I. **Vorliegen einer Verschiedenbehandlung**

1. Vorliegen **mehrerer Sachverhalte mit unterschiedlicher Rechtsfolge**

2. Liegt »**wesentlich Gleiches**« vor?

3. Benennung des **Unterscheidungskriteriums**

Differenzierung aufgrund eines besonderen Merkmals aus Art. 3 Abs. 2 oder 3 GG.

II. **Verfassungsrechtliche Rechtfertigung**

Strikter Maßstab

- Merkmal **Geschlecht**:

  Rechtfertigung aufgrund von **zwingenden biologischen und funktionalen Unterschieden** zwischen Mann und Frau

  Rechtfertigung durch **Gleichstellungsauftrag** (affirmative action)

- Merkmal **Behinderung**:

  Benachteiligung ist nicht zu rechtfertigen, Bevorzugung schon.

- **sonstige** Merkmale

  Strenge Prüfung von zwingenden Gründen

  Rechtfertigung über kollidierendes Verfassungsrecht

Prüfungsschema zur Glaubens-, Weltanschauungs- und Gewissensfreiheit – Art. 4 Abs. 1 GG

Das Grundrecht der Glaubens-, Weltanschauungs- und Gewissensfreiheit hat einen hohen Stellenwert im Katalog der Grundrechte. Es kann nur durch verfassungsimmanente Schranken eingeschränkt werden, die nach dem Prinzip praktischer Konkordanz in einen Ausgleich mit Art. 4 Abs. 1 GG geführt werden müssen.

I. **Eröffnung des Schutzbereichs**

1. **Persönlicher** Schutzbereich

   Jedermann-Grundrecht. Schützt alle natürlichen Personen. Im Rahmen von Art. 19 Abs. 3 GG auch auf juristische Personen übertragbar.

2. **Sachlicher** Schutzbereich

   Drei Schutzelemente, die als *einheitliches Grundrecht* geschützt werden:

   - *Glaube* umfasst die Überzeugung von der Stellung des Menschen in der Welt und seiner Beziehung zu höheren Mächten (Transzendenz).
   - *Weltanschauliches Bekenntnis* ist losgelöst von Glauben und Religion die Überzeugung von Herkunft und Ziel des menschlichen Lebens (Immanenz).
   - *Gewissen* ist das an »gut« und »böse« orientierte sittliche Gebot, das der Einzelne als für sich verpflichtend empfindet (Transzendenz oder Immanenz).
   - Geschützt ist dabei sowohl das innere Haben einer Überzeugung (*forum internum*) als auch das Ausleben derselben (*forum externum*).

Fallen Sie nicht auf die textlichen Differenzierungen in Art. 4 Abs. 1 und 2 GG herein, diese sind angesichts der Einheitlichkeit des Grundrechts unerheblich. Jeder Art der inneren Überzeugung darf damit gelebt werden, unabhängig von der Einordnung als religiöses Bekenntnis (Abs. 2) oder nicht. Hierbei gibt es kein Privileg für eine Glaubensrichtung oder Weltanschauung oder eine Bewertung als richtig oder falsch. Damit schützt Art. 4 GG gerade auch abweichende Auffassungen zu etablierten Sichtweisen.

- Neben der positiven Glaubens-, Weltanschauungs- und Gewissensfreiheit wird auch die negative Dimension des Grundrechts geschützt, also das Recht, nicht vom Staat in eine bestimmte Richtung indoktriniert zu werden.

II. **Eingriff in den Schutzbereich**

Jedes staatliche Handeln, das die Grundrechtsausübung erschwert oder ganz oder teilweise unmöglich macht (erweiterter Eingriffsbegriff)

III. **Verfassungsrechtliche Rechtfertigung**

1. **Beschränkbarkeit des Grundrechts** (Schranken)

Keine geschriebene Schrankenregelung, damit Beschränkung nur durch *verfassungsimmanente Schranken*:

- Kollidierende Grundrechte Dritter
- Sonstige Rechtsgüter von Verfassungsrang (z.B. Art. 20a GG in Bezug auf den Tierschutz, Art. 33 Abs. 5 GG in Bezug auf die Neutralität des Beamten)

2. **Anforderungen an die GR-Beschränkung** (Schranken-Schranken)

a. Verfassungsmäßigkeit des einschränkenden Gesetzes (EGL)

aa. Formelle Verfassungsmäßigkeit des einschränkenden Gesetzes

Zitiergebot (Art. 19 Abs. 1 S. 2 GG) muss nicht beachtet werden.

bb. Materielle Verfassungsmäßigkeit des einschränkenden Gesetzes / ggf. Anwendung im Einzelfall

Verhältnismäßigkeitsprüfung

Orientierung am *Prinzip praktischer Konkordanz*, Versuch des Ausgleichs der kollidierenden Positionen

Prüfungsschema zur Meinungsfreiheit – Art. 5 Abs. 1 S. 1 1. Alt GG

Die Meinungsfreiheit ist ein besonders anspruchsvolles Grundrecht, da die Abwägung einen großen Spielraum einnimmt. Merken Sie sich, dass das Bundesverfassungsgericht im Zweifel für die Meinungsfreiheit entscheidet.

I. **Eröffnung des Schutzbereichs**

1. **Persönlicher** Schutzbereich

Jedermann-Grundrecht. Schützt alle natürlichen Personen. Im Rahmen von Art. 19 Abs. 3 GG auf juristische Personen anwendbar

2. **Sachlicher** Schutzbereich

Haben und Äußern einer *Meinung*

Eine *Meinung* ist eine Äußerung, die durch Elemente der subjektiven Stellungnahme, des Dafürhaltens oder Meinens geprägt ist, wenn die Richtigkeit oder Unrichtigkeit der Behauptung eine Sache der persönlichen Überzeugung bleibt.

Auch *Tatsachenbehauptungen* werden geschützt, wenn sie einen Bezug zur Meinungsbildung aufweisen und nicht erwiesen unwahr sind.

Häufig finden sich Prüfungskonstellationen, bei denen es um die grundrechtliche Einordnung von *Schmähkritik* geht. Schmähkritik lässt jeden sachlichen Bezug zu einer Auseinandersetzung vermissen und zielt allein auf die Herabwürdigung des Gegenübers. Zum Teil wird die Eröffnung des Schutzbereichs verneint, vorzugswürdiger scheint die Auffassung, wonach die Schmähkritik erst auf Ebene der Schranken-Schranken wegen der Beeinträchtigung der Persönlichkeitsrechte oder sogar der Menschenwürde des Betroffenen hinter der Meinungsfreiheit zurücktritt.

II. **Eingriff in den Schutzbereich**

Jedes staatliche Handeln, das die Grundrechtsausübung erschwert oder ganz oder teilweise unmöglich macht (erweiterter Eingriffsbegriff)

III. **Verfassungsrechtliche Rechtfertigung**

1. **Beschränkbarkeit des Grundrechts** (Schranken)

Qualifizierter Gesetzesvorbehalt aus Art. 5 Abs. 2 GG

- *Allgemeine Gesetze*: nach der *Kombinationslehre* Gesetze, die sich nicht gegen eine bestimmte Meinung oder die Meinungsfreiheit an sich richten und dem Schutz eines höherrangigen Rechtsguts dienen
- Gesetze zum Schutz der persönlichen Ehre und zum Schutz der Jugend müssen ebenfalls allgemeine Gesetze sein.

2. **Anforderungen an die GR-Beschränkung** (Schranken-Schranken)

a. Verfassungsmäßigkeit des einschränkenden Gesetzes (EGL)

aa. Formelle Verfassungsmäßigkeit des einschränkenden Gesetzes

Zitiergebot (Art. 19 Abs. 1 S. 2 GG) muss nicht beachtet werden.

bb. Materielle Verfassungsmäßigkeit des einschränkenden Gesetzes / ggf. Anwendung im Einzelfall

Verhältnismäßigkeitsprüfung, insbesondere

Wechselwirkungslehre: Die beschränkende Norm muss im Lichte der Bedeutung der Meinungsfreiheit für die freiheitlich-demokratische Grundordnung ausgelegt werden (Lüth-Rechtsprechung), Güterabwägung

Verbot der Vor-Zensur, Art. 5 Abs. 1 S. 3 GG

Prüfungsschema zu den sonstigen Freiheiten des Art. 5 Abs. 1 GG

Alle sonstigen Freiheiten des Art. 5 Abs. 1 GG richten sich im Aufbau nach der Meinungsfreiheit. Sie ersetzen im Rahmen der Prüfung den Begriff der Meinung durch den der Information, der Presse, des Rundfunks oder des Films. Die Abwägungen im Rahmen der Wechselwirkungslehre bleiben identisch.

I. **Eröffnung des Schutzbereichs**

1. **Persönlicher** Schutzbereich

Jedermann-Grundrecht. Schützt alle natürlichen Personen. Im Rahmen von Art. 19 Abs. 3 GG auf juristische Personen anwendbar

2. **Sachlicher** Schutzbereich

Sonstige Freiheiten des Art. 5 Abs. 1 GG

- *Informationsfreiheit* umfasst den Zugang zu Quellen, die dafür geeignet und bestimmt sind, der Allgemeinheit Informationen zu verschaffen.
- *Pressefreiheit* schützt die Gründung, Gestaltung und den Vertrieb von Presseerzeugnissen.
- *Rundfunkfreiheit* umfasst alle über elektromagnetische Wellen übertragene Sendungen, deren Empfängerkreis nicht von vornherein festgelegt ist.
- *Filmfreiheit* schützt alle wesensmäßig mit der Herstellung und der Verbreitung eines Films zusammenhängende Tätigkeiten.

II. **Eingriff in den Schutzbereich**

Jedes staatliche Handeln, das die Grundrechtsausübung erschwert oder ganz oder teilweise unmöglich macht (erweiterter Eingriffsbegriff)

III. **Verfassungsrechtliche Rechtfertigung**

1. **Beschränkbarkeit des Grundrechts** (Schranken)

Qualifizierter Gesetzesvorbehalt aus Art. 5 Abs. 2 GG

- *Allgemeine Gesetze:* nach der *Kombinationslehre* Gesetze, die sich nicht gegen eine bestimmte Variante des Art. 5 Abs. 1 GG (Informationsquelle, Presse, Rundfunk, Film) oder die Variante an sich richten und dem Schutz eines höherrangigen Rechtsguts dienen
- Gesetze zum Schutz der persönlichen Ehre und zum Schutz der Jugend müssen ebenfalls allgemeine Gesetze sein.

2. **Anforderungen an die GR-Beschränkung** (Schranken-Schranken)

   a. Verfassungsmäßigkeit des einschränkenden Gesetzes (EGL)

   aa. Formelle Verfassungsmäßigkeit des einschränkenden Gesetzes

   Zitiergebot (Art. 19 Abs. 1 S. 2 GG) muss nicht beachtet werden

   bb. Materielle Verfassungsmäßigkeit des einschränkenden Gesetzes / ggf. Anwendung im Einzelfall

   Verhältnismäßigkeitsprüfung, insbesondere

   Wechselwirkungslehre: Die beschränkende Norm muss im Lichte der Bedeutung der Freiheit aus Art. 5 Abs. 1 GG für die freiheitlich-demokratische Grundordnung ausgelegt werden, Güterabwägung.

   Verbot der Vor-Zensur, Art. 5 Abs. 1 S. 3 GG

Prüfungsschema zur Kunstfreiheit – Art. 5 Abs. 3 GG

Die Kunstfreiheit ist ein Grundrecht, das nur durch verfassungsimmanente Schranken eingeschränkt werden kann. Besonders im Bereich der Satire spielt die Abwägung mit dem allgemeinen Persönlichkeitsrecht eine zentrale Rolle.

I. **Eröffnung des Schutzbereichs**

1. **Persönlicher** Schutzbereich

   Jedermann-Grundrecht. Schützt alle natürlichen Personen. Im Rahmen von Art. 19 Abs. 3 GG auf juristische Personen anwendbar.

2. **Sachlicher** Schutzbereich

   - schützt die Herstellung (Werkbereich) und
   - die Verbreitung (Wirkbereich) von Kunst

   Das BVerfG verwendet parallel drei *Kunstbegriffe:*

   1. **Formaler Kunstbegriff:** Kunst ist, was einer traditionellen Kategorie von Kunst zugeordnet werden kann.
   2. **Materialer Kunstbegriff:** Kunst wird durch den schöpferischen Akt des Künstlers definiert, der eigene Erfahrungen und Impressionen in das Werk einfließen lässt.
   3. **Offener Kunstbegriff:** Kunst wird durch die Interaktion mit dem Betrachter definiert, das Werk ist vielschichtigen Interpretationen zugänglich.

Eine Entscheidung zwischen den drei Kunstbegriffen ist in vielen Fällen nicht notwendig, wenn sich alle drei bejahen lassen. Die Rechtsprechung wendet die Kunstbegriffe parallel an.

II. **Eingriff in den Schutzbereich**

Jedes staatliche Handeln, das die Grundrechtsausübung erschwert oder ganz oder teilweise unmöglich macht (erweiterter Eingriffsbegriff)

III. **Verfassungsrechtliche Rechtfertigung**

1. **Beschränkbarkeit des Grundrechts** (Schranken)

Verfassungsimmanente Schranken:

- Kollidierende Grundrechte Dritter
- Sonstige Rechtsgüter von Verfassungsrang

2. **Anforderungen an die GR-Beschränkung** (Schranken-Schranken)

a. Verfassungsmäßigkeit des einschränkenden Gesetzes (EGL)

aa. Formelle Verfassungsmäßigkeit des einschränkenden Gesetzes

Zitiergebot (Art. 19 Abs. 1 S. 2 GG) muss nicht beachtet werden

bb. Materielle Verfassungsmäßigkeit des einschränkenden Gesetzes / ggf. Anwendung im Einzelfall

(1) Verhältnismäßigkeitsprüfung

(2) Prinzip praktischer Konkordanz

Prüfungsschema zur Versammlungsfreiheit – Art. 8 Abs. 1 GG

Die Versammlungsfreiheit ist eines der wenigen Deutschen-Grundrechte im Grundgesetz. Es schützt das Recht, seine Meinung auf die Straße zu bringen. Achten Sie bei der Schranke in Art. 8 Abs. 2 GG auf die Differenzierung zwischen Versammlungen unter freiem Himmel und in geschlossenen Räumen.

I. Eröffnung des Schutzbereichs

1. **Persönlicher** Schutzbereich

Deutschen-Grundrecht, gilt nach Art. 18 AEUV auch für andere europäische Staatsbürger. Im Rahmen von Art. 19 Abs. 3 GG auf juristische Personen anwendbar.

2. **Sachlicher** Schutzbereich

a. *Versammlung*

- Zusammenkunft mehrerer Personen (str. ob min. 2 oder 3)
- zu einem gemeinsamen Zweck

Es ist umstritten, worin dieser gemeinsame Zweck liegen muss:

- Nach dem *engen Versammlungsbegriff* muss der gemeinsame Zweck in der Meinungskundgabe von politisch-öffentlichen Angelegenheiten liegen.
- Der *erweiterte Versammlungsbegriff* lässt demgegenüber jede Form der Meinungskundgabe genügen, also auch in Bezug auf nicht politische oder private Angelegenheiten.
- Schließlich stellt der *weite Versammlungsbegriff* keine weiteren Anforderungen an den gemeinsamen Zweck, hier braucht noch nicht einmal eine gemeinsame Meinungskundgabe stattzufinden.

Die Rechtsprechung tendiert zum engen Versammlungsbegriff.

b. friedlich und ohne Waffen

- *friedlich* bedeutet, dass die Versammlung keinen gewalttätigen oder aufrührerischen Verlauf nimmt oder zu nehmen droht.
- *Waffen* sind alle Gegenstände, die geeignet sind, bei entsprechender Verwendung Personen zu verletzen oder Sachen erheblich zu beschädigen. Da diese Definition sehr weit ist, wird zusätzlich eine Verwendungsneigung gefordert: Die Demonstranten müssen also grundsätzlich bereit sein, diese Waffen einzusetzen.

c. Ohne Anmeldung und Erlaubnis

Hier besteht ein Konflikt mit § 14 VersG, der die Anmeldung einer Versammlung 48 Stunden im Voraus vorsieht. Die Vorschrift muss daher verfassungskonform ausgelegt werden. Hierbei sind drei Konstellationen zu unterscheiden:

- Versammlungen, deren Beginn weiter als 48 Stunden entfernt ist, müssen angemeldet werden.
- Bei Versammlungen, bis zu deren Beginn weniger als 48 Stunden Zeit verbleiben (*Eilversammlung*), wird ebenfalls von einer Anmeldepflicht ausgegangen, für die allerdings die Frist nicht mehr gelten kann.
- Sofern sich eine Versammlung aus einer bestimmten Situation heraus spontan bildet (*Spontanversammlung*), kann eine Anmeldung im Vorfeld naturgemäß nicht erfolgen, § 14 VersG gilt für diese Art von Versammlung nicht.

II. **Eingriff in den Schutzbereich**

Jedes staatliche Handeln, das die Grundrechtsausübung erschwert oder ganz oder teilweise unmöglich macht (erweiterter Eingriffsbegriff)

III. **Verfassungsrechtliche Rechtfertigung**

1. **Beschränkbarkeit des Grundrechts** (Schranken)

a. für Versammlungen unter freiem Himmel: einfacher Gesetzesvorbehalt in Art. 8 Abs. 2

Versammlungen unter freiem Himmel = ohne seitliche Begrenzungen

b. für Versammlungen in geschlossenen Räumen: verfassungsimmanente Schranken

2. **Anforderungen an die GR-Beschränkung** (Schranken-Schranken)

   a. Verfassungsmäßigkeit des einschränkenden Gesetzes (EGL)

   aa. Formelle Verfassungsmäßigkeit des einschränkenden Gesetzes

   Zitiergebot (Art. 19 Abs. 1 S. 2 GG) muss beachtet werden.

   bb. Materielle Verfassungsmäßigkeit des einschränkenden Gesetzes / ggf. Anwendung im Einzelfall

   Verhältnismäßigkeitsprüfung

Prüfungsschema zur Vereinigungsfreiheit – Art. 9 Abs. 1 GG

Als Deutschen-Grundrecht schützt die Vereinigungsfreiheit das Recht, sich zu Personenvereinigungen zusammenzuschließen. Diese können eine politische, wirtschaftliche oder sonstige Bedeutung haben.

I. **Eröffnung des Schutzbereichs**

1. **Persönlicher** Schutzbereich

   Deutschen-Grundrecht, gilt nach Art. 18 AEUV auch für andere europäische Staatsbürger. Im Rahmen von Art. 19 Abs. 3 GG auf juristische Personen anwendbar.

Art. 9 Abs. 1 GG ist ein *Doppelgrundrecht*: Es schützt die Rechte des Individuums, eine Organisation zu gründen oder ihr beizutreten (Individualrecht), und die Rechte der Vereinigung selbst, bestehen zu bleiben und entsprechend ihrem Zweck zu handeln (Kollektivgrundrecht).

2. **Sachlicher** Schutzbereich

   - Bildung, Beitritt und Verbleiben in Vereinigung
   - Vereinsspezifische Betätigung entsprechend dem Zweck der Vereinigung

II. **Eingriff in den Schutzbereich**

Jedes staatliche Handeln, das die Grundrechtsausübung erschwert oder ganz oder teilweise unmöglich macht (erweiterter Eingriffsbegriff)

III. **Verfassungsrechtliche Rechtfertigung**

1. **Beschränkbarkeit des Grundrechts** (Schranken)

   Qualifizierter Gesetzesvorbehalt in Art. 9 Abs. 2

   Nach RSpr. ist Art. 9 Abs. 2 GG ein *Verbotsvorbehalt*, kein automatisches Verbot kraft Verfassung.

   - Vereinigungen, die Strafgesetzes zuwiderlaufen
   - Sich gegen die verfassungsmäßige Ordnung richten

- Sich gegen den Gedanken der Völkerverständigung richten
- Zusätzlich: aggressiv-kämpferische Haltung des Vereins

2. **Anforderungen an die GR-Beschränkung** (Schranken-Schranken)

a. Verfassungsmäßigkeit des <u>einschränkenden Gesetzes</u> (EGL)

aa. Formelle Verfassungsmäßigkeit des einschränkenden Gesetzes

Zitiergebot (Art. 19 Abs. 1 S. 2 GG) muss beachtet werden.

bb. Materielle Verfassungsmäßigkeit des einschränkenden Gesetzes / ggf. Anwendung im Einzelfall

Verhältnismäßigkeitsprüfung

Prüfungsschema zum Grundrecht auf Freizügigkeit – Art. 11 Abs. 1 GG

Die Freizügigkeit ist ein Grundrecht, das das Recht auf Wohnsitznahme und Aufenthalt sichert. Es ist eines der wenigen Grundrechte des Grundgesetzes, das als Deutschen-Grundrecht konzipiert ist. Neben dem ausführlichen Schrankenkatalog des Art. 11 Abs. 2 GG lässt das BVerfG auch die Beschränkung durch verfassungsimmanente Schranken zu.

I. **Eröffnung des Schutzbereichs**

1. **Persönlicher** Schutzbereich

Deutschen-Grundrecht, gilt nach Art. 18 AEUV auch für andere europäische Staatsbürger. Im Rahmen von Art. 19 Abs. 3 GG auf juristische Personen anwendbar (h.M.).

2. **Sachlicher** Schutzbereich

Die *Freizügigkeit* umfasst das Recht auf

- Wohnsitznahme und
- Aufenthalt

Problematisch ist das Merkmal des Aufenthalts. Hier verlangt die Rechtsprechung einen besonders grundrechtsrelevanten, der Bedeutung der Wohnsitznahme nahekommenden Aufenthalt, um Art. 11 Abs. 1 GG vom Schutz von der Freiheit der Person und der Allgemeinen Handlungsfreiheit abzugrenzen.

II. **Eingriff in den Schutzbereich**

Jedes staatliche Handeln, das die Grundrechtsausübung erschwert oder ganz oder teilweise unmöglich macht (erweiterter Eingriffsbegriff)

III. **Verfassungsrechtliche Rechtfertigung**

1. **Beschränkbarkeit des Grundrechts** (Schranken)

   a. Qualifizierter Gesetzesvorbehalt in Art. 11 Abs. 2

   - Ausreichende Lebensgrundlage nicht geschützt
   - Abwehr einer drohenden Gefahr für Bestand oder freiheitliche demokratische Grundordnung von Bund oder Land
   - Bekämpfung von Seuchengefahr, Naturkatastrophen, besonders schwere Unglücksfälle
   - Schutz der Jugend vor Verwahrlosung
   - Zur Vorbeugung strafbarer Handlungen

   b. Daneben nach h.M. auch verfassungsimmanente Schranken

2. **Anforderungen an die GR-Beschränkung** (Schranken-Schranken)

   a. Verfassungsmäßigkeit des einschränkenden Gesetzes (EGL)

   aa. Formelle Verfassungsmäßigkeit des einschränkenden Gesetzes

   Zitiergebot (Art. 19 Abs. 1 S. 2 GG) muss beachtet werden

   bb. Materielle Verfassungsmäßigkeit des einschränkenden Gesetzes / ggf. Anwendung im Einzelfall

   Verhältnismäßigkeitsprüfung

Prüfungsschema zur Berufsfreiheit – Art. 12 Abs. 1 GG

Das Grundrecht der Berufsfreiheit sichert die wirtschaftliche Existenz des Grundrechtsträgers. Als Deutschen-Grundrecht steht es nach Art. 116 GG deutschen Staatsbürgern und unter Einbeziehung von Art. 18 AEUV auch allen Staatsbürgern eines Mitgliedsstaates der EU offen.

I. **Eröffnung des Schutzbereichs**

1. **Persönlicher** Schutzbereich

   Deutschen-Grundrecht. Gilt nach Art. 18 AEUV auch für andere europäische Staatsbürger. Im Rahmen von Art. 19 Abs. 3 GG auf juristische Personen anwendbar.

2. **Sachlicher** Schutzbereich

   Schützt einheitlich *Berufswahl und -ausübung*:

   Ein *Beruf* umfasst eine Tätigkeit, die

   - auf Dauer angelegt ist,
   - der Schaffung oder Erhaltung einer Lebensgrundlage dient und
   - nicht schlechthin sozialschädlich ist.

Das Bundesverfassungsgericht ist bei allen drei Elementen eher großzügig in der Auslegung. Ob der Beruf tatsächlich verboten ist, ist für die Einordnung in den Schutzbereich irrelevant, vielmehr kommt es auf die materielle Verbotswürdigkeit an.

II. **Eingriff in den Schutzbereich**

Jedes staatliche Handeln, das die Grundrechtsausübung erschwert oder ganz oder teilweise unmöglich macht (erweiterter Eingriffsbegriff)

Zusätzlich: *subjektiv- oder objektiv-berufsregelnde Tendenz*

1. subjektiv-berufsregelnde Tendenz: staatliche Maßnahmen sind darauf gerichtet, einen Beruf zu untersagen oder zu verändern
2. objektiv-berufsregelnde Tendenz: zwischen der Regelung und dem betroffenen Beruf besteht eine besonderes Näheverhältnis

III. **Verfassungsrechtliche Rechtfertigung**

1. **Beschränkbarkeit des Grundrechts** (Schranken)

Aufgrund der *Einheitlichkeit des Grundrechts* der Berufsfreiheit einfacher Gesetzesvorbehalt aus Art. 12 Abs. 1 S. 2 GG

2. **Anforderungen an die GR-Beschränkung** (Schranken-Schranken)

a. Verfassungsmäßigkeit des einschränkenden Gesetzes (EGL)

aa. Formelle Verfassungsmäßigkeit des einschränkenden Gesetzes

Zitiergebot (Art. 19 Abs. 1 S. 2 GG) muss nicht beachtet werden.

bb. Materielle Verfassungsmäßigkeit des einschränkenden Gesetzes / ggf. Anwendung im Einzelfall

Verhältnismäßigkeitsprüfung

Ausdifferenzierung in *3-Stufen-Theorie*

- Stufe 1: Berufsausübungsregelung.

  Rechtfertigung durch vernünftige Gründe des Gemeinwohls
- Stufe 2: subjektive Zulassungsvoraussetzung. Rechtfertigung zum Schutz wichtiger Gemeinschaftsgüter möglich
- Stufe 3: objektive Zulassungsvoraussetzung. Rechtfertigung nur zur Abwehr schwerer Gefahren für überragend wichtige Gemeinschaftsgüter bei konkreter oder höchstwahrscheinlicher Gefährdung

Die Einordnung als subjektive oder objektive Zulassungsvoraussetzung ist unabhängig von der Beeinflussbarkeit des Faktors. Es geht allein um die Frage, ob die Kriterien zur Zulassung (wie auch Größe oder Lebensalter) in der Person des Grundrechtsträgers wurzeln (dann subjektiv) oder extern begründet liegen (wie bei Kapazitätsgrenzen, dann objektiv).

Prüfungsschema zum Grundrecht auf Unverletzlichkeit der Wohnung – Art. 13 Abs. 1 GG

Das Grundrecht auf Unverletzlichkeit der Wohnung schützt die Privatheit von Wohnraum. Es gibt weder ein Recht auf eine Wohnung noch schützt es den physischen Bestand von Wohnraum. Besonders wichtig sind die im Grundgesetz vorgesehenen Richtervorbehalte im Rahmen der Schranken.

I. **Eröffnung des Schutzbereichs**

1. **Persönlicher** Schutzbereich

   Jedermann-Grundrecht. Im Rahmen von Art. 19 Abs. 3 GG auf juristische Personen anwendbar.

2. **Sachlicher** Schutzbereich

   Schützt die Privatheit einer Wohnung

   Eine *Wohnung* umfasst

   - eine räumliche Abschirmung,
   - die der allgemeinen Zugänglichkeit entzogen ist,
   - dadurch Stätte privaten Lebens ist.

Das Bundesverfassungsgericht definiert den Wohnungsbegriff weit. Neben klassischem Wohnraum sind auch umzäunte oder eingefriedete Gärten und Nebenräume vom Schutzbereich umfasst. Auch ein Wohnwagen oder Zelt erfüllt die Voraussetzungen. Unerheblich ist die zivilrechtliche Beziehung zur Wohnung.

II. **Eingriff in den Schutzbereich**

Jedes staatliche Handeln, das die Grundrechtsausübung erschwert oder ganz oder teilweise unmöglich macht (erweiterter Eingriffsbegriff)

Differenzierung nach Art des Eingriffs

- Durchsuchung (Abs. 2)
- Lauschangriff (Abs. 3–5)
- Sonstige Betretungsrechte (Abs. 7)

III. **Verfassungsrechtliche Rechtfertigung**

1. **Beschränkbarkeit des Grundrechts** (Schranken)

   a. Qualifizierte Gesetzesvorbehalte in Abs. 2–5, 7 2. Alt. GG

      - Durchsuchung, Abs. 2
      - Großer repressiver Lauschangriff, Abs. 3
      - Großer präventiver Lauschangriff, Abs. 4

- Kleiner Lauschangriff, Abs. 5
- sonstige Betretungsrechte, Abs. 7 2. Alt.

Beachten Sie die *Wesentlichkeitstheorie*. Aufgrund der hohen Grundrechtsrelevanz der Eingriffe benötigen Durchsuchungen nach Abs. 2 eine parlamentarische Gesetzesgrundlage.

b. Verfassungsunmittelbare Schranke in Abs. 7 1. Alt. GG

2. **Anforderungen an die GR-Beschränkung** (Schranken-Schranken)

a. Verfassungsmäßigkeit des <u>einschränkenden Gesetzes</u> (EGL)

aa. Formelle Verfassungsmäßigkeit des einschränkenden Gesetzes

Zitiergebot (Art. 19 Abs. 1 S. 2 GG) muss beachtet werden.

bb. Materielle Verfassungsmäßigkeit des einschränkenden Gesetzes / ggf. Anwendung im Einzelfall

(1) Richtervorbehalte, Ausnahme bei Gefahr im Verzug

(2) Verhältnismäßigkeitsprüfung

Prüfungsschema zur Eigentumsfreiheit – Art. 14 Abs. 1 GG

Die Eigentumsfreiheit ist ein anspruchsvoll zu prüfendes Grundrecht. Achten Sie besonders auf die Abgrenzung in Inhalts- und Schrankenbestimmung und Enteignung, die den Prüfungsaufbau maßgeblich beeinflussen.

I. **Eröffnung des Schutzbereichs**

1. **Persönlicher** Schutzbereich

Jedermann-Grundrecht. Im Rahmen von Art. 19 Abs. 3 GG auf juristische Personen anwendbar.

2. **Sachlicher** Schutzbereich

Schützt Eigentum und Erbrecht

Eigentum umfasst alle konkreten vermögenswerten Rechte, darunter

- Sacheigentum
- Immaterielle Güter
- Forderungen
- Rechtmäßigen Besitz

Das Eigentumsgrundrecht schützt nur konkrete vermögenswerte Positionen, nicht aber das Vermögen als solches. Eine Geldstrafe oder Zwangsgeld ist daher nicht am Maßstab von Art. 14 Abs. 1 GG zu prüfen, sondern anhand von Art. 2 Abs. 1 GG.

Der Eigentumsbegriff wird hierbei streng akzessorisch zum Zivilrecht geprüft. So besteht verfassungsrechtlich kein Eigentum an verbotenen oder abhandengekommenen Gegenständen. Andererseits geht der Eigentumsbegriff in Art. 14 GG über den zivilrechtlichen Eigentumsbegriff hinaus, in dem u.a. auch das Recht zur Nutzung einer gemieteten Wohnung als Eigentum im Sinne von Art. 14 Abs. 1 GG anerkannt wurde.

II. **Eingriff in den Schutzbereich**

Jedes staatliche Handeln, das die Grundrechtsausübung erschwert oder ganz oder teilweise unmöglich macht (erweiterter Eingriffsbegriff)

Differenzierung nach Art des Eingriffs

- *Inhalts- und Schrankenbestimmung* (Abs. 1 S. 2)
- *Enteignung* (Abs. 3)

Ein wichtiges Problem ist die Frage, wie die Abgrenzung zwischen Inhalts- und Schrankenbestimmung und Enteignung vorgenommen wird. Hierbei kommt es nicht auf den Inhalt oder die Schwere der Beeinträchtigung, sondern auf die Form an. Liegt ein intendierter Zugriff des Staates auf konkrete Eigentumspositionen vor, handelt es sich um eine Enteignung. Die muss aus Rechtsschutzgründen in der Regel in Form der Administrativenteignung durch einen rechtsmittelfähigen Bescheid vorgenommen werden. Nur ausnahmsweise ist eine (rechtsschutzverkürzende) Legalenteignung, also die Enteignung durch ein Gesetz, zulässig. Werden allgemeine Regeln für den Erwerb und die Nutzung von Eigentum definiert, liegt eine Inhalts- und Schrankenbestimmung vor.

III. **Verfassungsrechtliche Rechtfertigung**

1. **Beschränkbarkeit des Grundrechts** (Schranken)

   a. Einfacher Gesetzesvorbehalt bei der Inhalts- und Schrankenbestimmung

   b. Qualifizierter Gesetzesvorbehalt bei der Enteignung

2. **Anforderungen an die GR-Beschränkung** (Schranken-Schranken)

   a. Verfassungsmäßigkeit des <u>einschränkenden Gesetzes</u> (EGL)

   aa. Formelle Verfassungsmäßigkeit des einschränkenden Gesetzes

   Zitiergebot (Art. 19 Abs. 1 S. 2 GG) muss nicht beachtet werden.

   - Bei Enteignungen:

     Notwendigkeit eines Parlamentsgesetzes

     Entschädigungsklausel notwendig / *Junktimklausel*

   - Bei Inhalts- und Schrankenbestimmungen:

     auch durch materielles Gesetz möglich

bb. Materielle Verfassungsmäßigkeit des einschränkenden Gesetzes / ggf. Anwendung im Einzelfall

- bei Enteignungen:

  zum Wohle der Allgemeinheit

  Verhältnismäßigkeitsprüfung

- bei Inhalts- und Schrankenbestimmung:

  Verhältnismäßigkeitsprüfung

Staatshaftungsrecht

Im Staatshaftungsrecht kennen sich viele Studierende zu wenig aus. Dabei sind die wichtigsten Prüfungskonstellationen schnell erarbeitet.

Prüfungsschema zu Ansprüchen aus Amtshaftung, Art. 34 GG, § 839 BGB

Der Amtshaftungsanspruch ist eine besonders prüfungsrelevante Vorschrift des Staatshaftungsrechts. Sie garantiert ein Einstehen des Dienstherrn für das in Ausübung öffentlicher Gewalt begangene Unrecht.

I. **Verletzung einer Amtspflicht**

1. **Bestehen einer Amtspflicht**

   a. durch Gesetz auferlegte Pflicht

   b. allgemeine beamtenrechtliche Pflichten, insbesondere: Pflicht zu rechtmäßigem Handeln

2. **Konkrete Pflichtverletzung** (Tun oder Unterlassen)

II. **Durch einen Beamten im haftungsrechtlichen Sinne**

Unabhängig vom Status jeder, dem ein funktionell öffentliches Amt anvertraut wurde:

1. Beamter im statusrechtlichen Sinne,
2. Angestellter im öffentlichen Dienst,
3. Beliehener oder
4. sonstige öffentlich-rechtliche Aufgabenwahrnehmung

III. **In Ausübung eines öffentlichen Amtes**

1. **Öffentlich-rechtliche Tätigkeit**

Maßstab *modifizierte Subjektstheorie*: Beamter muss aufgrund von Vorschriften tätig werden, die allein hoheitliche Träger verpflichten oder berechtigen.

2. **Innerer Zusammenhang** mit der hoheitlichen Aufgabe erforderlich

   Verletzung darf nicht nur bei Gelegenheit des Amtes passiert sein.

IV. **Drittgerichtetheit der Amtspflicht**

Amtspflicht muss zumindest auch dem Schutz Dritter dienen.

V. **Verschulden**

1. **Vorsatz** oder
2. **Fahrlässigkeit** (§ 276 BGB)

   Objektivierter Sorgfaltsmaßstab: Es kommt auf Kenntnisse und Fähigkeiten an, die für die Führung des übernommenen Amtes im Durchschnitt erforderlich sind.

VI. **Schaden**

Es muss ein Vermögensschaden entstanden sein.

VII. **Kausalität**

1. **Bei Handlung:** zurechenbarer Kausalzusammenhang erforderlich (Äquivalenztheorie/Adäquanztheorie)
2. **Bei Unterlassen:** hypothetische Kausalität

VIII. **Haftungsausschluss**

1. **Subsidiaritätsklausel** bei Fahrlässigkeit, § 839 Abs. 1 S. 2 BGB

   Besteht anderweitiger, durchsetzbarer und zumutbarer Anspruch? Rspr. verneint dies z.B. bei Versicherungsleistungen.

2. **Richterprivileg** (§ 839 Abs. 2 BGB)

   nur Haftung, wenn Pflichtverletzung Straftat darstellt

3. **Unterlassene Rechtsmittel,** § 839 Abs. 3 BGB

   Hat Geschädigter vorsätzlich oder fahrlässig die Abwendung des Schadens durch Einlegung eines Rechtsmittels versäumt?

IX. **Verjährung**

Dreijährige Verjährungsfrist gem. § 195 BGB

Beginn gem. § 199 Abs. 1 BGB

X. **Rechtsfolge:** Schadensersatz nach §§ 249 ff. BGB

- Ersatz des Vermögensschadens, keine Naturalrestitution
- ggf. Kürzung wegen Mitverschuldens, § 254 BGB

XI. **Anspruchsgegner:** Staat/Anstellungskörperschaft (Art. 34 GG)

XII. **Rechtsweg:** Landgericht, § 40 Abs. 2 VwGO i.V.m. § 71 Abs. 2 Nr. 2 GVG

Prüfungsschema zu Ansprüchen aus Enteignungsentschädigung

Die Enteignungsentschädigung ist die staatliche Kompensation für die erfolgte Enteignung, die einen Güterbeschaffungsvorgang darstellt. Art. 14 Abs. 3 GG setzt diese voraus, eine Enteignung bedarf daher immer der Entschädigung.

I. **Eigentum im Sinne von Art. 14 Abs. 1 S. 1 GG betroffen**

Eigentum umfasst alle konkreten vermögenswerten Rechte, insbesondere Sacheigentum.

II. **Durch Enteignung**

1. **Hoheitlicher Zugriffsakt**
2. **Auf konkrete Eigentumspositionen**
3. Zum Zwecke der **Güterbeschaffung**

III. **Eines Hoheitsträgers**

1. **Legalenteignung** durch Gesetz (BVerfG: nur in engen Ausnahmen)
2. **Administrativenteignung**: aufgrund eines Gesetzes durch Verwaltungsakt

IV. **Zum Wohle der Allgemeinheit**

Gemeinwohlbezug erforderlich, h.M. lässt auch die Enteignung zugunsten Privater zu, wenn hierdurch mittelbar das Gemeinwohl gefördert wird.

V. **Rechtmäßigkeit von Enteignung und Enteignungsverfahren**

1. **Enteignung** rechtmäßig
   a. Formelles Gesetz als Grundlage
   b. Entschädigungsregelung im Gesetz (= Junktimklausel)
   c. Enteignung verhältnismäßig und im Übrigen rechtmäßig
2. **Enteignungsverfahren** rechtmäßig
   a. Tatbestandsvoraussetzungen der Ermächtigungsgrundlage
   b. Ordnungsgemäßes Enteignungsverfahren im Übrigen

Bestehen Bedenken gegen die Rechtmäßigkeit der Enteignung, muss der Eigentümer Primärrechtsschutz gegen die Maßnahme suchen. Ein »Dulde und Liquidiere« ist seit dem Nassauskiesungsbeschluss nicht mehr zulässig.

VI. **Rechtsfolge:** Entschädigung

- Angemessene Entschädigung in Geld
- Ausnahmsweise andere Entschädigungsmaßnahmen als Geld denkbar
- Grds. Ausgleich des Verlustes als Wertersatz, Art. 14 III 2 GG

VII. **Anspruchsgegner**

Der durch die Enteignung Begünstigte, kann u.U. auch Person des Privatrechts sein

VIII. **Verjährung:**

nach h.M. §§ 194 ff. BGB analog

Prüfungsschema zu Ansprüchen aus enteignendem Eingriff

Der enteignende Eingriff kompensiert für Eingriffe in das Eigentum, die Nebenfolge rechtmäßigen Handelns sind und keine Enteignung darstellen. Ausgehend von §§ 74, 75 der Einleitung zum Allgemeinen Preußischen Landrecht 1794 erbringt der Betroffene ein Sonderopfer, für das er eine Entschädigung beanspruchen kann.

I. **Rechtsgrundlage**

Richterrechtlich anerkannte Ausprägung von §§ 74, 75 der Einleitung zum Allg. Preußischen Landrecht

II. **Eigentum** im Sinne von Art. 14 Abs. 1 S. 1 GG **betroffen**

Eigentum umfasst alle konkreten vermögenswerten Rechte, insbesondere Sacheigentum.

III. **Durch öffentlich-rechtliches Handeln**

IV. **Anforderungen an den Eingriff**

1. **Keine Enteignung**
2. **Unmittelbarkeit** des Eingriffs

   Kein Reflexschaden, sondern typische, kausale Folge des Ereignisses
3. Unbeabsichtigte **Nebenfolge**

   Kein finales Handeln, sondern unbeabsichtigte Nebenfolge des staatlichen Handelns

IV. **Rechtmäßigkeit des Eingriffs**

- Anspruch setzt rechtmäßiges staatliches Handeln voraus.
- **Sonderopfer** für Betroffenen
  - Beeinträchtigung geht über die Grenzen der Sozialpflichtigkeit hinaus.
  - Entschädigungsfrei nicht zumutbar

Wichtig ist hier zu erkennen, dass nicht jedes zumal rechtmäßige Zugreifen des Staates eine Entschädigung nach sich ziehen kann. Entsprechend sind die Hürden der Zumutbarkeit relativ hoch. In der Klausur ist das mögliche »Sonderopfer« gut zu begründen.

V. **Rechtsfolge:** Entschädigung

Angemessene Entschädigung in Geld

VI. **Kein Ausschluss**

- Vorrang spezialgesetzlich normierter Entschädigungsregelungen
- Nutzung des Primärrechtsschutzes
- Mitverschulden, § 254 BGB analog

VII. **Verjährung**

nach h.M. §§ 194 ff. BGB analog

IX. **Anspruchsgegner**

Der Hoheitsträger, der den Eingriff vorgenommen hat

X. **Rechtsweg**

Zivilgerichtsbarkeit, § 40 Abs. 2 VwGO

Prüfungsschema zu Ansprüchen aus enteignungsgleichem Eingriff

Der enteignungsgleiche Eingriff ist das Gegenstück zum enteignenden Eingriff, kompensiert jedoch nur für die Folgen rechtwidrigen hoheitlichen Handelns.

I. **Rechtsgrundlage**

Richterrechtlich anerkannte Ausprägung von §§ 74, 75 der Einleitung zum Allg. Preußischen Landrecht

II. **Eigentum** im Sinne von Art. 14 Abs. 1 S. 1 GG **betroffen**

Eigentum umfasst alle konkreten vermögenswerten Rechte, insbesondere Sacheigentum.

III. **Durch öffentlich-rechtliches Handeln**

IV. **Anforderungen an den Eingriff**

1. **Keine Enteignung**
2. **Unmittelbarkeit** des Eingriffs

   Kein Reflexschaden, sondern typische, kausale Folge des Ereignisses
3. Unbeabsichtigte **Nebenfolge**

   Kein finales Handeln, sondern unbeabsichtigte Nebenfolge des staatlichen Handelns

V. **Rechtwidrigkeit des Eingriffs**

Anspruch setzt rechtswidriges staatliches Handeln voraus.

Dies stellt **Sonderopfer** für Betroffenen dar.

VI. **Rechtsfolge:** Entschädigung

Angemessene Entschädigung in Geld

VII. **Kein Ausschluss**

- Vorrang spezialgesetzlich normierter Entschädigungsregelungen
- Nutzung des Primärrechtsschutzes
- Mitverschulden, § 254 BGB analog

VIII. **Verjährung**

nach h.M. §§ 194 ff. BGB analog

IX. **Anspruchsgegner**

Der Hoheitsträger, der den Eingriff vorgenommen hat

X. **Rechtsweg**

Zivilgerichtsbarkeit, § 40 Abs. 2 VwGO

Prüfungsschema zum Folgenbeseitigungsanspruch

Der Folgenbeseitigungsanspruch schafft einen Anspruch, um die rechtswidrigen Folgen eines Handelns zu beseitigen. Es geht hierbei nicht um eine Entschädigung, sondern um die Beseitigung der rechtswidrigen Folgen für den Betroffenen. Die Rechtmäßigkeit des staatlichen Handelns selbst ist hierbei irrelevant, es kommt allein auf die Folgen beim Betroffenen an.

I. **Rechtsgrundlage**

- Existenz des Folgenbeseitigungsanspruchs ist richterrechtlich anerkannt.
- Rechtsgrundlage im Rechtsstaatsprinzip, den Grundrechten sowie § 1004 BGB analog

II. **Öffentlich-rechtliches Handeln**

Die Rechtmäßigkeit des hoheitlichen Handelns und die Form sind irrelevant.

III. **Eingriff in ein subjektives Recht**

1. **Bestehen eines subjektiven Rechts**

   a. Grundrechte

   b. Sonstige subjektiv-öffentliche Rechte

2. **Eingriff**

Finales ebenso wie unfallartiges staatliches Handeln erfasst

IV. **Rechtwidrigkeit der Folgen des Eingriffs**

1. **Rechtswidrigkeit** der Folgen

   Infolge des Eingriffs muss ein rechtswidriger Zustand geschaffen worden sein.

2. **Fortdauern** der Folgen

   Der Zustand dauert zum Zeitpunkt der Geltendmachung des Anspruchs noch an.

3. **Keine Duldungspflichten**

   Es bestehen keine Pflichten des Betroffenen, den Zustand entsprechend § 906 BGB oder auf Grundlage eines bestandskräftigen Verwaltungsakts zu dulden.

V. **Möglichkeit der Wiederherstellung**

Tatsächliche und rechtliche Möglichkeit der Wiederherstellung

VI. **Rechtsfolge:** Folgenbeseitigung

1. **Wiederherstellung** des ursprünglichen Zustandes
2. Beschränkung auf **Beseitigung der unmittelbaren Folgen**
3. **Zumutbarkeit der Folgenbeseitigung,** sonst ausnahmsweise Folgenentschädigungsanspruch in Geld

VII. **Mitverschulden**

§ 254 BGB analog

VIII. **Verjährung**

nach h.M. §§ 194 ff. BGB analog

IX. **Anspruchsgegner**

Der Hoheitsträger, der den Eingriff vorgenommen hat

X. **Rechtsweg**

Verwaltungsrechtsweg, § 40 Abs. 1 VwGO

Prüfungsschema zum öffentlich-rechtlichen Erstattungsanspruch

Ziel des öffentlich-rechtlichen Erstattungsanspruchs ist es, eine rechtsgrundlose öffentlich-rechtliche Vermögensverschiebung rückabzuwickeln. Damit bildet dieser Anspruch die öffentlich-rechtliche Entsprechung zu § 812 BGB.

I. **Rechtsgrundlage**

- Positiv-rechtlich in einzelnen Bereichen normiert, diese Rechtsgrundlagen sind vorrangig: § 49a VwVfG, § 37 Abs. 2 AO oder § 50 SGB X.
- Im Übrigen Ursprung im Rechtsstaatsprinzip, mittlerweile gewohnheitsrechtlich anerkannt

II. **Öffentlich-rechtliche Rechtsbeziehung**

Leistung wird (vermeintlich) auf Grundlage öffentlich-rechtlicher Vorschriften vorgenommen.

III. **Vermögensverschiebung ohne Rechtsgrund**

1. **Zweckgerichtete Mehrung fremden Vermögens**

2. **Kein Rechtsgrund**

Sie müssen in der Prüfung das öffentlich-rechtliche Gepräge des Anspruchs und die Rechtsgrundlosigkeit der Zahlung herausarbeiten. Die Konstellationen einer versehentlichen Vermögensverschiebung können vielfältig sein. So kann eine staatliche Zuwendung versehentlich doppelt erfolgen, eine Zahlung an den falschen Empfänger oder eine Überzahlung wären denkbar.

IV. **Rechtsfolge:** Herausgabe des Erlangten

1. **Herausgabeanspruch** des ursprünglich Erlangten

2. **Herausgabe von Nutzungen** und Surrogaten

Der Einwand der Entreicherung hat beim öffentlich-rechtlichen Erstattungsanspruch keine Grundlage. Der Staat selbst kann sich als Schuldner nicht auf eine Entreicherung berufen, aber auch dem Bürger wird durch die Regelungen der §§ 48, 49 VwVfG hinreichender Vertrauensschutz gewährt.

V. **Verjährung**

nach h.M. §§ 194 ff. BGB analog

VI. **Anspruchsgegner**

Der Empfänger der ungerechtfertigten Leistung

VII. **Rechtsweg**

Verwaltungsrechtsweg, § 40 Abs. 1 VwGO

IN DIESEM KAPITEL

Allgemeines und Besonderes Verwaltungsrecht

Verwaltungsprozessrecht

Kapitel 12
Verwaltungsrecht

Susanne Hertfelder

In diesem Kapitel lernen Sie die wichtigsten Prüfungs-Schemata des Allgemeinen und Besonderen Verwaltungsrechts sowie des Verwaltungsprozessrechts kennen.

- ✔ Das Allgemeine Verwaltungsrecht regelt insbesondere die Rechtsfragen, die rund um einen Verwaltungsakt, also staatliches oder behördliches formelles Handeln, entstehen.
- ✔ Im Besonderen Verwaltungsrecht konzentrieren wir uns auf die besonders prüfungsrelevanten Bereiche Baurecht und Polizeirecht. Da diese Rechtsgebiete größtenteils in die Gesetzgebungszuständigkeit der einzelnen Bundesländer fallen, haben wir Ihnen hier die jeweiligen landesrechtlichen Anspruchsgrundlagen aufgelistet, sodass Sie sich die für Sie einschlägige heraussuchen können.
- ✔ Im Verwaltungsprozessrecht finden Sie die Schemata zu den einzelnen Klagearten vor den Verwaltungsgerichten. Die Schemata helfen Ihnen dabei, Klausurfragen systematisch und logisch zu beantworten.

Allgemeines Verwaltungsrecht

Im allgemeinen Verwaltungsrecht steht insbesondere die Prüfung des Verwaltungsakts im Vordergrund. Wichtig dabei ist, die einzelnen Merkmale des Verwaltungsakts zu definieren und in der Klausur sauber zu subsumieren.

Bei der Aufhebung von Verwaltungsakten wird zwischen dem Widerruf und der Rücknahme unterschieden, je nachdem, ob es sich um einen rechtmäßigen (dann Widerruf) oder rechtswidrigen (dann Rücknahme) Verwaltungsakt handelt.

Prüfungsschema zum Verwaltungsakt, § 35 VwVfG

Wichtig beim Verwaltungsakt ist die Frage, ob eine Behörde handelt, also eine Stelle, die Aufgaben der öffentlichen Verwaltung wahrnimmt. Problematisch wird es immer, wenn Privatpersonen handeln. Hier müssen Sie zwischen Beliehenen und Verwaltungshelfern abgrenzen. Beliehene nehmen hoheitliche Aufgaben im eigenen Namen war und handeln damit als Behörde. Verwaltungshelfer hingegen sind quasi das Werkzeug der Behörde, werden nur auf deren Weisung tätig und können damit nicht selbst Behörde sein.

Bitte denken Sie daran, dass auch eine Allgemeinverfügung einen Verwaltungsakt darstellt. Es müssen alle Merkmale des »normalen« Verwaltungsakts vorliegen, lediglich das Merkmal »Einzelfall« wird durch die Möglichkeiten des § 35 S. 2 VwVfG ersetzt.

I. **Maßnahme**

Jedes zweckgerichtete Verwaltungshandeln mit Erklärungsgehalt. Es kann ausdrücklich, konkludent oder durch automatische Einrichtungen ergehen (»Ge- und Verbote«). Unterlassungen sind nur dann als Maßnahme anzusehen, wenn dies gesetzlich vorgeschrieben ist.

II. **Einer Behörde**

Jede Stelle, die Aufgaben der öffentlichen Verwaltung wahrnimmt (§ 1 Abs. 4 VwVfG)

III. Auf dem **Gebiet des öffentlichen Recht**s

Abgrenzung zum Privatrecht anhand der Abgrenzungstheorien.

- Interessentheorie: Öffentliches Recht liegt vor, wenn die entscheidenden Normen dem öffentlichen Interesse dienen.
- Subordinationstheorie: Öffentliches Recht liegt vor, wenn zwischen den Beteiligten ein Über- und Unterordnungsverhältnis besteht.
- Modifizierte Subjektstheorie/Sonderrechtstheorie (h.M.): Öffentliches Recht liegt vor, wenn die streitentscheidenden Normen allein einen Hoheitsträger berechtigen oder verpflichten.

IV. **Zur Regelung**

Maßnahme ist auf unmittelbare Herbeiführung einer Rechtsfolge gerichtet.

V. **Eines Einzelfalls**

Es wird ein konkreter oder abstrakter Sachverhalt für einen individualisierten Personenkreis geregelt.

Hier erfolgt die Abgrenzung zur Rechtsnorm (abstrakt-genereller Charakter).

VI. **Unmittelbare Rechtswirkung nach außen**

Die Rechtsfolge soll außerhalb der Verwaltung stehende Personen treffen.

Nach dem Bundesverwaltungsgericht muss die Maßnahme nach dem Willen der Behörde nach außen gerichtet sein, d.h. den verwaltungsinternen Bereich verlassen und in die persönlichen Rechte des Bürgers eingreifen.

Problematisch wird dies bei innerdienstlichen Weisungen, mehrstufigen Verwaltungsakten, Maßnahmen der Kommunalaufsicht, Organisationsakten und Sonderrechtsverhältnissen/Sonderstatusverhältnissen.

Prüfungsschema zur Rechtmäßigkeit eines Verwaltungsakts

Das Schema zur Prüfung, ob ein Verwaltungsakt rechtmäßig ist, ist Basiswissen und wird immer wieder in der Begründetheit der verwaltungsprozessualen Klagen abgeprüft. Das Prüfungsschema hat regelmäßig einen dreistufigen Aufbau, in der »Vorprüfung« müssen Sie meist die richtige Ermächtigungsgrundlage finden. Dabei sind spezielle Regelungen immer vor den allgemeinen zu prüfen.

Merken Sie sich den folgenden möglichen Obersatz: Der Verwaltungsakt ist rechtmäßig, wenn er in formeller und materieller Hinsicht fehlerfrei ergangen ist und auf einer gültigen Rechtsgrundlage beruht.

Bei formellen Fehlern ist der Verwaltungsakt rechtswidrig, nicht automatisch nichtig (vgl. § 44 Abs. 2 Nr. 1–3, Abs. 3 VwVfG). Beachten Sie, dass ggf. eine Heilung nach § 45 VwVfG möglich ist.

Ist der Verwaltungsakt inhaltlich (materiell) richtig, kann er nicht allein wegen eines formellen Fehlers angegriffen werden (§ 46 VwVfG).

Liegt ein Fehler in der Rechtsbehelfsbelehrung vor, führt dies lediglich zu einer längeren Rechtsbehelfsfrist (grundsätzlich ein Jahr statt einem Monat, vgl. §§ 58 Abs. 2, 70 Abs. 1, 74 Abs. 1 VwGO) und nicht zur formellen Rechtmäßigkeit des Verwaltungsakts.

I. **Ermächtigungsgrundlage**

Zwingend notwendig bei Eingriffen wegen des Prinzips der Gesetzmäßigkeit der Verwaltung (Vorrang und Vorbehalt des Gesetzes). Greift die Verwaltung nicht freiheitsverkürzend in die Rechtssphäre des Bürgers ein, ist eine Bereitstellung von Mitteln im Haushaltsplan i.V.m. den Vergaberichtlinien ausreichend. Dies gilt jedoch nur, sofern Rechte Dritter nicht beeinträchtigt werden.

II. **Formelle Rechtmäßigkeit**

1. **Zuständigkeit: örtlich, sachlich, instanziell**
2. **Verfahren**

   a. Spezielle Regelungen bei besonderen Verfahrensarten

   aa. In Spezialgesetzen vorhanden (etwa FStrG, AEG)

bb. Förmliches Verwaltungsverfahren, §§ 63 ff. VwVfG

cc. Planfeststellungsverfahren, §§ 72 ff. VwVfG

b. Nicht-förmliches Verfahren

aa. Anhörung, § 28 Abs. 1 VwVfG, zumindest unstr. bei belastenden Verwaltungsakten, ggf. ist die Anhörung nach § 28 Abs. 2 und 3 VwVfG entbehrlich.

bb. Befangenheit gem. §§ 20, 21 VwVfG

cc. Antrag bzw. Zustimmung des Bürgers bei mitwirkungsbedürftigen Verwaltungsakten

dd. Mitwirkung anderer Behörden, soweit gesetzlich vorgeschrieben

3. **Form**

aa. Grds. formfrei, § 37 Abs. 2 VwVfG. Ggf. Vorschriften über förmliche Zustellung beachten, etwa beim Widerspruchsbescheid gem. § 73 Abs. 3 VwGO

bb. Begründung: § 39 VwVfG

Bei der formellen Rechtmäßigkeit ist zu prüfen, ob überhaupt eine Begründung erforderlich ist. Ob diese inhaltlich richtig ist, ist in der materiellen Rechtmäßigkeit zu prüfen.

III. **Materielle Rechtmäßigkeit**

1. **Rechtmäßigkeit der Ermächtigungsgrundlage (nur ggf. zu prüfen)**

a. Vereinbarkeit mit EU-Recht

b. Vereinbarkeit mit nationalem Verfassungsrecht

2. **Tatbestandsvoraussetzungen der Ermächtigungsgrundlage**

a. Tatbestandsmerkmale, Definition, Subsumtion

b. Richtiger Adressat

c. Inhaltliche Bestimmtheit, § 37 I VwVfG

d. Einhaltung von Ermessensspielräumen / Wahrung des Grundsatzes der Verhältnismäßigkeit

Der Verwaltung kann auf Rechtsfolgenseite einer Norm hinsichtlich des »Ob« (Entschließungsermessen) und/oder des »Wie« (Auswahlermessen) ein Entscheidungsspielraum eingeräumt werden. Dieser ist gerichtlich beschränkt nachprüfbar, vgl. § 114 VwGO, also lediglich auf die Ermessensfehler:

aa. Ermessensausfall: Verwaltung stellt keine Ermessenserwägungen an, obwohl ihr das Gesetz Ermessen einräumt.

bb. Ermessensüberschreitung: Verwaltung wählt eine andere Rechtsfolge als vom Gesetz vorgesehen oder missachtet den Grundsatz des Vertrauensschutzes oder den Grundsatz der Verhältnismäßigkeit oder verstößt gegen Grundrechte.

Grundsatz der Verhältnismäßigkeit: Maßnahme des Staates, die in Grundrechte eingreift, ist nur dann verhältnismäßig,

- wenn ein legitimer Zweck vorliegt, der Staat also solche Ziele verfolgen darf,
- der Einsatz des Mittels zur Erreichung des Ziels geeignet, also nicht offensichtlich ungeeignet,
- erforderlich, also kein milderes, gleich geeignetes Mittel vorhanden ist,
- und angemessen, also nicht außer Verhältnis zum angestrebten Zweck, ist.

cc. Ermessensfehlgebrauch: Verwaltung lässt sich nicht ausschließlich vom Zweck der Regelung leiten, sondern stellt bspw. sachfremde Erwägungen an oder berücksichtigt wesentliche Umstände nicht.

dd. Ggf. Ermessensreduzierung auf null

Prüfungsschema zur Rücknahme eines belastenden Verwaltungsakts, § 48 Abs. 1 S. 1 VwVfG

In vielen Spezialgesetzen sind Vorschriften über die Rücknahme und den Widerruf von Verwaltungsakten zu finden (etwa § 12 BeamtStG, § 15 Bundes-GastG, sofern kein Landes-GastG vorhanden ist). Gehen Sie darauf in einer Prüfung ein, bevor Sie §§ 48, 49 VwVfG prüfen.

Hat ein Dritter den begünstigenden Verwaltungsakt angefochten und ist dieses Rechtsbehelfsverfahren schon beim Gericht anhängig, kann die Behörde trotzdem noch den Verwaltungsakt aufheben, ohne an § 48 Abs. 1 S. 2, Abs. 2–4 und § 49 Abs. 2–4 und 6 gebunden zu sein, § 50 VwVfG. Nach Abschluss des Widerspruchs- und Klageverfahrens kann § 50 VwVfG nicht mehr angewendet werden.

I. **Zuständigkeit**, § 48 Abs. 5, § 3 VwVfG

II. **Verfahren und Form**

1. **Rechtswidriger belastender Verwaltungsakt, der wirksam sein muss**

   Inzidentprüfung der formellen und materiellen Rechtmäßigkeit des zurückgenommenen Verwaltungsakts

2. **Ordnungsgemäße Ermessensausübung**

3. **Keine Frist vorgesehen**

Prüfungsschema zur Rücknahme eines rechtswidrigen begünstigenden Verwaltungsakts, § 48 Abs. 1 S. 2, Abs. 2–4 VwVfG

Der begünstigende Verwaltungsakt ist in § 48 Abs. 1 S. 2 VwVfG definiert. Man versteht darunter die Begründung oder Bestätigung eines Rechts oder eines rechtlichen Vorteils.

Achten Sie darauf, dass bei der Rückabwicklung unionsrechtswidrigeSubventionen § 48 Abs. 2 S. 2 VwVfG nicht greift. Damit soll Art. 107 ff. AEUV berücksichtigt werden. Das Vertrauen des Subventionsempfängers in den Bestand der Leistungsgewährung tritt gegenüber dem öffentlichen Interesse an der Rücknahme europarechtswidriger Subventionsbescheide zurück.

Denken Sie daran, dass Sie bei der Rücknahme von (rechtswidrigen) Verwaltungsakten ggf. auch § 49 Abs. 2 VwVfG anwenden können (»Erst-Recht-Schluss«). Wenn schon rechtmäßige Verwaltungsakte nach § 49 Abs. 2 VwVfG aufgehoben werden können, dann muss dies erst recht für rechtswidrige Verwaltungsakte gelten.

I. **Zuständigkeit:** § 48 Abs. 5 VwVfG

II. **Verfahren und Form**

III. **Rechtswidriger, aber wirksamer begünstigender Verwaltungsakt**

Inzidentprüfung der formellen und materiellen Rechtmäßigkeit des zurückgenommenen Verwaltungsakts.

IV. **Bei Geld- und Sachleistungen:** § 48 Abs. 2 VwVfG

1. **Tatsächliches Vertrauen auf den Bestand der Begünstigung**
2. **Schutzwürdigkeit des Vertrauens**

§ 48 Abs. 2 S. 3 Nr. 1–3 VwVfG: kein Ausschluss des Vertrauensschutzes

- Nr. 1: arglistige Täuschung, Drohung oder Bestechung ➔ gleiche Bedeutung wie im Straf- und Zivilrecht.
- Nr. 2: Betroffener hat Verwaltungsakt durch Angaben erwirkt, die in wesentlicher Beziehung unrichtig oder unvollständig waren ➔ Es ist entscheidend, dass die Unrichtigkeit der Angaben dem Betroffenen objektiv zurechenbar ist, also in seinem Verantwortungsbereich liegen.
- Nr. 3: Betroffener kannte die Rechtswidrigkeit des Verwaltungsakts oder kannte sie infolge grober Fahrlässigkeit nicht ➔ Dem Betroffenen ist bewusst, dass ihm die Leistung richtigerweise nicht zusteht. Entscheidend ist hier die sog. »Parallelwertung in der Laiensphäre«.

§ 48 Abs. 2 S. 2 VwVfG: Anhaltspunkte für den Vertrauensschutz

§ 48 Abs. 2 S. 1 VwVfG: Abwägung zwischen Vertrauens- und Rücknahmeinteresse

V. **Frist**

§ 48 Abs. 4 VwVfG → ein Jahr seit Kenntnis der Tatsachen, die die Rücknahme rechtfertigen. Gilt nicht in den Fällen des § 48 II S. 3 Nr. 1 VwVfG (arglistige Täuschung, Drohung oder Bestechung)

VI. **Ordnungsgemäße Ermessensausübung**

VII. **Rechtsfolgen der Rücknahme**

1. **Erstattungsanspruch**, § 49a VwVfG

   Zusätzlicher (zweiter) Verwaltungsakt, der die Erstattung regelt, notwendig (sog. Rückforderungsbescheid).

   Umfang der Erstattung: Rechtsfolgenverweisung auf §§ 812 ff. BGB, § 49a Abs. 2 S. 1 VwVfG

   Einrede der Entreicherung (§ 812 Abs. 3 BGB) wird ausgeschlossen, wenn der Begünstigte die Umstände, die zur Rücknahme führten, positiv kannte oder infolge grober Fahrlässigkeit nicht kannte, § 49a Abs. 2 S. 2 VwVfG.

   Zwingende Verzinsung, § 49a Abs. 3 VwVfG

2. **Schadensausgleich**, § 48 Abs. 3 VwVfG, ggf. Minderung oder Ausschluss beachten

3. **Rücknahme auch mit Wirkung für die Vergangenheit**, § 48 Abs. 1 S. 1

Prüfungsschema zum Widerruf eines belastenden Verwaltungsakts, § 49 I VwVfG

In vielen Spezialgesetzen sind Vorschriften über die Rücknahme und den Widerruf von Verwaltungsakten zu finden (etwa § 12 BeamtStG, § 15 Bundes-GastG, sofern kein Landes-GastG vorhanden ist). Auf diese ist in einer Prüfung zunächst einzugehen, bevor §§ 48, 49 VwVfG geprüft werden.

I. **Zuständigkeit, § 49 Abs. 5 VwVfG**

II. **Verfahren und Form**

1. **Rechtmäßiger und wirksamer belastender Verwaltungsakt**

2. **Unzulässigkeit des Widerrufs** nach § 49 Abs. 1 S. 1 Hs. 2 VwVfG: Verwaltung müsste inhaltsgleichen Verwaltungsakt erneut erlassen oder Widerruf ist aus anderen Gründen unzulässig (etwa aufgrund spezieller Rechtsvorschriften).

3. **Ordnungsgemäße Ermessensausübung**

Prüfungsschema zum Widerruf eines begünstigenden Verwaltungsakts, § 49 Abs. 2 VwVfG

Der begünstigende Verwaltungsakt ist in § 48 Abs. 1 S. 2 VwVfG definiert. Man versteht darunter die Begründung oder Bestätigung eines Rechts oder eines rechtlichen Vorteils.

I. **Zuständigkeit**, § 49 Abs. 5 VwVfG

II. **Verfahren und Form**

III. **Rechtmäßiger und wirksamer begünstigender Verwaltungsakt**

IV. **Widerrufsgrund** nach § 49 Abs. 2 und 3 VwVfG

1. **Widerruf durch Rechtsvorschrift zugelassen oder im Verwaltungsakt vorbehalten**, § 49 Abs. 2 Nr. 1 VwVfG
2. **Auflage wird nicht erfüllt**, § 49 Abs. 2 Nr. 2 VwVfG ➔ Hier muss die Verwaltung zunächst versuchen, die Auflage durchzusetzen.
3. **Neue Tatsachen und Änderung der Rechtslage**, § 49 Abs. 2 Nr. 3 und 4 VwVfG
4. **Schwere Nachteile für das Gemeinwohl**, § 49 Abs. 2 Nr. 5 VwVfG: gilt auch bei ernsthafter Gefährdung oder Beeinträchtigung des Lebens und der Gesundheit von Einzelpersonen, nicht nur bei der Gefährdung wichtiger allgemeiner Gemeinschaftsgüter. Zu beachten ist der Verhältnismäßigkeitsgrundsatz. Als »Auffangklausel« ist § 49 Abs. 2 Nr. 5 VwVfG eng auszulegen.
5. § 49 Abs. 3 VwVfG: **spezielle Widerrufsgründe für eine einmalige oder laufende Geldleistung oder teilbare Sachleistung**, insbesondere Subventionsbescheide. Widerruf auch mit Wirkung für die Vergangenheit möglich.

   Nr. 1: Leistung wird nicht, nicht alsbald nach der Erbringung oder nicht mehr für den im Verwaltungsakt bestimmten Zweck verwendet.

   Nr. 2: Mit dem Verwaltungsakt ist eine Auflage verbunden und der Begünstigte hat diese nicht oder nicht innerhalb einer ihm gesetzten Frist erfüllt.

V. **Frist**, §§ 49 Abs. 2 S. 2, Abs. 3 S. 2, 48 Abs. 4 VwVfG

VI. **Ordnungsgemäße Ermessensausübung**

VII. **Rechtsfolgen des Widerrufs**

1. **Erstattungsanspruch**, § 49a VwVfG
   a. Zusätzlicher (zweiter) Verwaltungsakt, der die Erstattung regelt, notwendig (sog. Rückforderungsbescheid)
   b. Umfang der Erstattung: Rechtsfolgenverweisung auf §§ 812 ff. BGB, § 49a Abs. 2 S. 1 VwVfG

c. Einrede der Entreicherung (§ 812 Abs. 3 BGB) wird ausgeschlossen, wenn der Begünstigte die Umstände, die zur Rücknahme führten, positiv kannte oder infolge grober Fahrlässigkeit nicht kannte, § 49a Abs. 2 S. 2 VwVfG.

   Zwingende Verzinsung, § 49a Abs. 3 VwVfG

2. **Entschädigung** nach §§ 49 Abs. 6, 48 Abs. 3 VwVfG

3. **Widerruf wirkt** grds. für die Zukunft, § 49 Abs. 4 VwVfG

Besonderes Verwaltungsrecht

Das Besondere Verwaltungsrecht enthält spezifische Befugnisse und Pflichten für einzelne Sachbereiche. Zu den wichtigsten Bereichen gehören das Baurecht und das Polizei- und Ordnungsrecht. Im Folgenden stellen wir Ihnen die wichtigsten Prüfungsschemata aus diesen Bereichen vor. Neben bundeseinheitlichen Regelungen müssen Sie in der Klausur die einschlägigen landesrechtlichen Regelungen beachten. Diese haben wir in den Schemata aufgeführt, sodass Sie sich die für Sie passenden Vorschriften entsprechend auswählen können.

Prüfungsschema zur Klage wegen nicht erteilter Baugenehmigung

Sie können den Obersatz folgendermaßen formulieren: Die Klage hat Aussicht auf Erfolg, wenn die Sachentscheidungsvoraussetzungen gegeben sind und sie begründet ist.

I. **Sachentscheidungsvoraussetzungen**

1. **Eröffnung des Verwaltungsrechtswegs,** § 40 Abs. 1 S. 1 VwGO

   siehe Schema zur Anfechtungsklage

   a. Aufdrängende Spezialzuweisung

   b. Generalklausel § 40 Abs. 1 S. 1 VwGO

   aa. Öffentlich-rechtliche Streitigkeit

   bb. Streitigkeit »nichtverfassungsrechtlicher Art«

   cc. Keine spezialgesetzlich abdrängende Sonderzuweisung

2. **Statthaftigkeit der Klage**

   Meistens Verpflichtungsklage nach § 42 Abs. 1 VwGO

3. **Klagebefugnis,** § 42 Abs. 2 VwGO

   Kläger muss geltend machen, durch die Ablehnung bzw. das Unterlassen des Verwaltungsakts in seinen (eigenen) Rechten verletzt zu sein.

Möglichkeitstheorie: Rechtsverletzung durch Ablehnung bzw. Unterlassen muss möglich erscheinen, sie darf also nicht offensichtlich ausgeschlossen sein.

Schutznormtheorie: zu beachten bei Klagen Dritter → Verletzte Norm dient nicht allein öffentlicher, sondern zumindest auch den Interessen Einzelner und soll den Kläger gerade in seiner Situation schützen.

Beachten Sie, dass die Adressatenformel hier nicht angewendet werden kann, weil gerade noch kein Verwaltungsakt an einen Adressaten vorliegt.

4. **Erfolglose Durchführung des Widerspruchsverfahrens**, §§ 68 ff. VwGO

Grundsätzlich ist vor Erhebung der Versagungsgegenklage ein Widerspruchsverfahren durchzuführen, § 68 Abs. 2 VwGO. Etliche Ausführungsgesetze der Bundesländer zur VwGO haben die Durchführung des Vorverfahrens abgeschafft.

5. **Klagefrist**, § 74 Abs. 1 VwGO

6. **Klagegegner**, § 78 VwGO

In einigen Bundesländern wird § 78 VwGO im Rahmen der Passivlegitimation in der Begründetheit geprüft.

7. **Beteiligten- und Prozessfähigkeit**, §§ 61, 62 VwGO

8. **Ordnungsgemäße Klageerhebung**, §§ 81, 82 VwGO

9. **Allgemeines Rechtsschutzbedürfnis**

II. **Begründetheit**

Die Klage ist begründet, wenn die Ablehnung der Baugenehmigung rechtswidrig ist und der Kläger dadurch in seinen Rechten verletzt ist. Zudem muss die Sache spruchreif sein, § 113 Abs. 5 S. 1 VwGO.

1. **Anspruchsgrundlage**

Der Kläger könnte einen Anspruch auf Erteilung der Baugenehmigung aus § 58 Abs. 1 LBO BW, Art. 68 BayBO, § 71 BauO Bln, § 72 BbgBO, § 72 BremLBO, § 72 HBauO, § 74 HBO, § 72 LBauO M-V, § 70 NBauO, § 74 BauO NRW, § 70 LBO RhPf, § 73 LBO Saarl, § 72 SächsBO, § 71 BauO LSA, § 72 LBO SH, § 78 ThürBO haben.

Wählen Sie die für Ihr Bundesland einschlägige Anspruchsgrundlage, z.B für Baden-Württemberg § 58 Abs. 1 LBO BW.

2. **Formelle Rechtmäßigkeit**

   a. Zuständigkeit

   b. Verfahren

   c. Form

3. **Materielle Rechtmäßigkeit**

Die Genehmigung ist nach § 58 Abs. 1 LBO BW, Art. 68 BayBO, § 71 BauO Bln, § 72 BbgBO, § 72 BremLBO, § 72 HBauO, § 74 HBO, § 72 LBauO M-V, § 70 NBauO, § 74 BauO NRW, § 70 LBO RhPf, § 73 LBO Saarl, § 72 SächsBO, § 71 BauO LSA, § 72 LBO SH, § 78 ThürBO zu erteilen, wenn dem Vorhaben keine öffentlich-rechtlichen Vorschriften entgegenstehen, die von der Baurechtsbehörde zu prüfen sind.

a. Genehmigungspflichtiges Vorhaben

aa. Genehmigungspflichtiges Vorhaben?

bb. Verfahrensfreies Vorhaben?

cc. Kenntnisgabeverfahren?

b. Genehmigungsfähiges Vorhaben

aa. Bauplanungsrechtliche Vorschriften

(1) § 29 BauGB i. V. m. §§ 30, 31 BauGB

Hier ist der Bebauungsplan zu prüfen, insb. müssen Sie hier auf die Vorschriften der BauNVO eingehen.

(2) § 29 BauGB i. V. m. § 34 BauGB

Hier geht es bei der Prüfung um den unbeplanten Innenbereich.

(3) § 29 BauGB i. V. m. § 35 BauGB

Hier geht es bei der Prüfung um den Außenbereich.

bb. Bauordnungsrechtliche Vorschriften

cc. ggf. Baunebenrecht (bspw. FernStrG)

4. **Rechtsverletzung** bzw. Anspruch des Klägers

Der Kläger ist in seinen Rechten verletzt, wenn er einen Anspruch auf Erteilung der Baugenehmigung hat, vgl. § 113 Abs. 1 VwGO. Zusätzlich muss die Sache spruchreif sein, § 113 Abs. 5 S. 1 VwGO. Ansonsten erlässt das Gericht ein Bescheidungsurteil, § 113 Abs. 5 S. 2 VwGO.

Prüfungsschema zur baurechtlichen Nachbarklage

Sie können folgenden Obersatz formulieren: Die Klage hat Aussicht auf Erfolg, wenn die Sachentscheidungsvoraussetzungen vorliegen und sie begründet ist.

Beachten Sie, dass der Kläger, also der Nachbar, in eigenen subjektiven Rechten verletzt sein muss. Vorschriften aus dem Bauplanungs- oder Bauordnungsrecht müssen drittschützend sein, mithin auch den Nachbarn und nicht nur die Allgemeinheit schützen. Dies ist insbesondere der Fall bei Vorschriften des Bebauungsplans hinsichtlich der Art der Nutzung (Abs. 1 der §§ 2 ff. BauNVO), beim Rücksichtnahmegebot (§ 15 BauNVO) sowie Bauordnungsvorschriften, die u.a.

Leben, Körper oder Gesundheit des Nachbarn schützen sollen, wie etwa Brandschutznormen oder Mindestabstände. Gegebenenfalls kommt auch eine Verletzung des Art. 14 Abs. 1 GG in Betracht. Dies dürfen Sie allerdings erst nachrangig prüfen.

I. **Sachentscheidungsvoraussetzungen**

1. **Eröffnung des Verwaltungsrechtswegs**, § 40 Abs. 1 S. 1 VwGO

Siehe Schema zur Anfechtungsklage

a. Aufdrängende Spezialzuweisung

b. Generalklausel § 40 Abs. 1 S. 1 VwGO

aa. Öffentlich-rechtliche Streitigkeit

bb. Streitigkeit »nichtverfassungsrechtlicher Art«

cc. Keine spezialgesetzlich abdrängende Sonderzuweisung

2. **Statthaftigkeit der Klage**

a. Verfolgt der Kläger das Ziel, die Baugenehmigung aufzuheben:

Anfechtungsklage gem. § 42 Abs. 1 Var. 1 VwGO

b. Verfolgt der Kläger zusätzlich das Ziel, die Folgen des mit der Genehmigung erfolgten Baus zu beseitigen:

Anfechtungsklage gem. § 42 Abs. 1 Var. 1 VwGO bzgl. der Baugenehmigung, Verpflichtungsklage gem. § 42 Abs. 1 Var. 2 VwGO auf Erlass einer Bauordnungsverfügung, die den (dann unrechtmäßigen) Bau beseitigt

3. **Klagebefugnis**, § 42 Abs. 2 VwGO

Die möglicherweise verletzten Vorschriften des Bauplanungs- bzw. Bauordnungsrechts sollen gerade auch den Kläger (Nachbar) schützen. Dabei ist ausreichend, dass diese subjektiven Rechte nicht völlig ausgeschlossen sind.

4. **Erfolglose Durchführung des Widerspruchsverfahrens**, §§ 68 ff. VwGO

Grundsätzlich ist vor Erhebung der Versagungsgegenklage ein Widerspruchsverfahren durchzuführen, § 68 Abs. 2 VwGO. Etliche Ausführungsgesetze der Bundesländer zur VwGO haben die Durchführung des Vorverfahrens abgeschafft.

Zudem haben Widerspruch und Anfechtungsklage eines Dritten gegen die bauaufsichtliche Zulassung eines Vorhabens keine aufschiebende Wirkung, § 212a BauGB.

5. **Klagefrist**, § 74 Abs. 1 VwGO

6. **Klagegegner**, § 78 VwGO

In einigen Bundesländern wird § 78 VwGO im Rahmen der Passivlegitimation in der Begründetheit geprüft.

7. **Beteiligten- und Prozessfähigkeit**, §§ 61, 62 VwGO

8. **Ordnungsgemäße Klageerhebung**, §§ 81, 82 VwGO

9. **Allgemeines Rechtsschutzbedürfnis**

II. **Begründetheit**

1. **Anfechtungsklage**, § 113 Abs. 1 S. 1 VwGO

   a. Rechtswidrigkeit der Baugenehmigung

   aa. Formelle Rechtswidrigkeit (Zuständigkeit, Verfahren, Form)

   bb. Materielle Rechtswidrigkeit

      (1) Ermächtigungsgrundlage in den Landesbauordnungen der Länder

      (2) Genehmigungspflichtiges Vorhaben

      (3) Genehmigungsfähiges Vorhaben

   b. Verletzung subjektiver Rechte des Klägers

2. **Verpflichtungsklage**, § 113 Abs. 4 VwGO

   a. Rechtswidrige bauliche Anlage

   b. Ermessensfehler der Behörde, wenn die beantragte Ordnungsverfügung abgelehnt wurde

   c. Verletzung subjektiver Rechte des Klägers

   d. Spruchreife oder Bescheidungsurteil, § 113 Abs. 5 VwGO

Prüfungsschema zur Rechtmäßigkeit einer Abbruchs- bzw. Beseitigungsverfügung bzw. Nutzungsuntersagung

Sie können folgenden Obersatz verwenden: Die Abbruchs- bzw. Beseitigungsverfügung bzw. Nutzungsuntersagung ist rechtmäßig, wenn sie formell und materiell rechtmäßig ist.

I. **Ermächtigungsgrundlage**

1. **Abbruchs- bzw. Beseitigungsverfügung**

   § 65 Abs. 1 S. 1 LBO BW, Art. 76 S. 1 BayBO, § 80 S. 1 BauO Bln, § 80 Abs. 1 S. 1 BbgBO, § 79 Abs. 1 S. 1 BremLBO, § 80 Abs. 1 S. 1 HBauO, § 82 Abs. 1 S. 1 HBO, § 80 Abs. 1 LBauO M-V, § 79 Abs. 1 S. 2 Nr. 4 NBauO, § 82 Abs. 1 S. 1 BauO NRW, § 81 S. 1 LBO RhPf, § 82 Abs. 1 LBO Saarl, § 80 S. 1 SächsBO, § 79 S. 1 BauO LSA, § 80 S. 1 LBO SH, § 87 Abs. 1 S. 1 ThürBO

2. **Nutzungsuntersagung**

   § 65 Abs. 1 S. 2 LBO BW, Art. 67 S. 2 BayBO, § 80 S. 2 BauO Bln, § 80 Abs. 1 S. 2 BbgBO, § 79 Abs. 1 S. 2 BremLBO, § 80 Abs. 1 S. 2 HBauO, § 82 Abs. 1 S. 2 HBO, § 80 Abs. 2 LBauO M-V, § 79 Abs. 1 S. 2 Nr. 5 NBauO, § 82 Abs. 1 S. 2 BauO NRW, § 81

S. 1 LBO RhPf, § 82 Abs. 2 LBO Saarl, § 80 S. 2 SächsBO, § 79 S. 2 BauO LSA, § 80 S. 2 LBO SH, § 87 Abs. 1 S. 2 ThürBO

II. **Formelle Rechtmäßigkeit**

1. **Zuständigkeit**

2. **Verfahren**, insb. Anhörung und ggf. Heilung

3. **Form**

III. **Materielle Rechtmäßigkeit**

1. **Voraussetzungen** der Ermächtigungsgrundlage

   a. Widerspruch zu bauordnungsrechtlichen Vorschriften (Formelle Illegalität der baulichen Anlage)

   aa. Handelt es sich um eine genehmigungspflichtige Anlage?

   bb. Wurde außerhalb der Baugenehmigung gebaut?

   b. Verbieten Vorschriften des materiellen Baurechts die Errichtung der Anlage (materielle Illegalität der baulichen Anlage)?

   Hier ist die Genehmigungsfähigkeit der baulichen Anlage zu prüfen.

2. **Ermessen der Baurechtsbehörde**

   Insbesondere müssen Sie hier auf den Verhältnismäßigkeitsgrundsatz eingehen.

Prüfungsschema zur Rechtmäßigkeit eines Bebauungsplans, §§ 1 Abs. 3, 2 Abs. 1 S. 1 BauGB

Sie können folgenden Obersatz verwenden: Der Bebauungsplan ist rechtmäßig, wenn er formell und materiell rechtmäßig ist.

I. **Formelle Rechtmäßigkeit**

1. **Zuständigkeit**

   a. Gemeinde (Verbandskompetenz), § 2 Abs. 1 BauGB

   b. Innerhalb der Gemeinde der Gemeinderat (Organkompetenz, siehe die jeweiligen Gemeindeordnungen der Länder)

2. **Verfahren**

   a. Beschluss zur Aufstellung eines Bebauungsplans, § 2 Abs. 1 BauGB

   b. Frühzeitige Beteiligung der Öffentlichkeit, §§ 3 Abs. 1, 4 Abs. 1, 4a BauGB

   c. Auslegungsbeschluss der Gemeinde

d. Veröffentlichung des Entwurfs im Internet, zusätzliche Auslegung, § 3 Abs. 2 BauGB

e. Förmliche Beteiligung der betroffenen Behörden und anderer Träger öffentlicher Belange, §§ 3, 4, 4a BauGB

f. Ermittlung und Bewertung des Abwägungsmaterials, §§ 2, 2a BauGB

g. Satzungsbeschluss, § 10 Abs. 1 BauGB

Hier ist insb. an ein Mitwirkungsverbot eines Gemeinderatsmitglieds wegen »Befangenheit« nach den landesrechtlichen Gemeindeordnungen zu denken. Gegebenenfalls kann dieser Fehler auch geheilt werden.

II. **Materielle Rechtmäßigkeit**

1. **Gebot der Erforderlichkeit**, § 1 Abs. 3 BauGB

   Die Aufstellung eines Bebauungsplans ist Teil der grundgesetzlich garantierten Selbstverwaltung der Gemeinde (Art. 28 Abs. 1 GG) und kann deshalb nur eingeschränkt gerichtlich überprüft werden.

2. **Entwicklungsgebot**, § 8 Abs. 2 S. 1 BauGB

3. **Anpassung an die Ziele der Raumordnung**, § 1 Abs. 4 BauGB

4. **Abwägung** gem. § 1 Abs. 7 BauGB

   a. Gebot der Rücksichtnahme

   b. Gebot der Konfliktbewältigung

III. **Rechtsfolge** von Mängeln

Gegebenenfalls können Mängel geheilt werden, §§ 214, 215 BauGB.

1. **Formelle Mängel**

   Diese sind grds. unbeachtlich. Ausnahme: Sie sind in § 214 Abs. 1 BauGB aufgeführt.

2. **Materielle Mängel**

   Diese sind grds. beachtlich; Ausnahme: Sie sind § 214 Abs. 2 BauGB aufgeführt.

3. **Gegebenenfalls Heilung im ergänzenden Verfahren**, § 214 Abs. 3 BauGB

Prüfungsschema zur bauplanungsrechtlichen Zulässigkeit im Außenbereich, § 35 Abs. 1 BauGB

Denken Sie an den Grundsatz, der § 35 BauGB zugrunde liegt. Im Außenbereich soll erst einmal nicht gebaut werden. Manche Bauten können jedoch nicht im Innenbereich gebaut werden, wie etwa Windkraftanlagen. Diese sind privilegiert und im Außenbereich nach § 35 Abs. 1 BauGB zulässig. Andere Bauten sind nicht privilegiert und nur im Einzelfall im Außenbereich möglich, § 35 Abs. 2 BauGB.

Bei der Definition des Begriffs der baulichen Anlage i.S.d. BauGB dürfen Sie keinesfalls die landesrechtlichen Definitionen aus den Landesbauordnungen verwenden. Eine bauliche Anlage i.S.d. BauGB ist eine auf Dauer mit dem Erdboden verbundene künstliche Anlage mit bodenrechtlicher Relevanz.

Der Außenbereich ist alles, was nicht Innenbereich ist. Im Innenbereich ist eine Bebauung vorhanden, die nach Anzahl ihrer Bauten ein gewisses Gewicht aufweist, die trotz vorhandener Baulücken den Eindruck der Geschlossenheit vermittelt und die Ausdruck einer organischen Siedlungsstruktur ist.

Sie können folgenden Obersatz formulieren: Das Vorhaben ist im Außenbereich nach § 35 Abs. 1 BauGB zulässig, wenn es sich um eine bauliche Anlage und ein privilegiertes Vorhaben handelt, öffentliche Belange nicht entgegenstehen und die Erschließung gesichert ist.

I. **Anwendbarkeit** der §§ 29 ff. BauGB

1. **Bauliche Anlage** i. S. d. § 29 Abs. 1 BauGB

2. Liegt ein **Bebauungsplan** vor?

   Ist dies der Fall, beurteilt sich die Zulässigkeit allein danach.

3. **Innen- oder Außenbereich**

II. **Voraussetzungen** des § 35 Abs. 1 BauGB

1. **Privilegiertes Vorhaben** nach § 35 Abs. 1 BauGB

2. **Öffentliche Belange** dürfen nicht entgegenstehen.

   Es muss eine Abwägung zwischen den öffentlichen Belangen und dem Vorhaben stattfinden.

3. **Erschließung** gesichert

Prüfungsschema zur bauplanungsrechtlichen Zulässigkeit im Außenbereich, § 35 Abs. 2 BauGB

Sie können folgenden Obersatz formulieren: Das Vorhaben ist im Außenbereich nach § 35 Abs. 2 BauGB zulässig, wenn es sich um eine bauliche Anlage und ein sonstiges Vorhaben handelt, öffentliche Belange nicht beeinträchtigt werden und die Erschließung gesichert ist.

I. **Anwendbarkeit** der §§ 29 ff. BauGB

1. **Bauliche Anlage** i.S.d. § 29 Abs. 1 BauGB

2. Liegt ein **Bebauungsplan** vor?

   Ist dies der Fall, beurteilt sich die Zulässigkeit allein danach.

3. **Innen- oder Außenbereich**

II. **Voraussetzungen** des § 35 Abs. 2 BauGB

1. **Privilegiertes Vorhaben** nach § 35 Abs. 2 BauGB

2. **Öffentliche Belange** dürfen nicht beeinträchtigt werden.

   Sobald ein Vorhaben öffentliche Belange beeinträchtigt, ist es unzulässig.

3. **Erschließung** gesichert

Prüfungsschema zur bauplanungsrechtlichen Zulässigkeit im unbeplanten Innenbereich, § 34 BauGB

Sie können den Obersatz wie folgt formulieren: Das Vorhaben ist im Innenbereich nach § 34 BauGB zulässig, wenn sich die bauliche Anlage nach Art und Maß der baulichen Nutzung, der Bauweise und der Grundstücksfläche, die überbaut werden soll, in die Eigenart der näheren Umgebung einfügt und die Erschließung gesichert ist. Dabei müssen die Anforderungen an gesunde Wohn- und Arbeitsverhältnisse gewahrt bleiben und das Ortsbild darf nicht beeinträchtigt werden.

I. **Anwendbarkeit** der §§ 29 ff. BauGB

1. **Bauliche Anlage** i.S.d. § 29 Abs. 1 BauGB

2. Liegt ein **Bebauungsplan** vor?

   Ist dies der Fall, beurteilt sich die Zulässigkeit allein danach.

3. **Innen- oder Außenbereich**

II. **Voraussetzungen** des § 34 Abs. 1 BauGB

1. **Einfügen in die nähere Umgebung**

   a. Nähere Umgebung bestimmen

   b. Nähere Umgebung mithilfe der BauNVO bewerten, dabei § 34 Abs. 2 BauGB bezüglich der Art der baulichen Nutzung beachten

   c. Hält das Vorhaben den Rahmen ein?

2. **Erschließung** gesichert

3. **Gesunde Wohn- und Arbeitsverhältnisse** müssen gewahrt werden.

4. **Ortsbild** darf nicht beeinträchtigt werden.

Prüfungsschema zur Rechtmäßigkeit einer Polizei-/ Ordnungsverfügung

Sie können den Obersatz wie folgt formulieren: Die Polizeiverfügung ist rechtmäßig, wenn sie formell und materiell rechtmäßig ist.

Beachten Sie, dass Sie bei der Gefahr eines Schadenseintritts einen Schaden und die Wahrscheinlichkeit seines Eintretens beurteilen müssen. Handelt es sich um ein hochrangiges beeinträchtigtes Schutzgut und einen größeren möglichen Schaden, so können Sie an die Wahrscheinlichkeit geringere Anforderungen stellen (und umgekehrt).

I. **Ermächtigungsgrundlage**

1. **Spezialgesetz**

2. **Standardmaßnahme**

3. **Generalklausel**

   §§ 1, 3 PolG BW, Art. 11 PAG Bay, § 17 Abs. 1 ASOG Bln, § 10 BbgPolG bzw. § 13 BbgOBG, § 10 BremPolG, § 3 Abs. 1 SOG HH, § 11 HSOG, § 13 SOG M-V, § 11 NPOG, § 8 Abs. 1 PolGNRW bzw. § 14 Abs. 1 OBG NRW, § 9 Abs. 1 POG RhPf, § 8 Abs. 1 SPolG, § 12 Abs. 1 SächsPBG bzw. § 12 SächsPVDG, § 13 SOG LSA, § 174 LVwG SH, § 12 Abs. 1 PAG Thür bzw. § 5 Abs. 1 OBG Thür

II. **Formelle Rechtmäßigkeit**

1. **Zuständigkeit** der handelnden Behörde (sachlich, örtlich, instanziell)

2. **Verfahren**, insb. Anhörung nach § 28 VwVfG

3. **Form**

III. **Materielle Rechtmäßigkeit**

1. **Voraussetzungen** der Ermächtigungsgrundlage

   a. Öffentliche Sicherheit

   b. Öffentliche Ordnung

   c. Gefahr eines Schadenseintritts

   aa. Anscheinsgefahr

   bb. Putativgefahr

   cc. Gefahrenverdacht

2. **Störereigenschaft** des Adressaten

a. Verhaltensstörer

§ 6 PolG BW, Art. 7 PAG Bay, § 13 ASOG Bln, § 5 BbgPolG bzw. § 16 BbgOBG, § 5 BremPolG, § 8 SOG HH, § 6 HSOG, § 69 SOG M-V, § 6 NPOG, § 4 PolGNRW bzw. § 17 Abs. 1 OBG NRW, § 4 POG RhPf, § 4 SPolG, § 14 Abs. 1 SächsPBG bzw. § 6 SächsPVDG, § 7 SOG LSA, § 218 LVwG SH, § 7 PAG Thür bzw. § 10 OBG Thür

aa. Zweckveranlasser

bb. Latenter Störer

b. Zustandsstörer

§ 7 PolG BW, Art. 8 PAG Bay, § 14 ASOG Bln, § 6 BbgPolG bzw. § 17 BbgOBG, § 6 BremPolG, § 9 SOG HH, § 7 HSOG, § 70 SOG M-V, § 7 NPOG, § 5 PolGNRW bzw. § 18 OBG NRW, § 5 POG RhPf, § 5 SPolG, § 15 SächsPBG bzw. § 7 SächsPVDG, § 8 SOG LSA, § 219 LVwG SH, § 8 PAG Thür bzw. § 11 OBG Thür

c. Nachrangig: Notstandspflichtiger

§ 9 PolG BW, Art. 10 PAG Bay, § 16 ASOG Bln, § 7 BbgPolG bzw. § 18 BbgOBG, § 7 BremPolG, § 10 SOG HH, § 9 HSOG, § 71 SOG M-V, § 8 NPOG, § 6 PolGNRW bzw. § 19 OBG NRW, § 7 POG RhPf, § 6 SPolG, § 17 SächsPBG bzw. § 9 SächsPVDG, § 10 SOG LSA, § 220 LVwG SH, § 10 PAG Thür bzw. § 13 OBG Thür

3. **Keine Ermessensfehler**

Beachten Sie hier, dass die Behörde sowohl ein Entschließungs- als auch ein Auswahlermessen hat.

Gegebenenfalls besteht eine Ermessensreduzierung auf null, etwa bei einer Gefahr für Leib und Leben.

4. **Verhältnismäßigkeit** der Maßnahme

5. Möglichkeit, dass die **Handlungspflicht** erfüllt wird

Prüfungsschema zur Gewerbeuntersagung

Den Obersatz können Sie wie folgt formulieren: Die Gewerbeuntersagung muss formell und materiell rechtmäßig sein.

I. **Ermächtigungsgrundlage**, § 35 Abs. 1 S. 1 GewO

II. **Formelle Rechtmäßigkeit**

1. **Zuständigkeit** der handelnden Behörde (sachlich, örtlich, instanziell)

2. **Verfahren**, insb. Anhörung nach § 28 VwVfG

3. **Form**

III. **Materielle Rechtmäßigkeit**

Die Voraussetzungen des § 35 Abs. 1 S. 1 GewO müssen vorliegen.

1. **Ausübung eines Gewerbes**
2. **Gewerbetreibender** muss unzuverlässig sein.
3. **Untersagung muss erforderlich sein**, um die Allgemeinheit oder die im Betrieb beschäftigten Personen zu schützen.

IV. **Rechtsfolge**

Liegen die Voraussetzungen vor, muss die zuständige Behörde die Gewerbeausübung untersagen. Lediglich bezüglich des Umfangs der Untersagung hat die Behörde ein Ermessen.

Prüfungsschema zum Anspruch auf Erteilung einer Genehmigung zum Betrieb einer Gaststätte

Das Gaststättenrecht ist seit der Föderalismusreform Sache der Länder. Der Bund hat keine Kompetenz mehr. Gleichwohl gilt das (Bundes)GastG so lange fort, wie es nicht durch landesrechtliche Regelungen ersetzt wird (Art. 125a Abs. 1 GG). Sie müssen also zunächst prüfen, ob es eine landesrechtliche Regelung gibt. Dies ist etwa in Baden-Württemberg, Brandenburg, Bremen, Hessen, Niedersachsen, Saarland, Sachsen, Sachsen-Anhalt und Thüringen der Fall.

Das folgende Schema behandelt die Regelungen des GastG des Bundes.

I. **Antrag**

II. **Betrieb einer Gaststätte**

Siehe die Auflistung in § 1 GastG

III. **Erlaubnispflichtigkeit**

1. Grds. ist eine **Erlaubnis erforderlich**, § 2 Abs. 1 GastG.
2. **Ausnahmen** von der Erlaubnispflicht finden sich in § 2 Abs. 2 GastG.

IV. **Keine Versagungsgründe** nach § 4 GastG

Liegt ein Versagungsgrund vor, hat die Behörde kein Ermessen, sie muss die Erlaubnis versagen.

Ggf. können jedoch Auflagen nach § 5 GastG erlassen werden, um dem Verhältnismäßigkeitsgrundsatz zu entsprechen.

V. **Rechtsfolge**

Liegen die Voraussetzungen vor, hat der Antragsteller einen Anspruch darauf, dass die Erlaubnis erteilt wird. Die Behörde hat insoweit kein Ermessen.

Verwaltungsprozessrecht

Nun lernen Sie die wichtigsten Prüfungsschemata des Verwaltungsprozessrechts kennen. Die Schemata helfen Ihnen dabei, Klausurfragen systematisch und logisch zu beantworten. Denken Sie bitte stets daran, dass Schemata nur Hilfen sind, die das eigenständige Denken zwar unterstützen, aber nicht ersetzen können! Ihre wichtigsten Werkzeuge sind Ihr Verstand und der Gesetzestext!

Prüfungsschema zur Anfechtungsklage, § 42 Abs. 1 S. 1 VwGO

Sie können folgenden Obersatz formulieren: Die Klage hat Aussicht auf Erfolg, wenn die Sachentscheidungsvoraussetzungen gegeben sind und sie begründet ist.

Beachten Sie, dass der Verwaltungsrechtsweg nicht gegeben ist bei einer Klage des Bürgers auf Erlass eines förmlichen Gesetzes, Anzweifeln der Verfassungsmäßigkeit eines förmlichen Gesetzes, Streitigkeiten, an denen das Volk als Verfassungsorgan beteiligt ist (Bürgerbegehren etc.), und bei schlichten Parlamentsbeschlüssen.

Regelmäßig ist in Klausuren die isolierte Anfechtbarkeit von Nebenbestimmungen problematisch. Nach h.M. ist eine isolierte Anfechtung im Rahmen der Zulässigkeit statthaft, wenn der Verwaltungsakt mit seiner Regelung auch ohne die angefochtene Nebenbestimmung sinnvoller- und rechtmäßigerweise bestehen kann. Ob die Nebenbestimmung dann tatsächlich auch isoliert aufgehoben werden kann, müssen Sie in der Begründetheit prüfen.

I. **Sachentscheidungsvoraussetzungen**

1. **Eröffnung des Verwaltungsrechtswegs**, § 40 Abs. 1 S. 1 VwGO

   a. Aufdrängende Spezialzuweisung

   Bspw. § 54 Abs. 1 BeamtStG, § 54 BAFöG, § 82 Abs. 1 SoldatenG, §§ 8 Abs. 4 und 12 HandwO

   b. Generalklausel § 40 Abs. 1 S. 1 VwGO

   aa. Öffentlich-rechtliche Streitigkeit: Abgrenzung zum Privatrecht anhand der Abgrenzungstheorien

      (1) Interessentheorie: Öffentliches Recht liegt vor, wenn die entscheidenden Normen dem öffentlichen Interesse dienen.

      (2) Subordinationstheorie: Öffentliches Recht liegt vor, wenn zwischen den Beteiligten ein Über- und Unterordnungsverhältnis besteht.

      (3) Modifizierte Subjektstheorie/Sonderrechtstheorie (h.M.): Öffentliches Recht liegt vor, wenn die streitentscheidenden Normen allein einen Hoheitsträger berechtigen oder verpflichten.

bb. Streitigkeit »nichtverfassungsrechtlicher Art«

Verfassungsrechtliche Art: grds. »doppelte Verfassungsunmittelbarkeit« notwendig:

(1) Streitigkeit zwischen Verfassungsorganen

(2) Über spezifisches Verfassungsrecht

cc. Keine spezialgesetzlich abdrängende Sonderzuweisung

Bsp.: Art. 34 S. 3 GG, Art. 14 Abs. 3 S. 4 GG, § 68 OWiG.

2. **Statthaftigkeit der Anfechtungsklage**, § 42 Abs. 1 Var. 1 VwGO

Ziel der Klage ist die Aufhebung eines nicht erledigten belastenden Verwaltungsakts.

a. Verwaltungsakt: Definition in § 35 VwVfG

aa. Ursprünglicher Verwaltungsakt in der Gestalt, die er durch den Widerspruchsbescheid gefunden hat (§ 79 Abs. 1 Nr. 1 VwGO)

bb. Der Abhilfebescheid oder Widerspruchsbescheid, wenn dieser erstmalig eine Beschwerde enthält (§ 79 Abs. 1 Nr. 2 VwGO) (Hauptfälle: Verwaltungsakte mit Drittwirkung)

cc. Widerspruchsbescheid als alleiniger Gegenstand der Klage, § 79 Abs. 2 S. 1 VwGO (Hauptfall: Reformatio in peius (»Verböserung« ➔ Verwaltungsakt wird innerhalb eines Rechtsbehelfsverfahrens zum Nachteil des Rechtsbehelfsführers abgeändert)

b. Belastend: Begründung von Pflichten, Ge- oder Verbote, Aufhebung oder Einschränkung von Rechten, Begründung oder Bestätigung von rechtlich erheblichen Nachteilen

c. Nicht erledigt: Der Verwaltungsakt ist erledigt, wenn er keine Rechtswirkungen mehr bewirkt.

3. **Klagebefugnis**, § 42 Abs. 2 VwGO

Der Kläger muss geltend machen, durch den Verwaltungsakt in seinen (eigenen) Rechten verletzt zu sein.

a. Möglichkeitstheorie: Rechtsverletzung muss möglich erscheinen, sie darf also nicht offensichtlich ausgeschlossen sein.

b. Adressatenformel: Als Adressat eines Verwaltungsakts ist nie auszuschließen, dass eine Verletzung in Art. 2 Abs. 1 GG vorliegt.

c. Zu beachten bei Klagen Dritter: Die verletzte Norm dient nicht allein öffentlicher, sondern zumindest auch den Interessen Einzelner und soll den Kläger gerade in seiner Situation schützen.

4. **Erfolglose Durchführung des Widerspruchsverfahrens**, §§ 68 ff. VwGO

   a. Grundsätzlich ist vor Erhebung der Anfechtungsklage ein Widerspruchsverfahren durchzuführen, § 68 Abs. 1 S. 1 VwGO.

   b. Ausnahmen: § 68 Abs. 1 S. 2 VwGO:

   aa. Gesetz bestimmt dies (bspw. § 74 Abs. 1 S. 2 VwVfG i. V. m. § 70 VwVfG, etliche Ausführungsgesetze der Bundesländer zur VwGO).

   bb. Verwaltungsakt von einer obersten Bundes- oder Landesbehörde erlassen (Ausnahme: Gesetz schreibt Nachprüfung vor, bspw. § 54 Abs. 2 BeamtStG), § 68 Abs. 1 S. 2 Nr. 1 VwGO

   cc. Abhilfebescheid oder Widerspruchsbescheid enthält erstmalig eine Beschwerde, § 69 Abs. 1 S. 2 Nr. 2 VwGO.

   c. Form und Frist des Widerspruchs, § 70 VwGO: innerhalb eines Monats nach Bekanntgabe des Verwaltungsakts

   d. Erfolglosigkeit:

   aa. Widerspruchsverfahren hatte keinen Erfolg, der Widerspruchsführer ist immer noch beschwert (§ 73 VwGO).

   bb. Widerspruchsbehörde ist untätig (§ 75 S. 1, 2 VwGO).

5. **Klagefrist**, § 74 Abs. 1 VwGO: innerhalb eines Monats nach Zustellung des Widerspruchbescheids

6. **Klagegegner**, § 78 VwGO

   In einigen Bundesländern wird § 78 VwGO im Rahmen der Passivlegitimation in der Begründetheit geprüft.

7. **Beteiligten- und Prozessfähigkeit**, §§ 61, 62 VwGO

8. **Ordnungsgemäße Klageerhebung**, §§ 81, 82 VwGO

9. **Allgemeines Rechtsschutzbedürfnis**

II. **Begründetheit**

Die Klage ist begründet, soweit der Verwaltungsakt rechtswidrig ist und der Kläger dadurch in seinen (eigenen) Rechten verletzt ist, vgl. § 113 Abs. 1 S. 1 VwGO.

1. **Rechtsgrundlage** für den Erlass des Verwaltungsakts

   Spezialvorschriften gehen den allgemeinen Vorschriften vor.

2. **Formelle Rechtmäßigkeit** des Verwaltungsakts

   a. Zuständigkeit der Behörde in örtlicher, sachlicher und instanzieller Hinsicht

   b. Verfahren, insb. Anhörung (§ 28 VwVf), Mitwirkung befangener Personen (§§ 20, 21 VwVfG), Mitwirkung anderer Behörden (bspw. § 36 BauGB)

   c. Form, grdS. formfrei (§§ 37 Abs. 2, 39 VwVfG)

Eine Heilung von Form- und Verfahrensfehlern ist möglich (§ 45 VwVfG), ggf. sind diese sogar unbeachtlich (§ 46 VwVfG).

3. **Materielle Rechtmäßigkeit** des Verwaltungsakts

   a. Rechtmäßigkeit der Ermächtigungsgrundlage (nur ggf. zu prüfen)

   b. Tatbestandsvoraussetzungen der Ermächtigungsgrundlage

   Unbestimmte Rechtsbegriffe sind gerichtlich voll überprüfbar.

   Der Beurteilungsspielraum der Verwaltung (etwa bei prüfungs- und prüfungsähnlichen Entscheidungen) ist nur dahin gehend überprüfbar, ob der gesetzliche Rahmen überschritten wurde, also Beurteilungsfehler vorliegen. Bei planerischen Abwägungsentscheidungen sind mögliche Abwägungsfehler zu prüfen.

   c. Inhaltliche Bestimmtheit, § 37 I VwVfG

   d. Einhaltung von Ermessensspielräumen

   Dies ist gerichtlich nur beschränkt nachprüfbar, vgl. § 114 VwGO, nämlich nur auf Ermessensfehler.

   e. Verhältnismäßigkeit

4. **Rechtsverletzung** beim Kläger

   Kläger muss in eigenen subjektiven Rechten durch den rechtswidrigen Verwaltungsakt verletzt sein. Regelmäßig liegt eine Verletzung in Art. 2 Abs. 1 GG vor. Alle möglicherweise verletzten Rechte, die in der Klagebefugnis genannt wurden, müssen hier geprüft werden!

Prüfungsschema zur Verpflichtungsklage, § 42 Abs. 1 Var. 2 VwGO

Den Obersatz können Sie folgendermaßen formulieren: Die Klage hat Aussicht auf Erfolg, wenn die Sachentscheidungsvoraussetzungen gegeben sind und sie begründet ist.

I. **Sachentscheidungsvoraussetzungen**

1. **Eröffnung des Verwaltungsrechtswegs**, § 40 Abs. 1 S. 1 VwGO
   Siehe Schema zur Anfechtungsklage

   a. Aufdrängende Spezialzuweisung

   b. Generalklausel § 40 Abs. 1 S. 1 VwGO

   aa. Öffentlich-rechtliche Streitigkeit

   bb. Streitigkeit »nichtverfassungsrechtlicher Art«

   cc. Keine spezialgesetzlich abdrängende Sonderzuweisung

2. **Statthaftigkeit der Verpflichtungsklage**, § 42 Abs. 1 Var. 2 VwGO

   a. Ziel der Klage ist der Erlass eines abgelehnten Verwaltungsakts: Versagungsgegenklage, § 42 Abs. 1 2. HS Var. 1 VwGO.

   b. Ziel der Klage ist der Erlass eines unterlassenen Verwaltungsakts: Untätigkeitsklage, § 42 Abs. 1 2. HS Var. 2 VwGO.

3. **Klagebefugnis**, § 42 Abs. 2 VwGO

   Kläger muss geltend machen, durch die Ablehnung bzw. das Unterlassen des Verwaltungsakts in seinen (eigenen) Rechten verletzt zu sein.

   a. Möglichkeitstheorie: Rechtsverletzung durch Ablehnung bzw. Unterlassen muss möglich erscheinen, sie darf also nicht offensichtlich ausgeschlossen sein.

   b. Schutznormtheorie: zu beachten bei Klagen Dritter. Die verletzte Norm dient nicht allein öffentlicher, sondern zumindest auch den Interessen Einzelner und soll den Kläger gerade in seiner Situation schützen.

   c. Die Adressatenformel kann hier nicht angewendet werden, weil gerade noch kein Verwaltungsakt an einen Adressaten vorliegt.

4. **Erfolglose Durchführung des Widerspruchsverfahrens**, §§ 68 ff. VwGO

   Grundsätzlich ist vor Erhebung der Versagungsgegenklage ein Widerspruchsverfahren durchzuführen, § 68 Abs. 2 VwGO. Etliche Ausführungsgesetze der Bundesländer zur VwGO haben allerdings die Durchführung des Vorverfahrens abgeschafft.

   Bei der Untätigkeitsklage gilt § 75 S. 2 VwGO: Es müssen drei Monate seit dem Antrag auf Vornahme des Verwaltungsakts vergangen sein, um klagen zu können.

5. **Klagefrist**, § 74 Abs. 1 VwGO:

   a. Versagungsgegenklage: innerhalb eines Monats nach Zustellung des Widerspruchbescheids

   b. Untätigkeitsklage: grds. unbefristete Erhebung möglich, beachte aber Sperrfrist des § 75 S. 2 VwGO. Ggf. prozessuale Verwirkung nach allgemeinen Grundsätzen (Anhaltspunkt: Zeitraum von einem Jahr).

   c. Ggf. Wiedereinsetzung in den vorigen Stand, § 60 Abs. 1 VwGO, wenn Kläger ohne Verschulden verhindert war, die Klagefrist einzuhalten

6. **Klagegegner**, § 78 VwGO

   In einigen Bundesländern wird § 78 VwGO im Rahmen der Passivlegitimation in der Begründetheit geprüft.

7. **Beteiligten- und Prozessfähigkeit**, §§ 61, 62 VwGO

8. **Ordnungsgemäße Klageerhebung**, §§ 81, 82 VwGO

9. **Allgemeines Rechtsschutzbedürfnis**

Es fehlt, wenn für den Erlass des Verwaltungsakts ein Antrag notwendig ist und der Kläger diesen nicht gestellt hat.

II. **Begründetheit**

Die Klage ist begründet, soweit die Ablehnung oder Unterlassung des begehrten Verwaltungsakts rechtswidrig war und der Kläger dadurch in seinen Rechten verletzt ist, § 113 Abs. 5 VwGO. Dies ist der Fall, wenn der Kläger einen Anspruch auf Erlass des Verwaltungsakts hat.

Wenn die Sache im Zeitpunkt der letzten mündlichen Verhandlung des Verwaltungsgerichts spruchreif ist, der Kläger also einen Anspruch auf Erlass des begehrten Verwaltungsakts hat, spricht das Gericht die Verpflichtung der Behörde zum Erlass des vom Kläger begehrten Verwaltungsakts aus (sog. Vornahmeurteil, § 113 Abs. 5 S. 1 VwGO). Liegt keine Spruchreife vor (besteht also kein Anspruch des Klägers), so kann sich das Gericht nicht an die Stelle der Behörde setzen. In diesem Fall spricht es die Verpflichtung aus, den Kläger unter Beachtung der Rechtsauffassung des Gerichts zu bescheiden (sog. Bescheidungsurteil, § 113 Abs. 5 S. 2 VwGO).

1. **Anspruchsgrundlage**

Rechtsgrundlage, aus der sich ein Anspruch des Klägers ergeben könnte.

Bspw. einfach-gesetzliche Anspruchsgrundlagen, aus öffentlich-rechtlichem Vertrag, Zusicherung (§ 38 VwVfG), Bewilligungsbescheid, Grundrechte.

Bei Genehmigungsfällen (bspw. Baugenehmigung, Gaststättengenehmigung) ist auf die Genehmigungspflichtigkeit und die Genehmigungsfähigkeit einzugehen.

2. **Formelle Rechtmäßigkeit** des Verwaltungsakts

a. Zuständigkeit der Behörde in örtlicher, sachlicher und instanzieller Hinsicht

b. Verfahren, insb. muss bei der Versagungsgegenklage ein Antrag gestellt worden sein, wenn dieser erforderlich ist.

c. Form, grds. formfrei (§§ 37 Abs. 2, 39 VwVfG)

Eine Heilung von Form- und Verfahrensfehlern ist möglich (§ 45 VwVfG), ggf. sind diese sogar unbeachtlich (§ 46 VwVfG).

3. **Materielle Rechtmäßigkeit** des Verwaltungsakts

a. Tatbestandsmerkmale der Anspruchsgrundlage prüfen

b. Unterscheidung nach gebundener Entscheidung oder Ermessensentscheidung der Behörde

aa. Bei gebundener Entscheidung ist Spruchreife gegeben. Das Gericht tenoriert die Verpflichtung des Beklagten zum Erlass des beantragten Verwaltungsakts, § 113 Abs. 5 S. 1 VwGO.

bb. Bei Ermessensentscheidung der Behörde ist grds. keine Spruchreife gegeben. Hier darf sich das Gericht nicht an die Stelle der Behörde setzen und selbst entscheiden. Vielmehr verpflichtet es den Beklagten, unter Beachtung der Rechtsauffassung des Gerichts zu bescheiden. Eine Ausnahme liegt bei der Ermessensreduzierung auf null vor. Dann ist Spruchreife gegeben und es ergeht auch hier ein Vornahmeurteil.

Ergeht ein Bescheidungsurteil, so ist die Klage regelmäßig nur teilweise begründet, was sich in der Kostenentscheidung auswirkt.

Prüfungsschema zur allgemeinen Leistungsklage

Die VwGO regelt die allgemeine Leistungsklage nicht explizit, setzt sie aber in verschiedenen Vorschriften als selbstverständlich voraus, etwa in §§ 43 Abs. 2, 111, 113 Abs. 4 VwGO.

Klageziel ist die Forderung einer Leistung, die keinen Verwaltungsakt darstellt.

Sie können den Obersatz wie folgt formulieren: Die Klage hat Aussicht auf Erfolg, wenn die Sachentscheidungsvoraussetzungen gegeben sind und sie begründet ist.

Viele Anwendungsfälle können auch privatrechtlich beurteilt werden. Der Verwaltungsrechtsweg ist dann einschlägig, wenn das fragliche Verhalten in einem engen Sach- oder Funktionszusammenhang mit der Wahrnehmung der hoheitlichen Aufgaben steht (*Akzessorietätstheorie*).

I. **Sachentscheidungsvoraussetzungen**

1. **Eröffnung des Verwaltungsrechtswegs**, § 40 Abs. 1 S. 1 VwGO

   Siehe Schema zur Anfechtungsklage

   a. Aufdrängende Spezialzuweisung

   b. Generalklausel § 40 Abs. 1 S. 1 VwGO

   aa. Öffentlich-rechtliche Streitigkeit

   bb. Streitigkeit »nichtverfassungsrechtlicher Art«

   cc. Keine spezialgesetzlich abdrängende Sonderzuweisung: Hier ist § 40 Abs. 2 S. 1 VwGO für vermögensrechtliche Ansprüche aus Aufopferung zu beachten.

2. **Statthaftigkeit der allgemeinen Leistungsklage**

   a. Leistungsvornahmeklage: Kläger begehrt ein bestimmtes schlichtes Verwaltungshandeln, das ihn begünstigt.

   b. Unterlassungsklage: Kläger möchte eine zukünftige Handlung (die regelmäßig nicht im Erlass eines Verwaltungsakts besteht) abwehren.

3. **Klagebefugnis**, § 42 Abs. 2 VwGO analog

4. **Vorverfahren und Klagefrist**

   Ein Vorverfahren ist regelmäßig nicht erforderlich. Ausnahme: § 54 Abs. 2 BeamtStG, § 126 BGB.

   Eine Frist ist grundsätzlich nicht vorgesehen. Ausnahme: Monatsfrist des § 74 Abs. 1 VwGO gegen Widerspruchsbescheid in Beamtensachen.

5. **Klagegegner**, § 78 VwGO

   In einigen Bundesländern wird § 78 VwGO im Rahmen der Passivlegitimation in der Begründetheit geprüft.

6. **Beteiligten- und Prozessfähigkeit**, §§ 61, 62 VwGO

7. **Ordnungsgemäße Klageerhebung**, §§ 81, 82 VwGO

8. **Allgemeines Rechtsschutzbedürfnis**

   In der Regel ist es nicht problematisch. Es fehlt, wenn der Kläger sein Ziel einfacher, schneller und kostengünstiger erreichen kann. Dies ist bspw. der Fall, wenn der Kläger schon einen Vollstreckungstitel hat oder ihn auf einfache Weise bekommen kann.

   Möchte der Kläger, dass die Behörde ein zukünftiges erstmaliges Verhalten unterlässt (»vorbeugende Unterlassungsklage«), ist ein sog. qualifiziertes Rechtsschutzbedürfnis erforderlich. Dem Kläger darf ein Abwarten nicht zumutbar sein, etwa weil ihm irreparable Schäden drohen.

II. **Begründetheit**

Die Klage ist begründet, wenn der Kläger einen tatsächlichen Anspruch auf die begehrte Leistung hat.

1. **Bei Ansprüchen aus öffentlich-rechtlichen Verträgen**

a. Bestehen eines Leistungs- oder Erstattungsanspruchs

b. Liegt ein öffentlich-rechtlicher Vertrag vor?

aa. Abgrenzung öffentlich-rechtlicher und privater Vertrag

bb. Abgrenzung öffentlich-rechtlicher Vertrag und Verwaltungsakt

c. Kam öffentlich-rechtlicher Vertrag wirksam zustande?

aa. Zuständigkeit der Behörde, die den Vertrag schließt

bb. Wirksamer Vertragsschluss, § 62 S. 2 VwVfG i.V.m. §§ 145 ff. BGB

cc. Verfahrensvorschriften, bspw. Zustimmung erforderlich, § 58 VwVfG

dd. Formvorschriften, insb. Schriftform, § 57 VwVfG bzw. notarielle Beurkundung nach § 62 S. 2 VwVfG i. V. m. § 311b BGB

d. Ist öffentlich-rechtlicher Vertrag nicht nichtig?

aa. Kein Vertragsformverbot, § 54 S. 1 HS 2 VwVfG

bb. Zulässigkeit des Vertragsinhalts

cc. Spezielle Nichtigkeitsgründe, § 59 Abs. 2 VwVfG

dd. Allgemeine Nichtigkeitsgründe, § 59 Abs. 1 VwVfG

ee. Ggf. Teilnichtigkeit prüfen

2. **Bei Folgenbeseitigungsansprüchen**

Anspruchsgrundlage: Rechtsstaatsprinzip (Art. 20 Abs. 3 GG) bzw. unmittelbar aus dem entsprechenden Freiheitsgrundrecht bzw. Rechtsgedanke der §§ 12, 862, 1004 BGB. § 113 Abs. 1 S. 2 VwGO begründet den Folgenbeseitigungsanspruch nicht, sondern setzt ihn voraus.

a. Voraussetzungen

aa. Hoheitliches Handeln (Eingriff)

bb. In ein subjektives Recht

Es muss ein andauernder rechtswidriger Zustand durch den Eingriff geschaffen worden sein und es darf keine Duldungspflicht des Klägers bestehen.

Ziel ist die Beseitigung der unmittelbaren Folgen des Eingriffs (Haftungsbegrenzung).

b. Folgen:

Wiederherstellung ist tatsächlich und rechtlich möglich und zumutbar: Der status quo ante ist wiederherzustellen, ggf. erfolgt ein Ausgleich in Geld.

Ggf. Mitverschulden berücksichtigen (§ 254 BGB analog)

3. **Beim öffentlich-rechtlichen Unterlassungsanspruch**

Hier geht es dem Bürger darum, bereits vorgenommene Handlungen mit Wirkung für die Zukunft abzuwehren. Dieser unproblematisch zulässige öffentlich-rechtliche Unterlassungsanspruch ist mit der Leistungsunterlassungsklage geltend zu machen.

a. Anspruchsgrundlage: Rechtsstaatsprinzip (Art. 20 Abs. 3 GG) i.V.m. den Freiheitsgrundrechten und § 1004 BGB analog

Voraussetzungen:

aa. Hoheitliches Handeln (bspw. Lärmemissionen, Warnungen vor bestimmten Produkten, ehrverletzende Äußerungen)

bb. Subjektives Recht (i.d.R. das allgemeine Persönlichkeitsrecht, Eigentumsrecht)

Es muss ein andauernder rechtswidriger Zustand durch den Eingriff geschaffen worden sein und es darf keine Duldungspflicht des Klägers bestehen.

Ziel ist die Beseitigung der unmittelbaren Folgen des Eingriffs (Haftungsbegrenzung).

b. Folge:

Unterlassung des angegriffenen Verhaltens für die Zukunft.

Prüfungsschema zur Anfechtungsfortsetzungs-feststellungsklage, § 113 Abs. 1 S. 4 VwGO

Die Anfechtungsfortsetzungsfeststellungsklage ist die richtige Klageart, wenn sich der Verwaltungsakt nach Klageerhebung und vor Urteilsverkündung erledigt hat (etwa durch Rücknahme oder anders). Erledigt sich der Verwaltungsakt bereits vor der Klageerhebung, ist eine *erweiterte (Anfechtungs-)Fortsetzungsfeststellungsklage* möglich gem. § 113 Abs. 1 S. 4 VwGO analog.

Sie können den Obersatz wie folgt fassen: Die Klage hat Aussicht auf Erfolg, wenn die Sachentscheidungsvoraussetzungen gegeben sind und sie begründet ist.

I. **Sachentscheidungsvoraussetzungen**

1. **Eröffnung des Verwaltungsrechtswegs**, § 40 Abs. 1 S. 1 VwGO

Siehe Schema zur Anfechtungsklage

a. Aufdrängende Spezialzuweisung

b. Generalklausel § 40 Abs. 1 S. 1 VwGO

aa. Öffentlich-rechtliche Streitigkeit

bb. Streitigkeit »nichtverfassungsrechtlicher Art«

cc. Keine spezialgesetzlich abdrängende Sonderzuweisung

2. **Statthaftigkeit der Anfechtungsfortsetzungsfeststellungsklage**, § 113 Abs. 1 S. 4 VwGO

a. Erledigung des Verwaltungsakts

b. Vorherige Erledigung der Klage:

aa. nach Klageerhebung, aber vor Urteilsverkündung

bb. Bei einer Erledigung vor Klageerhebung liegt eine erweiterte (Anfechtungs-)Fortsetzungsfeststellungsklage vor, § 113 Abs. 1 S. 4 VwGO analog. Hier sind die Voraussetzungen der Analogie darzustellen (Regelungslücke, vergleichbare Interessenlage, Planwidrigkeit).

3. **Klagebefugnis**, § 42 Abs. 2 VwGO

4. **Vorverfahren**, § 68 VwGO

   a. Es muss grundsätzlich erfolglos durchgeführt worden sein, soweit es gesetzlich vorgesehen ist.

   b. Bei erweiterter (Anfechtungs-)Fortsetzungsfeststellungsklage:

   aa. Wenn Erledigung nach Ablauf der Widerspruchsfrist eintritt, gibt es keine Klagemöglichkeit mehr (Argument: keine zusätzliche, vom Gesetz nicht vorgesehene Rechtsschutzmöglichkeit).

   bb. Wenn Erledigung vor Ablauf der Widerspruchsfrist eintritt, ist strittig, ob ein Vorverfahren durchgeführt werden muss.

5. **Klagefrist**, § 74 Abs. 1 VwGO

   Die Klagefrist muss bezüglich der ursprünglichen Anfechtungsklage eingehalten worden sein.

   Bei der erweiterten (Anfechtungs-)Fortsetzungsfeststellungsklage: § 74 Abs. 1 i.V.m. § 58 Abs. 1 und 2 VwGO: ggf. Verwirkung prüfen

6. **Klagegegner**, § 78 VwGO

   In einigen Bundesländern wird § 78 VwGO im Rahmen der Passivlegitimation in der Begründetheit geprüft.

   Bei der erweiterten (Anfechtungs-)Fortsetzungsfeststellungsklage gilt § 78 VwGO analog.

7. **Fortsetzungsfeststellungsinteresse**, § 113 Abs. 1 S. 4 VwGO

   Berechtigtes Interesse rechtlicher Art (Wiederholungsgefahr), wirtschaftlicher Art (Vorbereitung eines Amtshaftungs- bzw. Entschädigungsprozesses) oder ideeller Art (Rehabilitationsinteresse) an der baldigen Feststellung

8. **Beteiligten- und Prozessfähigkeit**, §§ 61, 62 VwGO

9. **Ordnungsgemäße Klageerhebung**, §§ 81, 82 VwGO

II. **Begründetheit**

Die Fortsetzungsfeststellungsklage ist begründet, wenn der Verwaltungsakt rechtswidrig war und der Kläger dadurch in seinen (eigenen) Rechten verletzt wurde, § 113 Abs. 1 S. 4 i.V.m. S. 1 VwGO.

Die Fortsetzungsfeststellungsklage ist immer begründet, wenn – die Erledigung hinweggedacht – die Anfechtungsklage begründet gewesen wäre.

Prüfungsschema zur Verpflichtungsfortsetzungsfeststellungsklage, § 113 Abs. 5, 1 S. 4 VwGO analog

Die Verpflichtungsfortsetzungsfeststellungsklage ist die richtige Klageart, wenn sich der begehrte Verwaltungsakt, wenn er erlassen worden wäre, nach Klageerhebung und vor Urteilsverkündung erledigt hat (etwa durch Erteilung des Verwaltungsakts oder wenn das Interesse an der Erteilung des Verwaltungsakts wegfällt).

Erledigt sich der Verwaltungsakt bereits vor der Klageerhebung, ist eine sog. *erweiterte (Verpflichtungs-)Fortsetzungsfeststellungsklage* möglich gem. § 113 Abs. 1 S. 4 VwGO analog. Es liegt eine »doppelte Analogie« wegen Verpflichtungssituation und Erledigung vor Klageerhebung vor.

Den Obersatz können Sie folgendermaßen formulieren: Die Klage hat Aussicht auf Erfolg, wenn die Sachentscheidungsvoraussetzungen gegeben sind und sie begründet ist.

I. **Sachentscheidungsvoraussetzungen**

1. **Eröffnung des Verwaltungsrechtswegs**, § 40 Abs. 1 S. 1 VwGO

   Siehe Schema zur Anfechtungsklage

   a. Aufdrängende Spezialzuweisung

   b. Generalklausel § 40 Abs. 1 S. 1 VwGO

   aa. Öffentlich-rechtliche Streitigkeit

   bb. Streitigkeit »nichtverfassungsrechtlicher Art«

   cc. Keine spezialgesetzlich abdrängende Sonderzuweisung

2. **Statthaftigkeit der Verpflichtungsfortsetzungsfeststellungsklage**, § 113 Abs. 1 S. 4 VwGO analog

   a. Erledigung des begehrten Verwaltungsakts nach Klageerhebung, aber vor Urteilsverkündung: Dem geltend gemachten Anspruch kann rechtlich oder tatsächlich nicht mehr nachgekommen werden.

   Analoge Anwendung des § 113 Abs. 1 S. 4 VwGO: Regelungslücke, vergleichbare Interessenlage, Planwidrigkeit

   b. Erledigung des begehrten Verwaltungsakts vor Klageerhebung: erweiterte (Verpflichtungs-)Fortsetzungsfeststellungsklage, § 113 Abs. 1 S. 4 VwGO analog. Die Voraussetzungen der Analogie müssen dargestellt werden (Regelungslücke, vergleichbare Interessenlage, Planwidrigkeit). Es liegt eine »doppelte Analogie« wegen Verpflichtungssituation und Erledigung vor Klageerhebung vor.

3. **Klagebefugnis**, § 42 Abs. 2 VwGO analog

   Kläger muss geltend machen, dass er in seinen (eigenen) Rechten verletzt ist, wenn der Verwaltungsakt nicht erlassen wird.

4. **Vorverfahren**, § 68 VwGO

   a. Es muss grundsätzlich erfolglos durchgeführt worden sein, soweit es gesetzlich vorgesehen ist.

   b. Bei der erweiterten (Verpflichtungs-)Fortsetzungsfeststellungsklage ist zu beachten:

   aa. Tritt Erledigung nach Ablauf der Widerspruchsfrist ein, gibt es keine Klagemöglichkeit mehr (Argument: keine zusätzliche, vom Gesetz nicht vorgesehene Rechtsschutzmöglichkeit).

   bb. Tritt Erledigung vor Ablauf der Widerspruchsfrist ein, ist strittig, ob ein Vorverfahren durchgeführt werden muss.

5. **Klagefrist**, § 74 Abs. 1 VwGO

   Die Frist muss bezüglich der ursprünglichen Verpflichtungsklage eingehalten worden sein.

   Bei der erweiterten (Verpflichtungs-)Fortsetzungsfeststellungsklage: § 74 Abs. 1 i.V.m. § 58 Abs. 1 und 2 VwGO: ggf. Verwirkung prüfen

6. **Klagegegner**, § 78 VwGO analog

   In einigen Bundesländern wird § 78 VwGO im Rahmen der Passivlegitimation in der Begründetheit geprüft.

   Bei erweiterter (Verpflichtungs-)Fortsetzungsfeststellungsklage gilt § 78 VwGO analog.

7. **Fortsetzungsfeststellungsinteresse**, § 113 Abs. 1 S. 4 VwGO

   Berechtigtes Interesse rechtlicher Art (Wiederholungsgefahr), wirtschaftlicher Art (Vorbereitung eines Amtshaftungs- bzw. Entschädigungsprozesses) oder ideeller Art (Rehabilitationsinteresse) an der baldigen Feststellung

8. **Beteiligten- und Prozessfähigkeit**, §§ 61, 62 VwGO

9. **Ordnungsgemäße Klageerhebung**, §§ 81, 82 VwGO

II. **Begründetheit**

Die Fortsetzungsfeststellungsklage ist begründet, wenn die Versagung des Verwaltungsakts rechtswidrig war und der Kläger dadurch in seinen (eigenen) Rechten verletzt worden ist, § 113 Abs. 5 S. 1 i.V.m. Abs. 1 S. 4 VwGO analog. Dem Kläger müsste also ein Anspruch zugestanden sein.

Die Fortsetzungsfeststellungsklage ist immer begründet, wenn – die Erledigung hinweggedacht – die Verpflichtungsklage begründet gewesen wäre.

Prüfungsschema zur allgemeinen Feststellungsklage, § 43 I VwGO

Die allgemeine Feststellungsklage dient nicht der Durchsetzung eines materiellen Rechts. Der Kläger möchte typischerweise Rechte und Pflichten, die in der Zukunft – ggf. auch wiederholend – entstehen können, bzw. er möchte ein Rechtsverhältnis klären lassen.

Beachten Sie § 43 Abs. 2 VwGO: Die allgemeine Feststellungsklage ist nur möglich, wenn keine Gestaltungs- oder Leistungsklage möglich ist (sog. Subsidiarität der Feststellungsklage).

Sie können den Obersatz folgendermaßen formulieren: Die Klage hat Aussicht auf Erfolg, wenn die Sachentscheidungsvoraussetzungen gegeben sind und sie begründet ist.

I. **Sachentscheidungsvoraussetzungen**

1. **Eröffnung des Verwaltungsrechtswegs**, § 40 Abs. 1 S. 1 VwGO

Siehe Schema zur Anfechtungsklage

a. Aufdrängende Spezialzuweisung

b. Generalklausel § 40 Abs. 1 S. 1 VwGO

aa. Öffentlich-rechtliche Streitigkeit

bb. Streitigkeit »nichtverfassungsrechtlicher Art«

cc. Keine spezialgesetzlich abdrängende Sonderzuweisung: Hier ist § 40 Abs. 2 S. 1 VwGO für vermögensrechtliche Ansprüche aus Aufopferung zu beachten.

2. **Statthaftigkeit der Feststellungsklage**, § 43 Abs. 1 VwGO

§ 43 Abs. 1 Var. 1 VwGO: Unterscheidung zwischen positiver und negativer Feststellungsklage ➔ Feststellen des Bestehens oder Nichtbestehens eines Rechtsverhältnisses

a. Rechtsverhältnis: rechtliche Beziehungen, die sich aus einem hinreichend konkreten Sachverhalt aufgrund einer diesen Sachverhalt betreffenden öffentlich-rechtlichen Norm für das Verhältnis mehrerer Personen untereinander oder einer Person zu einer Sache ergeben.

b. Baldiges Feststellen: Es muss sich grundsätzlich um ein gegenwärtiges Rechtsverhältnis handeln (»schon oder noch betroffen«). Bei der Feststellung künftiger Rechtsverhältnisse ist ggf. die vorbeugende Unterlassungsklage einschlägig.

c. § 43 Abs. 1 Var. 2 VwGO: Feststellung der Nichtigkeit eines Verwaltungsakts (Nichtigkeitsfeststellungsklage).

3. **Subsidiarität der Feststellungsklage**, § 43 Abs. 2 VwGO

   Es dürfen keine anderen Klagearten statthaft sein. Eine Ausnahme liegt bei der Nichtigkeitsfeststellungsklage vor, § 43 Abs. 2 S. 2 VwGO.

4. **Klagebefugnis**, § 42 Abs. 2 VwGO analog (str.)

   Der Kläger muss geltend machen, dass er in seinen (eigenen) Rechten verletzt ist.

5. **Feststellungsinteresse**, § 113 Abs. 1 S. 4 VwGO

   Berechtigtes Interesse rechtlicher Art (Wiederholungsgefahr), wirtschaftlicher Art (Vorbereitung eines Amtshaftungs- bzw. Entschädigungsprozesses) oder ideeller Art (Rehabilitationsinteresse) an der baldigen Feststellung.

6. **Vorverfahren und Klagefrist**

   Die Durchführung eines Vorverfahrens ist grds. nicht erforderlich. Ausnahme: § 54 Abs. 2 S. 1 BeamtStG.

   Eine Klagefrist ist nicht vorgegeben. Ggf. ist Verwirkung zu prüfen.

7. **Klagegegner**, § 78 VwGO (analog)

   In einigen Bundesländern wird § 78 VwGO im Rahmen der Passivlegitimation in der Begründetheit geprüft.

   Hier ist der Klagegegner der andere Beteiligte des streitigen Rechtsverhältnisses.

8. **Beteiligten- und Prozessfähigkeit**, §§ 61, 62 VwGO

9. **Ordnungsgemäße Klageerhebung**, §§ 81, 82 VwGO

10. **Allgemeines Rechtsschutzbedürfnis**

    Dies ist meistens unproblematisch gegeben.

II. **Begründetheit**

Die Feststellungsklage ist begründet, wenn das behauptete Rechtsverhältnis zu dem Beklagten besteht bzw. nicht besteht oder der Verwaltungsakt nichtig ist.

Prüfungsschema zum Normenkontrollverfahren, § 47 VwGO

Mit der Normenkontrolle werden Normen selbst Gegenstand eines gerichtlichen Verfahrens. Das Gericht stellt im Urteil fest, dass eine Norm gültig bzw. ungültig ist.

Den Obersatz können Sie folgendermaßen formulieren: Der Antrag hat Aussicht auf Erfolg, wenn die Sachentscheidungsvoraussetzungen gegeben sind und sie begründet ist.

I. **Sachentscheidungsvoraussetzungen**

1. **Eröffnung des Verwaltungsrechtswegs**, § 40 Abs. 1 S. 1 VwGO

   Siehe Schema zur Anfechtungsklage

   a. Aufdrängende Spezialzuweisung

   b. Generalklausel § 40 Abs. 1 S. 1 VwGO

   aa. Öffentlich-rechtliche Streitigkeit

   bb. Streitigkeit »nichtverfassungsrechtlicher Art«

   cc. Keine spezialgesetzlich abdrängende Sonderzuweisung

2. **Zuständigkeit** des OVG bzw. VGH, § 47 Abs. 1 VwGO

3. **Vorbehaltsklausel**, § 47 Abs. 3 VwGO

4. **Statthaftigkeit der Normenkontrolle**, § 47 Abs. 1 VwGO

   a. Verfahrensgegenstand:

   aa. Satzung (BauGB) oder Rechtsverordnung, § 47 Abs. 1 Nr. 1 VwGO

   bb. Untergesetzliche landesrechtliche Normen, soweit dies landesrechtlich bestimmt ist, § 47 Abs. 1 Nr. 2 VwGO

   Hier sind die entsprechenden Ausführungsgesetze der Bundesländer zur VwGO zu beachten. Gibt es keine landesrechtliche Regelung, kann eine untergesetzliche Norm nicht selbst Gegenstand eines gerichtlichen Verfahrens werden, sondern wird dann immer nur inzident – also im Rahmen eines anderen Verfahrens – überprüft.

   b. Ziel des Antrags: Feststellung der Ungültigkeit

5. **Antragsbefugnis**, § 47 Abs. 2 S. 1 VwGO

   a. Natürliche und juristische Personen, die geltend machen, durch die Rechtsvorschrift oder deren Anwendung in ihren subjektiven Rechten verletzt zu sein oder in absehbarer Zeit verletzt werden.

   b. Jede Behörde (i. S. d. § 1 Abs. 4 VwVfG)

6. **Antragsfrist**, § 47 Abs. 2 S. 1 VwGO

   Die Frist beträgt ein Jahr nach Bekanntmachung der Rechtsvorschrift.

7. **Antragsgegner**, § 47 Abs. 2 S. 2 VwGO

   Hier erfolgt die Prüfung des Antragsgegners in der Zuständigkeit, nicht im Rahmen der Begründetheit als Passivlegitimation! Der Antragsgegner ist der Rechtsträger des Organs, das die strittige Norm erlassen hat.

8. **Beteiligten- und Prozessfähigkeit**, § 47 Abs. 2 VwGO

9. **Ordnungsgemäße Form** der Antragstellung, §§ 81, 82 analog

10. **Allgemeines Rechtsschutzbedürfnis**

    Es liegt meistens unproblematisch vor.

II. **Begründetheit**

Der Normenkontrollantrag ist begründet, wenn die zur Überprüfung gestellte Norm gegen höherrangiges Recht verstößt.

Hier die konkret zu überprüfende Norm nennen.

1. **Rechtsgrundlage**

a. Formelle Rechtmäßigkeit der Norm

aa. Zuständigkeit

bb. Verfahren

cc. Form

b. Materielle Rechtmäßigkeit der Norm

Kein Verstoß gegen höherrangiges Recht, also Bundes- und Landesrecht. Prüfungsmaßstab können sowohl das einfache formelle Bundes- und Landesrecht als auch die Verfassungen von Bund und Ländern sein.

Prüfungsschema zum Kommunalverfassungsstreit/ Organstreit

Der Kommunalverfassungsstreit ist eine verwaltungsrechtliche Organklage. Dabei streiten Organe oder Organteile einer kommunalen Gebietskörperschaft um Maßnahmen, die sich auf die Beziehungen innerhalb der Körperschaft beschränken.

Den Obersatz können Sie folgendermaßen formulieren: Die Klage hat Aussicht auf Erfolg, wenn die Sachentscheidungsvoraussetzungen gegeben sind und sie begründet ist.

I. **Sachentscheidungsvoraussetzungen**

1. **Eröffnung des Verwaltungsrechtswegs**, § 40 Abs. 1 S. 1 VwGO

Siehe Schema zur Anfechtungsklage

a. Aufdrängende Spezialzuweisung

b. Generalklausel § 40 Abs. 1 S. 1 VwGO

aa. Öffentlich-rechtliche Streitigkeit

bb. Streitigkeit »nichtverfassungsrechtlicher Art«

cc. Keine spezialgesetzlich abdrängende Sonderzuweisung: Hier ist § 40 Abs. 2 S. 1 VwGO für vermögensrechtliche Ansprüche aus Aufopferung zu beachten.

2. **Statthaftigkeit**

   Nach h.M. ist der Kommunalverfassungsstreit keine Klageart sui generis, sondern es erfolgt ein Rückgriff auf die in der VwGO vorhandenen Klagearten.

   a. Anfechtungs- oder Verpflichtungsklage? Scheitert i.d.R. an der fehlenden Außenwirkung der Maßnahmen. Die Außenwirkung kann bei persönlicher Betroffenheit des Organs/Organteils bestehen, ähnlich wie in vergleichbaren Situationen bei den im Beamtenrecht geltenden Grundsätzen.

   b. Leistungsklage, Feststellungsklage, Normenkontrolle? Je nach Klagebegehren statthaft

3. **Klagebefugnis**, § 42 Abs. 2 VwGO

   Hier geht es nicht um die subjektiven (Grund-)Rechte der hinter dem Organ / des Organteils stehenden natürlichen Person! Es muss geltend gemacht werden, dass **eigene** organschaftliche Rechte (i.d.R. Mitwirkungsrechte) verletzt werden!

4. **Beteiligtenfähigkeit**, § 61 Nr. 2 VwGO analog

   § 61 Nr. 1 VwGO ist nicht einschlägig, da hier gerade Rechte des Organs / des Organteils und nicht der natürlichen Person geltend gemacht werden!

5. **Klagegegner**

   Rspr.: § 78 VwGO analog

   Lit.: das in § 78 VwGO enthaltene Rechtsträgerprinzip

6. **Ordnungsgemäße Form** der Antragstellung, §§ 81, 82 analog

7. **Allgemeines Rechtsschutzbedürfnis**

   Dies liegt meistens unproblematisch vor.

II. **Begründetheit**

   Die Begründetheit richtet sich nach der einschlägigen Klageart.

Prüfungsschema zum vorläufigen Rechtsschutz nach § 80 Abs. 5 VwGO

§ 80 Abs. 5 VwGO ist immer dann einschlägig, wenn die grundsätzlich aufschiebende Wirkung durch Widerspruch und Anfechtungsklage nicht greifen (etwa weil sie nach § 80 Abs. 2 Nr. 1–3 VwGO entfällt bzw. die Behörde dies nach § 80 Abs. 2 Nr. 4 entscheidet).

Denken Sie an die richtige Formulierung: Die aufschiebende Wirkung wird in den Fällen des § 80 Abs. 2 Nr. 1–3 VwGO **angeordnet** (§ 80 Abs. 5 S. 1 Var. 1 VwGO), in den Fällen des § 80 Abs. 2 Nr. 4 VwGO **wiederhergestellt** (§ 80 Abs. 5 S. 1 Var. 2 VwGO).

Der Antrag ist auch schon vor Erhebung der Klage zulässig (§ 80 Abs. 5 S. 2 VwGO), allerdings muss zusätzlich auch fristgerecht Widerspruch eingelegt werden.

Den Obersatz können Sie folgendermaßen formulieren: Der Eilantrag nach § 80 Abs. 5 VwGO hat Aussicht auf Erfolg, wenn die Sachentscheidungsvoraussetzungen gegeben sind und er begründet ist.

Bei der »summarischen Prüfung« in der Begründetheit dürfen Sie keinesfalls eine oberflächliche Prüfung durchführen. Prüfen Sie die Rechtmäßigkeit hier umfassend!

I. **Sachentscheidungsvoraussetzungen**

1. **Eröffnung des Verwaltungsrechtswegs**, § 40 Abs. 1 S. 1 VwGO

   Siehe Schema zur Anfechtungsklage

   a. Aufdrängende Spezialzuweisung

   b. Generalklausel § 40 Abs. 1 S. 1 VwGO

   aa. Öffentlich-rechtliche Streitigkeit

   bb. Streitigkeit »nichtverfassungsrechtlicher Art«

   cc. Keine spezialgesetzlich abdrängende Sonderzuweisung

2. **Statthaftigkeit**

   Hier ist das Begehren des Antragstellers entscheidend (Abgrenzung zu § 123 VwGO). In der Hauptsache muss eine Anfechtungsklage statthaft sein.

   Voraussetzungen

   a. Belastender Verwaltungsakt bereits erlassen

   b. Einlegung eines Rechtsbehelfs in der Hauptsache, der keine aufschiebende Wirkung hat (§ 80 Abs. 2 VwGO)

3. **Antragsbefugnis**, § 42 Abs. 2 VwGO analog

4. **Antragsgegner**, § 78 VwGO analog

   In einigen Bundesländern wird § 78 VwGO im Rahmen der Passivlegitimation in der Begründetheit geprüft.

   Der Antragsgegner ist der Rechtsträger der Ausgangsbehörde.

5. **Zuständiges Gericht**

   a. Vor Klageerhebung ist das Gericht zuständig, das für die Anfechtungsklage zuständig wäre.

   b. Nach Klageerhebung ist das Gericht zuständig, bei dem der Rechtsstreit anhängig ist.

6. **Beteiligten- und Prozessfähigkeit**, §§ 61, 62 VwGO

7. **Frist**

   Eine Frist für den Antrag auf einstweiligen Rechtsschutz ist in der VwGO nicht vorgesehen. Ggf. ist die Verwirkung zu beachten. Beachten Sie Spezialgesetze (etwa § 18a Abs. 4 S. 1 AsylG, § 36 Abs. 3 S. 1 AsylG oder Fachplanungsrecht).

8. **Allgemeines Rechtsschutzbedürfnis**

II. **Begründetheit**

   Es erfolgt eine eigene Ermessensentscheidung des Gerichts aufgrund einer Abwägung von Vollzugs- und Aussetzungsinteresse. Dabei ist das Gericht nicht an die Argumentation der Behörde gebunden.

   Wesentliches Kriterium sind die Erfolgsaussichten in der Hauptsache. Ist der Rechtsbehelf aufgrund summarischer Prüfung wahrscheinlich erfolgreich, ist der Antrag begründet. Ist der Rechtsbehelf aufgrund summarischer Prüfung wahrscheinlich erfolglos, ist der Antrag unbegründet. Ist die Rechtslage offen, ist eine Folgenbetrachtung erforderlich.

   In den Fällen des § 80 Abs. 2 S. 1 Nr. 1–3 VwGO überwiegt grds. das Vollzugsinteresse, im Fall des § 80 Abs. 2 S. 1 Nr. 4 VwGO überwiegt grds. das Aussetzungsinteresse.

Prüfungsschema zum vorläufigen Rechtsschutz nach § 123 VwGO

§ 123 VwGO ist immer dann einschlägig, wenn es sich nicht um einen Fall der §§ 80 und 80a VwGO handelt, § 123 Abs. 5 VwGO.

Den Obersatz können Sie wie folgt fassen: Der Antrag nach § 123 VwGO hat Aussicht auf Erfolg, wenn die Sachentscheidungsvoraussetzungen vorliegen und er begründet ist.

I. **Sachentscheidungsvoraussetzungen**

1. **Eröffnung des Verwaltungsrechtswegs**, § 40 Abs. 1 S. 1 VwGO

   Siehe Schema zur Anfechtungsklage

   a. Aufdrängende Spezialzuweisung

   b. Generalklausel § 40 Abs. 1 S. 1 VwGO

   aa. Öffentlich-rechtliche Streitigkeit

   bb. Streitigkeit »nichtverfassungsrechtlicher Art«

   cc. Keine spezialgesetzlich abdrängende Sonderzuweisung

2. **Statthaftigkeit**

   § 123 Abs. 5 VwGO: Kein Fall der §§ 80, 80a VwGO

In der Hauptsache sind eine Verpflichtungs-, Allgemeine Leistungs- oder Feststellungsklage statthaft.

Bei den Arten der einstweiligen Anordnung wird zwischen Sicherungsanordnung (§ 123 Abs. 1 S. 1 VwGO) und Regelungsanordnung § 123 Abs. 1 S. 2 VwGO) unterschieden.

3. **Antragsbefugnis**, § 42 Abs. 2 VwGO analog (bzw. Feststellungsinteresse, § 43 Abs. 1 VwGO analog)

   a. Bzgl. Anordnungsanspruch

   b. Bzgl. Anordnungsgrund

4. **Antragsgegner**, § 78 VwGO analog

   In einigen Bundesländern wird § 78 VwGO im Rahmen der Passivlegitimation in der Begründetheit geprüft.

   Antragsgegner ist der Rechtsträger der Ausgangsbehörde.

5. **Zuständigkeit** des Gerichts der Hauptsache

6. **Beteiligten- und Prozessfähigkeit**, §§ 61, 62 VwGO

7. **Ordnungsgemäßer Antrag** nach §§ 81, 82 VwGO unter Nennung des Anordnungsanspruchs und des Anordnungsgrunds (§ 123 Abs. 3 VwGO, § 920 ZPO)

8. **Frist**

   Eine Frist ist grds. nicht erforderlich, ggf. ist auf die Verwirkung einzugehen. Ist im entsprechenden Hauptsacheverfahren eine Frist einzuhalten, muss dies auch für den Antrag nach § 123 VwGO gelten, damit Rechtsschutzmöglichkeiten nicht erweitert werden.

9. **Allgemeines Rechtsschutzbedürfnis**

II. **Begründetheit**

Prozessualer Anspruch auf Sicherung/Regelung des Hauptsacheanspruchs muss bestehen:

1. **Anordnungsanspruch:** Anspruch in der Hauptsache

2. **Anordnungsgrund:** Gründe des § 123 Abs. 1 VwGO

3. **Glaubhaftmachung**, § 123 Abs. 3 VwGO, § 920 Abs. 2 ZPO

   Regelmäßig kommt der Glaubhaftmachung im Studium kein großes Gewicht zu, weil der Sachverhalt feststeht.

4. **Keine Vorwegnahme der Hauptsache**

   Eine Ausnahme liegt vor, wenn das Urteil in der Hauptsache zu spät käme, zu irreparablen Schäden führen würde oder unzumutbar wäre.

IN DIESEM KAPITEL

Rechtsschutzverfahren

Grundfreiheiten

Kapitel 13
Europarecht

Susanne Hertfelder

In diesem Kapitel lernen Sie die Rechtsschutzverfahren und die Grundfreiheiten des Europarechts kennen. Das Europarecht hat als vorrangiges supranationales Recht einen starken Einfluss auf die Rechtsentwicklung der einzelnen Mitgliedsstaaten der EU. Obgleich die Umsetzung europarechtlicher Vorgaben zumeist durch den jeweiligen nationalen Gesetzgeber erfolgt und daher in das jeweilige nationale Recht integriert ist, gibt es wichtige direkte Rechtsthemen des Europarechts. Deren Schemata finden Sie hier.

Die Rechtsschutzverfahren

Lassen Sie uns zunächst die europäischen Rechtsschutzverfahren betrachten.

Prüfungsschema zum Vertragsverletzungsverfahren Art. 258, 259 AEUV

Der Hauptfall eines Vertragsverletzungsverfahrens stellt eine nicht oder nicht rechtzeitig in nationales Recht umgesetzte Richtlinie dar.

Beachten Sie, dass es für einen Verstoß grundsätzlich nicht darauf ankommt, ob den Mitgliedstaat ein Verschulden trifft.

I. **Zulässigkeit**

1. **Zuständigkeit**

   EuGH, Art. 256 Abs. 1 AEUV

2. **Beteiligtenfähigkeit**

   Verklagt werden können nur Mitgliedstaaten.

   (Aktiv) klagebefugt sind die Kommission (Art. 258 AEUV) oder ein Mitgliedstaat (Art. 259 AEUV).

3. **Klagegegenstand**

   Verstoß gegen das primäre oder sekundäre EU-Recht.

4. **Vorverfahren**

   Vor jedem Vertragsverletzungsverfahren ist ein Vorverfahren durchzuführen.

   a. Mahnschreiben der Kommission an den Mitgliedstaat
   b. Mitgliedstaat kann innerhalb einer angemessenen Frist Stellung nehmen
   c. Besteht der Vertragsverstoß nach Ablauf der Stellungnahmefrist fort, gibt die Kommission eine sog. begründete Stellungnahme ab, in der sie dem Mitgliedstaat eine Frist setzt, um die Vertragsverletzung abzustellen.
   d. Wird der Verstoß innerhalb der gesetzten Frist nicht durch den Mitgliedstaat beseitigt, so kann die Kommission ein Vertragsverletzungsverfahren beginnen.

5. Keine **Klagefrist**

   Aber beachten Sie die Fristen des Vorverfahrens.

6. **Rechtsschutzinteresse**

   Das Rechtsschutzinteresse ist grundsätzlich gegeben. Es liegt auch dann vor, wenn die Vertragsverletzung nach Ablauf der von der Kommission gesetzten Frist, aber noch vor Klageerhebung beseitigt wird.

II. **Begründetheit**

   Die Klage ist begründet, wenn der geltend gemachte Verstoß gegen das EU-Recht tatsächlich besteht.

1. **Vorliegen des vorgeworfenen Sachverhalts**
2. **Dem Mitgliedstaat muss der Verstoß zurechenbar sein.**
3. Feststellen, dass ein **Verstoß gegen Primär- oder Sekundärrecht der EU** vorliegt
4. Keine **Rechtfertigungsgründe**

III. **Rechtsfolgen**

   Liegen die Voraussetzungen vor, erlässt der EuGH ein Feststellungsurteil, das der Mitgliedstaat unverzüglich umsetzen muss. Macht er dies nicht, kann die Kommission den EuGH erneut anrufen (Art. 260 Abs. 2 AEUV).

Prüfungsschema zur Nichtigkeitsklage, Art. 263 AEUV

I. **Zulässigkeit**

1. **Zuständigkeit**

Grds. EuG, Art. 256 Abs. 1 AEUV

Bei Nichtigkeitsklagen von Mitgliedstaaten und EU-Organen: EuGH, vgl. Art. 51 Satzung des EuGH

2. **Beteiligtenfähigkeit**

Aktiv beteiligtenfähig sind die in Art. 263 AEUV genannten Organe, Einrichtungen und die Mitgliedstaaten.

Passiv beteiligtenfähig sind Rat, Kommission, Parlament und EZB.

3. **Klagegegenstand**

Rechtserhebliche Handlungen der Organe

4. **Klagebefugnis**

Diese hängt davon ab, wer klagt:

a. Art. 263 Abs. 2 AEUV

Privilegierte Kläger (Mitgliedstaat oder in Abs. 2 genanntes Organ der EU): keine Klagebefugnis erforderlich

b. Art. 263 Abs. 3 AEUV

Die dort genannten Kläger müssen ihre Klagebefugnis nachweisen, also möglicherweise in Rechten verletzt sein.

c. Art. 263 Abs. 4 AEUV

Natürliche oder juristische (private) Personen müssen durch Handlungen und Rechtsakte mit Verordnungscharakter unmittelbar und individuell betroffen sein.

5. **Klagegrund**

Einer der in Art. 263 Abs. 2 AEUV genannten Gründe

6. **Klagefrist**

Art. 263 Abs. 6 AEUV: zwei Monate ab Bekanntgabe der Rechtshandlung bzw. ab Kenntnisnahme

II. **Begründetheit**

Klagegrund des Art. 263 Abs. 4 AEUV muss tatsächlich vorliegen.

III. **Rechtswirkung**

Urteil wirkt ex tunc und ist von allen nationalen Gerichten und Behörden zu beachten.

Prüfungsschema zum Vorabentscheidungsverfahren, Art. 267 AEUV

Mit der Vorabentscheidungsklage dürfen nationale Gerichte beim EuGH Fragen u.a. zur Auslegung der Unionsverträge stellen. Ob das nationale Recht mit dem EU-Recht vereinbar ist, darf gerade nicht gefragt werden.

I. **Zulässigkeit**

1. **Zuständigkeit** des EuGH

   Grds. gegeben nach Art. 256 AEUV, in speziellen Fällen ist der EuG nach Art. 256 Abs. 3 S. 1 AEUV zuständig.

2. **Vorlageberechtigung**, Art. 267 Abs. 2 AEUV

   Gerichte der Mitgliedstaaten.

3. **Gegenstand des Verfahrens und zulässige Vorlagefrage**

   Erforderlich ist eine abstrakte Formulierung der Vorlagefrage über

   a. Die Auslegung der Verträge (Art. 267 Abs. 1 lit. a AEUV) oder

   b. die Gültigkeit und die Auslegung der Handlungen der Organe, Einrichtungen und sonstigen Stellen der EU

4. **Entscheidungserheblichkeit**

   Die vorgelegte Frage muss für das nationale Gericht entscheidungserheblich sein. Dies wird vom EuGH im Regelfall nicht überprüft.

5. **Vorlageberechtigung und Vorlagepflicht**

   Die Vorlagepflicht besteht nur, wenn die Entscheidung des nationalen Gerichts nicht mehr mit Rechtsmitteln des innerstaatlichen Rechts angegriffen werden kann, Art. 267 Abs. 3 AEUV.

6. Keine **Klagefrist**

II. **Wirkung der Entscheidung des EuGH**

1. **Bei Auslegungsfragen**

   Der EuGH gibt bestimmte Auslegungskriterien vor, damit das vorlegende Gericht seine Entscheidung treffen kann. Faktisch sind alle nationalen Gerichte und Behörden daran ex tunc gebunden.

2. **Bei Gültigkeitsfragen**

   Der EuGH überprüft die Vereinbarkeit mit höherrangigem Recht. Hier sind alle Gerichte und Behörden daran gebunden.

Prüfungsschema zur Amtshaftungsklage, Art. 268 i.V.m. Art. 340 Abs. 2 AEUV

I. **Zulässigkeit**

1. **Beteiligtenfähigkeit**

   Klageberechtigt sind alle natürlichen und juristischen Personen, die nach ihrem Klagevortrag einen Schaden erlitten haben. Strittig bei Mitgliedstaaten.

   Klagegegner ist die EU, wobei sie durch das den Schaden verursachende Organ vertreten wird.

2. **Klagegegenstand**

   Schadensersatz für rechtswidriges Handeln der EU-Organe

3. **Rechtsschutzbedürfnis**

   Grundsätzlich ist vom Vorliegen des Rechtsschutzbedürfnisses auszugehen. Es fehlt, wenn dem Kläger ein einfacherer, schnellerer und günstigerer Weg gegeben ist, sein Ziel zu erreichen, etwa durch innerstaatliche Klagemöglichkeiten.

4. **Klagefrist**

   Es dürfen maximal 5 Jahre zwischen dem schädigenden Ereignis und der Klage liegen (Art. 46 Satzung des EuGH). Diese Frist wird jedoch nur auf Rüge hin geprüft.

II. **Begründetheit**

   Die Voraussetzungen des Haftungsanspruchs aus Art. 340 Abs. 2 AEUV müssen vorliegen:

1. **Rechtswidriges Handeln** des Unionsorgans
2. **Zurechenbare Verursachung** eines Schadens

Die Grundfreiheiten

Im Folgenden lernen Sie die wichtigsten Prüfungsschemata der Grundfreiheiten des Europarechts kennen.

Prüfungsschema zur Warenfreiheit, Art. 34 AEUV

Ist eine Spezialvorschrift im EU-Recht vorhanden, dürfen Sie ausschließlich diese anwenden. Sie dürfen dann nicht auf Art. 34 AEUV zurückgreifen.

Bei der Warenfreiheit und bei weiteren Grundfreiheiten müssen Sie die vom EuGH entwickelte *Dassonville-Formel* anwenden. Danach ist eine Maßnahme gleicher Wirkung gegeben, wenn eine Maßnahme geeignet ist, den innergemeinschaftlichen Handel unmittelbar oder mittelbar, tatsächlich oder potenziell zu behindern.

Die *Keck-Formel* konkretisiert die Dassonville-Formel und muss von Ihnen im Anschluss geprüft werden. Bestimmungen über Vertriebsmodalitäten wie etwa Ladenöffnungszeiten stellen keine Maßnahmen gleicher Wirkung dar, wenn sie für alle Marktteilnehmer gelten und den Absatz inländischer wie auch ausländischer Produkte rechtlich und faktisch gleich berühren.

Bei der Rechtfertigung wird von Ihnen die *Cassis-Formel* verlangt: Produkte, die in einem EU-Mitgliedstaat rechtmäßig in den Verkehr gebracht wurden, dürfen auch in anderen EU-Mitgliedstaaten verkauft werden. Eine Ausnahme gilt dann, wenn es legitime Gründe für die Einschränkung gibt.

I. **Schutzbereich**

1. **Sachlicher Anwendungsbereich**

   Ware i.S.d. EU-Rechts

2. **Unionsrechtlicher Anwendungsbereich**

   Ware aus dem Gebiet der EU oder im EU-Gebiet im freien Verkehr

3. **Grenzüberschreitender Sachverhalt**

II. **Eingriff**

Staatliche Maßnahme ist eine …

1. **Mengenmäßige Einfuhrbeschränkung**
2. **Maßnahme gleicher Wirkung**
   a. »Dassonville-Formel«
   b. »Keck-Formel«

III. **Rechtfertigung**

1. **Rechtfertigungsgründe** des Art. 34 AEUV
2. **»Cassis-Formel«**
3. **Verhältnismäßigkeit**, effet utile

Prüfungsschema zur Arbeitnehmerfreizügigkeit, Art. 45 ff. AEUV

Ist eine Spezialvorschrift im EU-Recht vorhanden, dürfen Sie ausschließlich diese anwenden. Sie dürfen dann nicht auf Art. 45 ff. AEUV zurückgreifen.

I. **Schutzbereich**

1. **Sachlicher Anwendungsbereich**

   Arbeitnehmer i.S.d. EU-Rechts

2. **Unionsrechtlicher Anwendungsbereich**

   Art. 45 AEUV: Staatsangehörige der Mitgliedstaaten

3. **Grenzüberschreitender Sachverhalt**

4. **Ausnahmen** gem. Art. 45 Abs. 4 AEUV

   Beschäftigte in der öffentlichen Verwaltung

II. **Eingriff**

1. **Mitgliedstaatliche Maßnahme**

2. **Unmittelbare Drittwirkung** der Grundfreiheiten

3. Auch privates Handeln wird zugerechnet.

4. Analoge Anwendung der **»Keck-Formel«**

III. **Rechtfertigung**

1. **Ausnahme** nach Art. 52 AEUV

2. **Rechtfertigungsgründe** des Art. 45 Abs. 3 AEUV

3. **»Cassis-Formel«**

4. **Verhältnismäßigkeit**

Prüfungsschema zur Niederlassungsfreiheit, Art. 49 ff. AEUV

Ist eine Spezialvorschrift im EU-Recht vorhanden, dürfen Sie ausschließlich diese anwenden. Sie dürfen dann nicht auf Art. 49 ff. AEUV zurückgreifen.

I. **Schutzbereich**

1. **Sachlicher Anwendungsbereich**

   Niederlassung i.S.d. EU-Rechts

2. **Unionsrechtlicher Anwendungsbereich**

   Art 45 AEUV: Staatsangehörige der Mitgliedstaaten; Gesellschaften nach Art. 54 Abs. 1 AEUV

3. **Grenzüberschreitender Sachverhalt**

II. **Eingriff**

1. **Mitgliedstaatliche Maßnahme**

2. Offene oder versteckte **Diskriminierung**

3. **Diskriminierungsfreier** Eingriff

4. Analoge Anwendung der **»Keck-Formel«**

III. **Rechtfertigung**

1. **Gründe** des Art. 52 AEUV

2. **»Cassis-Formel«**

3. **Zwingende Erfordernisse**

4. **Verhältnismäßigkeit**

Prüfungsschema zur Dienstleistungsfreiheit, Art. 56 ff. AEUV

Ist eine Spezialvorschrift im EU-Recht vorhanden (insbesondere die Dienstleistungsrichtlinie), dürfen Sie ausschließlich diese anwenden. Sie dürfen dann nicht auf Art. 56 ff. AEUV zurückgreifen.

I. **Schutzbereich**

1. Sachlicher Anwendungsbereich

   Dienstleistung i.S.d. EU-Rechts

2. Unionsrechtlicher Anwendungsbereich

   Art. 45 AEUV: Staatsangehörige der Mitgliedstaaten; Gesellschaften nach Art. 62 i.V.m. Art. 54 Abs. 1 AEUV

3. grenzüberschreitender Sachverhalt

   a. Aktive Dienstleistungsfreiheit

   b. Passive Dienstleistungsfreiheit

   c. Korrespondenzdienstleistung

   d. Auslandsbedingte Dienstleistung

4. Ausnahme: Art. 62 i.V.m. Art. 51 ff. AEUV

II. **Eingriff**

1. Mitgliedstaatliche Maßnahm

2. Analoge Anwendung der »Keck-Formel«

III. **Rechtfertigung**

1. Gründe des Art. 62 i.V.m. Art. 52 AEUV

2. »Cassis-Formel«

3. Zwingende Erfordernisse

4. Verhältnismäßigkeit

Teil III
Strafrecht

IN DIESEM TEIL …

In diesem Teil werden Schemata zum Allgemeinen Teil des Strafgesetzbuches, der (grundsätzlich) auf alle Straftatbestände Anwendung findet, und Schemata zu ausgewählten, besonders klausurrelevanten Straftatbeständen des Besonderen Teils des Strafgesetzbuches dargestellt.

Die Sachverhalte in strafrechtlichen Klausuren sind meist sehr komprimiert gefasst. Ausschmückungen des Sachverhalts mit irrelevanten Details sind eher selten. Daher kann jedes Wort von Bedeutung sein. Grundvoraussetzung für eine erfolgreiche Klausur ist daher, dass Sie den Sachverhalt vollständig erfassen. Diese Zeit sollten Sie sich zu Beginn der Klausur auf jeden Fall nehmen. Die Hauptaufgabe in der Klausur ist die Subsumtion: Erfüllen die im Sachverhalt dargestellten Umstände die Merkmale eines gesetzlichen Straftatbestands? Gerade hierfür sind die Schemata eine Hilfe, anhand derer Sie die einzelnen Voraussetzungen der in Betracht kommenden Straftatbestände prüfen können.

IN DIESEM KAPITEL

Vorsatz- und Fahrlässigkeitsdelikte

Unterlassungsdelikte

Täterschaft und Teilnahme

Versuch und Vollendung

Kapitel 14
Strafrecht Allgemeiner Teil

Jens Pfrommer

Dieses Kapitel enthält die Schemata zu den zu prüfenden Voraussetzungen von Straftatbeständen im Allgemeinen (vorsätzliches Begehungsdelikt, Unterlassungsdelikt, Fahrlässigkeitsdelikt) und zu den Voraussetzungen der im Allgemeinen Teil geregelten Rechtsinstitute wie Versuch, Notwehr, Täterschaft und Teilnahme.

Allgemeiner Aufbau verschiedener Deliktstypen

Im Folgenden sehen Sie den generellen Aufbau verschiedener Deliktstypen: (vorsätzliches) Begehungsdelikt, Unterlassen und Fahrlässigkeitstaten.

Prüfungsschema zum vorsätzlichen Begehungsdelikt

Für die Strafbarkeit ist bei den meisten Delikten Vorsatz erforderlich. In der Regel reicht bedingter Vorsatz. Wenn direkter Vorsatz oder Absicht Voraussetzung für die Erfüllung des subjektiven Tatbestands ist, ergibt sich dies aus dem Gesetz, in besonderen Konstellationen auch aus der höchstrichterlichen Rechtsprechung.

I. **Tatbestand**

1. **Objektiver Tatbestand**

   a. Handlung

b. Erfolg

c. Kausalität Handlung – Erfolg

2. **Subjektiver Tatbestand**

a. Vorsatz (in der Regel reicht bedingter Vorsatz)

b. Direkter Vorsatz oder Absicht bei einigen Tatbeständen oder Tatbestandsmerkmalen erforderlich

II. **Rechtswidrigkeit**

1. **Grundsätzlich** indiziert die Erfüllung der objektiven und subjektiven Tatbestandsmerkmale die Rechtswidrigkeit.

2. **Ausnahme:** Rechtfertigungsgründe, z.B. Notwehr

III. **Schuld**

Ausnahmen: fehlende Schuldfähigkeit (§§ 19, 20 StGB), Entschuldigungsgründe (§§ 33, 35 StGB), unvermeidbarer Verbotsirrtum (§ 17 StGB)

Bei reinen Tätigkeitsdelikten oder abstrakten Gefährdungsdelikten entfällt das Tatbestandsmerkmal »Erfolg«.

Prüfungsschema zum Fahrlässigkeitsdelikt

Fahrlässiges Handeln ist nur strafbar, wenn es sich ausdrücklich aus dem Gesetz ergibt.

I. **Tatbestand**

1. **Objektiver Tatbestand**

a. Strafbarkeit nur, wenn es ausdrücklich im Gesetz steht

b. Handlung

c. Erfolg

d. Kausalität

e. Objektiver Sorgfaltspflichtverstoß

f. Pflichtwidrigkeitszusammenhang

g. Schutzzweck der Norm: Zusammenhang mit eingetretenem Erfolg

h. Objektive Vorhersehbarkeit und Vermeidbarkeit

2. **Subjektiver Tatbestand**

Subjektiv vorhersehbar und vermeidbar für den Täter

II. **Rechtswidrigkeit**

Auch hier gelten die allgemeinen Rechtfertigungsgründe.

III. **Schuld**

Es gelten die allgemeinen Entschuldigungsgründe, dazu auch die Unzumutbarkeit normgerechten Verhaltens.

§ 16 Abs. 1 Satz 2 StGB weist im Falle eines Tatbestandsirrtums auf eine mögliche Strafbarkeit wegen Fahrlässigkeit hin.

Auch bei manchen erfolgsqualifizierten Delikten spielt die Fahrlässigkeit eine Rolle.

Bei Fahrlässigkeitsdelikten achten Sie in der Klausur besonders auf Kausalitäts- oder Schutzzweckprobleme.

Prüfungsschema zum unechten Unterlassungsdelikt § 13 StGB

§ 13 StGB stellt unter den genannten Voraussetzungen das Unterlassen dem Tun gleich mit der Folge der Strafbarkeit des Unterlassens. Die Garantenstellung ergibt sich zum Beispiel aus engen familiären Beziehungen, beruflichen oder vertraglichen Pflichten, Ingerenz (vorangegangenes gefährliches Handeln).

Ein echtes Unterlassungsdelikt ist § 323c StGB.

I. **Tatbestand**

1. **Objektiver Tatbestand**

   a. Tatbestandsmäßiger Erfolg

   b. Unterlassen der Abwendung des Erfolgs (Möglichkeit des Eingreifens)

   c. Hypothetische Kausalität

   d. Objektive Zurechnung

   e. Garantenstellung (»rechtlich dafür einzustehen«)

2. **Subjektiver Tatbestand**

   Grundsätzlich ist bedingter Vorsatz ausreichend. Manche Tatbestände erfordern jedoch direkten Vorsatz oder Absicht.

II. **Rechtswidrigkeit**

Es gelten die allgemeinen Rechtfertigungsgründe. Ein weiterer Rechtfertigungsgrund ist die rechtfertigende Pflichtenkollision.

III. **Schuld**

Neben den allgemeinen Schuldausschließungsgründen ist auch die Unzumutbarkeit normgerechten Verhaltens zu beachten.

Täterschaft und Teilnahme

Kommen wir nun zu den verschiedenen Arten der Täterschaft und der Teilnahme. Wenn mehrere an einer Tat beteiligt sind, müssen Sie für jeden Beteiligten dessen Strafbarkeit prüfen.

Prüfungsschema zur Täterschaft § 25 StGB

- ✔ Exzess eines Mittäters und dessen Zurechnung ist ein beliebtes Prüfungsthema.
- ✔ Beachten Sie auch bei der Mittäterschaft besondere persönliche Merkmale, die nicht bei allen Mittätern erfüllt sein müssen (siehe hierzu auch §§ 28, 29, 14 StGB).
- ✔ Fahrlässige Mittäterschaft gibt es nicht.
- ✔ Natürlich sind auch der subjektive Tatbestand, Rechtswidrigkeit und Schuld für jeden Einzelnen gesondert zu prüfen.
- ✔ Ob jemand Täter, Anstifter oder Gehilfe ist, wird gerne abgefragt. Daher sollten Ihnen die Voraussetzungen bekannt sein.

I. **Unmittelbare Täterschaft**

1. **Wer die Tat selbst begeht**

2. **Eigene Handlung**

3. **Tatherrschaft**

4. **Täterwille**

II. **Mittelbare Täterschaft**

1. Wer die Tat **durch einen anderen** (»Werkzeug«) begeht

2. **Bedienen des Tatmittlers** zur Verwirklichung der Tat

3. **Tatherrschaft**

4. **Täterwille**

III. **Mittäterschaft**

1. **Mehrere Täter** (mindestens zwei)

2. **Tathandlung gemeinschaftlich** (Zurechnung von Tatbeiträgen)

3. **Täterwille**

Prüfungsschema zur Anstiftung § 26 StGB

Die Anstiftung muss sich auf eine bestimmte Haupttat beziehen.

Für eine Klausur interessant sind natürlich der Exzess des Haupttäters und der *omnimodo facturus* (der Haupttäter ist auch ohne Anstiftung schon fest zu der Tat entschlossen).

I. **Vorprüfung**

1. **Strafbarkeit des Tatausführenden** (Haupttäter)

2. **Strafbarkeit des »möglichen Anstifters«** als Täter oder Mittäter

II. **Wenn möglicher Anstifter kein Täter ist**

1. **Objektiver Tatbestand**

   a. Vorsätzliche rechtswidrige Tat des Tatausführenden

   b. Bestimmen des Tatausführenden zu der Tat (Hervorrufen des Tatentschlusses)

2. **Subjektiver Tatbestand**

   Vorsatz hinsichtlich der objektiven Tatbestandsmerkmale (Vollendung der Tat) und Vorsatz hinsichtlich der Anstiftung (doppelter Anstiftervorsatz).

III. **Rechtswidrigkeit**

IV. **Schuld**

Prüfungsschema zur Beihilfe § 27 StGB

Beihilfe ist physisch und psychisch möglich.

Die Abgrenzung zur Täterschaft kann schwierig sein. Wichtige Kriterien sind das eigene Interesse am Taterfolg, Umfang der Tatbeteiligung und Tatherrschaftswille.

I. **Vorprüfung wie bei der Anstiftung**

II. **Wenn kein Täter**, dann

1. **Objektiver Tatbestand**

   a. Vorsätzliche rechtswidrige Tat des Haupttäters

   b. Hilfeleistung zur Tat (Fördern der Haupttat)

2. **Doppelter Gehilfenvorsatz** (siehe Ausführungen bei der Anstiftung)

III. **Rechtswidrigkeit**

IV. **Schuld**

Rechtfertigungsgründe: Notwehr, Notstand und so

Die hier dargestellten Rechtfertigungsgründe aus dem StGB, dem BGB und der StPO stellen hohe Anforderungen an ein rechtmäßiges Handeln. Prüfen Sie daher Schritt für Schritt die einzelnen Voraussetzungen.

§ 35 StGB ist zwar ein Entschuldigungsgrund, Sie finden ihn aber zum besseren Verständnis – insbesondere wegen der Abgrenzung zu § 34 StGB – bei den Rechtfertigungsgründen.

Prüfungsschema zur Notwehr § 32 StGB

- ✔ **Intensiver Notwehrexzess** (§ 33 StGB): Der Handelnde überschreitet das Maß der Notwehr aus den dort genannten Gründen (Schuldausschließungsgrund).
- ✔ **Exzessiver Notwehrexzess**: Der Handelnde überschreitet die **zeitlichen** Grenzen der Notwehr (Strafbarkeit; eventuell Irrtum zu prüfen).

I. **Begehen einer Straftat** (objektiver und subjektiver Tatbestand erfüllt)

II. **Objektive Rechtfertigung**

1. **Notwehrlage**
   a. Angriff (gegen eigene Rechtsgüter: Notwehr; gegen Rechtsgüter Dritter: Nothilfe)
   b. Gegenwärtig
   c. Rechtswidrig
2. **Notwehrhandlung**
   a. (nur) Verletzung der Rechtsgüter des Angreifers (Verteidigung)
   b. Erforderlichkeit der Verteidigung
   aa. Eignung, den Angriff sofort zu beenden (aus Sicht des Angegriffenen)
   bb. Einsatz des mildesten geeigneten Mittels (grundsätzlich keine Rechtsgüterabwägung; Ausnahme: Rechtsmissbrauch)
3. **Gebotenheit der Notwehr**; Einschränkungen bei:
   a. Angriff von Kindern, erkennbar Schuldunfähigen, Betrunkenen
   b. Angriff von Familiengehörigen, nahestehenden Personen
   c. Notwehrprovokation

III. **Subjektive Rechtfertigung:** Notwehrwille

Lebensgefährliche Notwehrhandlungen sind grundsätzlich vorher anzudrohen, soweit möglich.

Prüfungsschema zum rechtfertigenden Notstand § 34 StGB

§ 34 StGB erfasst neben den Individualrechtsgütern auch Rechtsgüter der Allgemeinheit. Vorrangig zu prüfen sind die spezielleren Rechtfertigungsgründe der §§ 904 BGB und 228 BGB, ebenso § 32 StGB.

I. **Begehen einer Tat** (Eingriff in fremdes Rechtsgut)

II. **Objektive Rechtfertigung**

1. **Notstandslage**
   a. Gegenwärtige Gefahr
   b. Für Leben, Leib, Freiheit, Ehre, Eigentum oder ein anderes Rechtsgut
2. **Notstandshandlung**
   a. Geeignet und erforderlich (nicht anders abwendbar, zum Beispiel durch Flucht, Hilfe holen, Polizei rufen)
   b. Um Gefahr abzuwenden
3. **Abwägung der widerstreitenden Interessen:** wesentliches Überwiegen des geschützten Interesses gegenüber dem beeinträchtigten Interesse
4. **Angemessenheit** des angewandten Mittels (§ 34 Satz 2 StGB); dies liegt nicht vor bei Zumutbarkeit, die Gefahr/Rechtsgutsverletzung hinzunehmen.

III. **Subjektive Rechtfertigung:** Handeln, um Gefahr von sich oder einem anderen abzuwenden

Prüfungsschema zur rechtfertigenden Einwilligung

Eine Einwilligung in die Verletzung von Rechtsgütern der Allgemeinheit (zum Beispiel Sicherheit des Straßenverkehrs) ist nicht möglich. Auch die mutmaßliche Einwilligung (Gewohnheitsrecht) kann ein Rechtfertigungsgrund sein, wenn zum Beispiel der Rechtsgutträger nicht rechtzeitig erreicht werden kann.

Beachten Sie die Vorschriften §§ 216 und 228 StGB.

I. **Objektive Voraussetzungen**

1. **Verfügungsbefugnis** über das Rechtsgut (Individualrechtsgut)
2. **Einwilligungserklärung**
3. **Einwilligungsfähigkeit**
4. **Entschließungsfreiheit** (kein Zwang oder Täuschung)
5. **Kein Verstoß** gegen gesetzliche Vorschriften

II. **Subjektive Voraussetzungen**

Handeln aufgrund und in Kenntnis der Einwilligung

Prüfungsschema zum Aggressivnotstand § 904 BGB

Die Vorschrift ist dem § 34 StGB sehr ähnlich. Die Gefahr geht **nicht** von der Sache aus, auf die der Täter einwirkt (im Gegensatz zu § 228 BGB).

I. **Objektive Voraussetzungen**

1. **Notstandslage:** gegenwärtige Gefahr für eigene **oder** fremde Rechtsgüter
2. **Notstandshandlung**
   a. Einwirken auf fremde Sache (Benutzen, Beschädigen, Zerstören)
   b. Erforderlichkeit des Einwirkens zur Gefahrenabwehr
3. **Verhältnismäßigkeit** (drohender Schaden ist gegenüber dem aus der Einwirkung entstehenden Schaden unverhältnismäßig groß)

II. **Subjektive Voraussetzungen**

Handeln, um die Gefahr abzuwenden

Prüfungsschema zum Defensivnotstand § 228 BGB

Gefahr geht von der Sache aus, die beschädigt oder zerstört werden soll (im Gegensatz zu § 904 BGB). In dieser Vorschrift ist nicht von einer »gegenwärtigen« Gefahr, sondern nur von einer »drohenden« – also naheliegenden – Gefahr die Rede.

»Nicht außer Verhältnis« ist im Rahmen der Verhältnismäßigkeit weniger als »unverhältnismäßig groß« bei § 904 BGB.

I. **Objektive Voraussetzungen**

1. **Notstandslage**
   a. Drohende Gefahr für eigene oder fremde Rechtsgüter
   b. Ausgehend von der (fremden) Sache
2. **Notstandshandlung**
   a. Beschädigen oder Zerstören der Sache, von der die Gefahr ausgeht
   b. Erforderlichkeit der Handlung zur Gefahrenabwehr
3. **Verhältnismäßigkeit** (Schaden nicht außer Verhältnis zur Gefahr)

II. **Subjektive Voraussetzungen**

Handeln, um die Gefahr abzuwenden

Prüfungsschema zur vorläufigen Festnahme § 127 StPO

Diese Vorschrift regelt die Befugnis von Polizei, Staatsanwaltschaft und auch Privatpersonen, unter den genannten Voraussetzungen einen Verdächtigen ohne richterliche Anordnung festzunehmen (»Jedermannsrecht«). Da der Festnehmende dann rechtmäßig handelt, hat der Festgehaltene kein Notwehrrecht. Auch hier gilt der Verhältnismäßigkeitsgrundsatz.

I. **Objektive Rechtfertigung**

1. (rechtswidrige) **Straftat**
2. Antreffen (»betroffen«) oder Verfolgen **auf frischer Tat**
3. **Verdacht der Flucht** oder fehlende Möglichkeit, die Identität des Täters sofort festzustellen
4. **Festnahme** (vorläufig) durch Festhalten, auch wenn es hier zu einer einfachen (leichten) Körperverletzung kommt

II. **Subjektive Rechtfertigung:** Festnahmewille

Prüfungsschema zum entschuldigenden Notstand § 35 StGB

Die Vorschrift greift nur, wenn Leben, Leib oder Freiheit bedroht ist. Es muss hier eine außergewöhnliche Konfliktsituation vorliegen.

I. **Begehen einer rechtwidrigen Tat**

II. **Objektive Notstandslage**

1. **Gegenwärtige Gefahr**
2. **Für Leben, Leib oder Freiheit** des Handelnden, seiner Angehörigen oder nahestehenden Personen
3. **Erforderlichkeit** (nicht anders abwendbar)
4. **Zumutbarkeit, die Gefahr hinzunehmen**, wenn
   a. Gefahr selbst verursacht
   b. Besonderes Rechtsverhältnis

III. **Subjektive Entschuldigung:** Handeln, um die Gefahr abzuwenden

Versuch – macht nicht immer kluch

Auch wenn eine Tat nicht vollendet ist und der tatbestandliche Erfolg ausbleibt, kann sich der Täter strafbar machen. Beachten Sie insbesondere die Voraussetzungen des strafbefreienden Rücktritts.

Prüfungsschema zum Versuch §§ 22 ff. StGB

Im Strafrecht Besonderer Teil wird bei den Vergehen ausdrücklich auf die Strafbarkeit des Versuchs hingewiesen.

I. **Ist der Versuch strafbar?**

Bei Verbrechen (§ 12 Abs. 1 StGB) ist der Versuch stets strafbar, bei Vergehen nur, wenn es sich aus dem Gesetz ergibt.

II. **Tat ist nicht vollendet.**

III. **Tatbestand**

1. **Subjektiver Tatbestand:** Vorsatz
   a. Tatplan (Vorstellung des Täters von der Tat)
   b. Tatentschluss
2. **Objektiver Tatbestand:** unmittelbares Ansetzen zur Tat: Täter überschreitet nach seiner Vorstellung die Schwelle zum »jetzt geht's los«, die Gefahr für das fremde Rechtsgut tritt ein.

IV. **Rechtswidrigkeit**

V. **Schuld**

Bei der Strafbarkeit des Versuchs müssen Sie viele mögliche Konstellationen beachten, insbesondere beendeter oder unbeendeter Versuch, fehlgeschlagener Versuch, Wahndelikt, untauglicher Versuch (siehe § 23 Abs. 3 StGB). Beachten Sie zum Versuch der Beteiligung die §§ 30, 31 StGB.

Prüfungsschema zum Rücktritt vom Versuch § 24 Abs. 1 StGB

Bei einem fehlgeschlagenen Versuch ist ein strafbefreiender Rücktritt nicht mehr möglich.

Die Abgrenzung beendeter/unbeendeter Versuch richtet sich nach der Vorstellung des Täters von der Tat. Wenn er meint, noch nicht alles für den Erfolgseintritt getan zu haben, dann liegt ein unbeendeter Versuch vor (Stichwort »Rücktrittshorizont«).

I. **Unbeendeter Versuch** § 24 Abs. 1 Satz 1 Variante 1 StGB

1. **Aufgabe der weiteren Tatausführung**

2. **Freiwillig**

II. **Beendeter Versuch** § 24 Abs. 1 Satz 1 Variante 2 StGB

1. **Verhinderung der Vollendung** durch den Täter

2. **Freiwillig**

III. § **24** Abs. 1 Satz 2 StGB

1. **Tat nicht vollendet** ohne Zutun des Täters

2. **Bemühen** des Täters, die **Vollendung zu verhindern**

3. **Ernsthaft**

4. **Freiwillig**

Prüfungsschema zum Rücktritt vom Versuch bei mehreren Beteiligten § 24 Abs. 2 StGB

Diese Vorschrift gilt sowohl für Mittäter als auch Anstifter und Gehilfen. Die Voraussetzungen für einen strafbefreienden Rücktritt sind strenger als beim Einzeltäter.

I. **§ 24 Abs. 2 Satz 1 StGB**

1. **Mehrere** an der Tat **beteiligt**

2. **Verhinderung der Vollendung**

3. **Freiwillig**

II. **§ 24 Abs. 2 Satz 2 StGB**

1. **Ohne Zutun** des Täters wird die Tat **nicht vollendet oder** die Tat wird **unabhängig** vom früheren Tatbeitrag **begangen**.

2. **Bemühen** des Beteiligten, die **Vollendung der Tat zu verhindern**

3. **Freiwillig**

4. **Ernsthaft**

Konkurrenzen

Im Folgenden finden Sie die Schemata zur Prüfung der Konkurrenzverhältnisse dargestellt. Die Frage nach den Konkurrenzen taucht immer wieder in Klausuren auf, weshalb Sie zumindest die Grundzüge kennen sollten. Sowohl bei Tateinheit als auch bei Tatmehrheit gibt es viele Besonderheiten.

Gerade die Konstellationen hinter den Begriffen »Verklammerung«, »natürliche Handlungseinheit« und »Dauerdelikt« sollten Sie kennen.

Prüfungsschema zur Tateinheit § 52 StGB

Beachten Sie auch in diesem Zusammenhang die Fälle der Spezialität, Konsumtion und Subsidiarität.

Als Synonym für Tateinheit wird auch der Begriff »Idealkonkurrenz« verwandt.

I. **Voraussetzungen**

1. Dieselbe Handlung verletzt **mehrere Strafgesetze oder**
2. dieselbe Handlung verletzt **dasselbe Strafgesetz mehrmals**.

II. **Ein Tatentschluss** (einheitlicher Wille)

III. **Enger räumlicher und zeitlicher Zusammenhang**

Prüfungsschema zur Tatmehrheit § 53 StGB

Anstatt Tatmehrheit wird auch der Begriff »Realkonkurrenz« verwandt.

Insbesondere Fälle der mitbestraften Vor- oder Nachtat werden Ihnen in der Klausur begegnen.

I. Mehrere Straftaten begangen

II. Jeweils aufgrund neuen Willensentschlusses

III. Sonderfall: Verklammerung

IN DIESEM KAPITEL

Straftaten gegen das Leben, die körperliche Unversehrtheit und die persönliche Freiheit

Eigentumsdelikte wie Raub, Diebstahl, Unterschlagung und Erpressung

Andere Schemata zum besonderen Strafrecht

Kapitel 15
Strafrecht Besonderer Teil

Jens Pfrommer

In diesem Kapitel werden die Schemata zu ausgewählten, häufig vorkommenden Straftatbeständen (Straftaten gegen das Leben, Eigentums-, Vermögensdelikte, um nur einige zu nennen) mit den einzelnen Tatbestandsmerkmalen dargestellt.

Sollten Sie es vermissen: Die Kausalität Handlung – Erfolg wird nicht explizit bei den Tatbeständen als eigener Prüfungspunkt angeführt. Nur bei Besonderheiten erfolgt ein ausdrücklicher Hinweis.

Bei manchen Tatbeständen werden einzelne Wörter mit Fettdruck hervorgehoben, die gerne überlesen werden, aber entscheidend sind.

In der Regel reicht bedingter Vorsatz. Wenn bei den einzelnen Tatbeständen nur »Vorsatz« steht, ist der bedingte gemeint.

Widerstand gegen die Staatsgewalt

Hier finden Sie die Aufbauschemata zu Delikten gegen Amtsträger und diesen gleichgestellten Personen. Geschützt sind das Gewaltmonopol des Staates, aber auch die Vollstreckungspersonen.

Prüfungsschema zum Widerstand gegen Vollstreckungsbeamte § 113 StGB

Die Definition zu Amtsträgern finden Sie in § 11 Abs. 2 Nr. 2 StGB. Voraussetzung für die Rechtmäßigkeit der Diensthandlung ist eine gesetzliche Eingriffsgrundlage. Die Vollstreckungsperson muss sachlich und örtlich zuständig sein sowie die wesentlichen Formalien einhalten. Wenn die Vollstreckungshandlung rechtswidrig ist, entfällt die Rechtswidrigkeit der Widerstandshandlung. Besonders schwere Fälle sind in Abs. 2 geregelt. Tateinheit mit § 114 StGB ist möglich.

I. **Tatbestand**

1. **Objektiver Tatbestand**

   a. Amtsträger oder Soldaten der Bundeswehr, gleichgestellte Personen nach § 115 Abs. 1, Abs. 2 StGB oder **in Notfällen** Feuerwehr, Rettungsdienst usw., § 115 Abs. 3 StGB

   b. Zur Vollstreckung von Gesetzen, Rechtsverordnungen, Urteilen, Gerichtsbeschlüssen oder Verfügungen berufen

   c. Bei der Vornahme einer solchen Diensthandlung

   d. Mit Gewalt oder durch Drohung mit Gewalt (vergleiche § 240 Abs. 1 StGB)

   e. Widerstand leisten

2. **Subjektiver Tatbestand:** Vorsatz

II. **Rechtswidrigkeit**

Diensthandlung muss formell rechtmäßig sein § 113 Abs. 3 Satz 1 StGB.

III. **Schuld**

Prüfungsschema zum tätlichen Angriff auf Vollstreckungsbeamte § 114 StGB

Der besonders schwere Fall ist in § 114 Abs. 2 StGB geregelt. Im Übrigen wird auf die Ausführungen zu § 113 StGB verwiesen.

I. **Tatbestand**

1. **Objektiver Tatbestand**

   a. Amtsträger, Soldaten oder gleichgestellte Personen nach § 115 StGB (wie bei § 113 StGB)

   b. Zur Vollstreckung von Gesetzen usw. (wie § 113 StGB) berufen

   c. Bei einer Diensthandlung (weiter als Vollstreckungshandlung)

   d. Angreifen (gewaltsame – auch versuchte – Einwirkung auf den Körper)

2. **Subjektiver Tatbestand:** Vorsatz

II. **Rechtswidrigkeit** (siehe § 113 Abs. 3 StGB)

III. **Schuld**

Straftaten gegen die öffentliche Ordnung

Unter Straftaten gegen die öffentliche Ordnung (Überschrift im StGB) fallen ganz unterschiedliche Straftatbestände wie Hausfriedensbruch, Landfriedensbruch, Verwahrungsbruch oder unerlaubtes Entfernen vom Unfallort, von denen Sie hier die für eine Klausur relevantesten finden.

Prüfungsschema zum Hausfriedensbruch § 123 StGB

✔ Die Tat wird nur verfolgt, wenn der Berechtigte Strafantrag stellt (§ 123 Abs. 2 StGB; zum Strafantrag siehe § 73 StGB).

✔ Geschützt ist das Hausrecht.

✔ Bei Einverständnis entfällt der Tatbestand.

✔ Eine Qualifikation ist in § 124 StGB geregelt.

✔ Es handelt sich um ein Dauerdelikt.

✔ Probleme können der Wohnungsbegriff oder das befriedete Besitztum bereiten, ebenso Meinungsverschiedenheiten bei mehreren Berechtigten (Stichwort »stärkeres Hausrecht«).

I. **Tatbestand**

1. **Objektiver Tatbestand**

   a. In Wohnung, Geschäftsräume, befriedetes Besitztum oder abgeschlossene Räume, die zum öffentlichen Verkehr oder Dienst bestimmt sind

   b. Eindringen **oder** ohne Befugnis darin verweilen und auf Aufforderung **des Berechtigten** sich nicht entfernen

2. **Subjektiver Tatbestand:** Vorsatz

II. **Rechtswidrigkeit**

III. **Schuld**

Prüfungsschema zum Verwahrungsbruch § 133 StGB

- ✔ Da Tateinheit zum Beispiel mit Diebstahl, Betrug oder Urkundenfälschung möglich ist, besteht Klausurpotenzial.
- ✔ Jeder kann Täter sein, bei Abs. 3 jedoch nur Amtsträger.
- ✔ Von der Strafbarkeit nach dieser Vorschrift sind Gegenstände, die der allgemeinen Aufgabenerfüllung der Verwaltung/Behörde dienen, nicht erfasst.

I. **Tatbestand**

1. **Objektiver Tatbestand**

   a. Schriftstücke oder andere bewegliche Sachen,

   b. die sich in dienstlicher Verwahrung befinden oder ihm (Täter) oder einem anderen dienstlich in Verwahrung gegeben worden sind

   c. zerstören, beschädigen, unbrauchbar machen oder der dienstlichen Verwahrung entziehen

   d. gegen den Willen des Berechtigten

2. **Subjektiver Tatbestand:** Vorsatz

II. **Rechtswidrigkeit**

III. **Schuld**

Prüfungsschema zur Nichtanzeige geplanter Straftaten § 138 StGB

Echtes Unterlassungsdelikt!!! Es besteht eine Anzeigepflicht für jedermann, aber nur hinsichtlich der aufgeführten schweren Straftaten. Insofern wird auf den Gesetzestext verwiesen. In Abs. 2 ist eine weitere Anzeigepflicht bei Taten nach §§ 99a, 129a, 129b StGB geregelt. Achten Sie auf das Wörtchen »unverzüglich«.

I. **Tatbestand**

1. **Objektiver Tatbestand**

   a. Von Vorhaben oder Ausführung (ab Versuchsbeginn) einer Straftat gemäß Katalog nach § 138 Abs. 1 Nr. 2–8

   aa. glaubhaft erfahren

   bb. zu einer Zeit, zu der die Ausführung oder der Erfolg noch abwendbar ist

   b. Unterlassen der rechtzeitigen Anzeige

   c. gegenüber der Behörde oder dem Bedrohten

   d. Möglichkeit, Zumutbarkeit und Geeignetheit (zur Abwendung des Erfolges) der Anzeige

2. **Subjektiver Tatbestand:** Vorsatz
(siehe aber Abs. 3: Leichtfertigkeit)

II. **Rechtswidrigkeit**

III. **Schuld**

Prüfungsschema zum unerlaubten Entfernen vom Unfallort § 142 StGB

Bei der Rechtswidrigkeit ist eine eventuelle Einwilligung zu prüfen. § 142 StGB ist ein Sonderdelikt, Täter kann also nur ein Unfallbeteiligter sein.

I. **Tatbestand**

1. **Objektiver Tatbestand**

   a. Unfallbeteiligter (Definition § 142 Abs. 5 StGB)

   b. Unfall im Straßenverkehr

   c. Entfernen vom Unfallort, bevor Täter …

   d. Abs. 1

   aa. Nr. 1: … zugunsten der anderen Unfallbeteiligten und der Geschädigten die Feststellung seiner Person, seines Fahrzeugs und der Art seiner Beteiligung durch seine Anwesenheit und durch die Angabe, dass er an dem Unfall beteiligt ist, ermöglicht hat (Vorstellungspflicht) **oder**

   bb. Nr. 2: eine nach den Umständen angemessene Zeit gewartet hat, ohne dass jemand bereit war, die Feststellungen zu treffen, (Wartepflicht) **oder** …

   e. Abs. 2

   aa. Nr. 1: … nach Ablauf der Wartepflicht **oder**

   bb. Nr. 2: berechtigt oder entschuldigt

   cc. Entfernen vom Unfallort

   dd. Nicht unverzügliches nachträgliches Ermöglichen der Feststellungen

2. **Subjektiver Tatbestand:** Vorsatz

II. **Rechtswidrigkeit**

III. **Schuld**

Die Strafmilderung oder Absehen von Strafe nach Abs. 4 gilt nur bei Unfällen außerhalb des fließenden Verkehrs.

Mit Straßenverkehr ist bei § 142 StGB nur der **öffentliche** Straßenverkehr gemeint.

Eine Ausdehnung der Strafbarkeit nach § 142 Abs. 2 Nr. 2 StGB auf **vorsatzloses** Entfernen ist nicht möglich (Analogieverbot).

Vortäuschen einer Straftat § 145d StGB

- ✔ § 145d ist ein abstraktes Gefährdungsdelikt.
- ✔ Geschützt ist die Rechtspflege.
- ✔ Beachte die Subsidiaritätsklausel in Abs. 1 letzter Halbsatz.
- ✔ Tateinheit mit § 142 oder § 263 StGB ist möglich.

I. **Tatbestand**

1. **Objektiver Tatbestand**

   a. Abs. 1

   aa. Behörde oder eine zur Entgegennahme von Anzeigen zuständige Stelle

   bb. vortäuschen,

   Nr. 1: dass eine rechtwidrige Tat begangen wurde **oder**

   Nr. 2: dass die Verwirklichung einer der in § 126 Abs. 1 genannten rechtswidrigen Taten bevorstehe.

   b. Abs. 2

   aa. Behörden wie in Abs. 1

   bb. täuschen über Beteiligten

   Nr. 1: an einer rechtswidrigen Tat (Ablenken von wahrem Täter)

   Nr. 2: an einer bevorstehenden, in § 126 Abs. 1 genannten rechtswidrigen Tat

2. **Subjektiver Tatbestand:** wider besseres Wissen (bedingter Vorsatz reicht nicht)

II. **Rechtswidrigkeit**

III. **Schuld**

IV. **Erschleichen von Strafmilderung** Abs. 3 und 4

Falsche uneidliche Aussage und Meineid

Die sogenannten Aussagedelikte fallen unter den Begriff »Straftaten gegen die Rechtspflege« und sind reine Tätigkeitsdelikte.

Prüfungsschema zur falschen uneidlichen Aussage § 153 StGB

- ✔ Es handelt sich um ein eigenhändiges Delikt.
- ✔ Täter kann nur Zeuge oder Sachverständiger sein.
- ✔ Eine Aussage ist eine **mündliche** Schilderung von Tatsachen.
- ✔ **Wahlfeststellung** ist möglich mit § 164 StGB.
- ✔ Falsch ist eine Aussage, wenn sie nicht der objektiven Wahrheit entspricht oder nicht vollständig ist (je nach Vernehmungsgegenstand).

I. **Tatbestand**

1. **Objektiver Tatbestand**

   a. Vor Gericht oder vor einer anderen zur eidlichen Vernehmung von Zeugen oder Sachverständigen zuständigen Stelle

   b. Falsch aussagen

   c. Uneidlich

2. **Subjektiver Tatbestand:** Vorsatz

II. **Rechtswidrigkeit**

III. **Schuld**

Prüfungsschema zum Meineid § 154 StGB

- ✔ Beachten Sie § 155 eidesgleiche Beteuerungen (zum Beispiel Dolmetscher-Voreid).
- ✔ Im Zivilprozess ist auch die eidliche Vernehmung einer Partei möglich.
- ✔ Meineid ist ein Verbrechen, also ist der Versuch strafbar.
- ✔ Der Eid bezieht sich auch auf die Angaben zur Person / zu persönlichen Verhältnissen.
- ✔ Fahrlässigkeit ist strafbar nach § 158 Abs. 1 StGB.
- ✔ Auch besteht die Möglichkeit der Berichtigung, § 158 Abs. 2 StGB.

I. **Tatbestand**

1. **Objektiver Tatbestand**

   a. Vor Gericht oder sonst zuständigen Stelle (siehe § 153 StGB)

b. Falsch aussagen

c. Beschwören der falschen Aussage durch Eid

2. **Subjektiver Tatbestand:** Vorsatz

II. **Rechtswidrigkeit**

III. **Schuld**

Prüfungsschema zur falschen Versicherung an Eides statt § 156 StGB

Privatrechtliche eidesstattliche Versicherungen werden nicht erfasst. Die Vorschrift gilt nur in den dafür gesetzlich geregelten Fällen. Die Behörde muss gerade für den konkreten Anlass der Abgabe der eidesstattlichen Versicherung zuständig sein.

Zur Fahrlässigkeit und Berichtigungsmöglichkeit beachten Sie § 158 StGB.

I. **Tatbestand**

1. **Objektiver Tatbestand**

a. Vor einer zur Abnahme einer Versicherung an Eides statt zuständigen Behörde

b. Abgeben (mündlich oder schriftlich) einer solchen Versicherung **oder** Aussagen unter Berufung auf eine solche Versicherung

c. falsch

2. **Subjektiver Tatbestand:** Vorsatz

II. **Rechtswidrigkeit**

III. **Schuld**

Prüfungsschema zur Verleitung zur Falschaussage § 160 StGB

Der Versuch ist strafbar nach Abs. 2. Der Versuch beginnt mit dem Einwirken auf die Person. Die Vorschrift greift nur bei gutgläubigen Personen (Sonderregelung für mittelbare Täterschaft). Sonst gelten die Vorschriften der §§ 159, 30 Abs. 1, 26 StGB.

I. **Tatbestand**

1. **Objektiver Tatbestand**

a. (erfolgreiches) Verleiten eines anderen (zum Beispiel durch Täuschung)

b. zur Ableistung eines falschen Eides (Variante 1) oder einer falschen Versicherung an Eides statt oder einer falschen uneidlichen Aussage (Varianten 2 und 3)

2. **Subjektiver Tatbestand:** Vorsatz

II. **Rechtswidrigkeit**

III. **Schuld**

Falsche Verdächtigung

Diese Vorschrift dient dem Schutz einer funktionierenden Rechtspflege, aber auch dem Schutz des Einzelnen vor ungerechtfertigter Strafverfolgung.

Prüfungsschema zur falschen Verdächtigung § 164 StGB

- ✔ Beschuldigter darf eigene Tatbeteiligung straflos leugnen. Streitig ist, ob der Beschuldigte, der seine Tatbeteiligung in Abrede stellt, sich strafbar macht, wenn er in diesem Zusammenhang Dritte zu Unrecht der Tat verdächtigt.
- ✔ Falsche Verdächtigung bezüglich Ordnungswidrigkeiten werden von Abs. 2 erfasst.
- ✔ Abs. 3 sieht einen Qualifikationstatbestand vor.
- ✔ Wahlfeststellung ist mit § 153 StGB möglich.

I. **Tatbestand**

1. **Objektiver Tatbestand**

a. Einen anderen (eine identifizierbare Person)

b. bei einer Behörde oder einem zur Entgegennahme von Anzeigen zuständigen Amtsträger oder militärischen Vorgesetzten oder öffentlich

c. verdächtigen (Hervorrufen eines Verdachts durch Behauptung von Tatsachen)

d. einer rechtswidrigen Tat oder der Verletzung einer Dienstpflicht

e. objektiv falsch

2. **Subjektiver Tatbestand**

   a. Wider besseres Wissen: Kenntnis der Unwahrheit

   b. Absicht, ein behördliches Verfahren oder andere behördliche Maßnahme herbeizuführen oder fortdauern zu lassen

   c. Hinsichtlich der weiteren Tatbestandsmerkmale reicht bedingter Vorsatz.

II. **Rechtswidrigkeit**

III. **Schuld**

Straftaten gegen die Ehre

Die folgenden Tatbestände schützen vor der Äußerung ehrverletzender Tatsachen über eine Person durch Dritte, § 185 StGB auch vor ehrverletzenden Werturteilen.

Prüfungsschema zur Beleidigung § 185 StGB

- ✔ Bei Äußerungen im engsten Familienkreis ist die Beleidigung nicht strafbar.
- ✔ Die 2. Variante des § 185 ist ein Qualifikationstatbestand, unter anderem die sogenannte tätliche Beleidigung (zum Beispiel durch Anspucken; unmittelbare körperliche Einwirkung).
- ✔ Eine Kollektivbeleidigung ist nur strafbar, wenn der Adressatenkreis abgrenzbar ist. Dann ist jeder Einzelne Opfer der Tat.
- ✔ Bei Verstorbenen beachten Sie § 189 StGB.

I. **Tatbestand**

1. **Objektiver Tatbestand**

   a. Einen anderen Menschen (aber auch Behörden, Kirchen, Parteien usw.; siehe § 194 Abs. 3 Satz 2 StGB; aber nicht ausreichend »die Polizei« oder »die Handwerker«)

   b. beleidigen (ehrverletzende Äußerung durch unwahre Tatsachenbehauptung oder Werturteil)

   c. Wahrnehmung durch Adressaten/Kenntnisnahme

2. **Subjektiver Tatbestand:** Vorsatz

II. **Rechtswidrigkeit**

III. **Schuld**

Prüfungsschema zur üblen Nachrede § 186 StGB

- ✔ § 186 2. Variante enthält einen Qualifikationstatbestand.
- ✔ In § 190 ist die Folge einer Verurteilung und eines freisprechenden Urteils geregelt.
- ✔ § 192 StGB schließt eine Bestrafung trotz Wahrheitsbeweises nach § 185 StGB nicht aus.
- ✔ Die Abgrenzung zu Werturteilen kann Schwierigkeiten bereiten.
- ✔ Eine Unaufklärbarkeit geht zulasten des Äußernden.
- ✔ Hinsichtlich der objektiven Bedingung der Strafbarkeit ist Vorsatz nicht erforderlich.

I. **Tatbestand**

1. **Objektiver Tatbestand**
   a. Äußern ehrverletzender Tatsachen (verächtlich machen oder in der öffentlichen Meinung herabwürdigen)
   b. Tatsache nicht erweislich wahr
   c. in Beziehung auf eine andere Person
   d. Behaupten oder Verbreiten gegenüber Dritten (sonst § 185 StGB)
2. **Subjektiver Tatbestand:** Vorsatz

II. **Objektive Bedingung der Strafbarkeit:** Nichterweislichkeit der Tatsache

III. **Rechtswidrigkeit** (siehe § 193 StGB)

IV. **Schuld**

Prüfungsschema zur Verleumdung § 187 StGB

Die Unwahrheit der Tatsache muss feststehen.

Die 2. Variante des § 187 enthält einen Qualifikationstatbestand.

I. **Tatbestand**

1. **Objektiver Tatbestand**
   a. Unwahre Tatsache
   b. In Beziehung auf einen anderen

c. Eignung, die Person verächtlich zu machen oder in der öffentlichen Meinung herabzuwürdigen oder deren Kredit zu gefährden (ehrenrührig)

d. Behaupten oder Verbreiten (Kundgabe)

2. **Subjektiver Tatbestand:** Vorsatz

II. **Rechtswidrigkeit**

III. **Schuld**

Straftaten gegen das Leben

Zu den Straftaten gegen das Leben finden Sie verschiedene Tatbestände zu Tötungsdelikten, auch fahrlässig begangen, sowie die Aussetzung (»Gefahr des Todes«).

Prüfungsschema zum Totschlag § 212 StGB

Die Abgrenzung bedingter Vorsatz – bewusste Fahrlässigkeit kann Probleme bereiten. Der minder schwere Fall ist in § 213 StGB geregelt.

I. **Tatbestand**

1. **Objektiver Tatbestand**

a. Einen (anderen) Menschen

b. töten (Ursache setzen, die zum Erfolgseintritt führt und objektiv zurechenbar ist)

2. **Subjektiver Tatbestand:** Vorsatz

II. **Rechtswidrigkeit**

III. **Schuld**

Prüfungsschema zum Mord § 211 StGB

§ 211 StGB ist ein Qualifikationstatbestand zu § 212 StGB (streitig; Rechtsprechung: selbstständiger Tatbestand). Es wird nach täter- und tatbezogenen Mordmerkmalen differenziert.

I. **Tatbestand**

1. **Objektiver Tatbestand**

a. einen (anderen) Menschen

b. töten

c. Mordmerkmale

aa. Mordlust

bb. Befriedigung des Geschlechtstriebs

cc. Habgier (rücksichtsloses Streben nach Vermögensvorteil)

dd. Niedrige Beweggründe (sittlich auf niedrigster Stufe stehend und verachtenswert; Auffangcharakter)

ee. Heimtücke (bewusstes Ausnutzen der Arg- und Wehrlosigkeit des Opfers)

ff. Grausamkeit (Zufügen besonderer Schmerzen oder Qualen körperlicher/seelischer Art aus gefühlloser und unbarmherziger Gesinnung)

gg. Gemeingefährliche Mittel (Sprengstoff, Feuer, Amokfahrt)

hh. Ermöglichen oder Verdecken einer anderen Straftat

2. **Subjektiver Tatbestand**

(bedingter) Vorsatz reicht grundsätzlich, bei Mordlust und hinsichtlich Ermöglichen/Verdecken einer anderen Tat ist aber direkter Vorsatz erforderlich.

II. **Rechtswidrigkeit**

III. **Schuld**

Prüfungsschema zur Tötung auf Verlangen § 216 StGB

Der Versuch ist strafbar, § 216 Abs. 2 StGB.

Beachten Sie insbesondere die straflose Teilnahme an einer Selbsttötung bei entsprechenden Konstellationen.

I. **Tatbestand**

1. **Objektiver Tatbestand**

a. Tötung eines anderen Menschen

b. Ausdrückliches **und** ernstliches Verlangen des Opfers

c. Bestimmt worden (durch b); vergleiche § 26 StGB)

2. **Subjektiver Tatbestand:** Vorsatz

II. **Rechtswidrigkeit**

III. **Schuld**

Prüfungsschema zur Aussetzung § 221 StGB

- ✔ Abs. 1 Nr. 2 ist ein echtes Unterlassungsdelikt (zum Beispiel durch Entfernen von der hilflosen Person).
- ✔ Der Tatbestand des Abs. 1 Nr. 1 kann auch durch Unterlassen nach § 13 StGB verwirklicht werden.
- ✔ Abs. 2 und 3 sind Qualifikationstatbestände.
- ✔ Bei Abs. 2 ist auch der Versuch strafbar.

I. **Tatbestand**

1. **Objektiver Tatbestand**

   a. Tathandlung

   Nr. 1: Versetzen eines Menschen in eine hilflose Lage **oder**

   Nr. 2: Im-Stich-Lassen in einer hilflosen Lage trotz Beistandspflicht oder Obhut

   b. Durch die Tathandlungen Nr. 1 oder 2 der Gefahr des Todes oder der schweren Gesundheitsschädigung aussetzen (Gefährdung)

2. **Subjektiver Tatbestand:** Vorsatz, auch hinsichtlich der konkreten Gefährdung

II. **Rechtswidrigkeit**

III. **Schuld**

Prüfungsschema zur fahrlässigen Tötung § 222 StGB

Mehr zu den Fahrlässigkeitsdelikten finden Sie im Allgemeinen Teil.

I. **Tatbestand**

1. **Objektiver Tatbestand**

   a. Tötung eines Menschen

   b. durch Handeln oder Unterlassen (§ 13 StGB)

   c. Ursächlichkeit des Handelns oder Unterlassens für den Tod

2. **Subjektiver Tatbestand:** Fahrlässigkeit

II. **Rechtswidrigkeit**

III. **Schuld**

Straftaten gegen die körperliche Unversehrtheit

Körperverletzungsdelikte in allen Varianten – wie im Folgenden dargestellt – sind beliebter Prüfungsstoff. Behalten Sie gerade bei diesen Delikten die benachbarten Vorschriften im Auge.

Prüfungsschema zur Körperverletzung § 223 StGB

Gesundheitsschädigung ist das Hervorrufen oder Steigern eines pathologischen Zustands. Die Beeinträchtigung des körperlichen Wohlbefindens darf nicht unerheblich sein.

Der Versuch ist strafbar § 223 Abs. 2.

I. **Tatbestand**

1. **Objektiver Tatbestand**

   a. Eine andere Person

   b. körperlich misshandeln oder an der Gesundheit schädigen

2. **Subjektiver Tatbestand:** Vorsatz

II. **Rechtswidrigkeit** (zum Beispiel Einwilligung in eine ärztliche Behandlung schließt Rechtswidrigkeit aus)

III. **Schuld**

Prüfungsschema zur gefährlichen Körperverletzung § 224 StGB

Der Versuch ist strafbar (Abs. 2).

Der Tötungsvorsatz umfasst immer auch den Körperverletzungsvorsatz.

I. **Tatbestand**

1. **Objektiver Tatbestand**

   a. Tatbestandsmerkmale wie bei § 223 Abs. 1 StGB

   b. Begehen der Körperverletzung
   Nr. 1: durch Beibringung von Gift oder anderen gesundheitsschädlichen Stoffen

   Nr. 2: mittels einer Waffe oder eines anderen gefährlichen Werkzeugs

   Nr. 3: mittels eines hinterlistigen Überfalls

Nr. 4: mit einem anderen Beteiligten gemeinschaftlich

Nr. 5: mittels einer das Leben gefährdenden Behandlung

2. **Subjektiver Tatbestand:** Vorsatz

II. **Rechtswidrigkeit**

III. **Schuld**

- ✔ Nr. 1: Erfasst hiervon sind auch Krankheitserreger (Bakterien, Viren wie HIV), auch Alkohol in größeren Mengen.
- ✔ Nr. 2: Gefährliches Werkzeug ist jeder bewegliche Gegenstand, der nach Art der Nutzung geeignet ist, erhebliche Verletzungen herbeizuführen.
- ✔ Nr. 3: enger als Heimtücke
- ✔ Nr. 4: Mittäterschaft ist nicht zwingend erforderlich. Allein die zahlenmäßige Überlegenheit der Angreifer ist für das Opfer »gefährlich«.
- ✔ Nr. 5: Zum Beispiel Tritte gegen den Kopf, in vielen Fällen ist zugleich auch Ziff. 2 verwirklicht.

Prüfungsschema zur Misshandlung von Schutzbefohlenen § 225 StGB

- ✔ Der Versuch ist nach Abs. 2 strafbar.
- ✔ Abs. 3 enthält einen Qualifikationstatbestand.
- ✔ In Abs. 4 ist der minderschwere Fall geregelt.
- ✔ Es muss ein besonderes Schutzverhältnis zwischen Täter und Opfer vorliegen.
- ✔ Ob für das Merkmal »böswillig« direkter Vorsatz oder Absicht erforderlich ist, ist streitig (»böswillig« bedeutet, dass der Täter aus besonders verwerflichen Motiven handelt).

I. **Tatbestand**

1. **Objektiver Tatbestand**

   a. Person unter 18 Jahren oder eine wegen Gebrechlichkeit oder Krankheit wehrlose Person, die

   Nr. 1: seiner Fürsorge oder Obhut untersteht,

   Nr. 2: seinem Hausstand angehört,

Nr. 3: von dem Fürsorgepflichtigen seiner Gewalt überlassen worden oder

Nr. 4: ihm im Rahmen eines Dienst- oder Arbeitsverhältnisses untergeordnet worden ist,

b. Quälen oder roh misshandeln oder durch böswillige Vernachlässigung seiner Sorgepflicht an der Gesundheit schädigen

2. **Subjektiver Tatbestand:** Vorsatz

II. **Rechtswidrigkeit**

III. **Schuld**

Prüfungsschema zur schweren Körperverletzung § 226 StGB

Streitig ist, ob es dem Täter zugutekommt, wenn das Opfer die schwere Folge durch eine Heilbehandlung oder einen medizinischen Eingriff abwenden kann (auch Frage der Zumutbarkeit für das Opfer).

Nach der Rechtsprechung sind von Abs. 1 Nr. 2 innere Organe nicht erfasst. Umstritten bei Nr. 2 zu dem Begriff »wichtig« ist, ob auch individuelle Besonderheiten beim Opfer zu berücksichtigen sind (zum Beispiel (jeder) Finger bei Berufsmusikern oder Handwerkern).

I. **Tatbestand**

1. **Objektiver Tatbestand**

a. Tatbestandsmerkmale wie bei § 223 Abs. 1 StGB

b. Dauerhafte, zumindest aber langwierige Beeinträchtigung

Nr. 1: Verlust des Sehvermögens auf einem oder beiden Augen, des Gehörs, des Sprechvermögens oder der Fortpflanzungsfähigkeit

Nr. 2: Verlust oder dauernde Gebrauchsunfähigkeit eines wichtigen Körperglieds

Nr. 3: Dauernde Entstellung in erheblicher Weise oder Verfall in Siechtum, Lähmung oder geistige Krankheit oder Behinderung

2. **Subjektiver Tatbestand:** Vorsatz (siehe auch Abs. 2: höhere Strafdrohung bei Absicht oder Wissentlichkeit)

II. **Rechtswidrigkeit**

III. **Schuld**

Prüfungsschema zur Körperverletzung mit Todesfolge § 227 StGB

Achten Sie auf die Vorsatz-Fahrlässigkeits-Kombination.

Eine spezifische Beziehung zwischen Körperverletzung und Todesfolge kann auch dann vorliegen, wenn das Verhalten des Opfers zum Tode führt (zum Beispiel bei panikartiger Flucht).

I. **Tatbestand**

1. **Objektiver Tatbestand**
   a. Körperverletzung §§ 223 bis 226a StGB
   b. Verursachen des Todes der verletzten Person durch die Körperverletzung (Fahrlässigkeit: Sorgfaltspflichtverletzung und Zurechenbarkeit)
   c. Enge Beziehung zwischen Körperverletzung und schwerer Folge (Tod)
2. **Subjektiver Tatbestand:** Vorsatz bezüglich Körperverletzung, (wenigstens) Fahrlässigkeit hinsichtlich der Todesfolge § 18 StGB

II. **Rechtswidrigkeit**

III. **Schuld**

Prüfungsschema zur fahrlässigen Körperverletzung § 229 StGB

Vergleichen Sie zum Aufbau die Darstellung zu den Fahrlässigkeitsdelikten im Allgemeinen Teil!

I. **Tatbestand**

1. **Objektiver Tatbestand**
   a. Tatbestandsmerkmale wie bei § 223 StGB
   b. Vorhersehbarkeit/Vermeidbarkeit
   c. Sorgfaltspflichtverletzung
2. **Subjektiver Tatbestand:** Fahrlässigkeit (vorhersehbar und vermeidbar)

II. **Rechtswidrigkeit**

III. **Schuld**

Prüfungsschema zur Beteiligung an einer Schlägerei § 231 StGB

Es sind mindestens drei Personen erforderlich, die sich aktiv an den Tätlichkeiten (Schlägerei) beteiligen. Bei einem Angriff: Mindestens zwei Personen greifen einen anderen an.

Nach § 231 Abs. 2 ist ein Beteiligter nicht strafbar nach Abs. 1, wenn ihm die Beteiligung an der Schlägerei oder dem Angriff nicht vorzuwerfen (keine Rechtswidrigkeit oder Schuld) ist.

Denken Sie bei Tod oder schwerer Körperverletzung immer auch an die Prüfung dieser Vorschrift, da Tateinheit mit §§ 211 ff. und § 226 StGB möglich ist.

I. **Tatbestand**

1. **Objektiver Tatbestand**
   a. Schlägerei **oder** von mehreren verübter Angriff
   b. Beteiligung an Schlägerei oder Angriff
2. **Subjektiver Tatbestand:** Vorsatz

II. **Objektive Bedingung der Strafbarkeit:**

1. **Tod eines Menschen oder schwere Körperverletzung** (§ 226 StGB)
2. **durch die Schlägerei/Angriff**

III. **Rechtswidrigkeit**

IV. **Schuld**

Straftaten gegen die persönliche Freiheit

In diesem Abschnitt finden Sie die Prüfungsschemata zu den häufig geprüften Tatbeständen Nachstellung, Freiheitsberaubung, Nötigung und Bedrohung.

Prüfungsschema zur Nachstellung § 238 StGB

- ✔ Besonders schwere Fälle sind in Abs. 2 geregelt, unter anderem Verursachen einer Gesundheitsschädigung des Opfers (Nr. 1) oder durch eine Vielzahl von Tathandlungen über mindestens sechs Monate (Nr. 3).
- ✔ Abs. 3 ist ein Qualifikationstatbestand.
- ✔ Das Eindringen in den persönlichen Lebensbereich des Opfers kann auf vielfältige Art geschehen, zum Beispiel über Telekommunikation, Social Media, tatsächliche Handlungen.

- ✔ Die **Eignung** der Tathandlung, die Lebensgestaltung zu beeinträchtigen, ist ausreichend. Das Opfer kann zum Beispiel durch Wohnungs- oder Arbeitsplatzwechsel oder sozialen Rückzug reagieren.
- ✔ Tateinheit ist unter anderem mit § 240, § 241, 123 StGB möglich.

I. **Tatbestand**

1. **Objektiver Tatbestand**

   a. Einer anderen Person

   b. Wiederholtes Nachstellen

   c. Unbefugt (gegen den Willen der Geschädigten)

   d. Eignung, die Lebensgestaltung dieser Person nicht unerheblich zu beeinträchtigen durch (wiederholt)

   Nr. 1: Aufsuchen der räumlichen Nähe dieser Person

   Nr. 2: Versuch, unter Verwendung von Telekommunikationsmittel oder sonstigen Mitteln der Kommunikation oder über Dritte Kontakt zu dieser Person herzustellen

   Nr. 3 a: Aufgeben von Bestellungen von Waren oder Dienstleistungen für diese Person unter missbräuchlicher Verwendung personenbezogener Daten dieser Person

   Nr. 3 b: Veranlassen Dritter, Kontakt mit der Person aufzunehmen unter missbräuchlicher Verwendung personenbezogener Daten dieser Person

   Nr. 4: Bedrohen mit Verletzung von Leben, körperlicher Unversehrtheit, Gesundheit oder Freiheit der Person selbst, ihrer Angehörigen oder andere ihr nahestehenden Personen

   Nr. 5: Begehen einer Tat nach §§ 202a, 202b oder 202c StGB zulasten der Person, ihrer Angehörigen oder andere ihr nahestehenden Personen

   Nr. 6: Verbreiten oder der Öffentlichkeit Zugänglichmachen einer Abbildung dieser Person, ihrer Angehörigen oder ihr nahestehenden Personen

   Nr. 7: Verbreiten oder der Öffentlichkeit Zugänglichmachen eines Inhalts (§ 11 Abs. 3 StGB), der geeignet ist, diese Person verächtlich zu machen oder in der öffentlichen Meinung herabzuwürdigen, unter Vortäuschung der Urheberschaft der Person

   Nr. 8: Vornehmen einer den Nr. 1–7 vergleichbaren Handlung

2. **Subjektiver Tatbestand:** Vorsatz

II. **Rechtswidrigkeit**

III. **Schuld**

Prüfungsschema zur Freiheitsberaubung § 239 StGB

- ✔ Der Versuch ist strafbar (Abs. 2).
- ✔ In Abs. 3 und 4 sind Qualifikationstatbestände geregelt.
- ✔ Geschützt ist die tatsächliche und die potenzielle Fortbewegungsfreiheit.
- ✔ Probleme kann es bei schlafenden oder bewusstlosen Personen (Fortbewegungswille) geben.
- ✔ Eine gewisse Dauer der Freiheitsentziehung ist erforderlich. Nach wie vor gerne zitiert wird das Reichsgericht, dass das Einsperren »ein Vaterunser« lang genügt.

I. **Tatbestand**

1. **Objektiver Tatbestand**
   a. Einen Menschen
   b. einsperren **oder** der Freiheit berauben auf andere Weise (durch Betäuben, Fesseln)
2. **Subjektiver Tatbestand:** Vorsatz

II. **Rechtswidrigkeit**

III. **Schuld**

Prüfungsschema zur Nötigung § 240 StGB

- ✔ Der Versuch ist nach § 240 Abs. 3 strafbar.
- ✔ Abs. 4 enthält Regelbeispiele (besonders schwere Fälle).
- ✔ Die Rechtswidrigkeit ist in Abs. 2 explizit geregelt und daher genau zu prüfen (Verwerflichkeit des Zwecks, des Mittels oder der Zweck-Mittel-Relation).

I. **Tatbestand**

1. **Objektiver Tatbestand**
   a. Einen Menschen
   b. nötigen zu einer Handlung, Duldung oder Unterlassung
   c. mit Gewalt oder Drohung mit einem empfindlichen Übel
2. **Subjektiver Tatbestand:** Vorsatz

II. **Rechtswidrigkeit**

III. **Schuld**

Prüfungsschema zur Bedrohung § 241 StGB

- ✔ Abs. 3 (Vortäuschen eines Verbrechens) erfordert Handeln wider besseres Wissen.
- ✔ In Abs. 4 ist ein Qualifikationstatbestand geregelt.
- ✔ Ob mit versuchter Nötigung Tateinheit anzunehmen ist, ist streitig (oder Konsumtion).
- ✔ Beachten Sie: Der Täter will, dass das Opfer die Bedrohung ernst nimmt.

I. **Tatbestand**

1. **Objektiver Tatbestand**

   a. Bedrohen

   b. eines Menschen

   c. mit der Begehung einer gegen ihn oder eine ihm nahestehende Person gerichteten rechtswidrigen Tat gegen die sexuelle Selbstbestimmung, die körperliche Unversehrtheit, die persönliche Freiheit oder gegen eine Sache von bedeutendem Wert (Abs. 1) **oder**

   mit einem Verbrechen (Abs. 2)

2. **Subjektiver Tatbestand:** Vorsatz

II. **Rechtswidrigkeit**

III. **Schuld**

Diebstahl und Unterschlagung

Die hier dargestellten Straftatbestände Diebstahl und Unterschlagung sind sogenannte *Eigentumsdelikte.*

Prüfungsschema zum Diebstahl § 242 StGB

- ✔ »Fremd«: auch Miteigentum, Sicherungseigentum
- ✔ »Gewahrsam«: willensgetragene tatsächliche Sachherrschaft (verlorene Sachen: in der Regel kein Gewahrsam mehr; vergessene Sachen: weiterhin Gewahrsam)

- ✔ Der Versuch ist nach Abs. 2 strafbar.
- ✔ Bei Haus- und Familiendiebstahl nach § 247 StGB ist zwingend ein Strafantrag erforderlich.
- ✔ Einverständnis mit der Wegnahme schließt Tatbestand aus (Tanken ohne Bezahlung; aber Betrug oder Unterschlagung möglich).
- ✔ Abgrenzungsprobleme kann es auch zu § 248b StGB (unbefugter Gebrauch eines Fahrzeugs) geben.

I. **Tatbestand**

1. **Objektiver Tatbestand**

   a. Fremde, bewegliche Sache

   b. Wegnahme (gegen den Willen des Berechtigten)

   aa. Bruch fremden Gewahrsams

   bb. Begründung neuen Gewahrsams

2. **Subjektiver Tatbestand**

   a. Vorsatz bezüglich 1.a. und b.aa.

   b. Zueignungsabsicht (»sich oder einem Dritten«)

   aa. Dauernde Enteignung des Berechtigten (bedingter Vorsatz)

   bb. Aneignung durch den Täter oder einen Dritten (Absicht: zielgerichteter Wille)

   c. Rechtswidrigkeit der Zueignung (bedingter Vorsatz)

II. **Rechtswidrigkeit**

III. **Schuld**

Prüfungsschema zum Diebstahl im besonders schweren Fall § 243 StGB

Ein besonders schwerer Fall ist bei Nr. 1–6 ausgeschlossen, wenn sich die Tat auf eine geringwertige Sache (objektiv und subjektiv) bezieht (Abs. 2).

Auch wenn ein Regelbeispiel erfüllt ist, kann der besonders schwere Fall nicht gegeben sein, wenn besondere Umstände vorliegen. Aber es gibt auch unbenannte besonders schwere Fälle, zum Beispiel bei einer hohen Tatbeute.

I. **Tatbestand**

1. **Objektiver Tatbestand**

   a. Tatbestandsmerkmale wie bei § 242 StGB

   b. Regelbeispiele nach § 243 Abs. 1 Satz 2

Nr. 1: Zur Ausführung der Tat in ein Gebäude, einen Dienst- oder Geschäftsraum oder in einen anderen umschlossenen Raum einbrechen, einsteigen oder mit einem falschen Schlüssel oder einem anderen nicht zur ordnungsgemäßen Öffnung bestimmten Werkzeug eindringen oder sich in dem Raum verborgen halten

Nr. 2: Eine Sache stehlen, die durch ein verschlossenes Behältnis oder eine andere Schutzvorrichtung gegen Wegnahme besonders gesichert ist

Nr. 3: Gewerbsmäßig stehlen

Nr. 4: Aus einer Kirche oder einem anderen der Religionsausübung dienenden Gebäude oder Raum Sachen stehlen, die dem Gottesdienst gewidmet sind oder der religiösen Verehrung dienen

Nr. 5: Eine Sache von Bedeutung für die Wissenschaft, Kunst oder Geschichte oder für die technische Entwicklung stehlen, die sich in einer allgemein zugänglichen Sammlung befindet oder öffentlich ausgestellt ist

Nr. 6: Stehlen, indem der Täter die Hilflosigkeit einer anderen Person, einen Unglücksfall oder eine gemeine Gefahr ausnutzt

Nr. 7: Stehlen einer Handfeuerwaffe, zu deren Erwerb es nach dem Waffengesetz der Erlaubnis bedarf, eines Maschinengewehrs, einer Maschinenpistole, eines voll- oder halbautomatischen Gewehrs oder einer Sprengstoff enthaltenden Kriegswaffe im Sinne des Kriegswaffenkontrollgesetzes

2. **Subjektiver Tatbestand:** wie bei § 242 Abs. 1 StGB, dazu Vorsatz bezüglich des Regelbeispiels

II. **Rechtswidrigkeit**

III. **Schuld**

Prüfungsschema zum Diebstahl mit Waffen, Bandendiebstahl, Wohnungseinbruchdiebstahl § 244 StGB

- ✔ Der Versuch ist nach Abs. 2 strafbar.
- ✔ § 244 ist ein Qualifikationstatbestand zu § 242 StGB.
- ✔ In der Regel werden §§ 242 und 243 StGB von § 244 verdrängt.
- ✔ Bei Abs. 1 Nr. 1a.: Bewusstsein des Täters, dass er die Waffe/gefährliches Werkzeug gebrauchsbereit bei sich führt; eine Verwendungsabsicht ist nicht erforderlich (anders bei Abs. 1 Nr. 1b.)
- ✔ Abs. 4 sieht eine höhere Strafandrohung beim Wohnungseinbruchsdiebstahl vor, wenn es sich um eine dauerhaft genutzte Privatwohnung handelt.

I. **Tatbestand**

1. **Objektiver Tatbestand**

   a. Tatbestandsmerkmale wie bei § 242 StGB

   b. Qualifikationstatbestände nach § 244 Abs. 1

   Nr. 1 a: Bei-sich-Führen einer Waffe oder eines anderen gefährlichen Werkzeugs bei Begehung des Diebstahls

   Nr.1 b: Bei-sich-Führen eines Werkzeugs oder Mittels, um den Widerstand einer anderen Person durch Gewalt oder Drohung mit Gewalt zu verhindern oder zu überwinden, bei Begehung des Diebstahls

   Nr. 2: Stehlen als Mitglied einer Bande, die sich zur fortgesetzten Begehung von Raub oder Diebstahl verbunden hat, unter Mitwirkung eines anderen Bandenmitglieds

   Nr. 3: Einbrechen, Einsteigen, Eindringen mit einem falschen Schlüssel oder einem anderen nicht zur ordnungsgemäßen Öffnung bestimmten Werkzeug in eine **Wohnung** oder Verborgenhalten in der Wohnung zur Begehung eines Diebstahls

2. **Subjektiver Tatbestand:** Vorsatz, ansonsten wie bei § 242

II. **Rechtswidrigkeit**

III. **Schuld**

Prüfungsschema zur Unterschlagung § 246 StGB

§ 246 StGB ist ein Auffangtatbestand (»wenn die Tat nicht in anderen Vorschriften mit schwerer Strafe bedroht ist«).

- ✔ Der Versuch ist nach Abs. 3 strafbar.
- ✔ § 246 Abs. 2 StGB sieht eine höhere Strafdrohung vor, wenn die Sache dem Täter anvertraut war (sogenannte veruntreuende Unterschlagung).
- ✔ Der Täter muss seinen Zueignungswillen durch eine erkennbare Handlung nach außen bestätigen, das heißt, sich nach außen wie ein Eigentümer der Sache aufführen (»gerieren«).

I. **Tatbestand**

1. **Objektiver Tatbestand**

   a. Fremde bewegliche Sache

   b. Sich oder einem Dritten zueignen (Tathandlung)

c. Manifestation des Zueignungswillens nach außen

d. Rechtswidrigkeit der Zueignung (vergleiche § 242 Abs. 1 StGB)

2. **Subjektiver Tatbestand:** Vorsatz

II. **Rechtswidrigkeit**

III. **Schuld**

Raub und Erpressung

In diesem Abschnitt finden Sie die Schemata zu Raub, räuberischer Erpressung sowie den Qualifikationen und dem »Sonderfall« räuberischer Diebstahl.

Prüfungsschema zum Raub § 249 StGB

Bei der Wegnahme von Taschen oder sonstigen handlichen Gegenständen kann es Abgrenzungsschwierigkeiten zum Diebstahl geben: Überwinden eines Widerstands oder nur Ausnutzen eines Überraschungsmoments.

I. **Tatbestand**

1. **Objektiver Tatbestand**

   a. Wegnahme einer fremden beweglichen Sache (vergleiche § 242 StGB)

   b. mit Gewalt gegen eine Person oder unter Anwendung von Drohungen mit gegenwärtiger Gefahr für Leib oder Leben

   c. Finaler Zusammenhang zwischen a. und b. (Anwendung von Gewalt oder Drohung gerade zum Zweck der Wegnahme)

   d. Räumliche und zeitliche Verknüpfung zwischen Gewalt/Drohung und Wegnahme

2. **Subjektiver Tatbestand**

   a. Vorsatz

   b. Zueignungsabsicht (wie bei § 242 StGB)

II. **Rechtswidrigkeit**

III. **Schuld**

Prüfungsschema zum schweren Raub § 250 StGB

- ✔ Zu Abs. 1 Nr. 1a.: Bei-sich-Führen zwischen Versuchsbeginn und Beendigung reicht. Eine Verwendungsabsicht ist nicht erforderlich (anders aber bei Nr. 1b.).
- ✔ § 250 Abs. 1 Nr. 1c. ist ein konkretes Gefährdungsdelikt.
- ✔ Gerade die Begriffe Waffen und gefährliches Werkzeug werden kontrovers diskutiert (Schreckschusswaffe, Scheinwaffe, Nagelfeile, um nur ein paar Beispiele zu nennen).

I. **Tatbestand**

1. **Objektiver Tatbestand**

   a. Tatbestandsmerkmale wie bei § 249 StGB

   b. Qualifikationsmerkmale nach Abs. 1

   Nr. 1 a: Bei-sich-Führen einer Waffe oder eines anderen gefährlichen Werkzeugs durch Täter/Beteiligten

   Nr. 1 b: Bei-sich-Führen eines Werkzeugs oder Mittels, um den Widerstand einer anderen Person durch Gewalt oder Drohung mit Gewalt zu überwinden oder zu verhindern, durch Täter/Beteiligten

   Nr.1 c: Eine andere Person durch die Tat in die Gefahr einer schweren Gesundheitsschädigung bringen durch Täter/Beteiligten

   Nr. 2: Begehen des Raubs als Mitglied einer Bande, die sich zur fortgesetzten Begehung von Raub oder Diebstahl verbunden hat, unter Mitwirkung eines anderen Bandenmitglieds

   c. Qualifikationsmerkmale nach Abs. 2

   Nr. 1: Verwenden einer Waffe oder eines gefährlichen Werkzeugs bei der Tat durch Täter/Beteiligten

   Nr. 2: Bei-sich-Führen einer Waffe in Fällen des Abs. 1 Nr. 2 durch Täter/Beteiligten

   Nr. 3 a: Schwere Misshandlung einer anderen Person bei der Tat durch Täter/Beteiligten

   Nr. 3 b: Eine andere Person bei der Tat in die Gefahr des Todes bringen durch Täter/Beteiligten

2. **Subjektiver Tatbestand**

   a. Vorsatz

   b. Zueignungsabsicht

II. **Rechtswidrigkeit**

III. **Schuld**

Prüfungsschema zum Raub mit Todesfolge § 251 StGB

Es handelt sich um ein erfolgsqualifiziertes Delikt mit Vorsatz-Fahrlässigkeits-Kombination.

I. **Tatbestand**

1. **Objektiver Tatbestand**

   a. Tatbestandsmerkmale des Raubs (§§ 249, 250 StGB)

   b. Verursachung des Todes eines Menschen

   c. durch den Raub (tatbestandsspezifischer Risikozusammenhang zwischen Raub und Tod; mehr als Kausalität)

2. **Subjektiver Tatbestand**

   a. Vorsatz und Zueignungsabsicht

   b. (mindestens) Leichtfertigkeit bezüglich des Todes

II. **Rechtswidrigkeit**

III. **Schuld**

Prüfungsschema zum räuberischen Diebstahl § 252 StGB

Die Drittzueignungsabsicht ist nicht ausdrücklich erwähnt.

Die Frage, ob der Täter Gewalt/Drohung anwendet, um die Diebesbeute zu sichern oder sich »nur« der Strafverfolgung entziehen will (oder beides), kann problematisch sein.

I. **Tatbestand**

1. **Objektiver Tatbestand**

   a. Vollendeter Diebstahl (oder Raub)

   b. Auf frischer Tat (enger zeitlicher und örtlicher Zusammenhang)

   c. Betroffen

   d. Verüben von Gewalt oder Anwenden von Drohungen mit gegenwärtiger Gefahr für Leib oder Leben gegen eine Person

2. **Subjektiver Tatbestand**

   a. Vorsatz bezüglich des Diebstahls (einschließlich Zueignungsabsicht) und der Nötigungshandlung

   b. Absicht, sich im Besitz des Diebesguts zu erhalten

II. **Rechtswidrigkeit**

III. **Schuld**

Prüfungsschema zur Erpressung § 253 StGB

- ✔ Der Versuch ist nach Abs. 3 strafbar.
- ✔ Geschützt durch die Vorschrift ist die persönliche Freiheit und das Vermögen.
- ✔ Der Tatbestand ist vom Aufbau her dem Betrug ähnlich. Beim Betrug ist die Tathandlung die Täuschung, bei der Erpressung die Drohung/Gewalt. Stoffgleichheit zwischen Vermögensnachteil und beabsichtigter Bereicherung muss vorliegen.
- ✔ Streitig ist, ob eine Vermögensverfügung des Geschädigten erforderlich ist.

I. **Tatbestand**

1. **Objektiver Tatbestand**

   a. Einen Menschen

   b. mit Gewalt oder Drohung mit einem empfindlichen Übel

   c. nötigen

   d. zu einer Handlung, Duldung oder Unterlassung

   e. rechtswidrig

   f. Zufügen eines Vermögensnachteils (entspricht Schaden bei Betrug)

   g. Finaler Zusammenhang zwischen Nötigungshandlung und Vermögensnachteil

2. **Subjektiver Tatbestand**

   a. Vorsatz

   b. Absicht der rechtswidrigen Bereicherung (des Täters oder eines Dritten)

II. **Rechtswidrigkeit**

III. **Schuld**

Prüfungsschema zur räuberischen Erpressung § 255 StGB

Die Abgrenzung Raub/Räuberische Erpressung ist heiß diskutiert. Der Bundesgerichtshof stellt auf das äußere Erscheinungsbild ab.

I. **Tatbestand**

1. **Objektiver Tatbestand**

   a. Tatbestandsmerkmale wie bei § 253 StGB, aber

   b. durch Gewalt gegen eine Person oder Anwendung von Drohungen mit gegenwärtiger Gefahr für Leib oder Leben

   c. Vermögensnachteil

   d. Finaler Zusammenhang zwischen Gewalt/Drohung und Vermögensnachteil

2. **Subjektiver Tatbestand:** wie bei § 253 StGB

II. **Rechtswidrigkeit**

III. **Schuld**

»Gegenwärtig« umfasst auch eine Dauergefahr.

Da der Täter nach § 255 »gleich einem Räuber« zu bestrafen ist, gelten bei § 255 auch die §§ 250 und 251 StGB.

Begünstigung und Hehlerei

Die hier dargestellten Straftatbestände sind sogenannte *Anschlussdelikte*, das heißt, der Täter unterstützt den Vor-Täter, die Vorteile der Tat zu sichern oder ihn vor Strafverfolgung zu schützen.

Prüfungsschema zur Begünstigung § 257 StGB

Beachten Sie wegen des Strafantragserfordernisses Abs. 4, Abs. 3 Satz 1 (Straffreiheit), aber auch Satz 2 (keine Straffreiheit bei Anstiftung eines an der Vortat Unbeteiligten).

Die Tat ist mit der Hilfeleistung vollendet, egal ob diese erfolgreich ist oder nicht.

I. **Tatbestand**

1. **Objektiver Tatbestand**

   a. Rechtswidrige Tat

   b. Von einem anderen begangen

   c. Hilfe leisten (objektiv geeignet)

   d. zur Sicherung der Vorteile aus der Tat

2. **Subjektiver Tatbestand**

   a. Vorsatz

   b. Absicht (direkter Vorsatz) hinsichtlich Sicherung der Vorteile

II. **Rechtswidrigkeit**

III. **Schuld**

Prüfungsschema zur Strafvereitelung § 258 StGB

Zur Vertiefung der Problematik dieser Vorschrift seien hier nur ein paar Stichworte genannt: Sozialadäquanz, neutrale Handlungen, Strafverteidigung, Polizisten außer Dienst.

Der Versuch ist nach Abs. 4 strafbar.

I. **Tatbestand**

1. **Objektiver Tatbestand**

   a. Rechtswidrige Tat eines anderen

   b. Vereiteln (ganz oder zum Teil) der Bestrafung oder Unterwerfung einer Maßnahme nach § 11 Abs. 1 Nr. 8 StGB oder der Vollstreckung (Abs. 2)

2. **Subjektiver Tatbestand**

   a. Vorsatz bezüglich der Vortat

   b. (mindestens) direkter Vorsatz bezüglich des Vereitelns

II. **Rechtswidrigkeit**

III. **Schuld**

Nach § 258 Abs. 6 ist straffrei, wer die Tat zugunsten eines Angehörigen (§ 11 Abs. 1 Nr. 1 StGB) begeht.

Auch Verzögerung der Bestrafung für eine gewisse, nicht unerhebliche Zeit ist ausreichend.

In § 258a StGB ist die Strafvereitelung im Amt geregelt.

Prüfungsschema zur Hehlerei § 259 StGB

- ✔ Der Versuch ist strafbar nach Abs. 3.
- ✔ Die §§ 247, 248a gelten sinngemäß nach Abs. 2.
- ✔ § 259 ist ein Vermögensdelikt. Die rechtswidrige Vermögenslage wird durch den Täter aufrechterhalten.
- ✔ Der Teilnehmer der Vortat kann auch Hehler sein.
- ✔ »Ersatzhehlerei« ist nicht nach § 259 StGB strafbar.
- ✔ Tateinheit mit Geldwäsche nach § 261 StGB ist möglich.
- ✔ Auch ist Wahlfeststellung mit § 242 StGB möglich.

I. **Tatbestand**

1. **Objektiver Tatbestand**

   a. Rechtswidrige Vortat (Diebstahl oder sonst durch eine gegen fremdes Vermögen gerichtete Tat)

   b. Sache, die der Täter durch die Tat erlangt hat,

   c. ankaufen, sich oder einem Dritten verschaffen, absetzen oder absetzen helfen

2. **Subjektiver Tatbestand**

   a. Vorsatz hinsichtlich Vortat

   b. Bereicherungsabsicht (sich oder einen Dritten)

II. **Rechtswidrigkeit**

III. **Schuld**

Betrug und Untreue

Betrug, Untreue und die anderen hier dargestellten Tatbestände sind sogenannte *Vermögensdelikte*. Gerade beim Betrug gibt es eine Vielzahl von Variationen der Tatbestandsverwirklichung.

Prüfungsschema zum Betrug § 263 StGB

- ✔ Beachten Sie den kausalen Zusammenhang Täuschung – Irrtum – Vermögensverfügung sowie die Stoffgleichheit Vermögensvorteil und Vermögensschaden.
- ✔ Der Versuch ist nach Abs. 2 strafbar.
- ✔ In Abs. 3 sind besonders schwere Fälle geregelt.

I. **Tatbestand**

1. **Objektiver Tatbestand**

   a. Täuschung (Vorspiegelung falscher oder Entstellung oder Unterdrückung wahrer Tatsachen)

   b. Erregen oder Unterhalten eines Irrtums durch die Täuschung

   c. Vermögensverfügung des Opfers aufgrund des Irrtums

   d. Vermögensschaden

2. **Subjektiver Tatbestand**

   a. Vorsatz

   b. Absicht, sich oder einen Dritten zu bereichern (Bereicherungsabsicht)

   c. (bedingter) Vorsatz bezüglich Rechtswidrigkeit des Vermögensvorteils (kein Rechtsanspruch des Täters)

II. **Rechtswidrigkeit**

III. **Schuld**

Getäuschter und Verfügender müssen identisch sein.

Nach Abs. 4 sind die Vorschriften §§247, 248a und 243 Abs. 2 entsprechend anwendbar.

Prüfungsschema zum Computerbetrug § 263a StGB

- ✔ Nach Abs. 2 gelten § 263 Abs. 2–6 entsprechend, also ist auch der Versuch strafbar.
- ✔ Abs. 3 stellt die Vorbereitung einer Straftat nach Abs. 1 durch die dort genannten Tathandlungen unter Strafe.
- ✔ Unter die 3. Variante des Abs. 1 fällt zum Beispiel die missbräuchliche Verwendung von EC-Karten.
- ✔ Beim Betrug nach § 263 wird eine natürliche Person getäuscht, bei § 263a StGB werden Datenvorgänge manipuliert.

I. **Tatbestand**

1. **Objektiver Tatbestand**

   a. Beeinflussen des Ergebnisses eines Datenverarbeitungsvorgangs durch

   b. unrichtige Gestaltung des Programms, Verwendung unrichtiger oder unvollständiger Daten, unbefugte Verwendung von Daten oder sonst unbefugte Einwirkung auf den Ablauf

   c. Vermögensschaden

2. **Subjektiver Tatbestand**
   a. Vorsatz
   b. Absicht, sich oder einem Dritten einen Vermögensvorteil zu verschaffen (Bereicherungsabsicht)
   c. (bedingter) Vorsatz hinsichtlich Rechtswidrigkeit der Bereicherung

II. **Rechtswidrigkeit**

III. **Schuld**

Prüfungsschema zum Erschleichen von Leistungen § 265a StGB

- ✔ Nach Abs. 2 ist der Versuch strafbar.
- ✔ § 265a StGB ist ein Auffangtatbestand (siehe Abs. 1 am Ende).
- ✔ Der klassische Fall, der unter diese Vorschrift fällt, ist das »Schwarzfahren«.

I. **Tatbestand**

1. **Objektiver Tatbestand**
   a. Entgeltlichkeit der Leistung
   b. erschleichen
   c. Leistung eines Automaten oder eines öffentlichen Zwecks dienenden Telekommunikationsnetzes, Beförderung durch ein Verkehrsmittel oder Zutritt zu einer Veranstaltung oder Einrichtung
2. **Subjektiver Tatbestand**
   a. Vorsatz
   b. Absicht, Entgelt nicht zu entrichten

II. **Rechtswidrigkeit**

III. **Schuld**

Prüfungsschema zur Untreue § 266 StGB

- ✔ Schutzgut der Vorschrift ist das Vermögen.
- ✔ Abs. 2 verweist unter anderem auf § 263 Abs. 3 StGB (besonders schwere Fälle), aber nicht auf Abs. 2, also ist der Versuch nicht strafbar.

- Die Vermögensbetreuungspflicht muss »Hauptpflicht« sein.
- Die Vorschrift ist sehr kompliziert. Es gibt hier viele Streitpunkte, die in Kommentaren und Rechtsprechung kontrovers diskutiert werden.

I. **Tatbestand**

1. **Objektiver Tatbestand**

a. Variante 1: Missbrauchstatbestand

aa. durch Gesetz, behördlichen Auftrag oder Rechtsgeschäft eingeräumte Befugnis

bb. über fremdes Vermögen zu verfügen oder einen anderen zu verpflichten

cc. Missbrauchen der Befugnis

dd. Vermögensbetreuungspflicht (»dem, dessen Vermögensinteressen er zu betreuen hat«)

ee. Zufügen eines Nachteils (Vermögensschaden)

b. Variante 2: Treubruchtatbestand

aa. Pflicht, fremde Vermögensinteressen wahrzunehmen

bb. kraft Gesetzes, behördlichen Auftrags, Rechtsgeschäfts oder eines Treueverhältnisses

cc. Verletzung der Pflicht

dd. Zufügen eines Nachteils (Vermögensschaden)

2. **Subjektiver Tatbestand:** Vorsatz

II. **Rechtswidrigkeit**

III. **Schuld**

Urkundenfälschung

Die folgenden Straftatbestände dienen dazu, die Sicherheit und Zuverlässigkeit des Beweisverkehrs mit Urkunden, technischen Aufzeichnungen und Daten zu schützen.

Prüfungsschema zur Urkundenfälschung § 267 StGB

- Der Versuch ist nach § 267 Abs. 2 StGB strafbar.
- In Abs. 3 sind besonders schwere Fälle geregelt.
- Abs. 4 ist ein Qualifikationstatbestand.

- ✔ Definition Urkunde (Bundesgerichtshof): eine verkörperte Gedankenerklärung, die ihren Aussteller erkennen lässt und geeignet und bestimmt ist, Beweis im Rechtsverkehr zu erbringen.
- ✔ Offensichtliche Kopien sind keine Urkunden.
- ✔ Die schriftliche Lüge ist nicht nach § 267 StGB strafbar.
- ✔ Auch bei dieser Vorschrift gibt es einige Besonderheiten, zum Beispiel zusammengesetzte Urkunden, Gesamturkunden.

I. **Tatbestand**

1. **Objektiver Tatbestand**

   a. Variante 1

   aa. Unechte Urkunde

   bb. herstellen

   b. Variante 2

   aa. Echte Urkunde

   bb. verfälschen

   c. Variante 3

   aa. Unechte oder verfälschte Urkunde

   bb. gebrauchen

2. **Subjektiver Tatbestand**

   a. Vorsatz

   b. Direkter Vorsatz bezüglich Täuschung im Rechtsverkehr

II. **Rechtswidrigkeit**

III. **Schuld**

Prüfungsschema zur Fälschung technischer Aufzeichnungen § 268 StGB

- ✔ Die Definition der technischen Aufzeichnung finden Sie in § 268 Abs. 2.
- ✔ § 268 Abs. 3 stellt die störende Einwirkung auf den Aufzeichnungsvorgang mit einhergehender Beeinflussung des Ergebnisses der Aufzeichnung der Herstellung einer unechten technischen Aufzeichnung gleich.
- ✔ Der Versuch ist nach § 268 Abs. 4 strafbar.

I. **Tatbestand**

1. **Objektiver Tatbestand**

   a. Zur Täuschung im Rechtsverkehr

   b. Tathandlungen

   aa. Abs. 1 Nr. 1 Variante 1: Herstellen einer unechten Urkunde

   bb. Abs. 1 Nr. 1 Variante 2: Verfälschen einer technischen Aufzeichnung

   cc. Abs. 1 Nr. 2: Gebrauchen einer unechten oder verfälschten technischen Aufzeichnung

2. **Subjektiver Tatbestand**

   a. Vorsatz

   b. Direkter Vorsatz bezüglich der Täuschung im Rechtsverkehr

II. **Rechtswidrigkeit**

III. **Schuld**

Prüfungsschema zur Fälschung beweiserheblicher Daten § 269 StGB

Der Versuch ist nach Abs. 2 strafbar.

I. **Tatbestand**

1. **Objektiver Tatbestand**

   a. Abs. 1 Varianten 1und 2

   aa. Beweiserhebliche Daten

   bb. speichern **oder** verändern

   cc. Bei Wahrnehmung der Daten: Vorliegen einer unechten oder verfälschten Urkunde

   b. Abs. 1 Variante 3

   aa. Derart gespeicherte oder veränderte Daten (Varianten 1 und 2)

   bb. gebrauchen

2. **Subjektiver Tatbestand**

   a. Vorsatz

   b. Direkter Vorsatz bezüglich Täuschung im Rechtsverkehr

II. **Rechtswidrigkeit**

III. **Schuld**

Prüfungsschema zur Urkundenunterdrückung § 274 StGB

Der Versuch ist nach § 274 Abs. 2 strafbar.

I. **Tatbestand**

1. **Objektiver Tatbestand**

   a. Abs. 1 Nr. 1

   aa. Urkunde oder technische Aufzeichnung,

   bb. die dem Täter nicht oder nicht ausschließlich gehört,

   cc. vernichten, beschädigen oder unterdrücken

   b. Abs. 1 Nr. 2

   aa. Beweiserhebliche Daten (§ 202a Abs. 2),

   bb. über die der Täter nicht oder nicht ausschließlich verfügen darf,

   cc. löschen, unterdrücken, unbrauchbar machen oder verändern

   c. Abs. 1 Nr. 3

   aa. Grenzstein oder ein anderes zur Bezeichnung einer Grenze oder eines Wasserstands bestimmtes Merkmal

   bb. wegnehmen, vernichten, unkenntlich machen, verrücken oder fälschlich setzen

2. **Subjektiver Tatbestand**

   a. Vorsatz

   b. Absicht, einem anderen Nachteil zuzufügen (bei allen Varianten)

II. **Rechtswidrigkeit**

III. **Schuld**

Strafbarer Eigennutz

Die Tatbestände Vereitelung der Zwangsvollstreckung und Pfandkehr dienen vereinfacht gesagt dem Schutz des Gläubigers (weitere Straftatbestände finden sich auch in der Insolvenzordnung).

Prüfungsschema zum Vereiteln der Zwangsvollstreckung § 288 StGB

Voraussetzung ist ein begründeter Anspruch des Gläubigers.

Täter kann nur der Vollstreckungsschuldner sein (bei juristischen Personen beachten Sie § 14 StGB).

I. **Tatbestand**

1. **Objektiver Tatbestand**
   a. Dem Täter drohende Zwangsvollstreckung
   b. Bestandteile des Schuldnervermögens
   c. veräußern oder beiseiteschaffen
2. **Subjektiver Tatbestand**
   a. Vorsatz
   b. Absicht, die Befriedigung des Gläubigers zu vereiteln (direkter Vorsatz mindestens)

II. **Rechtswidrigkeit**

III. **Schuld**

Prüfungsschema zur Pfandkehr § 289

Der Versuch ist nach § 289 Abs. 2 strafbar.

Wegnehmen ist das Entfernen aus dem Machtbereich des Berechtigten (praktische Bedeutung insbesondere beim Vermieterpfandrecht).

I. **Tatbestand**

1. **Objektiver Tatbestand**
   a. Eigene bewegliche Sache des Täters oder eine fremde bewegliche Sache zugunsten des Eigentümers derselben
   b. dem Nutznießer, Pfandgläubiger oder dem Inhaber eines Gebrauchs- oder Zurückbehaltungsrechts
   c. wegnehmen
2. **Subjektiver Tatbestand**
   a. Vorsatz
   b. In rechtswidriger Absicht (mindestens direkter Vorsatz)

II. **Rechtswidrigkeit**

III. **Schuld**

Sachbeschädigung

Schutzzweck der Vorschrift des § 303 StGB ist das Eigentum, bei § 303a StGB der Schutz vor unberechtigter Löschung elektronisch gespeicherter Daten.

Prüfungsschema zur Sachbeschädigung § 303 StGB

Wenn es Anhaltspunkte im Sachverhalt gibt, denken Sie bitte auch an § 304 StGB (gemeinschädliche Sachbeschädigung), § 305 (Beschädigung von Bauwerken) und § 305a (Zerstörung wichtiger Arbeitsmittel).

Der Versuch ist nach Abs. 3 strafbar.

I. **Tatbestand**

1. **Objektiver Tatbestand**

    a. Abs. 1

    aa. Fremde Sache

    bb. beschädigen oder zerstören

    b. Abs. 2

    aa. Fremde Sache

    bb. Verändern des Erscheinungsbildes

    cc. Nicht nur unerheblich und nicht nur vorübergehend

    dd. Unbefugt

2. **Subjektiver Tatbestand:** Vorsatz

II. **Rechtswidrigkeit**

III. **Schuld**

Abs. 2 ist ein Auffangtatbestand, wenn eine Substanzverletzung nicht vorliegt.

Das Merkmal »rechtswidrig« in Abs. 1 hat keine eigenständige Bedeutung.

Aber »unbefugt« in Abs. 2 ist Tatbestandsmerkmal.

Prüfungsschema zur Datenveränderung § 303a StGB

Der Versuch ist nach Abs. 2 strafbar.

Ob »rechtswidrig« ein Tatbestandsmerkmal ist, ist umstritten.

I. **Tatbestand**

1. **Objektiver Tatbestand**

   a. Daten

   b. löschen, unterdrücken, unbrauchbar machen oder verändern

   c. Rechtswidrig

2. **Subjektiver Tatbestand:** Vorsatz

II. **Rechtswidrigkeit**

III. **Schuld**

Gemeingefährliche Straftaten

Zu den gemeingefährlichen Straftaten zählen neben den Brandstiftungstatbeständen auch mehrere Straßenverkehrsdelikte, die neben den einzelnen Verkehrsteilnehmern auch die Sicherheit des Straßenverkehrs schützen.

Prüfungsschema zur Brandstiftung § 306 StGB

Denken Sie bei Zerstörung durch Brandlegung daran, dass diese auch durch Hitze oder Ruß verursacht werden kann.

Das In-Brand-Setzen ist nach der Definition des Bundesgerichtshofes vollendet, wenn zumindest Teile des Gebäudes, die für dessen bestimmungsgemäßen Gebrauch wesentlich sind, vom Feuer erfasst sind und selbstständig weiterbrennen.

I. **Tatbestand**

1. **Objektiver Tatbestand**

   a. In Brand setzen oder durch Brandlegung ganz oder teilweise zerstören

      Nr. 1: Gebäude oder Hütten

      Nr. 2: Betriebsstätten oder technische Einrichtungen, namentlich Maschinen

      Nr. 3: Warenlager oder –vorräte

      Nr. 4: Kraftfahrzeuge, Schienen-, Luft- oder Wasserfahrzeuge

Nr. 5: Wälder, Heiden oder Moore

Nr. 6: Land-, ernährungs- oder forstwirtschaftliche Anlagen oder Erzeugnisse

b. fremd (Tatobjekte unter a)

2. **Subjektiver Tatbestand:** Vorsatz

II. **Rechtswidrigkeit**

III. **Schuld**

Die Vorschrift wie auch die weiteren Brandstiftungsdelikte werden gerne in Klausuren geprüft, da es bei diesen Vorschriften viele knifflige Punkte gibt, insbesondere beim Versuch und Rücktritt.

Tätige Reue ist in § 306e StGB, die fahrlässige Brandstiftung in § 306d geregelt.

Prüfungsschema zur schweren Brandstiftung § 306a StGB

Auch hier kommt tätige Reue nach § 306e oder Fahrlässigkeit nach § 306d in Betracht.

§ 306a Abs. 2 sieht den gleichen Strafrahmen wie Abs. 1 vor, wenn der Täter durch In-Brand-Setzen oder Brandlegung bei Tatobjekten nach § 306 Abs. 1 Nr. 1–6 StGB einen Menschen in die Gefahr einer Gesundheitsschädigung bringt (konkretes Gefährdungsdelikt).

I. **Tatbestand**

1. **Objektiver Tatbestand**

a. in Brand setzen oder durch Brandlegung ganz oder teilweise zerstören

Nr.1: ein Gebäude, ein Schiff, eine Hütte oder eine andere Räumlichkeit, die der Wohnung von Menschen dient

Nr. 2: eine Kirche oder ein anderes der Religionsausübung dienendes Gebäude

Nr. 3: eine Räumlichkeit, die zeitweise dem Aufenthalt von Menschen dient, zu einer Zeit, in der Menschen sich dort aufzuhalten pflegen

2. **Subjektiver Tatbestand:** Vorsatz

II. **Rechtswidrigkeit**

III. **Schuld**

Im Gegensatz zu § 306 Abs. 1 StGB (»fremd«) sind bei § 306a StGB die Eigentumsverhältnisse irrelevant.

Besondere Vorsicht ist bei gemischt genutzten Gebäuden oder Haupt-/Nebengebäude geboten.

Prüfungsschema zur besonders schweren Brandstiftung § 306b StGB

- ✔ Bei Abs. 2 Nr. 1 ist eine konkrete Todesgefahr erforderlich.
- ✔ Halten Sie auch immer § 306c StGB (Brandstiftung mit Todesfolge) im Blick.
- ✔ Auch bei dieser Vorschrift gibt es einige Punkte, zu denen es verschiedene Meinungen gibt, zum Beispiel bei »Retterfällen«, tätiger Reue oder Einbeziehen des Versicherungsbetrugs in Abs. 2 Nr. 2.

I. **Tatbestand**

1. **Objektiver Tatbestand**

   a. Abs. 1

   aa. Brandstiftung nach §§ 306 oder 306a

   bb. Verursachen einer schweren Gesundheitsschädigung eines Menschen oder Gesundheitsschädigung einer großen Zahl von Menschen

   b. Abs. 2

   aa. Brandstiftung nach § 306a

   Nr. 1: Gefahr des Todes für einen anderen Menschen

   Nr. 2: Absicht, eine Straftat zu ermöglichen oder zu verdecken

   Nr. 3: Verhindern oder Erschweren der Löschung des Brandes

2. **Subjektiver Tatbestand**

   a. Vorsatz

   b. Absicht bei Abs. 2 Nr. 2

II. **Rechtswidrigkeit**

III. **Schuld**

Prüfungsschema zum gefährlichen Eingriff in den Straßenverkehr § 315b StGB

- ✔ Nach Abs. 2 ist der Versuch strafbar.
- ✔ In Abs. 3 ist eine erhöhte Strafdrohung unter den Voraussetzungen des § 315 Abs. 3 vorgesehen.
- ✔ Grundsätzlich werden nur Eingriffe »von außen« erfasst. Ausnahme: wenn das Fahrzeug bewusst eingesetzt wird, um einen verkehrsfremden Eingriff vorzunehmen (Fahrzeug als Waffe).

- ✔ Nach der Rechtsprechung des Bundesgerichtshofs ist dann aber zumindest ein bedingter Schädigungsvorsatz erforderlich (Stichwort Polizeifluchtfälle).

I. **Tatbestand**

1. **Objektiver Tatbestand**

   a. Beeinträchtigung der Sicherheit des Straßenverkehrs (verkehrsfremder Eingriff) durch

   Nr. 1: Zerstören, Beschädigen oder Beseitigen von Anlagen oder Fahrzeugen

   Nr. 2: Bereiten von Hindernissen

   Nr. 3: Vornehmen eines ähnlichen, ebenso gefährlichen Eingriffs

   b. Gefährdung von Leib oder Leben eines Menschen oder fremde Sachen von bedeutendem Wert (konkrete Gefahr)

   c. Zurechnungszusammenhang zwischen Handlung und Gefährdung

2. **Subjektiver Tatbestand**

   a. Abs. 1: Vorsatz

   b. Abs. 4: Vorsatz bezüglich der Tathandlung, Fahrlässigkeit bezüglich der Folge/Gefährdung

   c. Abs. 5: Fahrlässigkeit bezüglich Handlung und Folge/Gefährdung

II. **Rechtswidrigkeit**

III. **Schuld**

Prüfungsschema zur Gefährdung des Straßenverkehrs § 315c StGB

- ✔ Der Versuch ist bei § 315c Abs. 1 Nr. 1 strafbar (§ 315c Abs. 2).
- ✔ § 315c StGB ist ein konkretes Gefährdungsdelikt.
- ✔ Im subjektiven Tatbestand ist auch das Merkmal der Rücksichtslosigkeit zu prüfen. Ein Vorsatz ist insoweit nicht erforderlich.
- ✔ Es gibt auch »fahrlässige« Rücksichtslosigkeit. Anhaltspunkte hierfür können sich aus der Tat selbst, aber auch aus dem Vor- und Nachtatverhalten ergeben.

I. **Tatbestand**

1. **Objektiver Tatbestand** (Abs. 1)

   a. Im Straßenverkehr

   b. Führen eines Kraftfahrzeugs

c. Nr. 1 a: im Zustand der Fahruntüchtigkeit infolge des Genusses alkoholischer Getränke oder anderer berauschender Mittel

   Nr. 1 b: im Zustand der Fahruntüchtigkeit infolge geistiger oder körperlicher Mängel **oder**

d. grob verkehrswidrig und rücksichtslos (Nr. 2)

   Nr. 2 a: Nicht-Beachten der Vorfahrt

   Nr. 2 b: Falsch überholen oder sonst falsch fahren bei Überholvorgängen

   Nr. 2c: Falsch fahren an Fußgängerüberwegen

   Nr. 2d: Zu schnell fahren an unübersichtlichen Stellen, Straßenkreuzungen und -einmündungen und Bahnübergängen

   Nr. 2 e: Nicht-Einhalten der rechten Seite der Fahrbahn an unübersichtlichen Stellen

   Nr. 2 f: Auf Autobahnen oder Kraftstraßen wenden, rückwärtsfahren oder entgegen der Fahrtrichtung fahren oder dies versuchen

   Nr. 2 g: Nicht-Kenntlich-Machen haltender oder liegen gebliebener Fahrzeuge, obwohl das zur Sicherung des Verkehrs erforderlich ist

e. Gefährdung von Leib und Leben eines Menschen oder fremde Sachen von bedeutendem Wert

f. Zurechnungszusammenhang Handlung – Gefahr (»und dadurch«)

2. **Subjektiver Tatbestand**

   a. Abs.1: Vorsatz

   b. Abs. 3 Nr. 1: Vorsatz bezüglich Handlung und Fahrlässigkeit bezüglich Gefährdung Abs. 3 Nr. 2: Fahrlässigkeit bezüglich Handlung und Gefährdung

   c. Rücksichtslos (§ 315c Abs. 1 Nr. 2a–g)

II. **Rechtswidrigkeit**

III. **Schuld**

Prüfungsschema zum verbotenen Kraftfahrzeugrennen § 315d StGB

- ✔ Der Versuch ist bei Abs. 1 Nr. 1 strafbar (Abs. 3).
- ✔ Bei Gefährdung sehen Abs. 2 und 4, im Falle der Verursachung des Todes oder schwerer Gesundheitsschädigung der Abs. 5 eine höhere Strafe vor.

✔ Bei Abs. 1 Nr. 2 sind mindestens zwei Kfz-Führer erforderlich, bei Abs. 1 Nr. 3 hingegen bedarf es keines »Gegners«. Hier ist Ziel des Täters, nach den gegebenen Umständen (Wetter, Verkehr, Fahrtstrecke, Fahrbahnverlauf) die höchstmögliche Geschwindigkeit zu erzielen – auch allein (gerade bei Polizeifluchtfällen sollten Sie dies im Auge behalten).

I. **Tatbestand**

1. **Objektiver Tatbestand**

   a. Im Straßenverkehr

   b. Tathandlungen (Abs. 1)

   Nr. 1: Ausrichten oder Durchführen eines nicht erlaubten Kraftfahrzeugrennens

   Nr. 2: Als Kraftfahrzeugführer an einem nicht erlaubten Kraftfahrzeugrennen teilnehmen

   Nr. 3: Sich als Kraftfahrzeugführer mit nicht angepasster Geschwindigkeit und grob verkehrswidrig und rücksichtslos fortbewegen, um eine höchstmögliche Geschwindigkeit zu erreichen

2. **Subjektiver Tatbestand**

   a. Vorsatz

   b. bei Abs. 1 Nr. 3 ist direkter Vorsatz bezüglich Erreichens der höchstmöglichen Geschwindigkeit erforderlich.

II. **Rechtswidrigkeit**

III. **Schuld**

Prüfungsschema zur Trunkenheit im Verkehr § 316 StGB

✔ Ab 1,1 Promille liegt bei Führen eines Kraftfahrzeugs unwiderleglich absolute Fahruntüchtigkeit vor, bei Radfahrern ab 1,6 Promille.

✔ Bei der relativen Fahruntüchtigkeit (ab 0,3 Promille) müssen weitere Ausfallerscheinungen vorliegen, zum Beispiel Fahren in Schlangenlinien, abrupte, nicht verkehrsbedingte Fahrmanöver, auffälliges Langsamfahren, Unfall, aber auch Ausfallerscheinungen in der Person des Täters (Schwanken, Lallen). Die Ausfallerscheinungen müssen auf die alkoholische oder durch berauschende Mittel hervorgerufene Beeinflussung zurückzuführen sein.

I. **Tatbestand**

1. **Objektiver Tatbestand**

   a. Führen eines Fahrzeugs

   b. im Verkehr (gemeint: Straßenverkehr; Verweis auf § 315 bis 315e)

   c. im Zustand der Fahruntüchtigkeit

   aa. Absolute Fahruntüchtigkeit ab 1,1 Promille

   bb. Relative Fahruntüchtigkeit (Beeinflussung der Fahrtüchtigkeit durch Alkohol – mindestens 0,3 Promille – oder berauschende Mittel) und zusätzlich Ausfallerscheinungen

2. **Subjektiver Tatbestand**

   a. Abs. 1: Vorsatz

   b. Abs. 2: Fahrlässigkeit

II. **Rechtswidrigkeit**

III. **Schuld**

Sollten bei unter 1,1 Promille keine Ausfallerscheinungen vorliegen, ist die Bußgeldvorschrift des § 24a StVG zu beachten (Grenzwerte 0,25 mg/l oder 0,5 Promille Alkohol, 3,5 ng/ml THC).

Prüfungsschema zum Vollrausch § 323a StGB

In der Regel wird zuvor die zugrunde liegende Tat geprüft. Erst wenn festgestellt wird, dass § 20 StGB nicht auszuschließen ist, ist § 323a StGB zu prüfen.

Beachten Sie auch die Konstellation der actio libera in causa.

I. **Objektive Bedingung der Strafbarkeit:** rechtswidrige Tat (§ 11 Abs. 1 Nr. 5 StGB)

II. **Tatbestand**

1. **Objektiver Tatbestand**

   a. Versetzen in einen Rausch durch Alkohol oder sonst berauschende Mittel

   b. (nicht ausschließbar) schuldunfähig (§ 20 StGB)

2. **Subjektiver Tatbestand:** Vorsatz oder Fahrlässigkeit bezüglich des Versetzens in einen Rauschzustand

III. **Rechtswidrigkeit**

IV. **Schuld**

Prüfungsschema zur unterlassenen Hilfeleistung § 323c StGB

- ✔ § 323c StGB ist ein echtes Unterlassungsdelikt.
- ✔ In der Regel müssen Sie vorher andere Tatbestände prüfen mit dem Augenmerk auf § 13 StGB (Garantenstellung).
- ✔ Zumutbarkeit der Hilfeleistung: Ohne erhebliche Gefahr für eigene Rechtsgüter und ohne Verletzung anderer wichtiger Pflichten; die Gefahr der (eigenen) Strafverfolgung steht der Zumutbarkeit nicht entgegen.
- ✔ In Abs. 2 ist die Strafbarkeit der Behinderung von helfenden Dritten geregelt.

I. **Tatbestand**

1. **Objektiver Tatbestand**
    a. Unglücksfall, gemeine Gefahr oder Not
    b. nicht Hilfe leisten (Unterlassen)
    c. Erforderlichkeit der Hilfeleistung
    d. Möglichkeit der Hilfeleistung
    e. Zumutbarkeit der Hilfeleistung
2. **Subjektiver Tatbestand:** Vorsatz

II. **Rechtswidrigkeit**

III. **Schuld**

Teil IV
Der Top-Ten-Teil

Besuchen Sie uns auf `www.fuer-dummies.de` oder unseren Social-Media-Kanälen:

Facebook
`www.facebook.com/fuerdummies`

Instagram
`www.instagram.com/furdummies`

YouTube
`www.youtube.com/@dummies-mann`

IN DIESEM TEIL …

Finden Sie zehn Tipps zum Umgang mit Schemata und zur erfolgreichen Klausurbearbeitung. Aus langjähriger Korrekturerfahrung lassen sich Hinweise ableiten, die zugegebenermaßen in Teilen recht banal sind. Aber auch vermeintliche Selbstverständlichkeiten scheinen nicht allen Studierenden bekannt zu sein, daher müssen Sie da jetzt durch.

IN DIESEM KAPITEL

Wie Sie mit Schemata (nicht) umgehen sollten

Dinge, die Sie bei der Klausur beachten sollten

Dinge, die Sie bei der Klausur unterlassen sollten

Kapitel 16
Zehn Tipps zum Umgang mit Schemata und zur Klausurbearbeitung

Oliver Haag

Für eine erfolgreiche Prüfungsvorbereitung und Klausurbearbeitung gibt es viele Tricks und Kniffe. Zehn der wichtigsten Tipps haben wir hier für Sie zusammengefasst. Berücksichtigen Sie diese – wenn Sie dann noch das materielle Recht »drauf« haben, wird sich das in Ihrem Prüfungsergebnis positiv widerspiegeln.

Schemata sind Hilfsmittel, keine Allheilmittel

Die Kenntnis und Anwendung eines Prüfungsschemas hilft Ihnen, die gestellte Aufgabe bzw. die einschlägige Anspruchsgrundlage systematisch und strukturiert abzuarbeiten. Das Schema ist aber kein Allheilmittel, sondern nur ein Hilfsmittel. Ihre wichtigsten »Werkzeuge« sind Ihr Verstand, Ihr abrufbares Wissen und der Gesetzestext.

Achten Sie auf Sprache und Form

Bei der Bewertung Ihrer Klausurleistung spielen (natürlich) auch Ihr sprachliches Ausdrucksvermögen und Ihre Argumentationsfähigkeit eine Rolle. Legen Sie Wert auf konzentrierte, überlegte und schlüssig nachvollziehbare Ausführungen und denken Sie dabei auch an das Schriftbild. Auch Ihr Professor ist nur ein Mensch und korrigiert lieber Lesbares als Unlesbares!

Der Weg ist das Ziel

Nicht selten kann eine Klausuraufgabe mit einem einfachen »Ja« oder »Nein« beantwortet werden. Eine solche einfache Antwort ist aber im Rahmen eines Hochschulstudiums nicht gefragt. Erwartet wird eine logisch-stringente Darlegung des Begründungswegs. Zen-buddhistisch ausgedrückt: »Der Weg ist das Ziel.« Daher bringt alleine die Nennung des korrekten Ergebnisses keine oder allenfalls nur sehr wenige Punkte. Stürzen Sie sich also nicht vorschnell auf das vermeintlich richtige Ergebnis, sondern konzentrieren Sie sich auf die genaue Untersuchung und Darstellung des Lösungswegs.

Arbeiten Sie mit dem Gesetz

Nennen Sie immer die gesetzlichen Bestimmungen, die Sie in Ihrer Lösung bearbeiten. Zitieren Sie dabei genau unter Nennung des jeweiligen Absatzes und des Satzes der Norm (»§ 280 Abs. 1 Satz 2 BGB« und nicht: »§ 280 BGB«).

Nie den roten Faden verlieren

Achten Sie bei Ihren Ausführungen auf den »roten Faden« und die Verständlichkeit Ihrer Ausführungen. Führen Sie den Leser durch Ihre Ausführungen. Dies überzeugt vor allem dann, wenn die Abfolge logisch ist und der gesetzlichen Systematik entspricht. Bauen Sie Ihre Ausführungen argumentativ aufeinander auf und vermeiden Sie logische wie sprachliche »Brüche«.

Mut zum klaren Ergebnis

Führen Sie Ihre Ausführungen hin zu einer eindeutigen Lösung. Vermeiden Sie das »Offenlassen« von bearbeiteten Rechtsproblemen. Formulieren Sie ein klares Ergebnis (»Die Kündigung ist unwirksam« und nicht: »Die Kündigung könnte unwirksam sein«). Der Korrektor erwartet, dass Sie das von Ihnen für korrekt gehaltene Ergebnis auch explizit benennen.

Abschreiben bringt keine Punkte

Ersparen Sie sich selbst (aus Zeitgründen) und dem Korrektor (aus Ermüdungsgründen), den Sachverhalt zu wiederholen oder den Gesetzestext umfangreich abzuschreiben. Beides ist dem Korrektor bekannt und das bloße »Abschreiben« bringt Ihnen keine Punkte.

Keine Zeit verschwenden

Konzentrieren Sie Ihre Ausführungen auf die rechtlich problematischen Punkte. Handeln Sie Unproblematisches kurz ab; führen Sie Problematisches dagegen dezidiert und begründet aus.

Schummeln lohnt sich nicht

Führen Sie nur die zulässigen Hilfsmittel in der Prüfung mit sich. Das ist in der Regel der einschlägige, unkommentierte Gesetzestext. Arbeiten Sie mit dem Gesetz; wenn Sie sich nicht zurechtfinden, verwenden Sie das Stichwortverzeichnis und/oder lesen Sie die einführenden Seiten – oft finden sich dort wertvolle Hinweise. Verzichten Sie auf jegliches unzulässiges Hilfsmittel (Kommentierungen, Spickzettel, Handy, leider auch dieses Buch etc.). Wenn Sie beim »Schummeln« erwischt werden, führt dies zum Nichtbestehen der Prüfung.

Machen Sie keine Formfehler

Beschriften Sie Ihre Klausurblätter grundsätzlich nur einseitig und lassen Sie am linken oder rechten Seitenrand Platz für Korrekturanmerkungen. Nummerieren Sie Ihre Blätter durch und unterschreiben Sie auf dem letzten Blatt Ihrer Ausführungen – damit verdeutlichen Sie, dass Ihre Klausurlösung hier zu Ende ist.

Unkompliziert und portofrei »... für Dummies«-Bücher bestellen

Sie können unsere »... für Dummies«-Bücher auch ganz einfach in unserem Webshop unter shop.wiley-vch.de bestellen.

Nur wenige Klicks und schon wird Ihnen Ihr »... für Dummies«-Buch portofrei direkt nach Hause geliefert.
So finden Sie die ganze Welt der »... für Dummies« und auch aller weiteren Bücher von Wiley-VCH auf

shop.wiley-vch.de.

Natürlich finden Sie auch weiterhin unsere »... für Dummies«-Bücher im Buchhandel, online und beim Händler um die Ecke.

für dummies®

Änderungen vorbehalten. Aktuelle Konditionen finden Sie unter shop.wiley-vch.de

Für (fast) jede Lebenslage und -frage das passende Buch

€ 25,-
978-3-527-72040-8

€ 24,99
978-3-527-72452-9

€ 20,-
978-3-527-72229-7

€ 22,-
978-3-527-72105-4

€ 20,-
978-3-527-72328-7

€ 19,99
978-3-527-72238-9

€ 29,-
978-3-527-72119-1

€ 26,99
978-3-527-72367-6

€ 20,-
978-3-527-72155-9

€ 39,99
978-3-527-72004-0

€ 34,-
978-3-527-71849-8

€ 19,99
978-3-527-72405-5

€ 19,99
978-3-527-72397-3

€ 18,-
978-3-527-72402-4

€ 25,-
978-3-527-71903-7

Viele „... für Dummies"-Bücher mehr finden Sie unter

www.fuer-dummies.de

für dummies®

Änderungen vorbehalten. Aktuelle Konditionen finden Sie unter shop.wiley-vch.de

Stichwortverzeichnis

A

G

H

I

K

L

M

S

W

Z

Diese Bücher könnten Sie auch interessieren

W. König

Juristische Methoden für Dummies

2. Auflage 2023 **ISBN:** 978-3-527-72072-9
264 Seiten
Format: 140 mm x 216 mm
Ladenpreis: 17,99 €*

Gerade für Jura-Neulinge und Nicht-Juristen sind die juristischen Methoden zunächst gewöhnungsbedüftig. Das muss nicht so bleiben! Dieses Buch führt verständlich und anschaulich in das Normengefüge, Sachverhalte und Fallfragen, Auslegung und Fallbearbeitung ein.

A. Zimmermann

Juristische Klausuren und Hausarbeiten für Dummies

1. Auflage 2024 **ISBN:** 978-3-527-71778-1
304 Seiten
Format: 140 mm x 216 mm
Ladenpreis: 17,- €*

Dieses Buch hilft Studierenden sich effektiv auf eine juristische Hausarbeit oder Klausur vorzubereiten. Es erklärt Ihnen den Gutachtenstil und zeigt Ihnen, wie Sie argumentieren, formulieren und bei Hausarbeiten und Klausuren punkten können.

A. Niedostadek

BGB für Dummies

6. Auflage 2021 **ISBN:** 978-3-527-71887-0
400 Seiten
Format: 176 mm x 240 mm
Ladenpreis: 20,- €*

Dieses Buch hilft Ihnen, sich das Bürgerliche Gesetzbuch systematisch zu erarbeiten. Es erklärt Ihnen, wie das BGB aufgebaut ist, wie Sie bei einer Fallbearbeitung vorgehen sollten und natürlich, was es zu den einzelnen Paragrafen zu wissen gibt.

*Der €-Preis gilt nur für Deutschland. Preisänderungen und Irrtümer vorbehalten.

Diese Bücher könnten Sie auch interessieren

A. Niedostadek

BGB Allgemeiner Teil für Dummies

1. Auflage 2019 **ISBN:** 978-3-527-71569-5
294 Seiten
Format: 176 mm x 240 mm
Ladenpreis: 18,99 €*

Sie möchten eine leicht verständliche Einführung in den Allgemeinen Teil des BGB? André Niedostadek behandelt in diesem Buch alle studienrelevanten Inhalte. Viele Schemata und Fälle samt Lösungen bieten einen optimalen Lernerfolg. So sind Sie bestens für Ihre Prüfung gerüstet.

T. Huep

Schuldrecht Allgemeiner Teil für Dummies

1. Auflage 2017 **ISBN:** 978-3-527-71404-9
432 Seiten
Format: 176 mm x 240 mm
Ladenpreis: 24,99 €*

Dieses Buch bietet eine angenehm verständliche und praxisnahe Einführung in das Schuldrecht. Dabei geht es insbesondere auf vertragliche Schuldverhältnisse und deren Entstehung, Inhalt und Beendigung sowie auf die Gestaltung und Kontrolle von Verträgen ein.

T. Huep

Schuldrecht Besonderer Teil für Dummies

1. Auflage 2019 **ISBN:** 978-3-527-71479-7
440 Seiten
Format: 176 mm x 240 mm
Ladenpreis: 25,99 €*

Wer sich in Studium oder Praxis mit dem Besonderen Teil der Schuldrechts befassen muss, findet hier verständliche Erklärungen und anschauliche Beispiele für verschiede Vertragstypen und die damit verbundenen Rechte und Pflichten der Vertragspartner.

*Der €-Preis gilt nur für Deutschland. Preisänderungen und Irrtümer vorbehalten.

Diese Bücher könnten Sie auch interessieren

P. Eisenbarth und M. Grau

Sachenrecht für Dummies

1. Auflage 2018 **ISBN:** 978-3-527-71304-2
400 Seiten

Format: 176 mm x 240 mm

Ladenpreis: 24,99 €*

Nach einem einführenden Teil in wichtige Begrifflichkeiten des Sachenrechts wie Sache, Besitz und Eigentum stellt Ihnen Michael Grau das Mobiliarrecht und Peter Eisenbarth das Immobiliarrecht vor und erwecken so das Sachenrecht mit anschaulichen Beispielen zum Leben.

P. Eisenbarth

Sachenrecht Fälle und Schemata für Dummies

1. Auflage 2018 **ISBN:** 978-3-527-71373-8
254 Seiten

Format: 148 mm x 210 mm

Ladenpreis: 16,99 €*

Die Fallbearbeitung ist für viele Jura-Neulinge eine harte Nuss. Dieses Buch bietet Ihnen Übungsfälle mit ausführlichen Lösungen zur Selbstkontrolle. Verschaffen Sie sich außerdem mithilfe juristischer Schemata schnell einen Überblick über das Mobiliar- und Immobiliarrecht.

A. Niedostadek

Handels- und Gesellschaftsrecht für Dummies

3. Auflage 2023 **ISBN:** 978-3-527-71895-5
364 Seiten

Format: 176 mm x 240 mm

Ladenpreis: 20,- €*

Wenn Sie sich im Studium mit Wirtschaft beschäftigen, führt oft kein Weg am Handels- und Gesellschaftsrecht vorbei. André Niedostadek führt Sie in diesem Buch in diesen Bereich des Rechts ein.

*Der €-Preis gilt nur für Deutschland. Preisänderungen und Irrtümer vorbehalten.

Diese Bücher könnten Sie auch interessieren

O. Haag

Arbeitsrecht für Dummies

5. Auflage 2023 **ISBN:** 978-3-527-72007-1

336 Seiten

Format: 176 mm x 240 mm

Ladenpreis: 20,- €*

Unsere Wirtschaft ist ohne Verständnis des Arbeitsrechts schwer zu begreifen. Oliver Haag erklärt Ihnen von den Rechtsquellen bis hin zum Betriebsverfassungsrecht alles, was Sie über das Arbeitsrecht wissen sollten. Anhand von Übungsfällen können Sie Ihr Wissen direkt überprüfen.

O. Haag

Arbeitsrecht Fälle und Schemata für Dummies

2. Auflage 2025 **ISBN:** 978-3-527-72273-0

256 Seiten

Format: 176 mm x 240 mm

Ladenpreis: 20,- €*

Die Fallbearbeitung ist für viele Jura-Neulinge eine harte Nuss. Da hilft nur Üben! Dieses Buch bietet Ihnen juristische Schemata und 20 Übungsfälle mit anschaulichen Illustrationen und ausführlichen Lösungen zur Selbstkontrolle.

O. Haag und B. Erdl

Handels- und Gesellschaftsrecht Fälle und Schemata für Dummies

1. Auflage 2016 **ISBN:** 978-3-527-71220-5

208 Seiten

Format: 148 mm x 210 mm

Ladenpreis: 14,99 €*

Juristische Fälle zu bearbeiten ist für viele ungewohnt. Doch Übung macht den Meister: Machen Sie sich mit den Übungsfällen in diesem Buch fit für die Prüfung und verschaffen Sie sich mithilfe der juristischen Schemata einen Überblick über das Handels- und Gesellschaftsrecht.

*Der €-Preis gilt nur für Deutschland. Preisänderungen und Irrtümer vorbehalten.

Diese Bücher könnten Sie auch interessieren

A. Scherzberg

Allgemeines Verwaltungsrecht für Dummies

2. Auflage 2019 **ISBN:** 978-3-527-71658-6
324 Seiten
Format: 176 mm x 240 mm
Ladenpreis: 21,99 €*

Dieses Buch ist eine wunderbar strukturierte Einführung in das Allgemeine Verwaltungsrecht. Beispiele veranschaulichen Entscheidungsprozesse und Handlungsformen der öffentlichen Verwaltung und die Rechte, die Ihnen als Bürger zustehen.

T. Heinicke

Staatsrecht I Staatsorganisationsrecht für Dummies

2. Auflage 2022 **ISBN:** 978-3-527-71989-1
266 Seiten
Format: 176 mm x 240 mm
Ladenpreis: 21,99 €*

Thomas Heinicke stellt Ihnen die Staatsstrukturprinzipien nach Artikel 20 des Grundgesetzes, die Staatsfunktionen des Bundes und die Ziele des Staates vor. Anhand der Musterklausuren mit ausformulierten Lösungen können Sie sich gezielt auf Prüfungen vorbereiten.

T. Heinicke

Staatsrecht II: Grundrechte für Dummies

1. Auflage 2020 **ISBN:** 978-3-527-71316-5
Format: 176 mm x 240 mm
Ladenpreis: 22,99 €*

Thomas Heinicke führt Sie in die allgemeine Grundrechtslehre ein und stellt den Prüfungsaufbau von Grundrechten und das Recht der Verfassungsbeschwerde dar. Im Hauptteil behandelt der Autor die einzelnen Grundrechte. Fallbearbeitungen runden das Buch ab.

*Der €-Preis gilt nur für Deutschland. Preisänderungen und Irrtümer vorbehalten.

Diese Bücher könnten Sie auch interessieren

O. Junk

Kommunalrecht für Dummies

1. Auflage 2026 **ISBN:** 978-3-527-72321-8
432 Seiten
Format: 176 mm x 240 mm
Ladenpreis: 24,99 €*

Dieses Buch vermittelt bundeslandesunabhängig die Grundlagen des deutschen Kommunalrechts und ein Verständnis für den rechtlichen Rahmen, in dem sich Kommunalpolitik und öffentliche Verwaltung bewegen.

F. Herzog

Strafrecht Allgemeiner Teil für Dummies

2. Auflage 2023 **ISBN:** 978-3-527-72071-2
320 Seiten
Format: 176 mm x 240 mm
Ladenpreis: 22,99 €*

Wann ist eine Person strafrechtlich verantwortlich? Das ist die Kernfrage des Allgemeinen Strafrechts, die Felix Herzog in diesem Buch beantwortet und mit anschaulichen Beispielen, verständlichen Erklärungen und logisch gewandten Argumentationen mit Leben füllt.

F. Herzog und S. Dirks

Strafrecht Fälle und Schemata für Dummies

1. Auflage 2017 **ISBN:** 978-3-527-71362-2
246 Seiten
Format: 176 mm x 240 mm
Ladenpreis: 16,99 €*

Die Fallbearbeitung ist für viele Jura-Neulinge eine harte Nuss. Dieses Buch bietet Ihnen Übungsfälle mit ausführlichen Lösungen zur Selbstkontrolle. Verschaffen Sie sich außerdem mithilfe juristischer Schemata schnell einen Überblick über das Strafrecht.

*Der €-Preis gilt nur für Deutschland. Preisänderungen und Irrtümer vorbehalten.